GENERATIONS

The Real Differences Between
Gen Z,　Millennials,　Gen X,　Boomers,　and Silents
and What They Mean for America's Future

珍・特溫格 著
朱怡康 譯

（ 跨 世 代 報 告 ）

從出生率到工作、政治、經濟、科技、心理健康

世代差異如何影響百年來的人類軌跡？

目　錄
Contents

1 世代如何形成？為何值得關注？ ⋯⋯⋯⋯⋯ 7
The How and Why of Generations

造成世代差異的原因是什麼？ ⋯⋯⋯⋯⋯⋯⋯ 10

我們如何找出世代之間真正的差異？ ⋯⋯⋯⋯ 23

如果我覺得自己不像千禧世代，我還算千禧世代嗎？ ⋯⋯ 27

真的能劃分出不同世代？是誰的錯？ ⋯⋯⋯⋯ 30

未來要走向何方？ ⋯⋯⋯⋯⋯⋯⋯⋯⋯⋯⋯ 34

2 沉默世代（1925–1945 年生）⋯⋯⋯⋯⋯ 37
Silents (Born 1925–1945)

平權革命 ⋯⋯⋯⋯⋯⋯⋯⋯⋯⋯⋯⋯⋯⋯⋯ 43

別怕早早成家 ⋯⋯⋯⋯⋯⋯⋯⋯⋯⋯⋯⋯⋯ 54

搖滾中學（Rock'n' Roll High School）⋯⋯⋯⋯ 60

沉默世代在政治上並不沉默 ⋯⋯⋯⋯⋯⋯⋯⋯ 64

資深沉默世代的投票傾向 ⋯⋯⋯⋯⋯⋯⋯⋯⋯ 68

沉默世代的心理健康狀態令人驚豔 ⋯⋯⋯⋯⋯ 71

插曲：愛滋病大流行 ⋯⋯⋯⋯⋯⋯⋯⋯⋯⋯⋯ 76

3 嬰兒潮世代（1946–1964 年生）⋯⋯⋯⋯ 79
Boomers (Born 1946–1964)

現代個人主義的誕生 ⋯⋯⋯⋯⋯⋯⋯⋯⋯⋯⋯ 88

婚前性行為 ⋯⋯⋯⋯⋯⋯⋯⋯⋯⋯⋯⋯⋯⋯ 93

嬰兒潮家庭 ⋯⋯⋯⋯⋯⋯⋯⋯⋯⋯⋯⋯⋯⋯ 95

吸毒、喝酒、抽菸酷得多了 ⋯⋯⋯⋯⋯⋯⋯⋯ 100

《選舉權法》之後：嬰兒潮世代的美國黑人 106
女性：兔女郎問題 112
#MeToo之前的Me Too 121
嬰兒潮世代的政治參與 123
嬰兒潮世代的憂鬱 131
富者愈富，貧者愈貧 142
插曲：911事件與新戰爭 150

4 X世代（1965–1979年生） 153
Generation X (Born 1965–1979)

在網路上，沒人知道你是條狗 159
電視世代 162
父母離異的一代 164
鑰匙兒風潮的興衰 166
結婚、性愛、生小孩——未必按照順序 170
我最棒！ 175
富豪名流的生活方式 181
歡迎來到1990年代：頹廢風、饒舌與惡煞 188
從廚房雜工到科技新貴 193
憂鬱一族——真的嗎？ 196
誰也不信 200
我們能不能好好相處？ 208
隨便啦 212
天天都是地球日 215
愛勝過一切 217
不准這樣講！ 221
雷根世代 223
抱歉，你擋了我的路 226
插曲：金融海嘯及其餘波 231

5 千禧世代（1980–1994年生）·······235
Millennials (Born 1980–1994)

一夫當關 ·······241

如果世界由我統治，一定比現在更好 ·······252

天天上網 ·······257

人人都該上大學 ·······260

千禧世代阮囊羞澀？ ·······263

為什麼千禧世代明明不窮，卻總是覺得自己窮？ ·······271

晚婚婚宴上的酪梨土司 ·······281

出生率驟降 ·······284

性：性氾濫抑或性貧乏？ ·······290

失去信仰 ·······297

消極冷漠或衝鋒陷陣？千禧世代的政治參與 ·······304

千禧世代的投票傾向 ·······308

#BlackLivesMatter ·······315

先飛揚，後失落：千禧世代的心理健康 ·······326

插曲：新冠肺炎疫情 ·······344

6 Z世代（1995–2012年生）·······347
Generation Z (Born 1995–2012)

我的性別比你的性別更流動 ·······351

我是LGB：性傾向和擁有同性性伴侶的趨勢 ·······364

性衰退 ·······371

慢慢來 ·······373

再等等吧：結婚生子 ·······376

不可以這樣講！ ·······379

保持安全 ·······385

我快死了：種族歧視與司法不公 ·······389

Z世代的心理健康狀態令人憂心 ·······392

Z世代的心理健康出了什麼問題？ ⋯⋯⋯⋯⋯⋯⋯⋯⋯⋯⋯⋯ 401

習慣不健康 ⋯⋯⋯⋯⋯⋯⋯⋯⋯⋯⋯⋯⋯⋯⋯⋯⋯⋯⋯⋯⋯⋯ 415

一切都在崩壞 ⋯⋯⋯⋯⋯⋯⋯⋯⋯⋯⋯⋯⋯⋯⋯⋯⋯⋯⋯⋯⋯ 418

外在環境對我不利 ⋯⋯⋯⋯⋯⋯⋯⋯⋯⋯⋯⋯⋯⋯⋯⋯⋯⋯⋯ 424

抗拒妥協 ⋯⋯⋯⋯⋯⋯⋯⋯⋯⋯⋯⋯⋯⋯⋯⋯⋯⋯⋯⋯⋯⋯⋯ 429

不再政治冷漠 ⋯⋯⋯⋯⋯⋯⋯⋯⋯⋯⋯⋯⋯⋯⋯⋯⋯⋯⋯⋯⋯ 434

左派情緒低迷 ⋯⋯⋯⋯⋯⋯⋯⋯⋯⋯⋯⋯⋯⋯⋯⋯⋯⋯⋯⋯⋯ 436

新冠疫情期間的心理健康 ⋯⋯⋯⋯⋯⋯⋯⋯⋯⋯⋯⋯⋯⋯⋯⋯ 444

7 兩極世代（2013–2029年生）⋯⋯⋯⋯⋯⋯ 449
Polars (Born 2013–2029)

好消息 ⋯⋯⋯⋯⋯⋯⋯⋯⋯⋯⋯⋯⋯⋯⋯⋯⋯⋯⋯⋯⋯⋯⋯⋯⋯ 452

隨時不離平板 ⋯⋯⋯⋯⋯⋯⋯⋯⋯⋯⋯⋯⋯⋯⋯⋯⋯⋯⋯⋯⋯ 454

疫情期間的兒童心理健康 ⋯⋯⋯⋯⋯⋯⋯⋯⋯⋯⋯⋯⋯⋯⋯⋯ 457

8 未來 ⋯⋯⋯⋯⋯⋯⋯⋯⋯⋯⋯⋯⋯⋯⋯⋯⋯⋯⋯⋯⋯ 459
The Future

工作的未來 ⋯⋯⋯⋯⋯⋯⋯⋯⋯⋯⋯⋯⋯⋯⋯⋯⋯⋯⋯⋯⋯⋯ 459

家庭的未來 ⋯⋯⋯⋯⋯⋯⋯⋯⋯⋯⋯⋯⋯⋯⋯⋯⋯⋯⋯⋯⋯⋯ 472

政治的未來 ⋯⋯⋯⋯⋯⋯⋯⋯⋯⋯⋯⋯⋯⋯⋯⋯⋯⋯⋯⋯⋯⋯ 479

種族的未來 ⋯⋯⋯⋯⋯⋯⋯⋯⋯⋯⋯⋯⋯⋯⋯⋯⋯⋯⋯⋯⋯⋯ 492

宗教的未來 ⋯⋯⋯⋯⋯⋯⋯⋯⋯⋯⋯⋯⋯⋯⋯⋯⋯⋯⋯⋯⋯⋯ 495

經濟的未來 ⋯⋯⋯⋯⋯⋯⋯⋯⋯⋯⋯⋯⋯⋯⋯⋯⋯⋯⋯⋯⋯⋯ 497

世代的未來 ⋯⋯⋯⋯⋯⋯⋯⋯⋯⋯⋯⋯⋯⋯⋯⋯⋯⋯⋯⋯⋯⋯ 504

謝辭 ⋯⋯⋯⋯⋯⋯⋯⋯⋯⋯⋯⋯⋯⋯⋯⋯⋯⋯⋯⋯⋯⋯⋯⋯⋯ 508

出處 ⋯⋯⋯⋯⋯⋯⋯⋯⋯⋯⋯⋯⋯⋯⋯⋯⋯⋯⋯⋯⋯⋯⋯⋯⋯ 511

1 世代如何形成？為何值得關注？
The How and Why of Generations

在印度和緬甸之間的孟加拉灣，有一座面積和曼哈頓差不多的島嶼，叫北森蒂納爾島（North Sentinel Island）。2018年，一名26歲的美國人買通漁民帶他登島，從此失去蹤影[1]。

北森蒂納爾島的居民是目前最後一批與世隔絕的族群。過去幾百年來雖然不乏不速之客，包括1960到1990年代的一群人類學家，但部落已經用行動表明他們不願外人打擾。每當船隻或直升機太過接近，族人一定以長矛和弓箭伺候，少數冒險闖入者無人生還，後來印度乾脆禁止船隻駛入該島方圓三哩之內。當地人雖然會取下船隻殘骸的金屬做武器，但缺乏現代科技，今日的生活方式很可能與兩百年前相去不遠。

因此，北森蒂納爾島的家長不必喝令孩子放下電玩去戶外走走，也不必煩惱家中的青少年沉迷TikTok。他們打獵、採集、生火煮食，而非以亞馬遜生鮮宅配選購食物。由於沒有避孕，島上的女子年紀輕輕就有了子女，生兒育女的年齡和她們的媽媽、祖母、曾祖母差不多。可以猜想北森蒂納爾島人的文化價值變化極小，群體生活遵循的很可能是祖先留下的同一套規則。

世上其他地方大多不是如此。新科技重新形塑了我們互動和休閒的方式，主流價值從嚴守規則變成表達自我和擁抱多元。我們不再需要服從嚴格規範，也不再受限於社會角色，和七十年前相比，我們越來越晚完成青春期和成年的人生大事。如果1950年代的人乘著時光機來到現在，一定會對同性婚姻合法

化震驚不已，要是再看到智慧型手機，恐怕會當場暈過去。

文化急速變遷，意味著今日的成長經驗截然不同於1950或1980年代，甚至不同於2000年代。這些變化帶來的影響是：一個人的行為、態度、價值觀和人格特質，有很大一部分是出生年代造成的。事實上，就性格形塑和態度養成而言，出生年代對你的影響比養育你的家庭還大。

出生年代造成的差異最容易被視為世代差異。「代」這個字傳統上是用來形容家庭關係，例如「三代同堂」指祖父母、父母、子女同住。但這個字現在更常用來指社會世代，亦即在大約同一段時期出生、在大致相同的文化中長大的人。

美國人目前由六個世代構成：沉默世代（Silents，1925–1945年生）、嬰兒潮世代（Boomers，1946–1964年生）、X世代（Generation X，1965–1979年生）、千禧世代（Millennials，1980–1994年生）、Z世代，又稱i世代（iGen）或Zoom世代（Zoomers）（Generation Z，1995–2012年生），以及2013年後出生、尚未命名的一代，我稱他們為兩極世代（Polars），行銷界則有人稱之為「阿法世代」（Alphas）。世代差異不是美國獨有的現象，多數國家都有世代分歧，只是文化上的表現方式各有不同。

沒多久以前，我們還很難判斷世代之間有沒有差異、差異又何在，連概括描述都不容易。不只一位權威人士批評相關研究，認為討論世代差異有時候和談星座沒什麼兩樣。他們不無道理：許多談世代差異的文章和書一味暢談主觀觀察，卻缺乏客觀數據。還有一些調查只抽樣一小部分人，卻想做出宏大的結論。隨著大數據時代來臨，這些不足終於可以彌補。你將在以下篇章看到許多綜合分析的結果，總共包括24個資料庫，樣本數達三千九百萬人——幾乎和美國人口最多的加州一樣多。有這麼多數據，我想我們可以比過去更了解世代差異。

認識世代差異是重大課題，有助於我們了解家庭關係（為何女兒上了中學老是在講電話？為何爸媽就是不懂非二元性別是什麼？）、職場生態（為什麼年輕員工和我這麼不一樣？為什麼我老闆會那樣想？）、心理健康（哪個世

代較容易感到憂鬱？為什麼？）、政治現象（每個世代年紀更長之後會怎麼投票？）、經濟政策（千禧世代真的比較拮据嗎？）、行銷策略（每個世代重視的是什麼？）、公共論述（為什麼較多年輕人對國家有負面觀感？在簽名檔註明自己的人稱代詞只是一時熱潮嗎？）等等。關於世代差異，網路上有層出不窮的討論，而以上疑問只點出了一小部分原因。自1960年代以降，世代衝突從來沒有像今日一樣嚴重，從工作態度、取消文化到迷因「好了啦，老灰啊」（OK, Boomer），相關例子比比皆是。此時此刻，分辨哪些世代差異是事實、哪些分歧只是迷思，比以往更加重要。

探究世代的起伏變化也是了解歷史的獨特進路。人對戰爭、疫情、經濟衰退的經驗常常因年齡而不同。小孩子看到爸爸不出門上班或許只覺得開心，可是對失業在家的爸爸來說是糟糕透頂。不過，歷史不只是一連串事件，也包括文化變遷以及與文化有關的一切，例如科技、態度、信仰、行為規範、多樣性、偏見、時間運用、教育、家庭規模、離婚。未婚同居在你祖母眼裡是「活在罪惡中」，但現在已被廣為接受。今日青少年的娛樂（滑Instagram），和他們爸媽青少年時的娛樂（和朋友開車兜風）非常不同。

世代差異也給我們機會一窺未來。社會十年後是什麼樣子？二十年後呢？由於某些特質和態度不會隨著年齡改變太多（或是朝可預期的方向改變），相關數據（尤其是年輕人的數據）能讓我們看見社會現在的模樣，以及將來的模樣。雖然人在一生中會不斷改變，但我們的基本世界觀往往在青少年時期便已定型，這讓年輕世代猶如水晶球，讓我們得以一窺未來。

我從事學術工作已經超過三十年，整個職業生涯都在研究世代差異。一切開始於1992年寫學士論文的時候，我注意到一份常見的性格測驗在得分變化上很奇特：在自我肯定和獨立性上，1990年代大學女生的分數明顯高於1970年代的大學女生。但那裡是芝加哥大學，每個人都有點怪，所以我以為只是特例。直到隔年看到密西根大學的結果也是如此（那裡的人正常多了），我才隱隱領悟這可能是更有系統性的變化。我在圖書館裡埋頭研究了幾個月，找出1973到1994年的98篇心理學研究，發現在自我肯定和獨立性上，大學女生

為自己打的分數的確穩定提高——和那段時間女性職涯發展提升的趨勢完全相符。這是我對世代差異的第一份研究。

接下來幾年，我查遍書架上塵封的科學期刊，發掘人格特質、自我觀感和態度上的世代差異。2000年代中，具有全國代表性的大型資料庫上線，凡是1960年代以後在美國各地對年輕人進行的大型研究，上網就能查詢。在此同時，別的資料庫也一一上線，讓我們獲得更多觀察文化變遷的角度，例如社會安全局（Social Security Administration）的幼兒姓名資料庫，以及Google為書中習慣用語建立的大型資料庫，兩者都能上溯到1800年代。

我看見年輕一代在自信、期望和對平等的態度上出現巨大轉變，在2006年寫了《Me世代》（Generation Me）談千禧世代；看見手機時代的青少年日益憂鬱、難以樂觀，我在2017年又出了一本談Z世代的書，叫《i世代報告》（iGen）。但我去全國各地談《i世代報告》的時候，有主管、家長、大學教師問：「新科技不是影響我們每一個人嗎？」也有人好奇：「別的世代現在的想法不是也和以前不一樣了嗎？」這本書是我對這些問題的回答——但願它也能答覆其他與沉默世代、嬰兒潮世代、X世代、千禧世代、Z世代、兩極世代有關的問題。

我們從兩個比較大的問題談起，第一：造成世代差異的原因是什麼？第二：我們如何找出世代之間真正的差異？

▎造成世代差異的原因是什麼？

和北森蒂納爾島那種偏向靜態的文化不同，現代社會一直在變。當每個世代實際上都是在不同文化中成長，文化變遷也造成了世代變化。可是，哪些文化變遷對世代差異影響最大呢？

世代變化的古典理論幾乎把焦點完全放在一項因素：重大事件。1920年代，卡爾・曼海姆（Karl Mannheim）談到「世代單位」（generation units）時，指的是年輕時經歷過同樣事件，因共同經驗而連結的人。1970年代，社會學家葛蘭・愛爾樂（Glen Elder）發現：同樣是經歷過經濟大恐慌，童年時就遇上的人與成年後才遭遇的人不同。到了1990年代，威廉・史特勞斯（William Strauss）

和尼爾‧霍伊（Neil Howe）的理論是：美國以四個世代為一週期。由於各個世代在人生不同階段遭遇國家重大事件（如南北戰爭或二次大戰），所以也各自形成四種類型。舉例來說，1901到1924年出生的「最偉大的」世代（"Greatest" generation，簡稱GI）是「公民型」（civic），美國參加二次大戰時他們已經成年，正好可以承擔重任，帶領國家走過戰爭。許多討論世代的書籍和報告都以這種角度切入，一開始就先列出每個世代年輕時經歷過的大事，例如越戰之於嬰兒潮世代、美蘇核子衝突陰影之於X世代、2001年911事件之於千禧世代、新冠疫情之於Z世代。

重大事件當然會形塑一個世代的世界觀。舉例來說，經歷過經濟大蕭條的人往往一生節儉。然而，認定「世代樣貌是由重大事件週期形塑的」，似乎只見一隅，沒有考慮到文化變遷的其餘影響。但今日生活之所以與二十年前、五十年前、一百年前如此不同，其實和這些變遷脫不了關係。一百年前，洗衣、做飯這些家事費時費力，沒什麼人有餘暇做別的事。直到1990年代，公開表達政治意見仍代表你必須親自上陣參加抗議（或是親筆投書報刊，希望能獲得刊登）。而現在，你只要拿出智慧型手機輕點幾個鍵，就能在社群媒體上發文。在20世紀中葉，美國許多地方的白人依然認為種族隔離是正常的，而今天，這樣的事會激起道德義憤。1930年出生的女性多半受教育到中學，20歲結婚，25歲時已有兩個孩子。1990年出生的女性則通常會讀大學，25歲時未婚、也沒有孩子。重大事件不可能獨力造成這些文化變遷，一方面，這些變遷是線性的，年復一年大致朝同一個方向發展，不像經濟衰退或疫情那樣週期循環。

那麼，這些文化變遷的根本原因是什麼？——換言之，世代差異的根本原因是什麼？在我看來，那應該是年復一年持續進步的東西，應該是對日常生活產生重大影響的東西。我認為最可能的答案是科技。

科技已經完全改變了我們的生活方式，以及我們思考、行為、互動的方式。科技變化是線性的，不像戰爭、疫情、經濟那樣有週期起伏。科技模式可能改變（例如從電視機變成串流影片），但發展方向大致上是固定的：追求更簡單、更快速、更方便、更具娛樂性的事物。不論是科技，或是科技對文化、

行為、態度的後續影響，都已打破了舊的世代循環，形成新的東西。這是我為現代世界提出的新世代理論，我稱之為世代的科技模型（Technology Model of Generations）。

科技不只是平板電腦或智慧型手機而已。如果把科技定義為「能實際應用以解決問題或發明實用工具的學問或知識」，第一個懂得用火的人是創新科技，第一個發明輪子、播種耕種或使用書寫符號的人也是創新科技。從醫療到洗衣機到多層建築，科技囊括了現代生活的一切。如果沒有科技促成現代建築、公衛系統和交通，人口密集的大城市不可能出現。我們的生活之所以和幾十年前大相逕庭，主要原因正是科技。因此，我想我們可以合理推測北森蒂納爾島的文化和一百年前差不多，因為那裡的人經歷的科技變化非常少。

從表面上看，許多文化變遷似乎和科技八竿子打不著。同性婚姻關科技什麼事？上班服裝從正式到隨性怎麼扯得上科技？生兒育女的年齡越來越晚和科技又有什麼關係？事實上，這些文化變遷到頭來還是因為科技──只是中間還有一些中介因素（我稍後會回來談這些問題）。

科技發展不只改變器物，也改變我們的生活方式，進而影響我們的思考、感受與言行。以一萬年前的農業科技變化為例，它不但完全改寫人類的生活方式，也順勢一路影響我們的文化態度和信仰。隨著莊稼收穫日益穩定，私人財產變得越來越重要，人口眾多的社會組成變得更有可能，導致人們更具集體意識，也更強調遵守規則。漁獵採集生活只需三五成群，農耕生活則發展出更大的城鎮，以及更複雜、也更強調組織與合作的社會。到了晚近，某些科技發展帶來的變化終於超越工具本身，改變我們的行為和態度（見圖1.1）。

科技也影響了經典世代理論所看重的許多重大事件。以20世紀的重要科技發展「飛機」為例，它至少在上個世紀的四件大事中扮演關鍵角色：二次大戰時，飛機不僅參與戰鬥，還投下第一顆原子彈；911事件時，飛機被用來當攻擊武器；愛滋病和新冠疫情流行時，病毒都透過空中旅行傳播。

有一件滿經典的軼事：有個人類學家到處尋訪漁獵採集部落，收集起源故事。一名長老說世界是坐落在一隻巨大烏龜的背上。人類學家問：「那隻烏龜

圖1.1 | 科技進步造成深遠影響的例子

科技	主要成長時間	後續效應
電視	1947–1990	更貼近重大事件；認識其他地區和文化的機會更多；閱讀量下降；物質主義
家電（微波爐、洗衣機、冰箱）	1947–1985	獨居能力提高；女性更能追求職涯成就；閒暇時間增加
空調	1950s–1980s	美國西部與南部人口成長；戶外社交活動人數減少
避孕	1960–1969	婚前性行為增加；出生率下降；女性更能追求職涯成就
電腦科技	1964–2005	許多工作必備的技能和教育增加；生產力提高
網路新聞	2000–2010	即時獲得資訊；報紙銷量下滑；更能依偏好過濾新聞
社群媒體	2006–2015	得以接觸大型社會網絡；面對面的社會互動減少；政治立場極端化

坐在什麼底下呢？」長老說：「喔，底下是一層又一層的烏龜啊！」這個故事很有畫面，我們彷彿看見一隻一隻烏龜疊在一起，頂上的最小，底下一隻比一隻大一點點，一直延伸到我們望不見的無何有之鄉。雖然這則軼事意在點出起源神話的局限，但一隻隻烏龜層層疊疊、無窮無盡的畫面總讓我想到：找尋現象的終極原因不也是如此？每個原因都指向底下的另一個原因，像沒有盡頭的烏龜鏈一樣，很難看出真正造成事物改變的到底是什麼。

不過，這條烏龜鏈有時的確有終極源頭。以世代差異來說，這個源頭就是科技。科技未必總是直接導致世代差異，因為還有許多中介因素——我們可以把它們想像成烏龜女兒，趴在科技這隻大烏龜媽媽的背上。其中兩個中介因素是個人主義和生命軌跡減速，前者把更多焦點放在個體本身，後者指的是用較長的時間步入成年和老年。我用圖1.2為這種現代世代理論建立模型：科技是中介力量（個人主義和生命軌跡減速）的根本原因，也是重大事件的配角。科技改變是烏龜媽媽，個人主義和生命軌跡減速是烏龜女兒，重大事件是烏龜一

家的朋友，三不五時登門作客。

　　雖然這個模型並不完美，一定漏了一些造成世代差異的因素（例如收入不平等），但我想它有掌握住影響力最大的層面。除了科技的直接影響之外，個人主義和生命軌跡減速是決定20和21世紀世代差異的關鍵趨勢。

烏龜女兒一：個人主義。個人主義的世界觀強調個體本身，常在世界文化的脈絡中受到討論。個人主義文化（如美國）注重自由、獨立和平等，偏向集體主義文化的國家（如南韓）則重視團體和諧和循規蹈矩。

　　個人主義的程度也會隨時間而改變。兩百年前，我們的言行舉止和人生選擇受到重重限制。例如19世紀初攝政時期的英國──也就是珍・奧斯汀小說的那個世界──一個人的命運往往是性別、種族、階級決定的。男孩多半子承父業。上層階級的女性25歲時幾乎都已結婚生子；下層階級的女性不是在家相夫教子，就是當傭人。下層階級的男性和全體女性都沒有投票權，奴隸制合法。這段時間雖然也有部分個人自由，上層階級男性尤其如此，但即使是這些男性，也必須遵守嚴格的服儀和言行規範。當時的文化十分強調個人應為群體福祉犧牲，舉例來說，當國家需要年輕男性奔赴沙場，他們會期待上陣殺敵。

　　這些社會規範在接下來的歲月漸漸衰落。到了1960和1970年代，許多國家開始出現我們今日熟悉的高度個人主義社會：個人選擇至高無上，美國軍隊

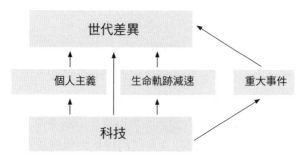

圖1.2｜世代的科技模型

注：重大事件包括戰爭、恐怖攻擊、景氣循環、疫病、天災、犯罪潮、有力人士和其他因素。

改成全募兵制，「走自己的路」成為多數人的座右銘，為群體犧牲不再像以前一樣備受鼓勵。每一個人都是獨立個體，個人的命運不該被群體身分決定。平等成為文化核心價值，從性別、種族、階級出發的個人權利運動風起雲湧。

既然自我備受重視，對自己感覺良好變得十分重要，於是社會越來越強調正面看待自己。透過 Google 掃描的兩千五百萬本書籍，我們發現：從 1980 到 2019 年，帶有個人主義色彩的短句穩定增加，鼓勵正向和表達自我的表述變得越來越常見（見圖 1.3，你可以自己試用看看這個資料庫，請搜尋「ngram viewer」）。如果書面用語如實反映了口頭用語，那麼成長於 1950 年代的嬰兒潮世代恐怕很少聽到「做你自己」或「你很特別」，千禧世代和 Z 世代倒是耳熟能詳。在 1955 年，別人看到你寫「我愛自己」會說這是同義反覆，甚至懷疑你暗指自慰，可是到 2000 年代，大家都知道你想表達的是珍惜自己。

我想特別提醒兩件事。首先，個人主義和集體主義都不全是好的或壞的。兩者各有利弊，一個人對這兩種體系的評價其實深受自身成長環境的制度所影響。舉例來說，西方社會越來越能接受單親家庭，到底是好是壞呢？你的答案部分取決於你傾向個人主義或集體主義。概括而言，個人主義的好處是你能享有更多自由和選擇，壞處是社會連結淡薄；集體主義之下個人選擇較少，但社會連結更為緊密。

其次，個人主義和集體主義不能與政治意識型態混為一談——它們不一樣。保守主義有個人主義的面向，例如贊成政府放鬆對個人的管制；也有集體主義的面向，例如強調家庭和宗教。自由主義認同個人主義對平等的堅持（每個人的權利和機會不應受到種族、性別、性傾向的限制），但也支持具有集體主義色彩的社會政策（例如政府應該為健康照顧提供經費）。因此，我們最好將個人主義和集體主義視為文化體系，而非政治意識型態。放任自由主義（libertarianism）可能是例外，這種政治哲學從自由派那裡吸收了一些觀點，也從保守派那裡拿取了一些觀點，但和個人主義多有重疊。不過個人主義和集體主義不能與民主黨和共和黨劃上等號。

世代的科技模型認為個人主義是科技造成的。如何造成？因為科技讓個人

圖 1.3｜個人主義短句在美國書籍中的出現頻率，1950–2019

資料來源｜Google 圖書資料庫（Google Books database）

注：縱軸數字代表各短句在該年出版的所有書籍中占的百分率。百分率以三年為區段進行平滑處理。為了讓這些短句出現在同一張圖，某些短語已經以 10 為係數做過調整。各短句其實並非同樣常見。

主義有機會生根。其實直到 20 世紀，人還是很難獨自生活，也不太有時間思考自己多麼特別，因為光是生存就得耗費大量時間精力。以前沒有冰箱、沒有自來水、沒有中央暖氣系統，也沒有洗衣機。街頭巷尾沒有現代雜貨商店，煮飯需要燒柴。富人請得起傭人打理家務，窮人只能一切自己動手，或是去當為別人做這些事的傭人。為日常操勞是過往年代的集體經驗。

　　現代公民不一樣，我們有時間把焦點放在自己身上，有餘裕留心自己的需求和欲望，因為科技為我們省去了生活上的家務負擔。去麥當勞得來速點餐只要五分鐘就有熱食，這件事是好是壞雖然見仁見智，但卻完美說明了現代生活驚人的便利，還有它為個人爭取到多少彈性。洗衣也是：以前你必須生火燒水忙個一整天，而且往往還得和別人一起；現在你只要把衣服扔進洗衣機，看四十分鐘電視，然後把衣服扔進烘衣機，再回去看電視。洗衣機直到 1940 年代末仍不普遍，烘衣機到了 1960 年代仍不常見。在 1940 年代的明尼蘇達鄉下，我

祖母和鄰居都得在戶外晾衣服。要是突然來個寒流，衣服全都凍得硬邦邦的。

科技也催生出中產階級。省力的工具降低了對傭人和農場工人的需求，更多人能從事其他種類的工作，而這些新工作多半薪水較高、自由時間也較多。穩定的中產階級興起是20世紀美國的偉大成就。當一個社會的大多數人認為自己是中產階級（2017年有70%的美國人這樣想[2]），堅信人人平等的個人主義就有了沃土。當日常家務勞動耗費的時間較少，進而基於性別、種族、階級的分工也更少，這種信念就更容易生根。

整體而言，科技進步改變了經濟型態，從需要許多人一起合作的農業和家務勞動，轉向通常更能獨力進行的資訊和服務業。人們還是會一起工作，但家庭農業和家族生意變得較不常見。科技也讓城市生活成為可能。當你住在小鎮，你的一舉一動往往躲不過眾人的目光；大城市則讓人幾乎隱姓埋名，替個人主義促成了更多發展空間。在受薪工作上，科技對需要言辭和社交能力（而非體力）的工作更有利，這讓更多女性能進入職場，有助於促進性別平等。

更晚近的科技發展也持續推進個人主義。電視剛問世時體積大如家具，外層裝飾木紋，一家人同看一台。後來流行一家不只一台電視，家庭成員可以收看不同節目。現在人人都有手機或平板，再加上耳機和串流平台，每個人隨時想看什麼就看什麼。

不過，科技變革未必一定會促成一致的高度個人主義，像日本雖然是科技大國，民情就仍偏向集體主義。但話說回來，沒有現代科技就沒有個人主義。世界上所有個人主義國家都是工業化國家，儘管工業化國家未必是個人主義國家。

我們回來談談稍早提到的兩個問題：同性婚姻關科技什麼事？上班服裝從正式到隨性又與科技有何干？答案是：這兩個改變都與科技的女兒——個人主義——有關。個人主義國家是最早擁護LGB ——女同志（lesbian）、男同志（gay）、雙性戀（bisexual）的國家，不是集體主義國家。最早合法化同性婚姻的是荷蘭和加拿大，不是中國或沙烏地阿拉伯。拉長時間來看，個人主義和LGB平權的關係依然較深。當文化越來越走向個人主義，也會更重視個人選擇、更不

要求人人一致。西方文化在20世紀大多數時間都排斥同性關係，一方面是因為他們與眾不同，而這也常常與集體宗教信條有關。同性關係挑戰到傳統異性婚姻的社會結構，以及構成集體社會基礎的家庭組建概念。然而，隨著家庭的型態和規模在個人主義文化中不斷改變，LGB關係就也只是另一種變化而已。隨著人工授精、卵子捐贈、代理孕母等生殖技術的輔助，男女同志伴侶現在可以生育有血緣關係的子女。換言之，科技正在直接影響LGB建立家庭。

個人主義也推進了性別、種族、族群及跨性別平權。個人主義是民權運動的基礎、是黑命貴運動（Black Lives Matter）的基礎、是女權運動的基礎、是同志平權運動的基礎，也是跨性別平權運動的基礎。個人主義主張你就是你，你應該被平等對待。希瑟・莫爾（Heather Moll）寫過一本精采的小說叫《九名女子》（Nine Ladies），讓珍・奧斯汀《傲慢與偏見》裡的達西先生穿越時空，從種族、性別與階級決定一切的1812年來到2012年。不消說，這名老派紳士對手機、飛機、餐廳等事物驚訝不已，而1987年生的新世代伊莉莎白・班奈特最常提醒他的是：「切記，對每個人平等相待。」平等是過去一百年文化變遷的主旋律，所以也是過去一百年世代變化的主旋律。

穿著隨性蔚為風潮雖然看似微不足道，卻是個人主義具體可見的結果。20世紀初，男性出門就得穿西裝戴帽子，女性則是連身裙加手套，常常還得穿上束腹。大家連休閒時都這樣穿。看看1950年代棒球賽的照片，全場的男士都穿正式西服、打領帶、戴帽子——而且是軟呢帽，不是棒球帽。網球鞋之所以叫網球鞋，是因為以前只有打網球時才穿。在當時，衣著的目的是襯托身分。以特定衣裝示人才能受人敬重。

個人主義改變了這一切：衣著的重點變成穿得舒服。穿搭變化具體實現了個人主義的名言：「你不必在意別人怎麼看你。」當然，我們還是會在意，否則為什麼不穿睡衣或裸體去上班？但個人舒適與展露身分的天平無疑已偏向舒適那端。

烏龜女兒二：生命軌跡減速。成長放慢、老化放慢是科技造成的另一個文化趨

勢，而這也對我們的生活方式影響重大。「減速」和日常生活步調無關（現在的生活步調顯然更快），而是指人們完成青春期、成年、老年人生大事（如考取駕照、結婚、退休）的時間較晚。

我女兒的抽屜裡有張 1950 年代末的相片，上面是我外公外婆和他們的四個兒女（他們總共生了八個孩子），地點是他們在明尼蘇達鄉下的農舍外頭。我外婆穿白藍相間的洋裝，外公一身西裝，頭戴淺褐色軟呢帽。我媽媽和兄弟姊妹盛裝打扮，她和瑪麗蓮阿姨戴了頂小帽子，馬可舅舅打領結，巴德舅舅穿藍色西裝外套，像電影明星一樣梳飛機頭。

他們從小到老的人生軌跡和今天很不一樣。外婆 1911 年出生，只讀到 8 年級，19 歲結婚，十八年間生了八個孩子（老么在老大的高中畢業舞會當天出生）。拍照當時我外婆 47 歲，但看起來像五、六十歲。我外公 1904 年出生，讀到 6 年級就回家裡的農場幫忙幹活。拍照時他五十多歲，但看起來已經像退休年齡。

我的舅舅阿姨在 1932 到 1950 年間陸續出生，從小就在農場幫忙擠牛奶、清畜欄、餵雞、做飯。但他們也會在附近玩耍。巴德舅舅有一次和兄弟去河裡裸泳，結果幾個鄰居女生把他們的衣服偷偷拿走。這個故事是他的最愛。我問過他當時幾歲，他的答案讓我嚇了一跳：「八、九歲吧。」現在很難想像還有多少美國孩子有這種自由。當時不只鄉下小孩如此，在同樣的年代，我爸爸小時候住在中型城市，他說小學時常和朋友在家附近閒晃，夏天打棒球，冬天滑冰。20 世紀中葉的童年就是如此：你有責任，但也有自由。媽媽們讓孩子出去玩，只要晚餐前回家就好；父母親覺得 8 歲孩子出門沒大人陪沒什麼大不了的，整天不見人影也無所謂。但近幾十年來，已經很少有孩子這麼獨立，連青少年都被爸媽用手機應用程式盯著去向。

為什麼會這樣？有個叫生命史理論（life history theory）的模型可以給予我們一些啟發。生命史理論說當父母的有兩種選擇：一是人生加速策略（fast life strategy）：多生孩子，要他們盡快長大；二是人生減速策略（slow life strategy）：少生孩子，讓他們慢慢成長。

在幼兒和成人死亡風險都偏高、又需要孩童協助農事的時候，人生加速策略更為常見[3]。在那種環境下，孩子生得**越多越好**（好增加孩子活下來的機會）、**越早越好**（確保孩子在喪父、喪母或父母雙亡時已經夠大，可以照顧自己）。

19世紀末，嬰兒死亡率高得不可思議，每六個新生兒就有一個會在未滿周歲前死亡——換句話說，每六個剛剛生產的女性就有一個會在一年內失去孩子。進入20世紀後，嬰兒死亡率雖然大幅下降，可是在1925年第一群沉默世代出生的時候，每十四個嬰兒裡還是有一個活不過周歲。到1946年第一群嬰兒潮世代出生，每三十個嬰兒裡有一個活不過周歲（見圖1.4）。直到1988年，嬰兒死亡率才降到一比一百；2020年是一比兩百。

兒童死亡率也不低。在20世紀初，十個活過周歲的孩子就有一個活不過15歲[4]。可是到2007年，每三百個美國人只有一個在童年死亡。從1950到2019年，5到14歲的兒童死亡人數減少超過80%。我的外公外婆對此有切膚之痛：1954年，他們的第五個孩子（也是第一個女兒）喬伊絲因腎臟感染去世，年僅13歲。換作是今天，腎臟感染不致使她喪命。

還有別的因素讓過去的環境和現在不一樣。以前的人受教育的時間較短、壽命也較短，所以每個人生階段都發展得比較快。也就是童年更獨立，十多歲時工作較多、也較常約會，年近二十或二十出頭就結婚、生小孩、進入職場，45歲時覺得自己有了年紀，六十多歲去世。平均預期壽命到1931年才穩定超過60歲，到1961年才達到70歲，到1989年才達到75歲（見圖1.5，1918年大幅下滑是流感和第一次世界大戰的雙重因素所致，天災人禍導致許多年輕人喪生。2020到2021年下滑則是因為新冠疫情）。

進入21世紀之後，嬰兒和兒童死亡率下降，教育時間延長，人們普遍更長壽，也更健康。這種環境死亡風險低，但收入不平等，在經濟上落後別人的風險增加。所以家長選擇少生孩子，並在養育上投入更多資源。正如某篇學術論文所說：「在穩定的環境中，當資源競爭日趨激烈，父母傾向增加付出，減少子代人數。[5]」這句話言簡意賅地勾勒出21世紀的美國：雖然環境穩定，死

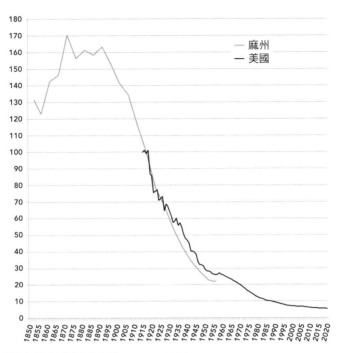

圖1.4 │ 美國與麻州之嬰兒死亡率，1850–2020

資料來源：疾病管制中心（CDC）全國生命統計（National Vital Statistics），《美國統計摘要》（Statistical Abstract of the United States），殖民地時期到1957年

注：嬰兒死亡率指每千名活產嬰兒周歲前死亡率。麻州的數據較早，因為該州自1850年起就留下紀錄，當時還沒有全國性數據。

亡率低，但收入不平等和其他因素導致資源競爭激烈。

　　結果便是人生減速策略：出生率較低，成長較慢，每個孩子得到的資源和關愛更多。於是兒童更少自己做事（走路上學和獨自待在家中的機會變少）；青少年較不獨立（取得駕照或約會的人變少）；青壯年（young adults）延後成年階段的人生大事（結婚和生育的年齡都比前幾個世代更大）；以前被視為「中年」的人生階段現在變得較為年輕（「現在的50歲好比以前的40歲。」）；退休時仍身強體健變成普遍現象，而非特例；預期壽命正奔向80歲。從童年到中老年，整個人生發展速度已經放緩。

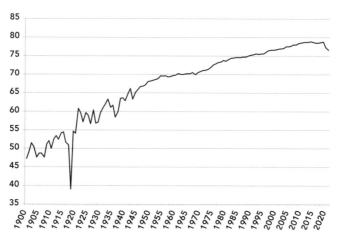

圖1.5│美國每年預期壽命，1900–2021

資料來源：國家健康統計中心（National Center for Health Statistics）

　　歸根結柢，造成這些變化的都是科技：現代醫療延長壽命、生育控制讓人能夠少生孩子，省力的工具減緩老化，知識經濟迫使人人需要更多年的教育。在年紀較大的人身上，發展放緩尤其適合用生理數據來量化。最近有項研究使用了8項老化生物指標，結果發現：從2007到2010年，60到79歲的美國人生理年齡比起1988到1994年的同齡人年輕四歲，40到59歲者的生理年齡則年輕兩到三歲[6]。

　　有一件事很重要：人生加速或減速策略未必一定是好的或壞的。兩種發展都是人類適應特定時空的策略，也都有優點和缺點。個人主義也一樣有利有弊。在閱讀本書的過程中，請務必切記：世代交替的變化本身沒有好壞，變化就只是變化而已。

打破世代循環。科技和它的兩個女兒（個人主義和較慢的生命軌跡）已經徹底改變文化，形塑了每一個世代。這三種線性影響已經強到足以打破過去的世代循環，在二戰之後尤其如此。

　　史特勞斯和霍伊在1991年合著的《世代》（*Generations*）中主張：重大事件

讓美國人的世代以四種類型循環，世代類型隨遭遇重大事件時的年紀而定，分成理想型（Idealist）、反應型（Reactive）、公民型（Civic）和適應型（Adaptive）。舉例來說，1900到1924年出生的最偉大的世代是公民型，因為他們在二次大戰時正值青壯年，是肩負國家興亡的士兵、軍官、工廠工人。由於千禧世代在下一次重大事件發生時也正值青壯年[i]，史特勞斯和霍伊預測：千禧世代將和最偉大的世代一樣，也是公民型。史特勞斯和霍伊用同樣的模型剖析Z世代，預測他們將和沉默世代一樣是適應型，也是戰時仍是兒童或青少年、戰後結婚成家。雖然史特勞斯和霍伊的某些預測準確得令人詫異（例如他們曾預告2020年左右會有大事發生），但各個世代的行為其實和他們預測的不一樣。舉例來說，如果千禧世代和最偉大的世代相似，那他們面對疫情時應該會遵守規則、凝聚強大的愛國心，集眾人之力迎向挑戰。但實際情況不是如此，我想主要是個人主義所致。現在不但愛國情操普遍低落，循規蹈矩可能還會引人非議。至於「Z世代將類似於沉默世代」這種說法，我只提出一個反證就好：沉默世代擁抱傳統性別角色，年紀很輕就結婚，Z世代則恰恰相反。簡言之，從上個世紀中開始，科技的龐大影響似乎已經打破過去的世代循環模式。

史特勞斯和霍伊有些地方沒說錯，美國歷史或多或少是循著可以預測的週期循環，衝突過後就是穩定，他們也正確預測到2010年代末到2020年代初的亂局。然而，如果近來的科技變化已經顛覆世代循環，現在的世代恐怕應付不了目前的危機。史特勞斯和霍伊說，在前幾次危機中，每個世代都有領導國家突破重圍、度過難關所需的特質。但如果目前的世代並不具備協助國家克服逆境的特質，美國恐怕接下來沒幾年就會陷入困境。

▌我們如何找出世代之間真正的差異？

科技不但形塑出不同世代，也讓我們得以更深入地研究各個世代。沒有多久以前，討論世代的書縱然會敘述影響各群體的重大事件，有時還會翻出相關

---

[i] 史特勞斯和霍伊預測千禧世代進入盛年時（2020年）會有大事發生，但他們做此預測僅憑其所主張的循環模型，並不知道2020年將有疫情肆虐。編注

人口統計，但接下來的論述往往流於臆想，只憑一些雜聞軼事就妄作揣測，推想那些重大事件可能對各世代的態度、特質、行為造成什麼影響。過去的民調和調查也許可以推估不同世代的樣貌，卻無法分辨哪些差異是因為世代、哪些不同是因為年齡。

然而，如今我們進入大數據時代，各世代的圖像逐漸變得更清晰、也更確定。有了累積幾十年的大型全國調查，我們可以回到過去，看看同一群人幾十年前的觀點，隨著他們年齡增長追蹤變化，並比較不同時代的年輕人有何差異。我們可以看見世代之間真正的不同在哪裡——不是根據臆測，而是以即時收集的扎實資料為本。

本書對於世代差異的結論依據的是 24 個資料集，其中幾個可以回溯到 1940 年代。這些資料集評估的對象遍及孩童、青少年和成人，樣本總數達三千九百萬人（見圖 1.6），遠超過美國前十大城市加起來的人口。比起我的前一本書《i 世代報告》所依據的 4 個資料集、樣本數約一千一百萬人，這是一大進步。這些資料集讓我們能透過每個世代自己的聲音，聽見他們的故事。我相信這樣做能達成本書的主要目標：分辨世代差異的真實與迷思，讓我們更了解彼此。

這些資料集大多不會輕易吐露祕密。想一探其中意義，你必須下載資料檔、以各種變因耙梳、跨年合併觀察、重新編碼變因，細細加以分析，以不輸製作香腸的十八般武藝去分析數據。好在我本來就是以處理資料營生。除了少數例外，書裡的圖表在 Google 搜尋和政府官網都看不到，背後的分析是這本書的獨門手藝。

那麼，我們可以探究哪些世代差異？幾乎什麼都可以。這些資料不僅包括性生活、出生率、政治傾向、收入、時間運用、性別觀點、人生目標、毒品與酒精使用、結婚年齡、離婚、領袖角色、教育、肥胖、物質欲求，也涵蓋心理健康和快樂。哈拉瑞在《人類大歷史》中提過，歷史學家很少討論科技進步如何影響人的快樂與福祉。這種情況不該繼續，我們不只必須了解科技如何改變，也要知曉科技對各個世代心理健康的影響。

圖1.6 ｜ 本書使用之資料集

以下幾乎所有資料集都具有全國代表性，亦即受訪者在性別、種族／族裔、年齡、社經地位和地區分布上類似於全體人口。大部分數據採自美國，但有幾個資料集曾在世界各地採樣。

人數包括調查年份的所有參與者；確切樣本規模隨問題而異。有些資料集還有此處沒有使用的早年數據以及其他年齡層的數據。大多數資料集是在個人層次分析，例如人口動態調查（Current Population Survey）和美國大一新生調查（American Freshman Survey），部分資料集是在群體（平均）層次分析。

資料集	年齡組	調查機構	年份	調查人數
全國健康與營養調查 National Health and Nutrition Examination Survey（NHANES）	2歲以上	CDC	1999–2020	107,622
全國藥物使用與健康調查 National Survey on Drug Use and Health（NSDUH）	12歲以上	美國衛生及公共服務部 U.S. Dept. of Health and Human Services	1979–2020	1,436,802
監測未來調查 Monitoring the Future	8–10年級 （13–16歲）	密西根大學，國家衛生研究部贊助 University of Michigan; funded by National Institutes of Health	1991–2021	936,118
	12年級 （17–18歲）	密西根大學，國家衛生研究部贊助 University of Michigan; funded by National Institutes of Health	1976–2021	692,817
青少年風險行為監測調查與青少年行為與經驗調查 Youth Risk Behavior Surveillance System and Adolescent Behavior and Experiences Survey	9–12年級 （14–18歲）	CDC	1991–2021	224,283
學齡兒童健康行為調查（國際研究） Health Behaviour in School-Aged Children（international）	13-15歲	世界衛生組織 World Health Organization	2002–2018	650,504

資料集	年齡組	調查機構	年份	調查人數
千禧世代研究（英國） Millennium Cohort Study（UK）	14歲	倫敦大學學院 University College, London	2000–2015	10,904
國際學生能力評量計畫 （國際研究） Programme for International Student Assessment（international）	15及16歲	經濟合作暨發展組織 Organisation for Economic Co-operation and Development	2000–2018	1,049,784
世界價值觀調查（國際研究） World Values Survey（international）	15歲以上	世界價值觀調查協會 World Values Survey Association	1981–2020	28,809
美國人時間使用調查 American Time Use Survey	15歲以上	勞工統計局 Bureau of Labor Statistics	2003–2021	219,673
人口動態調查， 年度社會與經濟別冊 Current Population Survey, Annual Social and Economic Supplement	15歲以上	美國普查局， 美國勞工統計局 U.S. Census Bureau, U.S. Bureau of Labor Statistics	1947–2021	~7,000,000
全美選舉研究 American National Election Studies	18歲以上	史丹佛大學及 密西根大學 Stanford University and University of Michigan	1948-2020	69,498
美國大一新生調查 American Freshman Survey	即將入學 之新生 （大多數為 18–19歲）	UCLA	1966–2019	10,551,020
收支動態調查研究 Panel Study of Income Dynamics	18歲以上	密西根大學 University of Michigan	1968–2019	90,264
社會概況調查 General Social Survey	18歲以上	芝加哥大學全國 民意研究中心 NORC, University of Chicago	1972–2021	68,846
全國行為風險因子監測系統 Behavior Risk Factor Surveillance System	18歲以上	CDC	1993–2021	9,550,207

資料集	年齡組	調查機構	年份	調查人數
國民健康訪問調查 National Health Interview Survey	18歲以上	CDC	1997–2021	1,835,337
蓋洛普民調 Gallup poll	18歲以上	蓋洛普公司 Gallup, Inc.	2001–2022	22,842
國會選舉合作研究 Cooperative Election Study	18歲以上	哈佛與 YouGov Harvard and YouGov	2006–2021	531,755
皮尤研究中心民調 Pew Research Center polls	18歲以上	皮尤慈善信託基金會 Pew Charitable Trusts	2010–2018	17,021
CIVIQs 民調 CIVIQs poll	18歲以上	CIVIQs 民調公司 CIVIQs polling company	2017–2022	345,605
全國概況 Nationscape	18歲以上	民主基金會 Democracy Fund	2019–2021	413,790
選民調查 Voter Survey	18歲以上	民主基金會 Democracy Fund	2020	4,943
家庭脈動調查 Household Pulse Survey	18歲以上	美國普查局 U.S. Census Bureau	2020–2022	3,339,697
所有調查人口總數				39,198,141

　　在深究這些資料透露的世代特徵之前，我們不妨先看幾個關於世代的常見問題，以及誤解。

如果我覺得自己不像千禧世代，我還算千禧世代嗎？

　　我們全都屬於某個世代。對某些人來說，世代就像服貼的羊毛手套，同世代的凝聚力給予我們溫暖的保護。可是對另一些人而言，世代像刺癢的毛衣一樣令人困擾，不但有以偏概全之嫌，也誤解每個世代自身的感受。在許多人眼裡，世代有利有弊：世代促成的共同經驗和支持很不錯，但世代標籤帶來的羞辱沒人喜歡。後一種例子比比皆是，例如用「好了啦，老灰啊」堵長輩的嘴，

責怪X世代就是不上進，或者批評千禧世代買不起房是因為不夠節儉，花太多錢吃酪梨土司早午餐。

沒有人能選擇出生在哪一年，所以不論喜不喜歡，我們都屬於某個世代。如作家蘭登·瓊斯（Landon Jones）所說：「屬於哪個世代由不得人。世代和社會階級或族群一樣，從出生就是如此，不管你同不同意。[7]」不論你知不知道或在不在意自己屬於千禧世代，只要你出生在那段時間，成長過程就一定會受到期間的科技和文化影響。

所以，只要你是1980到1994年出生，就算你覺得自己不像千禧世代，你還是其中的一員。這些出生年界線的確稍嫌武斷，比方說，若你在1978到1982年間出生，你可能會說自己既不是X世代、也不是千禧世代，而且你這樣講確實有理。事實上，有些這段時間出生的人把「X世代」和「千禧世代」拼在一起，自稱「X禧世代」（Xennials）。不過，雖然世代之間並非涇渭分明，人的經驗顯然會隨出生年不同而異，問題只在界線應該劃在哪裡而已。

如果你被歸入千禧世代（或沉默世代、嬰兒潮世代、X世代、Z世代），但你覺得這個世代的特質與你不符，討論世代差異有意義嗎？就和女性不全是典型女性、紐約人也不全是典型紐約人一樣，並不是每個人都是自身所屬世代的典型成員。世代差異就如所有群體差異，也是平均值。舉例來說，雖然和2005年的千禧世代青少年相比，今日Z世代青少年的平均上網時間較長，但一定有部分Z世代青少年不常上網，也一定有部分千禧世代青少年經常上網，兩個群體之間重疊的部分一定不小。

世代之間具有平均差異，並不代表同一世代裡的每個人都一模一樣。如果有人說：「我是Z世代，但我上網時間不多，所以我不認為真的有世代差異。」這樣的人其實犯了「NAXALT」謬誤，意思是「不是所有X都是那樣（Not All〔X〕Are Like That）」。犯了這種謬誤的人以為只要群體中有極端案例，就不能討論該群體的平均特質。這就像有人說「繫安全帶能保障行車安全」，另一人卻反駁：「你這樣太一概而論。我知道有人被安全帶勒死。」也許真的有人被安全帶勒死，但安全帶挽救的人命比勒死的人不知多出多少倍。繫安全帶的死亡

風險比沒繫低得多，這是繫安全帶的平均結果，舉出罕見的反例也無法推翻。儘管每個群體之內都有差異，我們還是可以看出不同群體之間的差異。

有人說世代差異只是刻板印象。我的回應是：憑空臆測世代之間有什麼不同的確是製造刻板印象，但如果每個世代在結婚年齡、信不信教、自信程度上真的有所不同，指出這些差異並不是製造刻板印象（例如千禧世代結婚較晚、較不信教、比前幾個世代更有自信），而是以科學方法比較出群體之間的差異。有趣的是，大家總是傾向把不受歡迎的世代差異指為「刻板印象」，卻樂於接受被正面看待的世代差異。

雖然世代差異是可以驗證的，但如果以為每個個體都必須代表其所屬的群體，仍是落入刻板印象。舉例來說，如果有人假定每一個千禧世代都高度自信、三十多歲結婚、比較不在意信仰，就是囿於刻板印象，因為他們假定了千禧世代的每一個人都符合這個世代的平均樣貌。然而，刻板印象是詮釋的錯，不是研究本身的錯。發現一項世代差異並不代表認定該世代的每一個人一模一樣，也不代表性別、種族、宗教等其他面向不重要。其他面向當然重要，因為每個人都在許多方面都與別人不同。因此，批判世代研究「以偏概全」並不公允。這樣說吧：就算有研究指出 X 世代平均來說比較物質主義，它的意思也不是 X 世代的每一個人都高度物質主義。以偏概全的是這樣詮釋的人，不是研究本身。

不過，仍然有許多人因為自己與所屬世代的典型態度、特質和行為不同，就覺得自己不是其中的一分子。即使如此，每一個人無一例外，還是會受到所屬世代的歷史處境影響。請想像一下：有一個人叫伊森，21歲，信仰淡漠，在東岸大城讀大學，打算來年結婚，然後盡快生小孩。

如果這時是 1961 年，伊森不難在社交圈裡找到也想畢業後盡快結婚的年輕女性。他的家人、朋友會為他的決定高興，他的選擇在旁人眼裡十分正常。但如果這時是 2023 年，與他同齡的女生很少會想二十出頭就結婚生子。他的家人、朋友會認為他這時結婚太早，勸他打消主意。旁人會覺得他年紀輕輕就想結婚實在奇怪，他也很可能找不到願意這麼早結婚的伴侶。換句話說：雖然伊

森的想法和典型的Z世代很不一樣，可是他還是會受到生於2000年代的影響。

因此，世代變化不只和個人改變有關，也和文化規範的變遷有關。大多數西方人從小學到的是：選擇只依個人偏好而定，每一個人的行為只影響自己。但事實上，我們全都彼此相連。

牢記這點十分重要，原因很多。首先，這代表你一定會受世代趨勢影響，即使你是異數，即使你不喜歡那些趨勢，即使你不是同世代裡積極促成改變的人，仍是如此。拿伊森來說，即使他找到一名想在22歲結婚、23歲生子的同齡女性，他們恐怕也是同儕中唯一有小孩的。所以他們和1950年代年輕夫妻的經驗還是不同，因為後者活在想法與自己差不多的同儕之中。再拿過去七十年的平權運動來說，女權運動不只帶給走上街頭或提出訴訟的女性更多機會，也改變未來世代女性與男性的人生。雖然他們大多數並不認為自己是女性主義者，但他們對職場和教養的態度還是已經受到潛移默化，和他們的父母、祖父母很不一樣。

其次，「我們彼此相連」代表的是：世代變化不只和個人行為有關，也和群體層次的變遷也有關。智慧型手機是很好的例子，2007年出現，2013年已有半數美國人使用。智慧型手機是通訊工具，不只影響個別使用者，也影響整個社會網絡。隨著智慧型手機和社群媒體普及，不論你使不使用都會受到影響。隨著通訊從通話和親自碰面變成網路溝通，整個社會的運作都跟著改變，連面對面互動都不斷被查看手機打斷。花很多時間上社群媒體，代表你會看到別人在沒有你的時候做了什麼；但要是完全不用，又會難以參與某些互動。正如某位大學一年級生對我說過的：「不用社群媒體，你會被排除在外；使用社群媒體，你還是會被排除在外。」每一個人都會被社會互動模式的轉變影響，不論他們使不使用那些科技。同樣地，每一個人都是特定世代的一員，不論想或不想。

▎真的能劃分出不同世代？是誰的錯？

「世代」的概念近來受到不少批評。有些學者和作者說世代「並不真實存

在」、「只是人想出來的」。

在大多數時候，他們想說的並不是現在的生活和五十年前相同，而是質疑以出生年將人分門別類的方式，例如1964年出生是嬰兒潮世代，1965年出生就成了X世代。他們也質疑討論世代的書籍和文章過於籠統，將原本異質的群體一概而論。

的確，每一道世代界線都有武斷之虞——對於哪一年應該屬於哪個世代，我們沒有精確的科學或官方共識作為標準。你稍後也會看到：出生年界線前後常有過渡階段，轉變很少一蹴而成。原因無他：出生在界線前後的人基本上經歷著同一種文化。然而即使如此，我們還是得在某個地方劃下界線。此外，「世代」的範圍有時的確太寬：有些被歸在同一個世代的人出生相隔十年，經歷的其實是不同的文化。但如果我們把世代分得太細，恐怕不但讓人眼花繚亂，也更難看出宏大的世代趨勢。所以我試著採取折衷立場：雖然用世代區分出章節，但書中大多數圖表都是能呈現每年數據的折線圖，而非把同世代的數據全部加總、平均的長條圖。這樣做能看出世代之間和世代之內的過渡情形，這些轉變往往也透露出重要資訊。

劃界武斷不是世代分界獨有的挑戰。城市地界、人格類型以及以18歲作為法定成年年齡，都會遇到同樣的問題。世代研究不得不以出生年劃下一條明確的界線，但世代之間的真實界線應該更模糊。這樣區分世代並不完美，別的劃界方式很可能也有可取之處。那麼，為什麼我們仍繼續沿用這種作法？因為這種作法的確實用。比起改稱「出生在1980年代到1990年代初的人」，「千禧世代」這個標籤顯然簡潔得多，以出生年為界也比個別探究每個出生年的受訪者容易。

對於世代研究還有一種批評：由於世代越來越短，討論世代已失去意義。舉例來說，沉默世代（1925–1945年生）橫跨21年，千禧世代（1980—1994年生）卻只有15年。然而，這不是巧合——世代交替之所以越來越快，是因為科技變化的速度越來越快。有線電話從出現到半數美國人擁有花了幾十年，智慧型手機從出現到超過半數美國人都擁有只花了五年半，是人類史上最快

被接受的新科技。也有人質疑：既然生育年齡越來越晚，隨生殖而生的世代（reproductive generations）應該越來越長，為什麼我們界定的世代反而一個比一個短？答案很簡單：我們命名和討論的世代（如嬰兒潮世代、Z世代）是隨社會變遷而生的世代（social generations），和生殖世代的意義不同。

還有一個問題是：既然年齡和時代因素也會影響所有世代的每一個人，我們怎麼知道這本書裡談到的差異是因為世代，還是因為年齡或時代呢？若只從一時一地的調查來看，這些差異的確有可能是年齡造成的。然而，這本書裡的大多數數據都是幾十年來累積的成果，這代表我們可以比較不同世代在同樣年齡的想法。所以我敢肯定地說，造成書中這些世代差異的不是年齡。如果不論在哪一年，Z世代的年輕人都比X世代的中年人憂鬱，原因可能是世代，也可能是年齡。但如果18到25歲年齡層的憂鬱比例逐漸上升，原因就不是年齡，而是不同世代的年輕人變得不一樣了。

那麼，這些差異會不會是時代造成的？這種可能性確實比較難以排除。在同樣的時代，每一個世代都會以完全相同的方式受到影響，在大多數案例中，時代因素和世代因素會一起發揮作用。以同性婚姻為例，從2000到2015年，所有世代支持同性婚姻的比例一體上升——這反映的是時代因素。但另一方面，我們也可以看到：千禧世代在這段時間一直比沉默世代更支持同性婚姻——如果我們可以假定同性婚姻的支持度不會隨年齡降低，就可以判斷其中也有世代因素。另一個例子是社群媒體。社群媒體在2010年後蔚為風潮，改變所有年齡層的生活方式，但年紀較輕的人受到的影響較大，因為他們仍在開發社交圈和磨練溝通能力。相較之下，年紀較長的人在社群媒體出現時已經建立好人脈，也已經在科技沒那麼先進的時代鍛鍊好溝通技巧，所以雖然他們也開始使用社群媒體，但受到的影響較小。有時，如果有些變化只影響特定年齡層的人，我們一看就能篤定地說是世代因素在發揮作用。例如初婚年齡通常較輕，所以看到千禧世代比沉默世代晚婚得多，就可以判斷晚婚是世代差異，而非時代效應。但整體而言，書中討論的許多趨勢是跨世代的，，雖然本書以世代分章，我們也會看到有些趨勢起於某個世代，或是對某個世代影響最深。

有人說長輩「永遠」對年輕人不滿，是這樣嗎？往往有人以此主張沒有世代差異——如果真有世代差異，怎麼可能五十年前的年輕人「太嬌」，五十年後的年輕人還是「太嬌」？

也許長輩沒有說錯。隨著科技讓生活越來越進步，每一代的體力負擔越來越小，所以每一代的確都比上一代「嬌」。某種說法以前就有不代表它是錯的，在改變持續朝同一個方向發展時尤其如此。最早懂得用火的人也許就對孩子們講過：「你們不知道自己有多幸福！」語氣和 X 世代父母對 Z 世代子女說教時一模一樣——帶著一絲懷舊的感慨，細數圖書館卡片目錄、廚房裡的有線電話和 20 世紀其他的種種不便。既然科技不斷進步，相隔萬年的兩個家長其實都沒說錯。本書援引的資料出自年輕人本身的陳述，而非長輩們的怨言，我相信能幫助我們釐清問題。研究世代差異是為了了解，而非批評。

每次我演講世代差異，一定會聽到各式各樣的「究責問題」。有人問：「年輕人這麼自以為有權對人予取予求是誰的錯？」也有人說：「不能怪到我們頭上，是嬰兒潮世代把一切搞得一團亂。」不論是書籍或網路，談到世代差異時總是會有這些聲音。千禧世代作家吉兒・菲力波維奇（Jill Filipovic）也講過：「『好了啦，老灰啊』不單純是辱罵，也是千禧世代在百般挫折之後的簡略回應——這群人給我們製造了這麼多問題，現在居然反過頭來說是我們不對？[8]」

委婉地說：這種思考方式有待商榷。首先，並不是所有世代變化都是負面的，事實上，許多改變是正面或中性的。如果「一切」都該歸咎嬰兒潮世代，好的改變是不是也該歸功他們呢？另外，造成世代變化的因素很多，其中最主要的是大型文化變遷（例如科技），而文化變遷不是單一世代能左右的。追究「罪責」在誰並沒有幫助，只是讓我們互相責怪，而非好好了解各種或好或壞的趨勢。這些爭辯讓世代之間猶如手足閱牆，明明都已受傷，卻仍在爭執是誰先動手。家庭的比喻用在 2020 年代十分貼切：沉默世代和嬰兒潮世代是威風的老大，千禧世代和 Z 世代是精力旺盛但備受誤解的老么，X 世代則是夾在中間的孩子，經常被人遺忘。

另一個問題是：這些世代差異是否適用於美國以外的國家？雖然本書主要

把焦點放在美國，但書中討論的文化變遷也出現在世界其他地方。舉例來說，在大多數工業化國家，智慧型手機差不多也在同一段時間普及。如果某種世代差異是智慧型手機造成的，我們應該可以預期，那些差不多同時採用這項科技的國家，也會出現類似的改變模式。但當然，他們也會遭遇別的文化影響。我會在Z世代那章分享一些國際數據，讓大家看看智慧型手機時代對全球青少年的意義。

那麼，新冠疫情對我們的影響是什麼？令人意外的是，從2019到2022年，我們的態度和行為並沒有出現太大的變化。也許是因為疫情只強化了2010年代的許多趨勢（面對面互動降低、政治極化加劇等等），卻沒有逆轉它們。正如歷史學家凱爾·哈珀（Kyle Harper）在2021年所說：疫情「似乎……發現也暴露出我們其他的社會病症……新冠疫情和放射性示蹤劑一樣，讓我們看見自己的錯誤和失敗，以及導致我們無法達成社會共識的文化兩極化。[9]」換句話說，疫情進一步放大已經存在的問題，而非加以改變。在虛擬通訊逐漸盛行的2010年代末，我們已經開始為當時還不知道即將來臨的疫情預演。

▎未來要走向何方？

以下各章將分別討論2020年代具有一定人口的幾個世代：沉默世代、嬰兒潮世代、X世代、千禧世代、Z世代和兩極世代。雖然每一章都以前一章為基礎，但你如果想先跳到你自己或孩子那一章，沒關係，這樣也很好。序論之後的每一章都有表格，簡述該世代的出生年分、人數，以及他們父母、子女、祖父母的典型所屬世代，同時大致列出種族比例，非白人身分者包含了多種族和多族裔混血者 ii。據美國普查局（U.S. Census）統計，2020年有10%的美國人是多種族混血。這裡說明一下用語：我會沿用美國普查局對各種族和族群的稱呼，為避免誤解，首字母全部大寫。我有時會以白人、黑人、西裔、亞裔等稱呼指涉特定群體，這是為了簡潔，並不是暗示種族是身分認同的全部。

簡述背景之後，我會列出該世代最受歡迎的名字。這部分的資料取自令人

---

ii multiracial and multiethnic people included with their non-White identification。譯注

驚豔的社會安全局姓名資料庫，裡頭有所有領有社會安全卡的美國人的紀錄。我的收錄標準是：只要在該世代出生期間曾登上前五名，就收錄進來。由於女生流行的名字循環更頻繁，女生的常見名單通常比男生長。

接下來是該世代在娛樂界、政界、體育界、商界的名人。因為我把焦點放在美國的世代趨勢，這份名單幾乎全部都是美國人（含本地出生者和移民）。所以，如果你最喜歡的演員、歌手或足球明星是英國人或葡萄牙人，他們不會在名單裡。但我決定為一些在美國節目竄紅的加拿大人破例，通常是喜劇明星，畢竟美國節目少了加拿大人就沒那麼有趣。有的名人現在還是很紅，有的名人幾十年前紅極一時，後來就漸漸淡出。如果你記得他們，或許會興起一股甜絲絲的懷舊情緒。

把名人依世代列表有助於我們跳脫刻板印象，對那個世代產生新的視角。大多數人知道超脫樂團（Nirvana）的寇特·柯本（Kurt Cobain）是 X 世代，但你知道吉米·法倫（Jimmy Fallon）、肯伊·威斯特（Kanye West）、布雷克·雪爾頓（Blake Shelton）、茱莉亞·羅勃茲、伊隆·馬斯克、珍妮佛·羅培茲也是嗎？馬克·祖克柏固然是典型的千禧世代，但這個世代也出了碧昂絲、麥可·菲爾普斯和女神卡卡。這份名單或許能帶給你一些驚喜──我在做這份名單以前，還真不知道梅蘭妮亞·川普（Melania Trump）是 X 世代。我還發現幾個有趣的共同點，例如比爾·蓋茲居然和史蒂夫·賈伯斯同一年出生，都是 1955 年。

這張簡介表格之後正式開始談世代趨勢，主題包括婚姻、性、出生率、毒品與酒精、平權運動、流行文化、科技、收入、教育、政治、宗教、性別認同、心理健康、快樂，以及介於其中的一切。由於每個世代的個性與經驗都是獨特的，每一章的架構也不一樣。你也會發現：中間四個世代（嬰兒潮世代、X 世代、千禧世代、Z 世代）的資料遠比沉默世代和兩極世代多，因此篇幅也更長。原因是沉默世代在許多大型全國調查開始時已經成年，兩極世代在調查進行時多半年紀太小，沒有參與。

雖然許多科技和重大事件影響了不只一個世代，但為了避免重複，我不會每一章都談。我會把這些變化放進最受影響的世代，或是促成這些變化的領袖

和典範人物的所屬世代。舉例來說，宗教變化最顯著的是千禧世代，所以宗教信仰的趨勢在那一章討論。有些主題很難決定該放在哪一章，例如爭取同性婚姻合法化。雖然領導這個運動的主要是X世代，但現在和未來最受影響的是千禧世代和Z世代。我最後決定把它寫進X世代那章，因為這是他們人生中的巨變，而且2015年提出憲法訴訟的主要原告吉姆‧歐伯格菲（Jim Obergefell）是X世代。有些影響眾多世代的重大事件會在各章中間分散討論，例如2001年的911事件，因為它不只屬於一個或兩個世代，而屬於每一個世代。

流行文化和科技方面，我會把重點放在最能反映世代精神和經驗的媒介，以及創新者。你會看見指標人物，也會看見沒那麼有名的人。你最喜歡的流行文化零食或許不在榜上——但在許多的將來還是會的。到千禧世代成年時，流行文化已經分化成太多形式，統整難度變高，Z世代成年後更是如此。

最後一章討論的是世代差異對未來的意義，主題包括職場、政治、消費等諸多領域。這些趨勢預示了美國社會未來幾十年的重大改變。雖然預測未來絕非易事，但我們掌握的資料既已涵蓋非常年輕的世代，我想我們的視野也能變得較不模糊。世代研究固然是了解過去的方式，但也能幫助我們認識未來。隨著世代改變，世界也將改變。

2

沉默世代（1925–1945年生）
Silents (Born 1925–1945)

　　「年輕一代最令人驚訝的地方是他們無比沉默。」1951年，《時代》雜誌這樣寫道：「除了少數例外，年輕人普遍不愛發表意見。如果他們的父母年輕時像燎原烈火，今日的年輕人就像一抹靜止的小火。他們不發表宣言、也不到處演講或貼宣傳海報。他們被稱為『沉默世代』。」

　　「沉默世代」這頂帽子就這樣扣在這群年輕人頭上，隨著他們走入家庭、生兒育女，建立1950年代和1960年代初典型的穩定郊區生活。不過，這頂帽子實在有失恰當，因為這個世代一點也不沉默。

　　事實上，美國史上最重大的幾個社會變遷正是沉默世代引進的。我們只舉這一代的兩個人當例子就好：馬丁‧路德‧金恩（1929年生）博士，以及聯邦最高法院大法官露絲‧拜德‧金斯伯格（1933年生）。許多我們以為屬於嬰兒潮世代和1960年代的社會變遷，其實都源於沉默世代。這個世代的人生絕不平靜，從年輕時到成年中期（middle adulthood），他們一路見證民權運動、女性主義運動和60年代反文化運動。連巴布‧狄倫（1941年生）和瓊妮‧蜜雪兒（1943年生）都屬於沉默世代。然而，最偉大的世代（1901–1924）擁有打贏二戰的赫赫戰功，嬰兒潮世代則將沉默世代起頭的社會革命進行到底，沉默世代夾在這兩個世代之間，他們經常相形失色，被人遺忘。

　　雖然許多沉默世代現在已經退休，但他們在商業、教育、公共領域仍有相當參與度。新冠疫情期間最受矚目的政府衛生專家安東尼‧佛奇（1940年生）

醫師是沉默世代，總統喬·拜登（1942年生）也是沉默世代。拜登是沉默世代第一個當上美國總統的人——老布希（1924年生）屬於最偉大的世代，在1990年代敗選之後，總統一職就直接跳過沉默世代，由嬰兒潮世代的第一個總統比爾·柯林頓（1946年生）接手，緊接著是一連三個嬰兒潮世代總統。沉默世代至今仍有雄厚的政治實力：在2020年總統大選中，75歲以上的人有四分之三參與投票，除了65到74歲的年齡層以外，他們的投票率是最高的。

沉默世代在騷亂歲月來到世界，出生年從喧囂的1920年代橫跨至1940年代中期。他們是對美國經濟大蕭條仍有記憶的最後一代，也是對二戰生活有所瞭解的最後一代。但他們和上一代（最偉大的世代）不同，他們是在童年和青春期經歷這些大事，最偉大的世代則是成年後才遇上這些大事。沉默世代在二次大戰時幾乎都還年紀太小，不能參戰，這是他們和上一代世代經驗的分界線。但20世紀中的這兩場災難仍在他們心裡留下深刻烙印——在他們的人格養成時期，繁榮與和平皆非理所當然。即使是較晚（1940年代初）出生的沉默世代，也活在對空襲和排隊領救濟品的文化記憶中。但這些慘況在戰後迅速消失，全國隨即迎來1950年代的榮景，感覺科技能讓一切變得更好。

1950年代正如作家貝妮塔·艾斯勒（Benita Eisler，1937年生）所描述的：「到處都是電視、電晶體、信用卡、電腦、密紋唱片和特大號的帶濾嘴香菸[i]。鉻、鋼、鋁、玻璃、琺瑯和閃亮光滑的釉面磁磚隨處可見。」雖然1950年代的科技現在看來陳舊落伍，可是在當時卻令人屏息。沉默世代為飛機旅行、探索太空這個激動人心的時代做出見證，更別提冰箱、電視、早期電腦、州際公路等等日常卻極具影響力的創新發明了。這些新科技播下個人主義的種子，在1960年代長出社會劇變的果實。

可是到了1960年代，沉默世代大多都已成年，這讓他們始終有種「卡在中間」的感覺。正如作家韋德·格林（Wade Greene，1933年生）所說：「在1960年代的騷動中，我們一如往常不受重視。在那著名的『代溝』時代，我們就是那道溝——他們說三十歲以上的全都不能信任，我們那時正好三十多歲。」

---

i 含有濾嘴的香菸大約在1950年代開始大行其道，因為當時人們以為濾嘴能降低對健康的危害。編注

沉默世代與往後世代的經驗差異之處還不只如此。在聖地牙哥豔陽高照的8月午後，我和1944年出生的約翰見面。約翰在維吉尼亞州的某個小城長大，每當他說起小時候的經驗，聽見的人無不吃驚，年輕人尤其錯愕。

　　約翰是黑人。他的故鄉直到1970年代初仍維持種族隔離。他說：「黑人住下城，白人住上城，彼此之間有一道看不見的界線。我在成長過程中沒交過白人朋友。」他和別的黑人兒童必須搭公車上學。學校在城外十七哩，破舊不堪，沒有自來水也沒有暖氣，只有壁爐。「我們沒見過什麼『隔離但平等』。隔離絕對有，但平等？少來了。」他說。在電影院，「白人坐樓下，有色人種——我們那個時候被這樣叫——坐樓上。我們有些人會丟爆米花給白人小孩，他們會說：『喔！再多丟一點！』」約翰還說黑人小孩不能用城裡的游泳池。廁所分開，飲水機分開，診所候診室分開，公車座位也分開（牌子上寫著：白人坐前面，有色人種坐後面）。

　　1960年代，約翰上了大學，和幾個朋友坐進北卡羅來納州一家種族隔離的餐館抗議。那家餐館當時大剌剌地掛著「不做黑鬼生意」的牌子。女服務生看他們進來，一臉不高興地對他們說：「我們這裡不做黑鬼——」約翰的朋友立刻接話：「夫人，我們也不要那種東西——我們要起司漢堡。」（如果那時候就有社群媒體，這句話一定瘋狂轉傳。）

　　女服務生馬上找經理過來，經理要他們離開，最後還報警處理。警察把他們押走，關進拘留室。約翰和他的朋友在裡頭也沒閒著，幾個小時不斷高唱〈我們終將勝利〉（We Shall Overcome），唱到警察不得不把他們放走，好讓其他關押的人能睡覺。約翰後來不只見證種族隔離取消、見證第一個黑人當選總統，也見證了過去80年的種種巨變。

　　「有些人目睹事物的本質，並問『為什麼是如此？』」羅伯・甘迺迪（1925年生）說道。「我夢想著從未有過的事物，並問『為什麼不？』」沉默世代看見了自己年輕時作夢也想不到的事情正在發生，他們的人生軌跡從傳統走向改變，也反映了他們自青年時期以來美國社會的轉變。

沉默世代（1925–1945年生）

2021年人數：1,970萬人（占2021年美國總人口6%）

78.1%　白人
8.2%　黑人
8.1%　西裔
4.8%　亞裔、夏威夷原住民及太平洋群島原住民
0.8%　美國原住民

父母：最偉大的世代或失落的一代
子女：X世代或嬰兒潮世代
孫子女：千禧世代或Z世代

最常見的名字

男生	女生
羅伯（Robert）	瑪莉（Mary）
約翰（John）	桃樂絲（Dorothy）
威廉（William）	雪莉（Shirley）
詹姆斯（James）	貝蒂（Betty）
查理（Charles）	芭芭拉（Barbara）
理查（Richard）	派翠希雅（Patricia）
	琳達（Linda）
	卡蘿（Carol）

知名人士（出生年）

演員、喜劇明星、製片

強尼・卡森（Johnny Carson, 1925）
保羅・紐曼（Paul Newman, 1925）
洛克・哈德森（Rock Hudson, 1925）
萊尼・布魯斯（Lenny Bruce, 1925）
瑪麗蓮・夢露（Marilyn Monroe, 1927）
薛尼・鮑迪（Sidney Poitier, 1927）
雪莉・譚寶（Shirley Temple, 1928）

奧黛麗・赫本（Audrey Hepburn, 1929）
葛麗絲・凱莉（Grace Kelly, 1929）
鮑伯・紐哈特（Bob Newhart, 1929）
克林・伊斯威特（Clint Eastwood, 1930）
伊莉莎白・泰勒（Elizabeth Taylor, 1932）
卡蘿・伯內特（Carol Burnett, 1933）
瓊・瑞佛斯（Joan Rivers, 1933）

伍迪・艾倫（Woody Allen, 1935）

瑪莉・泰勒・摩爾（Mary Tyler Moore, 1936）

勞勃・瑞福（Robert Redford, 1936）

畢・雷諾斯（Burt Reynolds, 1936）

艾倫・艾達（Alan Alda, 1936）

迪克・卡維特（Dick Cavett, 1936）

丹尼斯・霍柏（Dennis Hopper, 1936）

珍・芳達（Jane Fonda, 1937）

傑克・尼克遜（Jack Nicholson, 1937）

喬治・卡林（George Carlin, 1937）

達斯汀・霍夫曼（Dustin Hoffman, 1937）

埃維爾・克尼維爾（Evel Knievel, 1938）

薛曼・韓斯利（Sherman Hemsley, 1938）

湯米・瓊（Tommy Chong, 1938）

李・梅傑斯（Lee Majors, 1939）

理查・普瑞爾（Richard Pryor, 1940）

安妮特・富尼切洛（Annette Funicello, 1942）

哈里遜・福特（Harrison Ford, 1942）

吉維・蔡斯（Chevy Chase, 1943）

喬治・盧卡斯（George Lucas, 1944）

歌蒂・韓（Goldie Hawn, 1945）

郎妮・安德森（Loni Anderson, 1945）

米亞・法羅（Mia Farrow, 1945）

亨利・溫克勒（Henry Winkler, 1945）

史提夫・馬丁（Steve Martin, 1945）

音樂家和藝術家

查克・貝瑞（Chuck Berry, 1926）

湯姆・萊勒（Tom Lehrer, 1927）

安迪・沃荷（Andy Warhol, 1928）

賈斯珀・瓊斯（Jasper Johns, 1930）

小野洋子（1933）

艾維斯・普里斯萊（Elvis Presley, 1935）

巴布・狄倫（1941）

瓊・拜雅（Joan Baez, 1941）

艾瑞莎・弗蘭克林（Aretha Franklin, 1942）

芭芭拉・史翠珊（Barbara Streisand, 1942）

傑瑞・賈西亞（Jerry Garcia, 1942）

吉米・罕醉克斯（Jimi Hendrix, 1942）

巴瑞・曼尼洛（Barry Manilow, 1943）

約翰・丹佛（John Denver, 1943）

瓊妮・蜜雪兒（Joni Mitchell, 1943）

珍妮絲・賈普林（Janis Joplin, 1943）

黛安娜・羅絲（Diana Ross, 1944）

企業家與商人

華倫・巴菲特（Warren Buffett, 1930）

安迪・葛洛夫（Andy Grove, 1936）

泰德・透納（Ted Turner, 1938）

政治家、法官、社運家

羅伯・甘迺迪（Robert F. Kennedy, 1925）

凱薩・查維斯（Cesar Chavez, 1927）

華特・孟岱爾（Walter Mondale, 1928）

馬丁・路德・金恩（Martin Luther King Jr., 1929）

珊卓拉・戴・歐康納（Sandra Day O'Connor, 1930）

泰德・甘迺迪（Ted Kennedy, 1932）

黛安・范斯坦（Dianne Feinstein, 1933）

拉夫・奈德（Ralph Nader, 1934）

露絲‧拜德‧金斯伯格
　　（Ruth Bader Ginsburg, 1933）
葛蘿莉雅‧史坦能（Gloria Steinem, 1934）
潔蘿婷‧費拉洛（Geraldine Ferraro, 1935年生）
約翰‧馬侃（John McCain, 1936）
安東寧‧史卡利亞（Antonin Scalia, 1936）
瑪德琳‧歐布萊特（Madeleine Albright, 1937）
柯林‧鮑威爾（Colin Powell, 1937）

南希‧佩洛西（Nancy Pelosi, 1940）
迪克‧錢尼（Dick Cheney, 1941）
傑西‧傑克遜（Jesse Jackson, 1941）
伯尼‧桑德斯（Bernie Sanders, 1941）
喬‧拜登（Joe Biden, 1942）
米契‧麥康諾（Mitch McConnell, 1942）
約翰‧凱瑞（John Kerry, 1943）
安琪拉‧戴維斯（Angela Davis, 1944）

運動員及體壇名人

阿諾‧帕瑪（Arnold Palmer, 1929）
米奇‧曼托（Mickey Mantle, 1931）
羅伯托‧克萊蒙提（Roberto Clemente, 1934）
威爾特‧張伯倫（Wilt Chamberlain, 1936）
傑克‧尼可勞斯（Jack Nicklaus, 1940）

穆罕默德‧阿里（Muhammad Ali, 1942）
亞瑟‧艾許（Arthur Ashe, 1943）
喬‧納馬斯（Joe Namath, 1943）
比莉‧珍‧金（Billie Jean King, 1943）

記者、作家及新聞人物

哈波‧李（Harper Lee, 1926）
休‧海夫納（Hugh Hefner, 1926）
艾爾瑪‧邦貝克（Erma Bombeck, 1927）
瑪雅‧安傑盧（Maya Angelou, 1928）
芭芭拉‧華特斯（Barbara Walters, 1929）
尼爾‧阿姆斯壯（Neil Armstrong, 1930）
湯姆‧沃爾夫（Tom Wolfe, 1930）
托妮‧莫里森（Toni Morrison, 1931）
丹‧拉瑟（Dan Rather, 1931）
蘇珊‧桑塔格（Susan Sontag, 1933）
菲利普‧羅斯（Philip Roth, 1933）
瓊‧蒂蒂安（Joan Didion, 1934）
查理‧克勞特（Charles Kuralt, 1934）
卡爾‧薩根（Carl Sagan, 1934）
菲爾‧唐納修（Phil Donahue, 1935）
肯‧克西（Ken Kesey, 1935）
茱蒂‧布倫（Judy Blume, 1938）

彼得‧詹寧斯（Peter Jennings, 1938）
喬伊斯‧卡洛‧奧茲（Joyce Carol Oates, 1938）
傑瑞‧魯賓（Jerry Rubin, 1938）
賈桂琳‧甘迺迪‧歐納西斯
　　（Jacqueline Kennedy Onassis, 1939）
湯姆‧布洛考（Tom Brokaw, 1940）
安東尼‧佛奇（Anthony Fauci, 1940）
蘇‧葛拉芙頓（Sue Grafton, 1940）
泰德‧科佩爾（Ted Koppel, 1940）
艾德‧布萊德利（Ed Bradley, 1941）
諾拉‧艾芙隆（Nora Ephron, 1941）
瑪莎‧史都華（Martha Stewart, 1941）
麥克‧克萊頓（Michael Crichton, 1942）
愛瑞卡‧瓊（Erica Jong, 1942）
約翰‧艾文（John Irving, 1942）
巴柏‧伍德華（Bob Woodward, 1943）
卡爾‧伯恩斯坦（Carl Bernstein, 1944）

平權革命
特徵：民權先鋒

　　想像你坐上時光機，在 1963 和 1970 兩個相隔僅僅七年的年份停下來看，最先讓你驚訝的或許是衣著打扮：1963 年的人多半穿得非常正式，1970 年的人則愛穿絢爛奪目又有大翻領的衣服，男性頭髮較長，鬍鬚捲土重來。吸毒在 1963 年還很少見，到 1970 年已司空見慣，人們普遍排斥幾年前還相當嚴峻的社會規範。

　　大眾以為 1963 到 1970 年的反文化風潮是嬰兒潮世代造成的，但實際上很多改變是由沉默世代主導。1964 年，柏克萊（Berkeley）發起言論自由運動，加州大學學生上街示威，爭取在校園內為民權運動募款的權利，當時的學生領袖馬里奧・薩維奧（Mario Savio，1942 年生）就是沉默世代。1960 年代反文化運動的其他要角也是沉默世代，例如反戰運動家艾比・霍夫曼（Abbie Hoffman，1936 年生）和傑瑞・魯賓（1938 年生）、「迷幻藥實驗」（acid test）推動者肯・克西（1935 年生），以及女性主義運動家葛蘿莉雅・史坦能（1934 年生）。拳王兼反越戰健將穆罕默德・阿里（1942 年生）是沉默世代；與嬉皮文化有關的歌手也大多是沉默世代，例如吉米・罕醉克斯（1942 年生）和珍妮絲・賈普林（1943 年生）；曲風在 1960 年代從輕快走向迷幻的披頭四更是全員皆屬沉默世代。

　　從迷幻藥到圖案五彩繽紛的穿搭，1960 年代反文化運動的許多標誌已走入歷史。但那個年代也留下歷久不衰的遺緒，亦即平權運動大幅推進。民權運動、女性主義運動、同志平權運動從根本上改變了美國文化。許多改變是在 1963 到 1970 年這相對短暫的七年裡生根，也就是沉默世代二、三十歲的時候。

　　和過去一樣，這一切起於科技。隨著科技在戰後突飛猛進，個人主義迅速發展：電視讓人們看見別人的觀點和經驗；飛機和太空探索讓世界其他地方看似變得更近；體力勞動要求降低讓女性獲得更多工作機會。個人權利越來越受重視，開始漸漸取代依種族、性別、性傾向建立的舊社會秩序。在 1960 年代初，南方各州仍實施黑白種族隔離，女性在法律、醫學、工程等專業領域仍深

受歧視。只要你是同志，就可能遭到逮捕。可是到1970年，這一切已開始改變，最後終於成就當今社會最堅定的信念：人人都應享有平等待遇。毫不令人意外的是，這也是個人主義文化的核心信念。

沉默世代在1963年是18到38歲，所以他們既是在舊體系中進入成年的最後一代，也是在新體系裡度過全部成年時光的第一代。他們跨越新舊世界，站在改變的最前線，是這些改變創造出現代的平等觀念，尤其是種族、性別、性傾向的平等。

種族：愛，無關膚色。凌晨兩點，一對夫婦被粗暴的敲門聲吵醒，睡眼惺忪裡只見手電筒刺眼的亮光。「你和這個女人在床上幹什麼？」警察問。

那天是1958年7月11日，睡在床上的是理查・勒芬（Richard Loving，1933年生）和蜜德莉・勒芬（Mildred Loving，1939年生）。這對夫婦遭到逮捕和拘留，因為理查是白人，蜜德莉是黑人和美國原住民混血，跨種族婚姻在維吉尼亞州是違法的。理查被拘留一晚，蜜德莉三晚。兩人認罪，承認他們在哥倫比亞特區結婚後返回維州鄉下的家。法官說他們有兩條路走：一是進監獄，二是離開維州。雖然他們選擇離開，搬到華府，但還是很想回原本的家。於是在1965年，勒芬夫婦在美國公民自由聯盟（American Civil Liberties Union，以下簡稱ACLU）的協助下向維州提出集體訴訟。維州法官的回覆是：「全能上帝創造了各個種族，有白人、有黑人、有黃人、有馬來人、有紅人，而主將他們安排在不同大陸。若非主的安排遭到干預，這類婚姻斷無成立之理。主分散不同種族的事實，證明祂不願不同種族混雜。」

1967年，勒芬訴維州案（Loving v. Virginia）最終送交美國最高法院審理。法院裁定反異族通婚法違憲：「與不同種族的人結婚或不結婚的自由屬於個人，州不得侵犯。」勒芬夫婦始終認為這件事其實非常單純。在寫給ACLU律師的信裡，理查・勒芬這樣說：「請告訴法庭我愛我太太，不准我和她一起住在維州實在沒道理。[1]」

一項全國性調查中顯示，在2021年，12個美國白人裡會有一個反對近親

與黑人通婚，與1990年代初的三分之二相比，比例已大幅下降。近年來，持反對意見的那位很可能是沉默世代——目前碩果僅存、在勒芬案裁定異族通婚全國合法時已完全成年的世代（在1967年，沉默世代是在22到42歲之間）。這些年來，許多沉默世代已經改變對異族通婚的想法，但也有人沒變（見圖2.1）。現在，沉默世代還有超過三分之一的人反對異族通婚。大多數輿論的重大轉變往往會有這段過程，舊世代裡的一些人繼續堅持昔日觀念，其他人則隨著時間改變。

　　雖然勒芬夫婦原本只想光明正大地以夫妻身分住在維州，投身社運只是無

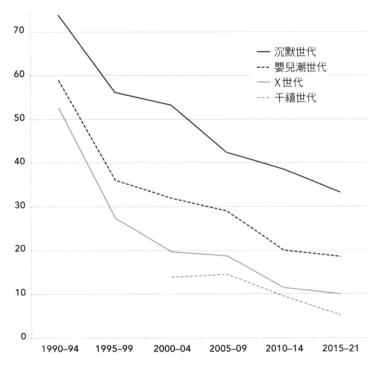

圖 2.1 ｜ 美國白人反對近親與黑人通婚的百分率，依世代比較，1990–2021。

資料來源：社會概況調查

注：追蹤每個世代隨年紀漸長而起的變化。雖然調查並非追蹤同一群個體在這段時間的變化，但每個樣本都有全國代表性。

心插柳，但他們是沉默世代站在黑人平權運動風口浪尖的好例子。在1960年代嶄露頭角的民權運動者和黑人平權先驅幾乎全都是沉默世代。其中最著名的莫過於民權巨人、和平抗議倡議者馬丁‧路德‧金恩博士，全世界有超過一千條街以金恩命名，他的生日被定為聯邦法定節日——在過去兩百五十年出生的人裡，只有他獲得這份殊榮（下一章會繼續詳談民權運動）。

薛尼‧鮑迪是1927年生於邁阿密的傑出黑人演員，他的人生正好反映沉默世代圍繞種族平權的軌跡。1948年鮑迪21歲時，杜魯門總統下令取消美國軍隊的種族隔離措施；1963年他36歲，以電影《流浪漢》（Lilies of the Field）成為第一位奧斯卡黑人影帝；1967年他40歲，勒芬訴維州案讓異族通婚在十七個州合法化，而他在同年領銜主演《誰來晚餐》（Guess Who's Coming to Dinner），一部討論異族戀情的電影。

即使是生在鮑迪之後的沉默世代，也一定對這些里程碑級的大事件特別有共鳴。對往後的世代而言，這些事只是歷史課本的段落，可是對沉默世代來說，這些是人生的一部分。約翰‧路易斯（1940年生）在1960年代初參加自由乘車運動，為南方種族融合而努力，後來成為喬治亞州眾議員，服務17屆任期。2020年7月去世前，他貼出自己1961年在密西西比州遭到逮捕的照片。他當時犯了什麼罪？使用所謂「白人專用」的廁所。

女性：困在打字間的職業婦女。 1967年8月30日，《紐約時報》分類廣告部門外頭聚集了一群抗議人士。在今天看來，她們反對的問題簡直匪夷所思：當時《紐約時報》將求職徵才廣告分成兩欄，一欄是「徵才－男性」，另一欄是「徵才－女性」，並在底下分別列出兩種性別的招聘資訊。抗議者來自全國婦女協會（National Organization for Women，以下簡稱NOW），成員大多屬於沉默世代和最偉大的世代。她們的訴求很單純：停止依性別分類徵才廣告，改成放在同一欄。

報社拒絕她們的要求，說：「廣告分男女兩欄是為了方便讀者。」為了貫徹1964年通過的《民權法》（Civil Rights Act），聯邦政府其實已經設立平等就業機會委員會（The Equal Employment Opportunity Commission，以下簡稱EEOC）。可是

當NOW向EEOC陳情，希望EEOC能命令報社取消分類廣告的性別隔離，EEOC卻袖手旁觀，沒有採取行動。

一年多後，《紐約時報》終於刊出一小篇報導說明市府的新規定：自1968年12月1日起禁止徵才廣告性別歧視。《紐約時報》和其他紐約報紙硬是堅持到最後一天，才在法規實施當日停止以性別分類刊登徵才廣告。

這就是當時年輕女性面對的世界——你的確可以找到工作，但你的辦公桌很可能在打字間，而且薪水不可能好。在1968年，沉默世代最年輕的23歲，最年長的43歲，這就是那一代女性正要進入、或者已經忍受幾十年的就業市場。

對女性而言，那個時代充滿反差。儘管戰後性別歧視橫行，職業女性的人數仍節節上升。儘管許多「鉚釘工蘿希」（Rosie the Riveter）[ii]因戰爭結束而失去工作，儘管1950年代的文化期待女性相夫教子，但她們另有想法（見圖2.2）。

較晚出生的沉默世代尚在學齡時，有三分之一以上的母親是職業婦女，他們是第一批有這種經歷的世代。沉默世代的女性結婚生子後延續同一趨勢，即使在倡導女性當家庭主婦的1950年代亦然。長久以來，黑人母親出門工作早已相當普遍，到了戰後則有更多白人母親投入職場。1948年，有學齡子女的女性有26%出門上班；到了1959年，比例增加到40%。科技在這個過程中扮演重要角色：需要體力勞動的工作減少，擅長這類工作的男性不再占優勢；與服務及辦公室作業有關的工作增加——女性從事這類工作的能力不下於男性，甚至更好。

然而，在1950和60年代女性勞動參與率增加的背後，其實隱藏殘酷的事實。請看圖2.3，擁有高等學位女性占比的變化。

二戰期間，大學年齡的男性出國作戰，女性取得學位的比例大增。但在戰爭結束後的四年間（1946–1950），隨著大量男性退伍士兵以《軍人復員法案》（GI Bill）上大學，獲頒學位的女性占比驟降。由於這段時間（灰色陰影區）是非常時期，我們不予討論。請看陰影區之前和之後的變化，你會發現令人訝

ii 美國於二戰期間鼓勵女性進入工廠，從事傳統上由男性擔任的工作，以彌補勞力不足。「鉚釘工蘿希」原為歌名，也被畫為海報，成為戰時女性勞工的象徵。譯注

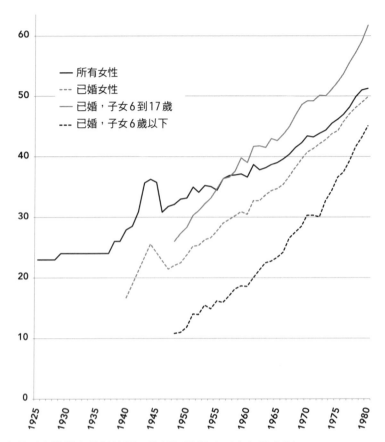

圖 2.2│美國女性投入職場比例，依婚姻狀態及子女年齡分類，1925–1980

資料來源：美國勞工統計局

注：縱軸數字為該組女性之勞動參與率。早年對於有子女女性的統計只依婚姻狀態分類，在有子女的女性中，「已婚」為最大之婚姻狀態組別。

異的現象：就女性取得大學學位的占比來看，1930 年代不僅高於 1950 年代，甚至高過 1960 年代初期。1941 年美國參戰前夕，四年制大學學位有 43% 授予女性；可是到了 1952 年，亦即幾乎所有依《軍人復員法案》進大學的男性都獲得學位之後，只有 32% 的大學學位是頒給女性，直到 1970 年才再次回到 43% ——但這時絕大多數的大學畢業生已是嬰兒潮世代，不是沉默世代。

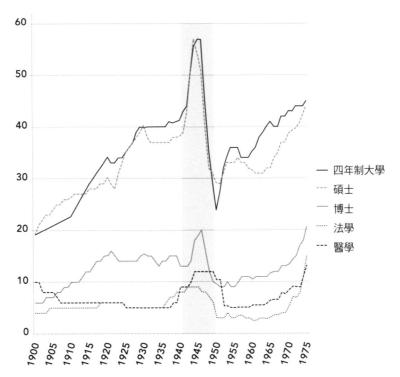

圖2.3｜美國高等學位授予女性之百分率，1900–1975

資料來源：《教育統計彙編》（Digest of Education Statistics）與《統計摘要》（Statistical Abstract），
美國普查局

注：陰影區為二戰爆發到士兵依《軍人復員法案》上大學之高峰期。數字代表所有頒發的學位中授予女
性的比例，非學位總數。

　　女性取得大學學位的占比下降，部分原因是有人進了大學，後來卻因為要
結婚而輟學。這種情況在當時並不少見，芭芭拉・布希（Barbara Bush，1925年
生）就是如此，她19歲時（1945年）從史密斯學院（Smith College）輟學，嫁給
未來的總統老布希，接著生下長子喬治・W・布希（George W. Bush，譯按：以下
稱小布希）──他後來也當上總統。有些年輕女性和她們的父母認為女性應該
上大學，但不是為了事業，而是為了拿到「MRS」（夫人）學位。即使是在較
晚出生的沉默世代中，這種態度仍十分普遍：我媽媽的高中輔導老師就對我外

公外婆說過，女生去讀大學比較容易跟有錢的男人結婚（我媽上大學後真的遇上一個，也就是我爸──但那位輔導老師還是說錯了：我爸媽後來都成為國中老師，再怎麼樣也有錢不起來）。戰後高學歷女性減少的趨勢也出現在博、碩士學位，1930年代的女性取得博、碩士的比例比1950年代高（見圖2.3）。醫學學位的女性占比倒是沒什麼變化，1930年代和1950年代差不多，這可能是因為醫學院一直有非正式但系統性的歧視，不論每年有多少女生符合入學資格，女性入學名額都只有5%（1970年代女性平等行動聯盟〔Women's Equity Action League〕曾控告美國醫學院性別歧視）。法學院的名額甚至更少：從1950年代到1960年代初，法學院裡只有3%是女生，而且許多人在求職時遇到困難，連未來的大法官珊卓拉・戴・歐康納（1930年生）和露絲・拜德・金斯伯格（1933年生）在1950年代畢業時都不例外。這兩位儘管成績頂尖，求職時還是處處碰壁。歐康納在史丹佛法學院以第三名畢業，結果某家事務所給了她什麼職位？祕書。

所以，在沉默世代邁入青壯年後，投入職場的女性雖然不少，但往往薪水不高，地位也低。1956年，《展望》（Look）雜誌的一篇文章道盡當時對職場女性的看法：「女人的工作態度隨便……沒事業心，只是賺點錢存嫁妝或買冰箱，風度優雅地把升職機會讓給男人。[2]」即使進入1960年代，情況也是如此，只不過她們「讓」得未必心甘情願。作家愛瑞卡・瓊（1942年生）說沉默世代是「挨揍世代」（whiplash generation）[3]。「我們夾在上下兩代之間。媽媽是家庭主婦，子女卻把追求成就的權利當成理所當然。我們從骨子裡受盡女性角色轉變之痛。」她在1994年寫道：「我們好像怎麼做都不對，不管做什麼都被激烈批評。」

琳達1944年生於紐澤西州，當了幾十年護理師，對我說了不少上班時的趣事，例如她曾為泌尿科醫生工作，那位仁兄正在開發幫浦式陰莖增大器，堅持要她帶回家讓丈夫試試。她喜歡工作帶來的獨立和經驗，也很高興自己能兼顧家庭，一邊工作一邊帶大兩個孩子和三個繼子女。但我問她有沒有想過當醫生的時候，她露出耐人尋味的表情，說：「我們可以當護士或老師──差不多就那樣了。我想你不會想到自己還有別的選擇。」琳達讀高中時對法律很感興

趣，但認為自己大概頂多當個律師助理，她說：「我沒想過要當律師──我覺得那是『男人的事』。」

LGBT：石牆酒吧（Stonewall Inn）

1962年10月一個冷颼颼的晚上，曼哈頓中心（Manhattan Center）舉辦全國綜藝藝術家異色狂歡舞會（National Variety Artists Exotic Carnival and Ball）。參加者以為可以在跳舞、談笑中度過愉快的一夜，誰知道警方上門臨檢，逮捕四十四名身穿舞會禮服的人。原因為何？因為他們的出生性別是男性，卻打扮成女性。警方控告的罪名包括公然猥褻和「偽裝」（masquerading）。

在整個1960年代，警察逮捕變裝人士是家常便飯。出生性別為女但作男裝打扮的拉斯蒂・布朗（Rusty Brown）在1983年說過：「我在紐約因為穿長褲、襯衫被逮捕的次數，用兩手兩腳都數不完。[4]」

LGBT聚集的俱樂部和酒吧經常被臨檢，顧客則以妨害治安和其他罪名遭到逮捕。酒吧大多數時候會有人通風報信，於是客人作鳥獸散，老闆也趕忙把酒藏起來（這些酒吧大多沒有販酒執照，部分是因為紐約州在1966年之前禁止賣酒給LGBT）。如果遭到逮捕，大多數人會默默讓警察帶走。

1969年6月28日凌晨，警方搜查了一家叫「石牆」的同志酒吧，將裡頭的顧客上銬，押上囚車。但這次情況不一樣，酒吧外的人越聚越多，客人（大多數是沉默世代和最偉大的世代）開始反擊。絲托米・德拉爾維里（Stormé DeLarverie，1920年生）對人群喊道：「你們就這樣什麼也不幹？」她被扔上囚車，群眾開始與警察打起來。

他們堅持了6天，這次事件常被稱為「石牆暴動」。但德拉爾維里不同意這個標籤，她後來說：「這是造反、是起義、是公民不服從──不是什麼鬼暴動。[5]」第二天晚上，更多人加入起義，跨性別社運家瑪莎・強森（Marsha P. Johnson，1945年生）也不落人後。她後來在1972年成立庇護所，幫助離家出走的同志和跨性別者。

石牆事件常常被視為LGBT平權運動的起點。就在那一晚，LGBT族群終

於挺身反抗。隨著個人主義鼓勵平常看待差異、接受每一個人原本的樣子，LGBT的處境在這次事件之後開始緩慢改變。這需要時間，也因如此，我把大部分的LGBT發展寫在後面的章節，然而，LGBT平權運動的歷史就和民權運動、女性主義運動一樣，也是從沉默世代開始。

去問問同樣出生在1942年的麥克‧麥康諾（Michael McConnell）和傑克‧貝克（Jack Baker）吧[6]。他們在1970年於明尼亞波里斯申請結婚許可（當時明尼蘇達的婚姻法沒有明文規定結婚雙方的性別），遭到承辦人員拒絕，他們決定向法院提告。在傑克把名字改成中性的派特林（Pat Lyn）之後，他們一度在另一個郡拿到結婚許可。於是兩人身穿白色喇叭褲、頭戴編織髮帶，在1971結婚。不過，郡政府的職員後來還是拒絕為他們登記結婚。他們的事上了新聞，但報紙把貝克說成麥康諾的「室友」或「同性戀友人」，明尼蘇達大學則是撤銷麥康諾的聘書。麥康諾訴諸法律，法院反而批評他試圖「強迫雇主默許此等社會公憤之事」。他們將原本的婚姻案「貝克訴尼爾森」（Baker v. Nelson）上訴最高法院，但1972年的最高法院只是草草駁回此案，因其「不涉聯邦權限爭議問題」。直到2019年，他們的婚姻終於才獲得法律認可，咸信是美國歷時最久的同性婚姻。

雖然沉默世代有這些先鋒，可是一直到2020年代，這個世代中身分認同為女同志、男同志、雙性戀、跨性別的人還是不多——只有0.8%（相較之下，嬰兒潮世代尚有2.6%）[7]。不過，沉默世代有同性性經驗的人反而略多。依據社會概況調查（GSS）自1989年起收集的資料，沉默世代的男性中有5.5%表示18歲後曾與至少一名男性發生性行為，沉默世代的女性則有2.3%曾與至少一名女性發生性行為。換言之，每13名沉默世代中就有一名有同性性經驗。

沉默世代LGBT的出櫃年齡多半比後續世代更大。有研究發現：1960年前出生的男同志和雙性戀男性，向他人告知自身性傾向的平均年齡是22歲；千禧世代後段班（1990年代初出生）的平均年齡則是16歲[8]。公眾人物的出櫃時間往往更晚。歌手巴瑞‧曼尼洛（Barry Manilow，1943年生）在21歲時（1964年）和蘇珊‧戴克斯勒（Susan Deixler）結婚，婚姻只維持兩年[9]。他在1970年

代走紅之後，曾對《時人》雜誌說：「我不想把自己的生活公諸於世。」事實上，他長久以來都和經紀人蓋瑞・基輔（Garry Kief）交往，兩個人的關係已經維持了幾十年，於2014年結婚。曼尼洛說他過去之所以一直避談私生活，是顧慮到粉絲的感受：「我覺得他們要是知道我是同志，心裡一定會很失望。所以我什麼也沒說。[10]」可是當他終於決定出櫃，粉絲的反應令他驚喜：「他們知道我和蓋瑞在一起的時候，居然非常高興。他們的反應十分窩心，一個個素昧平生的人對我留言說：『恭喜！』我打從心底感激。」

沉默世代的態度其實沒那麼沉默。如我們所見，沉默世代的社運人士站在20世紀民權、女權、同志權的最前線。不過，社運人士，顧名思義，原本就是每個世代最積極行動的人。那麼，沉默世代的一般人怎麼看女權和LGBT權利的巨大轉變呢？還有，這些變化真的那麼大嗎？

這些變化就是那麼大。統整1972到2021年所有的調查數據後，我們發現：沉默世代中認同「傳統性別角色不一定比較好」的比例，是最偉大的世代（1901–1924）的兩倍之多。短短一個世代就出現這麼大的差距，確實令人震撼（見圖2.4）。

僅僅兩個世代，觀念已經翻轉：大多數最偉大的世代仍支持傳統的性別角色，大多數嬰兒潮世代則否，而沉默世代的看法更接近嬰兒潮世代。對於家有幼童的女性該不該出門工作，沉默世代的態度也比最偉大的世代正面：半數沉默世代不同意「母親是職業婦女的學齡前兒童可能會受到損害」，最偉大的世代中只有三分之一對此不同意。

多數沉默世代也支持男同志在學院或大學教書的權利，他們對這個議題的態度同樣比較接近嬰兒潮世代，而非最偉大的世代。可是對「成年人發生同性性行為是否有錯？」這個問題，沉默世代的看法就比較接近最偉大的世代。整體而言，面對20世紀的性別與LGBT革命，沉默世代的態度位於中間，全體的確反映出他們之中更積極的成員帶來的改變，但沒有像之後的嬰兒潮世代那麼進步。

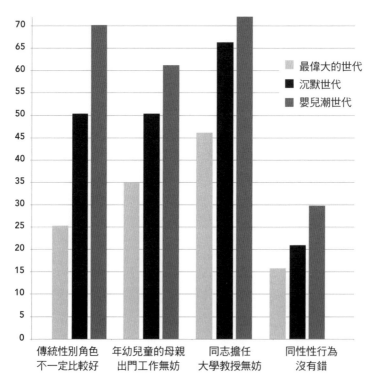

圖 2.4│美國成人對性別角色及同志權利持特定立場的比例，依世代比較

資料來源：社會概況調查

注：據 1972 到 2021 年數據繪製。控制年份變因。本圖呈現持以下態度者在不同世代中的比例：不同意「男主外，女主內」者；不同意「母親是職業婦女的學齡前兒童可能會受到損害」者；同意應該「容許」「承認自己是同性戀的男性」「在學院或大學教書」者；以及對「你認為兩個相同性別的成年人發生性關係有沒有錯？」回答「完全沒錯」者。控制年份變因能消除時代的影響，保留世代與年齡的影響。

▌別怕早早成家
▌特徵：早婚和多子多女

　　在 1963 年出版的《女性迷思》（*The Feminine Mystique*）中，貝蒂·傅瑞丹（Betty Friedan，1921 年生）選了幾個 1950 年代女性雜誌的標題當例子：「趁年輕生寶寶」、「你教過女兒怎麼當妻子嗎？」、「別怕早早成家」、「持家之道」等等[11]。

對早就習慣聽到「過去注重家庭」的後嬰兒潮世代來說，這些例子一點也不令人意外。然而，這裡有個出人意料之處：不過二十年前，1930年代的女性雜誌還鼓勵年輕女性獨立，在結婚前好好探索其他興趣。「我不願你大門不出，二門不邁，把你關在牆內的花園。」在1939年一本雜誌的故事裡，年輕男子對年輕女子這樣說：「我要你與我攜手同行。只要一起，我們什麼事都做得到。」誰知沒過幾年風雲變色，一切都不一樣了。傅瑞丹寫道：1930和40年代的新女性憧憬「自由飛翔」，可是到1940年代末，她們變得「飛到一半就猶豫不決，見了藍天豔陽也發抖，忙不迭地衝回舒適安穩的小窩」。

傅瑞丹看到了重點：1950年代的美國人比1930年代早婚，所以沉默世代變成20世紀所有世代中最早成家的一代。對嬰兒潮世代、X世代、千禧世代來說，一代比一代晚婚似乎是自明之理，如果他們看到一張圖表，上面的平均結婚年齡有好一段時間是下降的（見圖2.5），也許會有點錯愕。1956年，初婚新娘的年齡中位數降到史上最低：20.1歲。請仔細想想這意味著什麼──這意味著在1950年代，將近半數的新娘未滿20歲。

作家貝妮塔・艾斯勒發現，她的沉默世代同輩「全都照著同一套流程走」：「穩定下來、互許終身、訂婚、結婚」。大多數人在大學認識另一半，一畢業立刻結婚。艾斯勒還發現：沉默世代結婚常常是因為看到每個人都結，唯恐只有自己落單。艾斯勒訪問年輕女子卡蘿，她說自己二年級時已經決定和男友唐恩定下來，不再嘗試新的戀情：「我突然想著，不如就回到唐恩身邊吧，不然我恐怕沒機會結婚了……唐恩一拿到他的兄弟會徽章iii，我們就互許終身，大三升大四的暑假宣布訂婚，畢業後三個星期結婚，時程和別人一模一樣。[12]」對沉默世代來說，重要的是別人怎麼做，自己就怎麼做，而大家全都早婚。沉默世代成長在重視合群的1950年代，他們從眾的壓力是往後的世代很難體會的。

早婚風潮延續到1960年代，女性初婚年齡中位數到1973年才回到21歲，到1981年才延後到22歲。因此，雖然我們對1960年代的嬰兒潮世代常有一些刻板印象例如性開放（Free Love）、有性無愛等等，但這類人其實很邊緣，並非

---

iii 兄弟會成員習慣在拿到徽章後送給女友，作為承諾的信物。編注

常態。第一波嬰兒潮世代大多二十出頭結婚，延續他們沉默世代兄姊開啟的趨勢。

沉默世代不只早婚，結婚的比例也較高。請注意 1940 到 1950 年代的結婚率，它不但高於之前的 1930 年代，也高於之後的 1960 年代（見圖 2.6）。

這個時代不只鼓勵結婚，也鼓勵生育，而沉默世代從眾的潮流令人吃驚。在大眾想像中，戰後嬰兒潮是軍人返鄉團圓的產物，是 1940 年代末的現象。

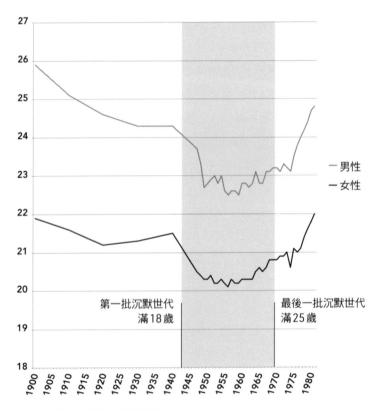

圖 2.5｜美國初婚年齡中位數，依性別分，1900–1980

資料來源：國家健康統計中心

注：年齡中位數指半數結婚者低於該年齡、半數結婚者高於該年齡。早年相關統計每 10 年只更新一次，1947 年開始每年更新。

專家們原本以為過了1950年以後，生育率會回到每名女性大約生2.5個孩子，亦即1920年代經濟大蕭條衝擊之前的水準。

沒想到，實際發展並非如此：相反地，生育率持續攀升，到1957年達到高峰，每名女性生3.8個孩子，直到1968年才降至2.5個孩子以下（見圖2.7）。沉默世代其實多半出身兩個孩子的家庭，但他們自己往往生到三、四個孩子——甚至更多。眾議院前議長南希‧佩洛西（1940年生）就是如此：從1964到1970年，她生了五個孩子。雖然生育率後來終於下降，但1960年代的大多數時間都在歷史高峰。

嬰兒潮為什麼持續得比每個人預期的都久？之前沒有人知道答案。我認為原因有兩個：一是純粹樂觀：美國打了勝仗，而且那段時間經濟蒸蒸日上；第二個可能原因是科技，尤其是省力的家電用品在戰後大幅擴散，讓養兒育女和家事變得稍微沒那麼繁重。冰箱、電爐、洗衣機、洗碗機和其他家電在20世

圖2.6 ｜ 美國的結婚率和離婚率，1900–1990

資料來源：國家健康統計中心

注：結婚率和離婚率依每1,000人計算。

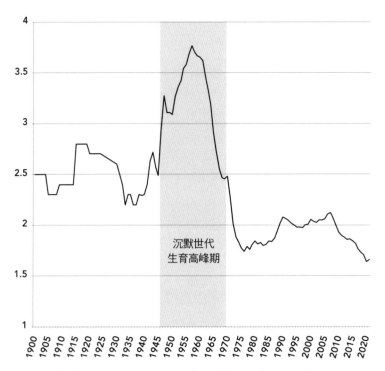

圖 2.7｜美國總生育率（total fertility，每名女性一生生育孩子的推估數量），1900–2021

資料來源：國家健康統計中心

注：總生育率是假設該年生育模式不變，預估每名女性一生生育孩子的數量。1930 年之前的數據五年更新一次，1930 年之後每年更新。沉默世代的生育高峰期是 20 到 25 歲。第一批沉默世代於 1945 年滿 20 歲，最後一批在 1970 年滿 25 歲。

紀初還相當罕見，到了戰後和 1950 年代已十分普及。在 1959 年的「廚房辯論」中，時任副總統的理查・尼克森（Richard Nixon）向蘇共總書記尼基塔・赫魯雪夫（Nikita Khrushchev）強調：美國經濟的主要目標之一，就是「讓我們的家庭主婦生活更輕鬆」。

不過，即使生活中已經有這麼多便利用品，沉默世代的女性照料一大群嬰兒潮孩子也並不輕鬆。很多人帶著三到六個孩子，還是被期待要家事、育兒一手包辦，不管她們是否仍須出門工作。貝妮塔・艾斯勒曾經仔細訪談 16 名沉

默世代的中產階級，她發現：對於養兒育女，1950和60年代的整體氣氛就是強調「親力親為」，不願假手父母或花錢雇人（就在幾十年前，這些作法原本相當普遍）。這可能是個人主義即將發揮更大影響的前兆，只不過就沉默世代的轉折點來說，這是核心家庭的個人主義。艾斯勒寫道：「幾十萬個受過大學教育的女性和中產階級專業人士的妻子，居然拒絕花錢請人幫忙育兒責任裡最微不足道的部分，以前從來沒有這種現象。[13]」艾斯勒的其中一個訪談對象是黛安，四個孩子的母親，她說：「我覺得孩子就該自己照顧……我媽有提過『我可以幫忙帶』，甚至講過『我可以照顧他們全部一個星期』，但我總說：『不用了，孩子的事我得自己來。』」雪上加霜的是，當時的生育模式是鼓勵縮短生育間隔時間（艾斯勒發現間隔十三個月相當常見），「一口氣拚完」，好讓媽媽回到職場，或是盡早把孩子送出家門，重新享受幾十年的兩人時光。這種生育模式無疑進一步加重了媽媽們的負擔。

有的夫妻受不了這些壓力，決定分道揚鑣。1930年以前，美國人的婚姻通常維持一輩子，離婚率只有結婚率的10%左右。1930年代經濟大蕭條期間，情況開始發生變化，離婚率緩慢升高（1946年突然竄升，是因為戰時倉促結褵的夫妻選擇結束婚姻）。接著，離婚率在1960到70年代猛然拉高，1981年後才逐漸下降（見圖2.6）。由於大多數人是在25到49歲離婚，我想我們這樣說並不為過：沉默世代開啟了離婚潮，嬰兒潮世代則延續這股趨勢。

為什麼離婚變得這麼普遍？1960到70年代離婚率暴增時，很多人認為這和個人主義興起引發的社會變化有關：人們更重視個人選擇、女性地位更平等、大家漸漸不那麼重視家庭等等。科技也扮演重要角色：省力的家電讓爸爸們離婚後不難自理生活。除此之外，還有另一個原因：早婚。25歲前結婚的人比25歲後結婚的人更容易離婚。既然沉默世代比過去的世代更早結婚，他們自然更可能離婚。

當然，離婚後再次結婚的人不少，沉默世代也是如此。在1960到70年代離婚的人中，十個男性中有六個在五年內再婚，十個女性中則有五個。許多沉默世代的名人不只以演出、喜劇或報導聞名，結婚次數之多也一樣出名：伊

莉莎白·泰勒（Elizabeth Taylor，1932年生）結過八次婚；強尼·卡森（Johnny Carson，1925年生）四次；賴瑞·金（Larry King，1933年生）八次。沉默世代既以離婚打破規範，又以再婚忠於傳統。賴瑞·金曾說他之所以結婚這麼多次，是因為他那一代的人不同居——想在一起就該結婚。

　　整體來說，沉默世代是20世紀中結過婚的人比例最高的世代。在1970年，55至64歲這個年齡層是最偉大的世代，從沒結過婚的人約占7%；可是到1990年、這個年齡層全是沉默世代的時候，從沒結過婚的人變成占5%，比前一個世代減少30%左右。

　　至於75歲以上的老年人，在2020年這個年齡層主要是沉默世代時，離過婚的有11%，是2000年代同樣年齡層（主要是最偉大的世代）的兩倍。但2020年代的沉默世代之中仍有婚姻關係的，還是比前幾十年的老年人多，這主要是因為喪偶的人較少。在2000年，75歲以上的女性通常已經喪夫，可是在2020年不是如此。這當然是拜科技之賜：健康及醫療照顧更進步，人們自然更長壽。所以現在75歲以上的孀居女性比1990年少。

　　沉默世代常常被看作從眾的世代，這或許和他們年輕時早婚和嬰兒潮不無關係。這個世代沉默、穩重，一如其名，但也主導了民權、女權和早期LGBT平權運動。哪一面才是真的？也許都是。沉默世代就像羅馬雙面神雅努斯（Janus，「一月」就是以他命名的），既看向過去，也朝向未來：他們年輕時的美國更看重家庭，也更傾向集體主義，但他們也協助催生了更重視平等、也更強調個人主義的國家。

搖滾中學（Rock'n' Roll High School）
特徵：教育程度提高

　　想像一下，在十月週間的上午10點，美國的16歲青少年都在做些什麼？

　　對今天絕大多數青少年來說，這個問題不難回答——在學校上課。但我們如果把時間拉回20世紀前半，答案恐怕沒辦法這麼確定：那個時代的16歲青少年比較可能在工作，而非上學。

提到青少年生活，我們現在想到的無非是中學、朋友、作業和派對，但這種版本的青少年生活其實是相對晚近的產物，沉默世代則是多數成員都有這種經歷的第一代。1940年，也就是最偉大的世代仍是青年時，25到29歲的人往往沒有高中學歷，因為在最偉大的世代更小的青少年時期，大多數都沒有從高中畢業。我1911年出生的外婆就是其中一個：她14歲時輟學，回家幫忙煮飯、打掃、照顧家中農場的雞。同世代的其他人也會去工廠工作、賣報紙、當小廝，做任何一種當時青少年經常會做的工作，只有少數幸運兒能上高中。美國黑人尤其如此，一直到1940年，25到29歲的黑人只有八分之一有高中學歷。

這些事從沉默世代開始改變。從1950到1974年，沉默世代逐漸成為25到29歲年齡層的主體，具有高中學歷的人數飆升（見圖2.8）。因此，雖然沉默世代比過去早婚（這是人生加速的跡象），但他們在教育上採取的是人生減速策略。求學時間更長，因此延後了成年。

到1960年，25到29歲年齡層的白人至少64%有高中學歷，黑人則是40%，擁有大學學位的人也開始增加。圖2.8也顯示出美國種族問題的雙重真相：雖有進步，但遠遠不夠。儘管黑人和白人的高中學歷差距在種族隔離期間很大、從1960年代開始縮小，到2020年代只差幾個百分點，但大學學位的種族差距還是十分可觀。

目前仍然在世的沉默世代皆已75歲以上，其中86%至少有高中學歷，教育程度明顯高於前幾個世代——相較之下，最偉大的世代同齡時只有一半有高中學歷（見圖2.9）。將近三分之一的沉默世代有大學學位，是最偉大的世代和失落的一代（1883到1900年生）的三倍。1950和60年代的大學學費便宜，可以半工半讀，負擔學費比現在容易。沉默世代是最後一個全體受惠於教育政策的世代。當時的優惠措施現在已難以想像，舉例來說，直到1960年代末，加州居民就讀加州大學仍免學費。

沉默世代教育程度遽增是烏龜媽媽（科技）和烏龜女兒（人生減速）的成果。雖然從現在的眼光來看，我們很可能覺得1950年代極其落伍，但當時的確充滿科技帶來的現代感。1950年代和1960年代初的廣告歌頌進步，鼓勵消

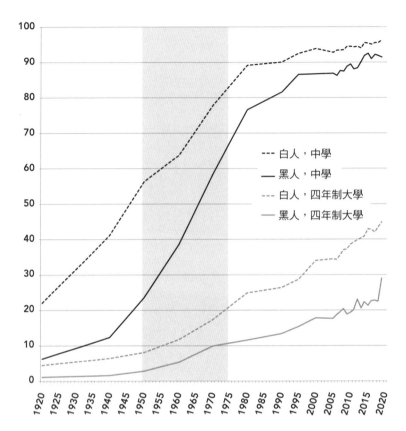

圖2.8｜美國25到29歲擁有高中學歷或四年制大學學位之百分率，依種族比較，
　　　1920–2020

資料來源：《教育統計彙編》及《統計摘要》，美國普查局

注：沉默世代從1950到1974年（灰色區域）屬於這個年齡層。1990年前每十年更新一次統計資料，1990到2005年每五年一次，2005年後每年更新。

25到29歲年齡組是推斷年輕人教育程度的最佳組別，因為若換成比這個年齡組更年輕的年齡組（18到24歲那組），有些人還在讀中學，許多人仍在讀大學。

費者拋下舊的生活方式，擁抱新時代的電視、洗衣機、電爐、各種花樣十足的汽車。早在科學（science）、技術（technology）、工程（engineering）、數學（math）合稱為「STEM」之前，它們已是戰後時期的英雄，越來越多工作必須具備高

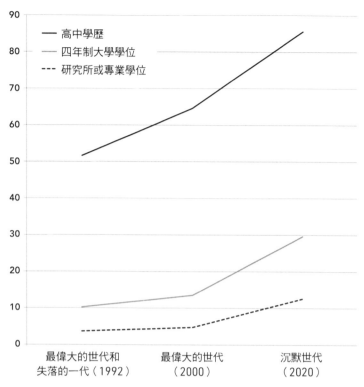

圖 2.9 ｜ 美國 75 歲以上者具有特定教育程度之百分率，依世代／年比較

資料來源：《教育統計彙編》及《統計摘要》，美國普查局

注：「高中學歷」含具有四年制大學學位或研究所／專業學位者；「四年制大學學位」含具有研究所／專業學位者。

度的 STEM 能力。科技進步代表的是：即使你從事的不是 STEM 領域的工作，你也必須學得更多，才能成為有生產力的成人。隨著經濟從農業轉向以知識為本的工作，接受更多教育變得十分必要，於是成年必須花上更長的時間。你不再能像我外公一樣 12 歲就開始全職工作，接著掌握你需要的一切技能。現在，你必須要等到 18 歲、22 歲、甚至更大的年紀才能完成教育，開始全職工作——而全職工作正是邁入成年的判準之一。

沉默世代在政治上並不沉默
特徵：持續掌握政治權力及擔任領袖

在 1991 年出版的《世代》一書中，史特勞斯和霍伊推測：沉默世代夾在前後兩個人數較多的世代之間，恐怕無緣成為政治領袖。以美國總統一職而言，他們的預言直到最近仍是正確的：拜登（1942 年生）是第一個出身沉默世代的總統，就任時已 78 歲。除他以外，兩大黨提名的其他沉默世代參選人全部落選——包括華特·孟岱爾（1928 年生）、麥克·杜凱吉斯（Michael Dukakis，1933 年生）、約翰·凱瑞（1943 年生）、約翰·馬侃（1936 年生），有的輸給最偉大的世代，有的輸給嬰兒潮世代。史特勞斯和霍伊的理論是：沉默世代前有最偉大的世代這些戰功彪炳的二戰英雄，後有鋪天蓋地的嬰兒潮大軍，腹背受敵，有志難伸。

不過，這個理論放到其他政治領袖的職位上便無法成立。沉默世代在他們的時代就已掌握龐大政治權力，至今依然如此：從 2021 到 2023 年，沉默世代在國會有 11 名參議員、27 名眾議員，其中包括眾議院議長南希·佩洛西。沉默世代在這段期間其實都已遠遠超過退休年齡，在國會仍能如此活躍，著實令人敬佩。

如果比較每個世代全盛時期的政治領袖人數，我們可以看得更加清楚：在 1995 年沉默世代平均 60 歲時，美國有 32 名州長屬於他們，略多於 1973 年二戰英雄最偉大的世代同齡時的人數（見圖 2.10）。

同樣是平均 60 歲時，沉默世代的參議員人數和最偉大的世代也差不多——沉默世代在 1995 年有 67 席，最偉大的世代在 1973 年有 74 席（見圖 2.11）。從 1990 年代開始，許多在參、眾兩院服務的領袖也是沉默世代，例如米契·麥康諾（1942 年生）、特倫特·洛特（Trent Lott，1941 年生）、哈利·瑞德（Harry Reid，1939 年生）、南希·佩洛西（1940 年生）、歐林·海契（Orrin Hatch，1934 年生）、湯姆·佛里（Tom Foley，1929 年生）、紐特·金瑞契（Newt Gingrich，1943 年生）。

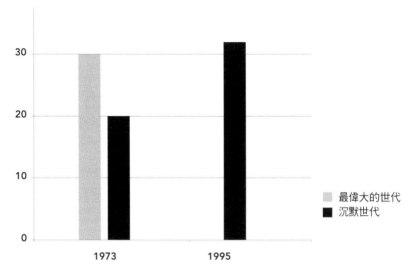

圖2.10 │ 美國州長人數，依世代比較，以1973年和1995年對照

資料來源：全國州長協會（National Governors' Association）及網路小傳

　　沉默世代也出了六名最高法院大法官（雖然他們現在或去世或退休，都已離開最高法院）：露絲・拜德・金斯伯格（1933年生）、大衛・蘇特（1939年生）、珊卓拉・戴・歐康納（1930年生）、史蒂芬・布雷耶（Stephen Breyer，1938年生）、安東尼・甘迺迪（Anthony Kennedy，1936年生）、安東寧・史卡利亞（1936年生）。首席大法官一職和1990年代的總統職位一樣，從最偉大的世代的威廉・倫奎斯特（William Rehnquist，1924年生），直接跳到嬰兒潮世代的約翰・羅勃茲（John Roberts，1955年生）（關於嬰兒潮世代和沉默世代在政治領導上的對比，下一章還會進一步討論）。由此可知，雖然史特勞斯和霍伊預言沉默世代是政治弱勢（「沉默世代」的名稱就帶有這個意味），但他們在政治上其實人才輩出，有許多機會形塑國家的法律與政策。

　　整體而言，沉默世代善於調和歧見，是最後一個讓兩黨真正合作的世代。這種特質一方面是時代所致，另一方面是世代個性。沉默世代也長於化解代溝：1990年，韋德・格林（1933年生）這樣評論自己所屬的世代：「我們人數

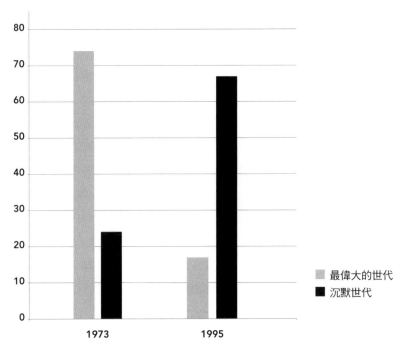

圖 2.11 | 美國參議員人數，依世代比較，以 1973 年和 1995 年對照
資料來源：美國國會及網路小傳

很少，長久以來必須和各式各樣的人合作。他們往往人數較多、也較為固執，我們因此培養出調解和融合的本事。」格林也提到當時的參議院多數黨領袖喬治·米切爾（George Mitchell）：「大家說他深思熟慮，與人為善，長於斡旋，不慍不火……（沉默世代）不給現成的答案，而是磨出來的詢問和聆聽能力。」

沉默世代還有另一個特質讓他們足堪領導重任：信任別人。社會學家對人與人間是否互信深感興趣，因為信任是複雜社會能否運作的關鍵，對民主社會來說尤其如此。

對於「大多數人是否值得信任？」「別人是否行事公正？」「別人是否通常願意提供協助？」這三個問題，沉默世代的態度比較接近最偉大的世代，而非嬰兒潮世代（見圖 2.12）。

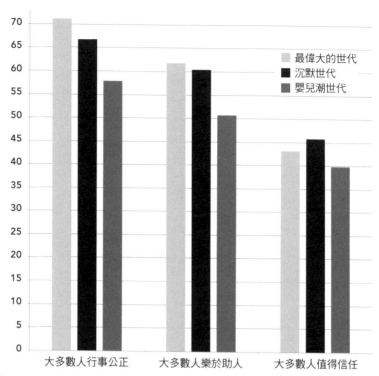

圖2.12│美國成人對他人信任態度之百分率，依世代比較

資料來源：社會概況調查

注：依據1972到2021年數據。控制年份變因。問卷題目是：「一般而言，你認為大多數人值得信任嗎，或者與人往來時再小心也不為過？」「你認為人大多數時候願意幫助別人嗎？還是他們多半只關心自己？」「你認為大多數人只要有機會就會占你便宜，還是他們會公正行事？」控制年份變因能消除時代的影響，保留世代與年齡的影響。

　　所以，沉默世代不像之後的幾個世代那麼多疑，他們更能信任別人，也更能看見別人好的一面。沉默世代看待世界的方式之所以比嬰兒潮世代溫和，也許是因為他們青春期和成年早期（early adulthood）是1950年代到60年代初，犯罪率較低，人與人間互信較深。相較之下，嬰兒潮世代是在混亂的1960年代末到70年代成年，犯罪率較高，傳統的榮譽和責任觀念日益淡薄。到X世代那一章，我們會詳談信任自嬰兒潮世代以來的變化。

資深沉默世代的投票傾向
特徵：比其他世代保守

　　到2020年代，大家往往認為75歲以上的人都是保守的福斯新聞台觀眾。當然了，不可能人人如此，畢竟每個世代的政治觀點不會一模一樣。可是，這種看法多接近事實呢？

　　我們先來談談政治意識型態，亦即某個人應該算自由派還是保守派。意識型態強烈受到年齡影響，就如某種流行說詞談到的：「25歲不是自由派，你沒心肝；35歲不是保守派，你沒腦袋。」意識型態之所以和年齡密切相關，是因為自由派傾向進步政策（意味著推動改變），保守派偏好維持現狀（保持原貌）。由於近幾十年社會變化飛快，21歲是自由派的人可能到了45歲覺得自己是中間派，到75歲變成保守派。

　　所以，在2020年，被認為是保守派的沉默世代比起嬰兒潮世代和更年輕的世代多，此事並不令人意外。比較令人意外的是，沉默世代的白人從三、四十歲（1970年代）就認同保守派，一直到七、八十歲都是如此，隨年齡增長，保守主義的傾向也僅有微幅增加（見圖2.13）。只有沉默世代的黑人、西裔或其他種族／族裔符合傳統趨勢，保守傾向隨年齡增長而提高，而沉默世代的白人從成年中期就已經是保守派了。

　　我們在幾節以前談過：沉默世代的社會觀點遠比上一代（最偉大的世代）進步，可是和嬰兒潮世代相比，還是明顯保守。在2018到2021年對現存世代的社會概況調查中，只有沉默世代仍有多數認為成人之間的同性性行為是錯的，也只有他們認為大麻不該合法化。對於「男主外，女主內」和「媽媽上班對學齡前兒童不好」，現存世代中只有沉默世代仍三分之一以上同意。雖然許多沉默世代隨著時間改變了想法，但其他人只覺得自己格格不入，彷彿這個國家已經不再是他們從小熟悉的美國。沉默世代像是在突然加速的跑步機上奔跑，雖然有些人跟得上速度，但其他人已經受夠了永無止境的變化，選擇退出比賽。他們年輕時也許支持改變，但現在認為已經改變夠多。他們就像《讓世

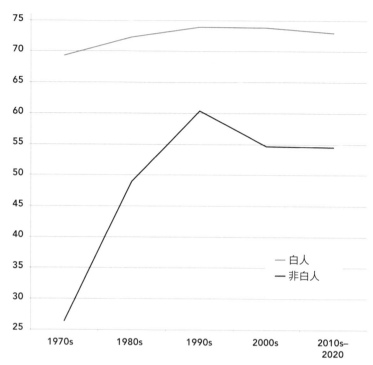

圖 2.13 | 美國沉默世代認同保守派的百分率，依種族比較，1972-2020

資料來源：全美選舉研究

注：排除既不傾向保守派、也不傾向自由派的選民。追蹤沉默世代隨年紀漸長而起的變化。雖然調查並非追蹤同一群個體在這段時間的變化，但每個樣本都有全國代表性。

界停下吧，我想離去》（*Stop the world—I want to get off*）這齣音樂劇的劇名——事實上，許多世代年老後都有這種感覺。

　　就算沉默世代曾為平等奮鬥，也未必一定支持最近的社會正義運動。露絲・拜德・金斯伯格當律師時為女性極力爭取法律平等，後來更成為美國最高法院有史以來第二位女性大法官。可是在 2016 年，當凱蒂・庫瑞克（Katie Couric）問她對科林・卡佩尼克（Colin Kaepernick）風波的看法（這名橄欖球選手選擇在唱國歌時單膝跪地，抗議警察殺害黑人），她說：「我認為這樣做既愚蠢又不尊重。」最高法院公關室緩頰說她口誤，但她堅持：「這是藐視讓他們的

父母、祖父母活得有尊嚴的政府……等他們年紀更大，就會明白這樣的行為相當幼稚。這正好說明為什麼教育很重要。」金斯伯格似乎深信對國歌和政府不敬已經做得太過。雖然她不能代表全體沉默世代，但她的確反映出這一代人從小養成的世界觀：愛國很重要，致敬也很重要。他們曾經支持平權運動，但現在或許認為改變已經足夠。

那在政黨方面又如何呢？時至今日，大家往往認為民主黨幾乎都是自由派，共和黨幾乎都是保守派。可是在20世紀，政治意識型態和政黨的關係其實沒這麼密切，有些民主黨是保守派，有些共和黨是自由派。在1970年代，

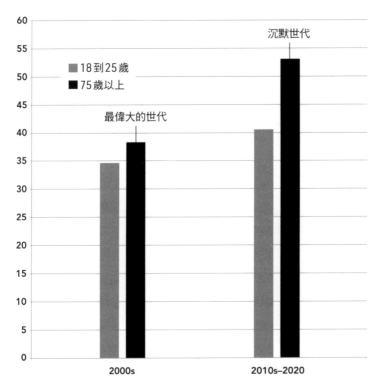

圖 2.14 ｜美國成人支持共和黨的百分率，依年齡層比較，2000年代–2020年

資料來源：全美選舉研究

注：含傾向共和黨或民主黨的中立選民；排除不支持兩大黨或支持其他政黨的選民。

只有64%的保守派說自己是共和黨，可是到2000年代，78%的保守派是共和黨，從2010到2020年更增加到88%。換言之，最偉大的世代裡有部分保守派是民主黨，但如今沉默世代的保守派幾乎全是共和黨。

由於人年紀越大越傾向保守，加上意識型態和政黨立場的關係日漸加深，政黨支持者隨年齡分眾的現象變得比前幾十年顯著（見圖2.14，灰色與黑色長條圖在2010年代到2020年的差距大於2000年代的表現）。

這讓不同世代之間出現新的政治裂痕，一邊是年紀較長的共和黨政治人物與選民，另一邊是年紀較輕的民主黨政治人物與選民，兩者相互對立。家庭中的祖孫之間對政治議題更常意見分歧。黨派之爭逐漸成為世代之戰。

沉默世代的心理健康狀態令人驚豔
特徵：穩定而平靜

從近年新聞報導中，我們看出美國人的心理健康如何受到損傷。即使在新冠疫情之前，憂鬱症和自殺率便已逐漸攀升，中年人因吸毒和酗酒導致的「絕望死」也跟著增加。這些報導的主角往往是嬰兒潮世代或更年輕的世代，沉默世代的情況又如何呢？

有一份匿名的全國調查從1997年起就持續進行，詢問美國的成年人多常感到緊張、絕望、不安、沮喪、無價值感、做每一件事都很費勁——這是標準的心理困擾篩檢。如果得分超過特定門檻，代表受測者可能被診斷為憂鬱症或焦慮症。

從這份檢測來看，沉默世代十分特別：他們出現心理困擾的比例不但低於之前的最偉大的世代，也低於之後的嬰兒潮世代（見圖2.15）。1930年代出生的人尤其如此：在20世紀上半葉出生的人裡，1930年代出生的人出現心理困擾的比例最低。有心理健康問題的人數似乎是在沉默世代之後才增加，而非從他們開始增加。

大家常常認為與較晚出生的世代相比，較早出生的世代比較不願坦承自己有心理困擾。雖然這種說法從未明確證實，但我們還是應該思考：沉默世代

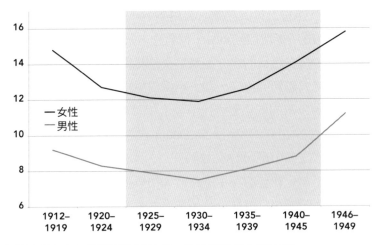

圖2.15｜美國成人有心理困擾的百分率，依性別與出生年比較

資料來源：國民健康訪問調查

注：陰影區為沉默世代出生年。此分析結合1997到2018每一年的資料，調查出生年和心理困擾的關聯；因此，各出生年的人會在不同年齡受到評估。控制年齡變因：控制年齡變因能消除年齡的影響，保留出生年和時代的影響。心理困擾依凱斯勒（Kessler）量表（K6）評估，中度或重度困擾者建議進一步評估，由心理健康專業人員判斷是否罹患憂鬱症。由於國民健康訪問調查（NHIS）在2019年改變心理健康篩檢標準，調查資料只收集到2018年。

心理困擾的比例較低，有沒有可能是他們不願承認問題造成的？看起來不太可能，因為最偉大的世代雖然生在沉默世代之前，但他們坦言有心理困擾的比例卻高於沉默世代。請看圖2.15，如果越晚出生的人越願意承認心理困擾，比例應該隨出生年穩定上升，線應該是直線，但圖2.15是曲線。

　　沉默世代的自殺率也明顯低於前後世代：和1910年代初出生的人比較，1930年代末出生者的自殺率降低了22%（見圖2.16）。我們用比較具有脈絡的方式說明這種下跌：如果週末舉辦中學同學會，邀請全美各年度畢業生各10萬人出席。1933年的畢業生（1915年生，最偉大的世代）會發現他們已有17名同學因自殺永遠缺席；1955年的畢業生（1937年生，沉默世代）則有13名同學自殺身亡。

　　由於許多自殺是憂鬱症和創傷後壓力症候群造成的，沉默世代自殺率較低

圖 2.16│美國成人自殺率，依出生年比較

資料來源：疾病管制中心 WISQARS* 致命傷害報告

注：自殺率以每 10 萬人計算。陰影區是沉默世代出生年。含 1981 到 2020 年數據。只列計 20 到 72 歲之自殺者。1999 到 2019 年有記錄自殺者確切年齡。1981 到 1998 年只記錄自殺者之年齡層，年齡層以平均年齡表示（例如 20 到 24 歲年齡層記為 22 歲）。最小列計年齡為 20 歲，因為這是全體皆為成人的最小年齡組（亦即 20 到 24 歲年齡組，更年輕的年齡組是 15 到 19 歲，含未成年人）。最大列計年齡為 72 歲，原因是 72 歲以上自殺者多罹患絕症。控制年齡變因能消除年齡的影響，保留出生年和時代的影響。

* 線上傷害統計查詢及報告系統（Web-based injury statistics query and reporting system）。譯注

無疑是另一條線索，證明他們的心理困擾可能不如最偉大的世代和嬰兒潮世代嚴重。

自殺數據也明確告訴我們：心理困擾的世代趨勢與願不願意吐露心聲**無關**——自殺是行為，因此和願不願意說出心理困擾關係不大。雖然自殺率**可能會**因為記錄死亡的方式而產生偏誤，但我們很難相信自殺通報會從過度通報變成通報不足，再變回來，也很難相信記錄偏誤會讓不同世代產生這麼大的差距。

相較之下，世代差異很可能造成影響。沉默世代之所以心理困擾較少，可能是因為他們在歷史上的位置：他們大多在經濟大蕭條和二戰期間出生，不像最偉大的世代必須以成人身分承受這些壓力。另外，二戰時被徵召入伍的年輕男性幾乎全是最偉大的世代，人數高達一千萬；韓戰時（1950–1953）被徵召的沉默世代青壯男性只有一百五十萬左右，不到二戰時的六分之一。戰爭退伍軍人的定向障礙和痛苦曾被稱作「彈震症」（shell shock），也就是我們現在熟知的創傷後壓力症候群（PTSD），和心理困擾、憂鬱症、自殺都有關係。雖然有些作家感嘆沉默世代身不逢時，錯過在二戰中建立不世之功、成為英雄的榮耀，但反過來說，他們也幸運躲過戰爭的恐怖。

有人說沉默世代是「好日子世代」，因為他們經歷戰爭的人數不僅較少，也在戰後美國史上歷時最長的經濟擴張期間成家立業。此外，還好有幾個原因：沉默世代不僅是享有低廉公立大學教育的最後一代，也是在電視普及之前成長的最後一代（電視提高了美國人對於何謂成功人生的期待）。早婚雖然帶來一些挑戰，但也讓他們有兒有女、重視家庭，而子女、家庭都是防止心理困擾的重要因素，年紀越大越是如此。另外，由於醫療進步，沉默世代晚年喪偶的情形也比最偉大的世代來得少。

然而，隨著新冠疫情在 2020 年 3 月爆發，沉默世代陷入一段特別難熬的日子。他們這時在最年長的資深公民中占多數，是疫情之下最脆弱的一群：在 2020 到 2021 年新冠疫情期間，死者超過半數是 75 歲以上的長者。為保持安全，許多老人選擇足不出戶，非必要絕不出門。有些人長達一年沒有見到子女或孫子女，甚至更久。對這個極其重視家庭的世代來說，家人久別尤其是難以承受之重。

不過，即使面對這些考驗，沉默世代的調適能力依然超過所有人的預期。他們雖然更容易感染新冠病毒，在疫情期間的憂鬱和焦慮症狀實際上卻比年輕世代低（焦慮變化見圖 2.17；憂鬱變化大致相同）。

還有其他因素可能會對沉默世代形成保護，例如：他們的心理健康優於年輕世代；他們大多已經退休，疫情的經濟衝擊對他們影響較小；他們的孩子已

經成年，所以學校和日托中心關閉不會對他們直接造成影響，除非他們必須照顧孫子女。此外，他們有豐富的人生經驗，對他們來說，疫情只不過是他們已安然度過的許多災難性社會事件中的最新一件而已。沉默世代相信「疫情也會過去」，雖然過去的速度確實不如許多人期待，但早年磨練出來的韌性幫助他們再次度過難關。

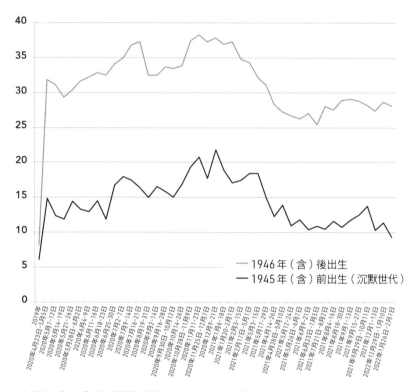

圖 2.17｜美國成人感到顯著焦慮的百分率，沉默世代 VS 較年輕的世代，2019–2022

資料來源：國民健康訪問調查（2019）及美國普查局家庭脈動調查（2020-2022）

注：焦慮程度以廣泛性焦慮量表（GAD-2）評估。該量表詢問兩個問題：「在過去七天，你多常受以下問題困擾……緊張、焦慮或煩躁？……無法停止或控制憂慮？」選項包括「完全沒有」（0分）、「幾天」（1分）、「一半以上天數」（2分）及「幾乎每天」（3分）。總分最高6分，最低0分，3分以上為焦慮篩檢陽性，建議請心理健康專業人員進一步評估。雖然國民健康訪問調查為面訪，家庭脈動調查為線上填答（因此可能影響回應），但兩份調查在人口統計上都具有全國代表性。

儘管如此，不論對沉默世代或其他人來說，2020和2021這兩年的情緒波動仍然像雲霄飛車。從2019年到疫情開始的2020年4月，全美的焦慮感顯著提高，連沉默世代都不例外。焦慮感也在幾個時間點衝上高峰，分別是2020年6月抗議喬治・佛洛伊德（George Floyd）遇害的示威潮期間、2020年11月的總統選舉前後、2020到2021年的冬新冠病例激增（見圖2.17）。其後，焦慮感穩定下降。沉默世代再次撐過難關，和他們一直以來一樣。這是世代差異一枝獨秀的明顯例子——即使面對的是致命病毒，沉默世代仍能勇敢迎戰。

　　沉默世代將在2020年代全部退休，離開商界、政壇、娛樂圈、科學界。如果這一代的人物到2029年仍然健在，華倫・巴菲特（1930年生）屆時是98歲，米契・麥康諾是86歲，伯尼・桑德斯（1941年生）是87歲，南希・佩洛西是88歲，安東尼・佛奇是89歲。到2020年代末，資深政治人物無論男女將幾乎清一色是嬰兒潮世代——2029年時，嬰兒潮世代中最年長的是83歲，最年輕的是65歲。

　　這讓我們不得不把目光轉向房間裡的大象，也就是沉默世代之後的那個世代——嬰兒潮世代。打從他們在戰後光明的1946年進入世界，就沒有人能忽視這個群體。

▍插曲：愛滋病大流行

　　一開始的跡象令人困惑：卡波西氏肉瘤（Kaposi's sarcoma）這種臉部癌明明好發於六十多歲的義大利男性，為什麼發病的年輕男性越來越多？卡氏肺囊蟲肺炎（pneumocystis carinii pneumonia）明明很少致命，為什麼過去健壯如牛的年輕人一一倒下？1981年6月，疾病管制與預防中心（Centers for Disease Control and Prevention, CDC）公布了五名洛杉磯年輕男同志罹患卡氏肺囊蟲肺炎的病例報告。後來，流行病學家終於確認病原是一種會攻擊免疫系統的病毒，為這種新型疾病提出各種名稱。有人建議「男同志癌」，有人建議叫「男同志相關免疫缺乏症」（gay-related immune deficiency, GRID），最後定名為人類免疫缺乏病毒

（human immunodeficiency virus, HIV），其所造成的疾病稱為後天免疫缺乏症候群（acquired immunodeficiency syndrome, AIDS，譯按：以下稱愛滋病）。

這種疾病在男同志社群引起恐慌，造成許多風華正茂的年輕人死亡。紐約男同志健康危機（Gay Men's Health Crisis）團體特地設立愛滋熱線，布魯斯・伍茲・派特森（Bruce Woods Patterson，1953年生）當時就在那裡工作。「打電話來的人臥病不起、哭泣，悲傷而絕望。[14]」他後來寫道：「他們會開始說自己以前多麼年輕俊美、前途似錦，現在卻失去獨立、尊嚴，變得不認識自己。很多打來的人說：『我不怕死，我怕的是走向死亡的過程。』」

雖然風險最高的是男同志和注射藥癮族群，但研究者很快發現每個人都可能感染HIV：懷孕的女性可能傳染給胎兒，所以有的孩子一出生就有愛滋病。血友病患者和手術病患也可能經由輸血而感染，直到1985年血液篩檢才加入HIV。雖然我們討論的六個世代全都受到愛滋病衝擊，但輕重各有不同。男同志社群最初的一批患者就有沉默世代（1985年時他們是40到60歲），死於愛滋病的患者則多半是嬰兒潮世代（21到59歲）。愛滋病讓1960、70年代由嬰兒潮世代帶動的性解放戛然而止，X世代的青少年（當時6到20歲）和較年輕的嬰兒潮世代在性生活開始之初就知道性行為能致人於死，促使他們更早開始談論過去的性經驗，要求在發生性關係之前先做HIV檢測，也更常使用保險套。1995年，愛滋病成為美國25到44歲年齡層的主要死因。不久以後，更好的抗反轉錄病毒藥物讓愛滋病致死率大幅降低。因此，美國的千禧世代、Z世代、兩極世代大多數都知道HIV是透過性行為傳遞的疾病，雖然會糾纏終身，但不至於致命。不過，愛滋病即使到了2020年代仍是重大健康問題，截至2023年為止依然沒有抗HIV疫苗。

1986年，克里夫・瓊斯（Cleve Jones，1953年生）注意到一些紀念愛滋病死者的紙板海報。「我覺得它們像被子。」他說：「這樣說的時候，它們喚起好多回憶，帶來強烈的安慰。」於是瓊斯發起「名字計畫」（NAMES Project），用好幾千塊三呎乘六呎的板子拼成一大張愛滋被，每一塊板子都紀念一名愛滋死者。1987年，這張被子在華府首次展出。「它達到了預期效果。」彼得・詹寧斯和

陶德・布魯斯特（Todd Brewster）寫道：「走在一塊塊板子之間，你很難不去想：因為愛滋病，這些人，這些有血有肉的人，全都失去了性命。[15]」這張愛滋被有五十四噸重，至今仍是全世界最大的民間集體藝術。

藍迪・席爾茲（Randy Shilts，1951年生）是最早投身於愛滋病報導的記者之一。他在愛荷華州長大，以前從不知道除了自己之外還有誰是同志，後來在就讀奧勒岡大學時出櫃。他為同志報紙《倡議者》（*Advocate*）寫了幾年稿，1981年獲《舊金山紀事報》（*San Francisco Chronicle*）延攬。沒過多久，他全職投入報導愛滋病，終於完成《歌舞依然昇平：政治、人物與愛滋病大流行》（*And the Band Played On: Politics, People, and the AIDS Epidemic*）[16]。這本書不僅全面記錄愛滋病蔓延的經過、同志族群的反應，也指控雷根政府反應遲鈍，幾乎毫無作為。這本1987年的作品雖然在某些圈子引發爭議，但十分暢銷，後來改編成HBO迷你影集。席爾茲在1987年3月驗出HIV陽性，1993年也身患書中敘述的兩種疾病：卡氏肺囊蟲肺炎和卡波西氏肉瘤。「HIV絕對可以改變一個人的個性。[17]」他說：「它讓我看清我們執著的東西多麼膚淺，像自我，像虛榮。我現在想要的當然是多一點T細胞，少一點個性。」席爾茲在1994年2月因愛滋病去世，享年42歲。

3

嬰兒潮世代（1946-1964年生）
Boomers (Born 1946–1964)

　　1946年1月1日，子夜剛過，美國迎來嬰兒潮的第一對寶寶：凱瑟琳・凱西（Kathleen Casey），費城海軍機械士之女；以及馬可・貝傑克（Mark Bejcek），芝加哥陸軍樂隊長號手之子。從1945年春天開始，二戰結束的美國大兵返回家鄉，為嬰兒潮揭開序幕。由於來年將有更多年輕男性歸國，可能為子女再添幾個弟弟妹妹，於是人口學家預計出生率將衝高一段時日，也許持續到1950年左右。

　　他們沒料到的是：嬰兒潮不但方興未艾，而且還加快速度。總生育率到1957年才衝上頂點（總生育率是以調查當年的出生人數為基礎，推估每名女性一生生育孩子的數量），數字令人難以置信——每名女性生3.8個孩子。直到1964年嬰兒潮結束為止，美國增加了七千六百萬個寶寶——比法國目前的人口還多。戰後嬰兒潮歷時之久、規模之大，令所有人口學家跌破眼鏡。在這枚人口炸彈爆炸以前，美國的出生率已經持續下降兩百多年[1]。

　　隨著這些寶寶長大，當他們進入哪個年齡層，美國人口圖的哪個年齡層就跟著膨脹，活像一條吞了保齡球瓶的蛇。從青少年時期（見圖3.1a，1970年）到成年中期（見圖3.1b，1995年），嬰兒潮世代的人數都明顯大於他們前後的兩個世代，請把這兩張圖想像成倒吊的蛇，牠吞下的保齡球瓶從底下嘴巴的地方（3.1a）移向腹部（3.1b）。直到嬰兒潮世代在2020年代進入五、六、七字頭，他們的人數才被千禧世代二十歲後半段的人超過，年齡分布也才稍微平

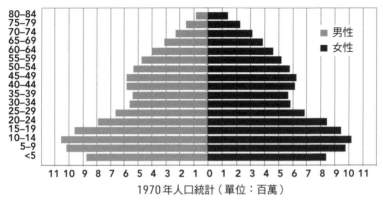

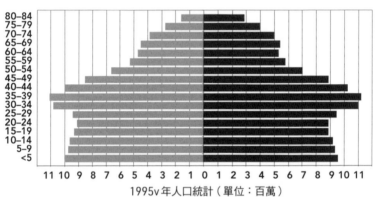

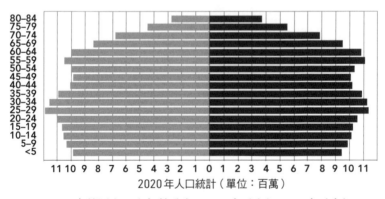

圖3.1a、3.1b、3.1c │ 美國人口之年齡分布，1970年（上）、1995年（中）、2020年（下）。

資料來源：美國普查局人口估算

均，不再像保齡球瓶（見圖3.1c，2020年）。

一開始時，超乎預料的高出生率意味著什麼地方都很擁擠：先是產房，後是學校。吉姆・舒爾曼（Jim Shulman）是活生生的見證：他是嬰兒潮世代第一波，前後讀過四間小學——不是因為他經常搬家，而是因為有更多家庭湧入他的家鄉俄亥俄州皮茲斐（Pittsfield），學校不斷滿額，除了一直設立新的學校，別無他法。舒爾曼剛從皮茲斐中學畢業，高中又人滿為患，只好半數學生上午上課，半數學生下午上課[2]。

「人口保齡球」的另一個結果是：嬰兒潮世代不論處在哪個人生階段，都主導了美國文化。1950年代到1960年代初，他們是兒童，於是全國關注兒童問題；1960年代，他們成了叛逆青少年，整個國家也正因社會變革而風起雲湧；1970年代，他們是追求靈性的青年，於是美國文化迷戀神祕主義；1980和90年代，他們忙著成家立業，於是舉國念茲在茲的是穩定和拚經濟；到了2000年代，五、六十歲的嬰兒潮世代已賺飽荷包，於是結合嬉皮精神和雅痞品味，為消費賦予道德意義。正如大衛・布魯克斯（David Brooks，1961年生）在2001年的作品《BOBO族》（*Bobos in Paradise*）所說：隨著嬰兒潮世代「選擇性地更新」嬉皮價值，食物儼然成為「道德的晴雨表」，「消逝的是60年代輕狂少年覺得好玩、有趣的東西，好比性開放，留下所有疑病中年還感興趣的東西，像是全穀食品」。

在最近五任美國總統中，除了拜登以外，其他四名都是嬰兒潮世代，其中還有三名（柯林頓、小布希及川普）都出生在1946年。從1990年代開始，嬰兒潮世代也大量占據國會議員、州長、大學校長、高層主管等職位。由於嬰兒潮世代人數和勢力龐大，作家蘭登・瓊斯給他們取了「霸權世代」（a generational tyranny）的綽號。

正因為嬰兒潮世代影響力巨大，他們非常難以捉摸。難以捉摸的部分原因是他們人數龐大，只要三分之一便已數量驚人，即使是當中的少數也足以造成影響。或許也因如此，嬰兒潮世代一直是善變的世代，隨著政治和社會風向轉變，但他們自身也是帶動風向的人。沒有別的世代像嬰兒潮世代一樣搖擺不

定，即使一生堅持某些行為和主張，在其他事情上卻完全改變立場。這群60年代的嬉皮先是變成80年代的雅痞，到了90年代又再次質疑自己的選擇。有一則廣告精準掌握嬰兒潮世代的這種性格：福斯汽車在1998年復刻60年代的經典金龜車後是這樣推銷的：「要是你80年代出賣自己的靈魂，現在你有機會把它買回來。[3]」

大多數人年長以後回憶人生，對10到30歲的事會印象特別深刻。這叫「記憶突點」（reminiscence bump），意思是青春期和青壯年的回憶往往比其他時期強烈。嬰兒潮世代的記憶突點尤其明顯，最早出生的嬰兒潮世代更是如此，在1960年代那些災難性事件發生時，他們正處於青少年和青壯年階段。如P·J·歐魯克（P. J. O'Rourke，1947年生）所說：「如果你對甘迺迪和金恩遇刺沒有鮮明的記憶，對披頭四解散沒有鮮明的記憶，對輸掉越戰沒有鮮明的記憶，對水門事件沒有鮮明的記憶，你就不屬於嬰兒潮。」

不過，1960年代最歷久彌新的不是這些大事，而是平等與個人主義的增長。當時，帶頭為美國黑人、女性、LGBT族群爭取平權的，其實不是嬰兒潮世代，而是被錯誤冠上「沉默」之名的那個世代。連最早開始離經叛道、推動反文化運動的嬉皮也大多是沉默世代，而非嬰兒潮。

不過，對這些運動更具影響力的終究是嬰兒潮世代：是他們讓反文化運動的核心價值成為主流。沉默世代改變的是法規，嬰兒潮世代改變的是人心。從更多黑人學生進入大學，到社會認可女性成為專業人士、擔任領袖，嬰兒潮世代不但改變人心對平等的想法，也讓平等具體實現。沉默世代的夢想在嬰兒潮世代手上落實，美國文化（在大部分）最後不但接受這些改變，還把它們當成自明之理。嬰兒潮世代完成的是一場信念、價值、生活方式的全民革命，不僅僅是政府政策的變革而已。

這些趨勢的核心是嬰兒潮世代的正字標記：個人主義。嬰兒潮世代不但全面拒斥過時的偏見，也奉個人選擇為圭臬。舉例來說，以前的世代很少質疑徵兵制度，但嬰兒潮世代最重要的經歷之一，就是在越戰期間抗議徵兵。這主要是因為嬰兒潮世代認為徵兵牴觸個人選擇，政府不應在違背公民意願下強迫他

們服役（儘管越戰缺乏充分理由也是重要因素，但值得注意的是：韓戰雖然也是為反共而戰，卻沒有因為徵兵引發大規模抗議）。在嬰兒潮世代的壓力下，美國在1970年代全面採用募兵制。

「以個人選擇為重」幾乎貫串嬰兒潮世代的每一個面向，重大經驗如此，生活瑣事亦然。1960和70年代的嬰兒潮男性選擇留長髮，藉此表達對父母的反抗；嬰兒潮世代選擇發生婚前性行為，即使他們成長的年代禁止這樣做。嬰兒潮世代選擇嘗試毒品，雖然當時認為使用毒品違背道德（至少一開始是如此）。倘若這些選擇在今天大多數人眼裡不足為道，也正是因為嬰兒潮世代已大幅改變美國文化。是他們讓這類個人選擇成為常態，而非特例。

科技是追求選擇的強大後盾。過往世代的年輕人是向圈子裡的成年人學習社會規範，嬰兒潮兒童則是第一批透過電視認識外界的世代。電視將他們帶出平時的生活圈，讓他們看見做事的方法不只一種。有些新科技的影響更為直接，像1960年出現的避孕藥讓女性能選擇發生性行為，不必隨時擔心懷孕。有些科技在嬰兒潮世代一生中持續進步，例如醫療、電腦、省力的電器，都增進了我們的健康，減少勞務，讓人有更多時間專注自己的需求，也可能更不需要依賴別人。科技和個人主義一起塑造出嬰兒潮這一代人：這一代的需求和欲望隨著歲月大幅轉變，但始終遵循的觀念是以自己的想法和選擇為先——這種觀念不但讓嬰兒潮世代更能包容別人，同時又讓他們更以自己為重。

也許因為寫作者不「嗆聲」就渾身不對勁，攻擊嬰兒潮世代的書籍已經多到自成一類。最近有一本談這個世代的書叫《嬰兒潮世代：許諾自由卻帶來災難的男男女女》（*Boomers: The Men and Women Who Promised Freedom and Delivered Disaster*），裡頭說嬰兒潮世代造成的社會變化弊大於利。另一本同類型的書叫《反社會世代：嬰兒潮世代如何背叛美國》（*A Generation of Sociopaths: How the Baby Boomers Betrayed America*），作者說嬰兒潮世代做事毫無同理心，把國家攪得一塌糊塗。連討論別的世代的書也要砲轟嬰兒潮世代，例如馬修・軒尼斯（Matthew Hennessey，1973年生）在《X世代的決戰時刻》（*Zero Hour for Gen X*）中說：「之前從來沒有哪個世代上了年紀還一直穿得像個小孩，也從來沒有哪個世代會這麼

頑固地拒絕長大。嬰兒潮世代是美國太陽底下的新鮮事：年紀一大把的人聽寫給青少年的音樂，不論什麼事都堅持要照自己的方式做。「好了啦，老灰啊」也是個好例子，這句口頭禪是Z世代發明的，三不五時就拿出來數落老一輩的落伍想法——對一個老是認為父母落伍、爭相走告「30歲以上的人不可信」的世代來說，還真是無比諷刺。影響越大，受到的批評越多，嬰兒潮世代在人生中早就明白這個道理。但值得注意的是，這些批評往往忽略大多數嬰兒潮世代並不有權有勢。你在這一章會發現：嬰兒潮世代未必是大家說的那個樣子。怪到他們頭上的那些問題，其實不只影響提出指控的年輕世代，對他們自己這一代也影響得一樣大。

1957年是嬰兒潮世代的人口高峰，那年出生的人到2022年已年滿65。雖然因為平均壽命延長的關係，許多人即使過了退休年齡還是繼續工作，但也有人提早退休，加入新冠疫情期間的「大辭職潮」（Great Resignation），以致處處缺工。這是即將到來的風暴的第一個跡象：嬰兒潮世代將在2020年代陸續退出商業、政治和教育舞台中心，這是他們自1940年代粉墨登場以來的第一次。

個人主義對現在而言已是理所當然，但嬰兒潮世代是第一個擁抱它的世代。因此，嬰兒潮世代就像「原型世代」（ur-generation），是我們了解美國歷史和往後世代的良好切入點。檢視他們的行為和態度能為我們開一扇窗，讓我們看見嬰兒潮世代掀起了哪些潮流，而這些潮流又如何在接下來的三個世代加速發展。如果你對你的X世代父母、千禧世代上司或Z世代大學生感到好奇，想知道我們的社會是如何變成現在這個樣子，你一定得回頭看1946年，戰後嬰兒潮開始改變一切之時。

▌嬰兒潮世代（1946–1964年生）

2021年人數：7,020萬人（占2021年美國總人口21.1%）

76.1%　白人
9.3%　　黑人
8.5%　　西裔

5.0%　亞裔、夏威夷原住民及太平洋群島原住民

1.1%　美國原住民

父母：最偉大的世代或沉默世代

子女：X世代、千禧世代或Z世代

孫子女：Z世代或極化世代

最常見的名字　　　　　　　　　　　　　　　　　　　　　　　　* 首度進榜

男生

詹姆斯

羅伯

麥可（Michael）*

大衛（David）*

約翰

威廉

理查

女生

琳達

派翠希雅

瑪莉

芭芭拉

卡蘿

蘇珊（Susan）*

黛博拉（Deborah）*

黛布拉（Debra）*

凱倫（Karen）*

唐娜（Donna）*

麗莎（Lisa）*

知名人士（出生年）

演員、喜劇明星、製片

史蒂芬‧史匹柏（Steven Spielberg, 1946）

雪兒（Cher, 1946）

席維斯‧史特龍（Sylvester Stallone, 1946）

桃莉‧巴頓（Dolly Parton, 1946）

切奇‧馬林（Cheech Marin, 1946）

黛安‧基頓（Diane Keaton, 1946）

莎莉‧菲爾德（Sally Field, 1946）

泰德‧丹森（Ted Danson, 1947）

拉里‧大衛（Larry David, 1947）

法拉‧佛西（Farrah Fawcett, 1947）

泰瑞蓋兒（Teri Garr, 1947）

大衛‧賴特曼（David Letterman, 1947）

珍‧寇汀（Jane Curtin, 1947）

山繆‧傑克森（Samuel L. Jackson, 1948）

菲麗西亞‧拉沙德（Phylicia Rashad, 1948）

梅莉‧史翠普（Meryl Streep, 1949）

艾瑞克‧艾斯特拉達（Erik Estrada, 1949）

傑‧雷諾（Jay Leno, 1950）

比爾‧墨瑞（Bill Murray, 1950）

馬丁‧肖特（Martin Short, 1950）

約翰‧休斯（John Hughes, 1950）

米高‧基頓（Michael Keaton, 1951）

羅賓‧威廉斯（Robin Williams, 1951）

馬克‧漢米爾（Mark Hamill, 1951）

馬克・漢蒙（Mark Harmon, 1951）

傑夫・高布倫（Jeff Goldblum, 1952）

保羅・魯本斯（Paul Reubens,
　皮威・赫曼〔Pee-Wee Herman〕, 1952）[i]

克里斯多福・李維（Christopher Reeve, 1952）

羅珊・巴爾（Roseanne Barr, 1952）

丹・艾克洛德（Dan Aykroyd, 1952）

霍克・霍肯（Hulk Hogan, 1953）

傑瑞・史菲德（Jerry Seinfeld, 1954）

約翰・屈伏塔（John Travolta, 1954）

詹姆斯・卡麥隆（James Cameron, 1954）

達那・卡維（Dana Carvey, 1955）

琥碧・戈柏（Whoopi Goldberg, 1955）

布魯斯・威利（Bruce Willis, 1955）

嘉莉・費雪（Carrie Fisher, 1956）

湯姆・漢克（Tom Hanks, 1956）

艾倫・狄珍妮（Ellen DeGeneres, 1958）

凱文・貝肯（Kevin Bacon, 1958）

亞歷・鮑德溫（Alec Baldwin, 1958）

喬治・克隆尼（George Clooney, 1961）

艾迪・墨菲（Eddie Murphy, 1961）

米高・福克斯（Michael J. Fox, 1961）

湯姆・克魯斯（Tom Cruise, 1962）

蘿西・歐唐納（Rosie O'Donnell, 1962）

金・凱瑞（Jim Carrey, 1962）

喬恩・史都華（Jon Stewart, 1962）

史提夫・卡爾（Steve Carell, 1962）

布萊德・彼特（Brad Pitt, 1963）

康納・歐布萊恩（Conan O'Brien, 1963）

昆汀・塔倫提諾（Quentin Tarantino, 1963）

麥克・邁爾斯（Mike Myers, 1963）

史蒂芬・荷伯（Stephen Colbert, 1964）

亞當・卡羅拉（Adam Carolla, 1964）

音樂家與藝術家

羅伯・梅普索普（Robert Mapplethorpe, 1946）

比利・喬（Billy Joel, 1949）

安妮・萊博維茨（Annie Leibovitz, 1949）

布魯斯・史普林斯汀（Bruce Springsteen, 1949）

吉恩・西蒙斯（Gene Simmons, 1949）

佩特・班納塔（Pat Benatar, 1953）

瑪丹娜（Madonna, 1958）

王子・羅傑斯・尼爾森
　（Prince Rogers Nelson, 1958）

麥可・傑克森（Michael Jackson, 1958）

瑪麗・奧斯蒙（Marie Osmond, 1959）

凱蒂蓮（K. D. Lang, 1961）

瑪麗莎・伊瑟莉姬（Melissa Etheridge, 1961）

葛斯・布魯克斯（Garth Brooks, 1962）

雪瑞兒・可洛（Sheryl Crow, 1962）

惠妮・休斯頓（Whitney Houston, 1963）

艾迪・維達（Eddie Vedder, 1964）

企業家與商人

史蒂夫・沃茲尼克（Steve Wozniak, 1950）

比爾・蓋茲（1955）

史蒂夫・賈伯斯（1955）

傑夫・貝佐斯（Jeff Bezos, 1964）

---

i　皮威・赫曼是保羅・魯本斯在成名作《皮威劇場》（*Pee-wee's Playhouse*）中的角色名。譯注

政治家、法官、社運家

比爾‧柯林頓（Bill Clinton, 1946）

喬治‧布希（George W. Bush, 1946）

唐納‧川普（Donald Trump, 1946）

希拉蕊‧柯林頓（Hillary Clinton, 1947）

丹‧奎爾（Dan Quayle, 1947）

阿諾‧史瓦辛格（Arnold Schwarzenegger, 1947）

米特‧羅姆尼（Mitt Romney, 1947）

艾爾‧高爾（Al Gore, 1948）

克拉倫斯‧托馬斯（Clarence Thomas, 1948）

伊莉莎白‧華倫（Elizabeth Warren, 1948）

山繆‧阿利托（Samuel Alito, 1950）

查克‧舒默（Chuck Schumer, 1950）

康多莉扎‧萊斯（Condoleezza Rice, 1954）

索妮雅‧索托瑪約（Sonia Sotomayor, 1954）

約翰‧羅伯茲（John Roberts, 1955）

安妮塔‧希爾（Anita Hill, 1956）

麥克‧彭斯（Mike Pence, 1959）

愛蓮娜‧凱根（Elena Kagan, 1960）

巴拉克‧歐巴馬（Barack Obama, 1961）

賀錦麗（Kamala Harris, 1964）

運動員及體壇名人

卡里姆‧阿布都―賈霸

　（Kareem Abdul-Jabbar, 1947）

O‧J‧辛普森（O. J. Simpson, 1947）

凱特琳‧詹納（Caitlyn Jenner, 1949）

克莉絲‧艾芙特（Chris Evert, 1954）

賴瑞‧柏德（Larry Bird, 1956）

喬‧蒙大拿（Joe Montana, 1956）

瑪蒂娜‧娜拉提洛娃（Martina Navratilova, 1956）

舒格‧雷‧倫納德（Sugar Ray Leonard, 1956）

艾爾文‧「魔術」‧強森

　（Earvin "Magic" Johnson, 1959）

約翰‧麥可安諾（John McEnroe, 1959）

約翰‧艾爾威（John Elway, 1960）

潔姬‧喬伊娜－克西

　（Jackie Joyner-Kersee, 1962）

麥可‧喬丹（Michael Jordan, 1963）

記者、作家及新聞人物

大衛‧貝瑞（Dave Barry, 1947）

湯姆‧克蘭西（Tom Clancy, 1947）

史蒂芬‧金（Stephen King, 1947）

喬治‧馬汀（George R. R. Martin, 1948）

蓋瑞‧特魯多（Garry Trudeau, 1948）

比爾‧歐萊利（Bill O'Reilly, 1949）

亨利‧劉易斯‧蓋茲

　（Henry Louis Gates Jr., 1950）

吉兒‧拜登（Jill Biden, 1951）

黛安娜‧蓋伯頓（Diana Gabaldon, 1952）

譚恩美（Amy Tan, 1952）

安娜‧昆德蘭（Anna Quindlen, 1953）

歐普拉‧溫芙蕾（Oprah Winfrey, 1954）

蓋爾‧金（Gayle King, 1954）

麥特‧格朗寧（Matt Groening, 1954）

派蒂‧赫斯特（Patty Hearst, 1954）

約翰‧葛里遜（John Grisham, 1955）

克莉絲蒂安‧艾曼普

　（Christiane Amanpour, 1958）

尼爾‧德葛拉司‧泰森

（Neil deGrasse Tyson, 1958）
肯恩・漢尼提（Sean Hannity, 1961）
大衛・福斯特・華萊士
　（David Foster Wallace, 1962）

布萊特・伊斯頓・艾里斯
　（Bret Easton Ellis, 1964）
蜜雪兒・歐巴馬（Michelle Obama, 1964）

現代個人主義的誕生
特徵：重視自我

　　我讀中學時聽老師說過，他隨和平工作團（Peace Corps）出國時是1964年，當時不論髮型、衣著都延續1950年代的風格。可是他1966年回國時，簡直認不出這個才兩年不見的國家——年輕男性留長髮，穿著變得完全不一樣了，社會充滿挑釁氣氛。

　　1960年代的美國文化以集體主義開始（強調社會規範和群體和諧），以個人主義結束（重視個人需求，因此經常排斥傳統規範）。接下來的每個10年，美國都繼續朝更個人主義的方向發展。所以，在猶如兄弟鬩牆的世代之爭中，當X世代和千禧世代指著嬰兒潮世代罵：「還不都是你們開始的！」他們確實不無道理。這裡再次提醒兩件事：第一，個人主義和集體主義各有利弊，不是全好或全壞；第二，這兩種文化體系不能與政治意識型態混為一談，亦即不能完全對應於自由派或保守派。

　　嬰兒潮世代的個人主義在不同時期有不同表現。一種是本章一開始提到的以個人選擇為中心，範例為個人主義在1960年代反對最偉大的世代及較年長的沉默世代的集體主義式社會規範。到1970年代，嬰兒潮世代的個人主義注入了不一樣的色彩，往自我實現、自我覺醒和性靈追求更近一步——簡言之，一種轉向內在的個人主義。如《時人》雜誌所說：「我們在60年代想改變世界，到了70年代決定改變自己。」

　　嬰兒潮世代當時已經留意到這個變化。1973年春，當大學生被問到為何校園運動歸於沉寂，60年代末的盛況不再復見，雖然有人認為原因是越戰進入尾聲，但更多人說原因是「現在比較強調改變自己，而非改變社會」[4]。自助書籍蔚為風潮，意識提升和自我覺醒課程如艾哈德培訓課程（est, Erhard

Seminars Training）大行其道，至於顏色，這十年來則以用色大膽、迷幻炫目為尚，想讓別人注意你，最好是一身橙色露背洋裝加厚底鞋，或者酪梨綠寬翻領休閒裝。嬰兒潮世代和沉默世代都參了一腳。

全國彷彿集體走上湯姆‧沃爾夫（Tom Wolfe，1930 年生）說的「內在之旅」。這是嬰兒潮世代新世紀（New Age）狂熱的開始，同時結合另類醫學、臍輪冥想和東方靈性傳統。當《65 年班後來怎麼了？》（What Really Happened to the Class of '65?）的作者找到中學時的四分衛，那位當年的風雲人物已經加入內在靈性覺醒運動（Movement of Spiritual Inner Awareness），正在籌辦「恩典大會」，目的是「與滿有大能的神祕旅人連結，消除業障，在肉體、星宿、因果、以太等各個層面求得幫助」。他有點猶豫要不要受訪，因為「憶往傷脾」。

到 1980 年代，嬰兒潮世代個人主義的焦點轉往個人情緒、自我表達和自信。「我受到更高的召喚。說是『召喚』，其實比較像是感覺，而不是聲音。要是感覺不對，我不會去做。[5]」歐普拉‧溫芙蕾（1954 年生）在 1988 年這麼說道，她的脫口秀當時正紅遍全美。節目之所以走紅，很大部分是因為她無比坦率又有同理心，和典型的嬰兒潮世代一樣樂於分享又勇於表達自我。嬰兒潮世代率先提倡一切都值得攤開來談的觀念，不再像過去一樣忌諱公開討論性、家暴、憂鬱症等問題。《時代》雜誌的報導說歐普拉「對自己十分滿意」——許多嬰兒潮世代也是如此。

1980 年代還有另外一名嬰兒潮世代嶄露頭角，並且充分展現了個人主義和科技在這一代的生命週期中如何交互作用——蘋果電腦共同創辦人史蒂夫‧賈伯斯（1955 年生）。他將嬰兒潮世代的邏輯推向極致。成年以後，他大多數時候都拒絕陳規，嘗試各種蔬食和純素飲食，光著腳在辦公室走來走去，家裡不買家具（有一張有名的照片是他和第一代蘋果電腦坐在地板上——因為他的客廳沒有椅子）。「蘋果」這個名字來自奧勒岡州波特蘭附近的一座公社，那裡有一座叫大同農場（All One Farm）的蘋果園。賈伯斯後來一度離開蘋果，幾年後才重掌大權。捲土重來後，公司的標語改成了「不同凡想」（Think Different）。

如果賈伯斯生在 1930 年代、在強調合群的 1950 年代進入青壯年，而非生

在 1950 年代並且成年於重視個人主義的 1970 年代，我們很難想像他會成為後來的賈伯斯，創造出後來的創新產品。但反過來看，賈伯斯和他的科技企業夥伴所引入的技術幾乎改寫現代生活的每一個面向，從工作到社交都是——而且常常是朝更個人主義的方向。我舉一個例子就好：iPad 這類的平板電腦出現之後，我們可以一個人消費各種媒體，不必和家人搶電視遙控器。如果沒有個人電子設備，我們不可能擁有這種獨特的個人主義經驗。由於科技進步的速度在嬰兒潮世代加快，我們可以說：不論在態度、偏好或生活方式上，過去七十年的許多重大文化變遷（尤其是個人主義帶動的那些文化變遷）都是從這個龐大的世代開始的。

如何證明文化轉向個人主義？方法之一是運用 Google 圖書資料庫，資料庫會追蹤書中的用詞遣字。舉例來說，當文化強調向內探索和自我表達，我們可以想見重視自我的詞彙會跟著增加，例如與「獨特」（uniqueness）或「身分」（identity）有關的詞彙。果不其然，從 1800 年代晚期到 1950 年代，「獨特」和「身分」的使用頻率變化不大，可是 1960 年後，這兩個詞的出現次數大幅上升（見圖 3.2）。有趣的是：到了 1980 年代，隨著許多嬰兒潮世代脫離較為自我中心的青年期，「獨特」的增加趨勢逐漸放緩，「身分」的出現頻率則繼續上升。

另一個切入點是追蹤「給予」（give）和「獲得」（get）的使用頻率。前者的焦點是與他人分享，偏向集體主義；後者的焦點是個人得到什麼，偏向個人主義。「給予」在 1940 年以前明顯勝出，接下來的幾十年與「獲得」陷入纏鬥，各有輸贏。可是到了 1970 年，亦即嬰兒潮世代成為青少年或青年時，「給予」落到了「獲得」之下，再也沒勝過，而「獲得」則從 1980 年代起不斷衝上歷史新高。到了 2010 年代，在美國書籍中，帶有個人主義的「獲得」已是集體主義的「給予」的兩倍以上（見圖 3.3）。用語的變化令人不禁好奇這究竟是先有雞還是先有蛋：是嬰兒潮世代將文化推向個人主義，還是文化推動了嬰兒潮世代？也許兩者皆是。隨著文化開始傾向個人主義，嬰兒潮世代也推波助瀾，進一步推動個人主義向前發展。

除了追蹤字詞使用頻率之外，還有一種有趣的辦法能證明文化轉向個人主

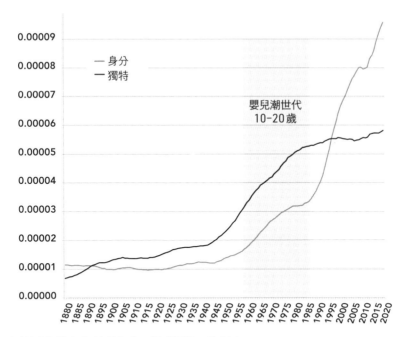

圖3.2 ｜美國書籍中出現「身分」與「獨特」的頻率，1880–2019

資料來源：Google 圖書資料庫

注：縱軸數字為各詞語在該年出版的所有書籍中出現的百分率。百分率以三年為區段做過平滑處理，字詞不分大小寫。

義：調查家長給孩子取了什麼名字。集體主義文化的家長希望子女融入群體，更有可能會取社會上常見的名字；個人主義文化的家長看重獨特性，希望子女與眾不同，所以比較不會取常見的名字。美國人只要領有社會安全卡，名字在社會安全局資料庫都查得到（你可以搜尋「Social Security baby names」，自己試看看）。許多問卷只詢問受訪者的態度，這個資料庫卻掌握了大家所做的一項實際、重大的決定：為子女取名。

　　在1880年代，取十大常見名字的男生幾乎占了半數，同樣情況的女生將近四分之一。在那個時代，名字是融入群體的方式。1946年第一批嬰兒潮世代誕生時仍是如此，女生尤然。事實上，1940年代的家長比19世紀更可能為

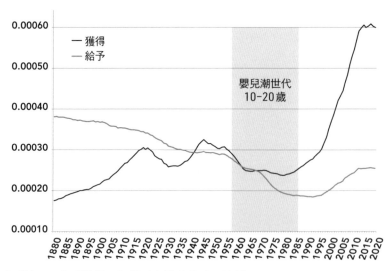

圖 3.3｜「給予」與「獲得」在美國書籍中的出現頻率，1880–2019

資料來源：Google 圖書資料庫

注：縱軸數字為各詞語在該年出版的所有書籍中出現的百分率。百分率以三年為區段做過平滑處理，詞語不分大小寫。靈感來自 Greenfield（2013），她使用的是 2008 年版的 Google 圖書資料庫 [6]。

女兒取常見的名字。

接著，情況開始改變：常見名字愈來愈不流行，並隨著時間推移快速減少（見圖3.4）。名字成為表達與眾不同的方式。

到1980年代，輪到嬰兒潮世代為他們的千禧世代子女取名，取十大常見名的孩子只有五分之一，21世紀之後，X世代和千禧世代成了父母，為子女命名時更不願從俗，常見名從此越來越少。從2010年起，取十大常見名的新生兒只有十四分之一。想像一下：在1952年，當你看到一班36人的一年級學生在遊樂場玩，其中至少會有一個男生叫詹姆斯（詹姆斯是1946年出生的男生中最常見的名字）；可是到了2020年代，即使連恩（Liam）已是2017到2020年出生的男生中最常見的名字，但你得找三個班才找得到一個連恩。嬰兒潮世代的個人主義革命最終被X世代和千禧世代推上了新的高峰，留下深遠的影響：父母給孩子取名時不再擔心太冷僻，而是唯恐太平凡。

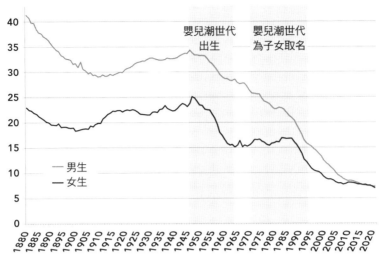

圖3.4│美國每年取十大常見名字的新生兒百分率，依性別比較，1880–2021

資料來源：社會安全局

注：這種趨勢與移民變化無關，有兩篇學術論文將移民率列入考慮，但差異不大。這種趨勢和美國人口組成（如西裔人口增加）也沒有關係——在西裔人口較低和穩定不變的州（如緬因州和西維吉尼亞州），趨勢依然類似。在黑人住民占比較高的州（如密西西比州），趨勢同樣不變。但有個現象起了變化：一百多年來，取常見名的男生一直多於女生，但近年差異已經不大。到2014年為止的原始分析已發表特溫格等（2010, 2016）[7]。

婚前性行為
特徵：打破傳統規範

「1960年代初的時候，談到婚前性行為，女老師、牧師、諮詢專欄和媽媽們只有一句話：『好女孩不做這種事。[8]』」蘇珊・道格拉斯（Susan Douglas，1950年生）寫道：「但另一種聲音也開始呢喃：『少來了，她們會——而且她們喜歡。』」道格拉斯說，1960年的流行歌〈明天你是否依然愛我？〉（Will You Love Me Tomorrow?）不僅寫下嬰兒潮世代青少女的矛盾，也點出每個世代的青少女都想知道、卻不敢問出口的問題：如果我們發生性關係，明天早上他還看得起我嗎？

這只是代溝的模糊開始，到1970年代，不同世代對婚前性行為的立場已

經壁壘分明，以下這個簡單問題道盡一切：可以有婚前性行為嗎？大多數嬰兒潮世代認為沒問題，但他們的沉默世代兄姊和最偉大的世代父母則認為不可以（見圖3.5）。「先婚後性」是數百年來的傳統，而嬰兒潮是第一個對其提出重大挑戰，認為婚前守貞應是個人選擇的世代。雖然過去的世代也有許多人發生婚前性行為，但社會普遍認為這是可恥之事。嬰兒潮世代率先戳破信仰的謊言，接下來的世代則將它全部摧毀。

在看待同性戀的態度上，世代轉變也很明顯（見圖3.5），預示了幾十年後的社會將更為接受LGBT族群。「愛什麼人是自己的事」的觀念開始生根，在1970年代，雖然認為同性性行為「完全沒錯」的人仍是少數，但這樣想的嬰兒潮世代幾乎是沉默世代的兩倍。

這張長條圖猶如1970年代的快照，反映的是文化正快速轉變：在一項全國調查中，1967年還有85%的美國成人說婚前性行為是錯的，可是到1979年已降至37%[9]。這場性革命幾乎如同戰爭，參戰的一方是嬰兒潮世代的年輕人，

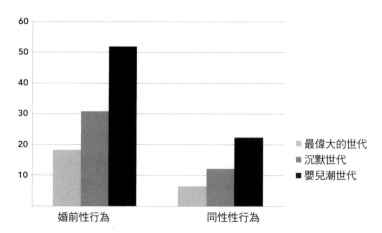

圖3.5｜美國成人認為婚前性行為或同性性行為「完全沒錯」的百分率，依世代比較，
　　　 1970年代

資料來源：社會概況調查。

注：據1972到1978年資料繪製。嬰兒潮世代在這段時間多半為18到26歲，沉默世代為33到47歲，最偉大的世代為54歲以上。

另一方是他們最偉大的世代的父母，最後獲勝的是嬰兒潮。這股潮流在接下來的世代還會持續發酵，在平均結婚年齡提高、婚前守貞日益困難後尤其如此。

大眾對性、婚姻、懷孕的態度改變，是個人主義新風氣最明顯的例證之一。大家對婚前性行為的看法變了，也開始用不一樣的態度看待它的可能結果——意外懷孕。從 2020 年代回過頭看，我們很難想像社會曾經多麼容不下未婚懷孕。在 1960 年代，女孩子一旦「惹上麻煩」，通常只能閃電結婚。如果無法成婚，有些女生和年輕女子會被送去環境殘酷的產婦之家，遠離家人。被送去的女性曾說那裡是「充滿恥辱的監獄」[10]。她們幾乎全都放棄寶寶，讓人收養，許多人是迫於壓力不得不然。社會上連相關用語都充滿譴責意味，例如未婚媽媽的孩子被稱為私生子。還有未婚媽媽聽說：「我們的孩子去遊樂場會被人叫雜種。」到了 1970 年代末，隨著墮胎合法化、單親媽媽不再遭到排擠，產婦之家才逐漸關閉。

社會也越來越能接受女性維持單身。在 1957 年，美國成人有四分之三認為不婚的女性「有病」、「神經質」或「不道德」；到 1978 年，還這樣想的只有四分之一。結婚不再是義務，而是選擇。對於已婚女性應該如何運用時間，人們的想法也經歷類似的轉變：在 1938 年，四分之三的美國人認為如果丈夫有能力養家，妻子就不該出門工作；到 1978 年，四個美國人裡只有一個還這樣想。

如果你覺得這一切匪夷所思，不敢相信女性未婚懷孕一度會被趕出家門，無法理解為何已婚女性出門工作會引人非議，難以想像竟然有人認為不婚就是傷風敗俗——你的詫異正是美國文化已在嬰兒潮世代期間徹底改變的證明。

嬰兒潮家庭
特徵：孩子變少，離婚變多

1982 年，《新英格蘭醫學期刊》（*New England Journal of Medicine*）刊出一篇研究，結論令人震驚：女性生育力下降得比過去認為的早—— 30 歲就開始下降，而非 35 歲。在那一期的社論中，兩名醫師態度堅決地建議女性：生完孩子再拚事業。這篇研究在嬰兒潮世代女性中引起恐慌，因為她們許多人正在開創事

業，打算晚幾年再生孩子（但結果那篇研究談的其實是人工授精，不是自然受孕，而且30到35歲生育力下降不多）。

從1950年代末到1970年代中，美國生育率大幅下降（見圖3.6）。《新英格蘭醫學期刊》的論文刊出時，美國文化正為這場巨變陷入恐慌。從1970到1973年，短短三年之內，生育率下降將近三分之一。嬰兒潮真的結束了。

這種變化的主因在於嬰兒潮世代本身孩子就生得少，而且還有避孕措施避免多生。第一代口服避孕藥在1960年出現，讓女性更能直接控制生育。到1960年代末和1970年代初，可以取得避孕藥處方箋的單身女性更多。與此對比，生育率下降其實不是墮胎合法化所致，因為全國墮胎合法化是1973年羅訴韋德案（*Roe v. Wade*）以後的事，而生育率大跌在1973年前就已發生。

1980年代，人們對生育力問題的擔憂主要集中在許多女性打算年紀較大再生孩子。這反映了是現實，只不過從今天的標準來看，當時的生育年齡還是十分年輕：在1970年，女性首次生產的平均年齡是22歲，在1990年是24歲。

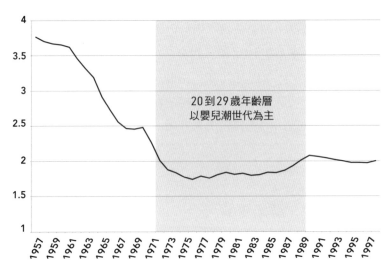

圖3.6 ｜ 美國總生育率（每名女性推估生育數），1957–1998

資料來源：美國普查局《統計摘要》與全國生命統計報告

注：生育巔峰年齡為20到29歲。這個年齡層在1971到1989年（陰影部分）以嬰兒潮世代為主。

在1950年代，二字頭前半的女性生育率遠高於二字頭後半的女性。可是到嬰兒潮世代開始生起孩子的1970、1980、1990年代，二字頭前半和後半的女性生育率大致相同（見圖3.7）。倒是三字頭女性的生育率逐漸提高，從1976到1998年上升了59%，三字頭後半女性的生育率更是幾乎翻倍。三字頭的嬰兒潮女性獨撐局面，讓生育率保持穩定，甚至在1980和1990年代略微上升。隨著嬰兒潮世代的女性越來越晚生小孩，人生減速策略開始。此事並非巧合，當我們回顧1980年代的流行文化，會發現焦點總是三十多歲的嬰兒潮世代和他們的子女，例如經典嬰兒潮世代電視影集《三十而立》（*thirtysomething*）、角色逆轉喜劇《家庭主夫》（*Mr. Mom*），還有為黛安・基頓量身打造的《嬰兒炸彈》（*Baby Boom*）。同樣在1980年代，安娜・昆德蘭（1952年生）在《紐約時報》開了名為「三字頭人生」（Life in the 30s）的專欄，主題往往是她的家庭生活。

受過大學教育的女性往往也是最受媒體和醫學期刊關切的族群，因為她們

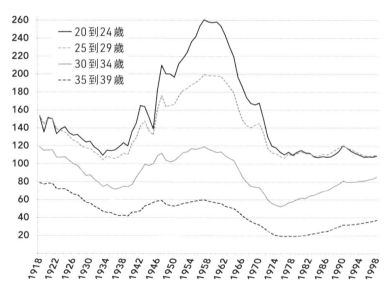

圖3.7 ｜ 美國出生率，依年齡層比較，1918–1998

資料來源：美國普查局《統計摘要》與全國生命統計報告

注：出生率依每1,000人計算。

很大一部分在三十多歲才生孩子。平均而言，有大學學位的女性比沒有大學學位的女性晚七年成家。由於越來越多受過大學教育的女性選擇先拚事業、後為人母，不僅醫師憂心，她們的婆婆也跟著著急。

圖3.7也透露另一個值得留意的事實：1946到1964年的嬰兒潮是異數。從歷史平均值來看，嬰兒潮世代女性在二十多歲時的出生率相對正常。以1950年代為標準，說「我們以前都是如何如何」，其實並不正確——至少在生育子女上並不正確。1950年代的出生率高度反常，一點也不正常。

嬰兒潮世代的婚姻狀況又如何呢？如果光看胡士托音樂節（Woodstock）和大小公社的照片，我們可能會以為嬰兒潮世代逃避婚姻，至少晚婚，事實上並非如此。和一般印象中「1960年代性開放大行其道」不同，大多數嬰兒潮世代的結婚年齡小得令人驚訝：在1970年，女性平均初婚年齡不到21歲，到1980年仍然小於22歲（見前章圖2.5）。

不過，這些婚姻未必攜手一生。沉默世代在1960和70年代帶動了離婚潮，嬰兒潮世代則持續升溫。[ii] 雖然離婚率從1981年開始下降，但仍在歷史高峰，而且時間長到足以形成明顯世代差異。此外，嬰兒潮世代再婚的人比沉默世代少。結果是：嬰兒潮世代在2020年代的離婚率，是沉默世代在1990和2000年代同齡時的兩倍以上（見圖3.8）。千禧世代記者吉兒・菲力波維奇說：「如果嬰兒潮世代的婚姻真有什麼特殊之處，那就是離婚——他們經常離婚。」

另外，在55至64歲的年齡層，從未結婚的人數從1990年（沉默世代）到2020年（嬰兒潮世代）變成兩倍。在1990年，22名中年女性中只有一名從未結婚；到2020年，10名中年女性就有一名。在1990年，18名中年男性中只有一名從未結婚；到2020年，9名中年男性中就有一名。

就2020年65至74歲年齡層的嬰兒潮世代而言，這股趨勢還有性別差異：仍有婚姻關係的男性人數減少，但仍有婚姻關係的女性人數增加——主要原因是平均壽命提高，所以喪偶的女性比以前少很多。

於是，獨居的中老年女性減少（因為喪偶的女性減少），獨居的中老年男

ii　見圖2.6。譯注

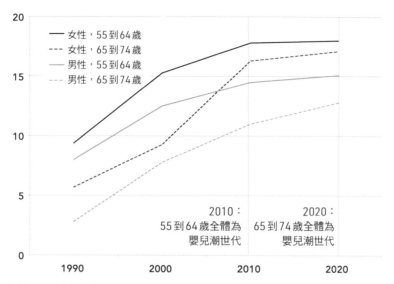

圖 3.8 │ 美國離婚中老年人百分率，依性別和年齡比較，1990–2020

資料來源：人口動態調查，《年度社會與經濟別冊》（Annual Social and Economic Supplement），美國普查局

注：離婚不含分居或夫妻暫時分隔兩地。55至64歲的年齡層在1990和2000年為沉默世代，在2010和2020年為嬰兒潮世代。65至74歲的年齡層在1990年主要是最偉大的世代，在2000和2010年為沉默世代，在2020年為嬰兒潮世代。

性增加（見圖3.9）。由於中老年男性不太會和女性一樣與親友同住，所以他們一旦離婚、喪偶或從未結婚，就更有可能獨居。不過，人生減速的潮流會讓獨居中老年人的性別差異逐漸淡化。

　　沉默世代是幾十年來結婚率和生育率最高的世代，緊接其後的嬰兒潮世代讓結婚率和生育率回歸歷史常態。嬰兒潮世代雖以不婚或離婚展現個人主義，可是在2020年的65到74歲年齡層中，屆退休年齡的嬰兒潮世代男性仍有72%與配偶同住，女性也仍有57%與配偶同住。不過，嬰兒潮世代男性比前幾個世代更可能獨居，這種趨勢將來可能逐漸衝擊家庭和健康照顧體系。

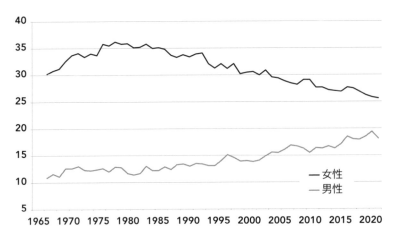

圖3.9 | 美國65至74歲的獨居成人百分率，依性別比較，1967–2020

資料來源：人口動態調查，《年度社會與經濟別冊》，美國家庭與生活安排（America's Families and Living Arrangements），美國普查局

吸毒、喝酒、抽菸酷得多了
特徵：輕鬆看待吸毒

　　在一般人的印象中，嬰兒潮世代和1960年代的反文化運動密不可分。換言之，從大麻到LSD（所謂「解放情緒，向內探索，脫離世俗」[iii]）。對於1960、70年代毒品文化的傳言有多少事實根據？又有多少是捕風捉影？有種看法認為沉默世代和最偉大的世代極少接觸毒品，是嬰兒潮世代改變了一切。這種看法只是主觀感覺，或者事實真是如此？由於嬰兒潮世代把毒品和個人自由（即個人主義）連在一起，這個問題特別重要。

　　要記錄幾十年來毒品使用情形的變化並不容易，因為目前大多數進行的大型全國調查在1960年代還沒開始收集資料。儘管如此，還是有少數跡象明確顯示，大麻在1970年代之前並不普遍。在1969年的蓋洛普民調（Gallup poll）中，美國成人只有二十五分之一曾經嘗試大麻[11]。但這個比例到1973年增加

iii 心理學家提摩西‧里瑞（Timothy Leary）的口號「Turn on, tune in, drop out」，在反文化運動期間十分流行。里瑞因大力鼓吹以迷幻藥治療精神病聞名，他以這句口號鼓勵聽眾使用迷幻藥脫離常規，擁抱改變。譯注

到八分之一，1977年上升至四分之一。

　　沒過多久，在1979年，相關單位開始進行全國調查，至今已有四十多年的數據可供我們查考。比對之後，我們發現沉默世代和嬰兒潮世代的差距十分驚人：1935年出生的沉默世代嘗試過大麻的不到十分之一，1955年出生的嬰兒潮世代則有半數吸過大麻（見圖3.10）。這份調查也問及古柯鹼、迷幻藥（如LSD）、鎮靜劑（如白板）等毒品，世代轉折也很類似。

　　從1960年代末到1970年代中，不到十年之間，毒品從反文化變成主流。到1970年代，吸毒不再是叛逆的象徵，而是融入群體的手段，毒品更是唾手可得。如作家坎蒂・史崔克（Candi Strecker）所說：「70年代實現了60年代的革

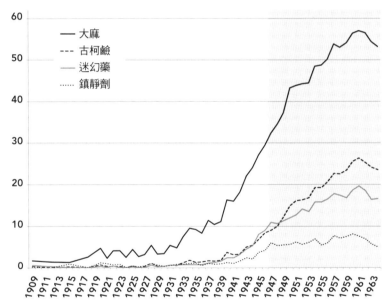

圖3.10｜美國成人曾經嘗試特定毒品的百分率，依出生年比較

資料來源：全國藥物使用與健康調查（National Survey on Drug Use and Health）

注：據1979到2019年數據製圖。陰影區為嬰兒潮世代。只估計21歲以上者（21歲是最多人初次吸毒的年齡）。大麻是「cannabis」的俗名。迷幻藥包括LSD、烏羽玉（peyote）、麥司卡林（mescaline）、迷幻蘑菇（psilocybin）、搖頭丸（MDMA）。鎮靜劑包括白板、安眠藥。由於資料集只對25歲以下記錄個別年齡，26歲以上只有各年齡組的數據，故出生年有些微誤差。

命，只不過場面不酷，約莫是一群藍領青少年在大放克鐵道樂隊（Grand Funk Railroad）的演唱會吞白板，然後吐了一地。[12]」

輕鬆看待毒品的風氣沒有持續多久。到1980年代，對年輕人的建議變成「堅決說不」（Just Say No），廣告「這是你吸毒後的大腦」（This Is Your Brain on Drugs）進一步強化這種態度。隨著嬰兒潮世代邁入三、四十歲，成家立業，為人父母，毒品也漸漸失去魅力。當嬰兒潮世代告別舊我，毒品文化傳達的訊息也跟著改變。史崔克在1993年寫道：「即使是親身經歷70年代的人，現在還是不太記得美國文化對毒品曾經多麼寬容，難以想像當時吸毒有多麼正常，不管你是哪個行業的人都有機會抽點大麻、嘗試一下非法藥物。」

較晚出生的嬰兒潮世代接觸毒品的年紀更輕：在1979年，十個15歲的中學新生（或二年級生）中有八個喝過酒、六個抽過菸、四個吸過大麻。

到了高年級結業前夕，1979年的畢業班（1960到1961年生）都嗨完一波了：94%的學生喝過酒（其中42%是暴飲），75%抽過菸，62%吸過大麻。使用過其他藥物的人雖非主流，但也人數可觀：25%的人試過安非他命，17%用過鎮靜劑，12%吃過巴比妥類藥物，16%吸過古柯鹼。嬰兒潮世代使用毒品的種類之多、強度之高，不但讓過去的世代瞠乎其後，也遠遠超過後來的高中學生（見圖3.11）。緊接著的X世代之所以沒有延續這股趨勢，或許是手足或父母使用毒品的惡果讓他們厭煩，於是選擇以別的方式表現個人主義（我們在下一章會詳談）。

1993年，導演理查・林克雷特（Richard Linklater，1960年生）推出《年少輕狂》（*Dazed and Confused*）一片，生動勾勒出嬰兒潮世代末尾的生活。這部懷舊電影是依照林克雷特的經驗改編，他於1970年代在德州小鎮讀中學。《年少輕狂》講的是1976學年最後一天的故事，主角是一群高年級生和即將入學的新生。劇中人人牛飲啤酒（連13歲小毛頭也不例外），個個酩酊大醉。裡頭的大麻笑話堪稱經典，有時還與兩百年國慶有關，例如這段台詞：「瑪莎・華盛頓（Martha Washington）是個酷女人！喬治每天回家 iv ——聽好了你各位啊——她都準備好一臉盆大麻等著他，讓他一進門就能哈一管。酷女人！超級酷！爆炸

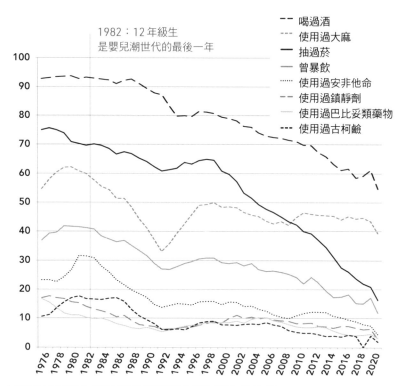

圖3.11 | 美國12年級生喝過酒或使用過特定物質的百分率，1976–2021

資料來源：監測未來調查

注：只要啜飲幾口都算「喝過酒」；「暴飲」指同一場合喝酒超過五杯。「菸」指紙菸。大麻是「canna-bis」的俗名。

酷！」四分衛蘭道・「平克」・佛洛伊德（Randall "Pink" Floyd）ᵛ是劇中少數不碰毒品的人，但他從頭到尾都在猶豫要不要簽署拒絕毒品承諾書。電影的倒數第二個場景是他把承諾書揉成一團，扔向教練，說：「也許我到了秋天還是會打橄欖球，但我絕不簽這種鬼東西。」對嬰兒潮世代來說，吸毒不只是為了追求飄飄欲仙的感覺，更是為了不讓別人告訴自己該怎麼做。如果我想哈一管，那是我自己的選擇。

iv 喬治・華盛頓據稱種過大麻。譯注
v 這個角色的綽號「平克」來自紅極一時的迷幻搖滾樂團平克佛洛伊德。編注

平克與足球教練的意見分歧是一道縮影，代表了在嬰兒潮世代和最偉大的世代、沉默世代之間，有一條針對毒品問題的代溝。在1978年的蓋洛普民調，三分之二的成年人說大麻是當地國、高中的嚴重問題，83%的人說要讓青少年知道抽菸、喝酒、吸毒對健康的危害十分重要[13]。

即使在嬰兒潮世代邁入成年之後，圍繞大麻的代溝依然存在。1987年，大法官提名人道格拉斯・金斯伯格（Douglas Ginsburg，1947年生）遭人爆料，說他1960年代讀大學、1970年代當教授的時候，曾「數度」吸食大麻。最後，在參院司法委員會的反對聲中（司法委員會當時大多數是最偉大的世代和沉默世代），金斯伯格被撤銷提名。到1992年，當柯林頓（1946年生）被質問有沒有吸過大麻，他只語焉不詳地說他試過但「沒吸進去」。可是到2008年，隨著這道代溝逐漸消失，雖然巴拉克・歐巴馬（1961年生）承認他年輕時吸過大麻（甚至使用過古柯鹼），但輿論已不以為意。

有些嬰兒潮世代邁入中老年之後並未放棄大麻，年輕時的經驗仍在形塑自己成為長者後的行為。50到64歲的年齡層使用大麻的比例原本變化不大，幾十年來沒什麼改變，但隨著嬰兒潮世代逐漸來到這個年齡層，使用大麻的比例驟然飆升。嬰兒潮世代占據65歲以上的年齡層時也是一樣，這個群體使用大麻的比例跟著上揚（見圖3.12）。值得注意的是，在出現這些變化時，12年級生使用大麻的比例並沒有增加（見圖3.11），而且這些改變發生在某些州通過娛樂用大麻合法化之前（最早通過的是科羅拉多州，2014年）。這兩件事實清楚告訴我們：中老年人使用大麻比例上升的主因是世代效應，而非其他因素。

大麻之所以能在某些州合法化，可能也是拜嬰兒潮世代掌握大權之賜。在嬰兒潮世代看來，關於大麻的悲慘預言並沒有成真。他們的父母總說吸大麻會發瘋或上癮，但事實並非如此，許多人也開始重視大麻的醫療用途。醫用大麻法律從1990年代中期開始通過，正好和嬰兒潮世代陸續勝選的時間一致。2010年代初，歐巴馬政府釋出訊號，表示聯邦機關不打算起訴娛樂用大麻，為各州的娛樂用大麻合法化鋪了路。到2020年代，十個美國成人中有六個認為娛樂用大麻應該合法化，其餘的人也大多贊同醫療用大麻合法化。不過，雖

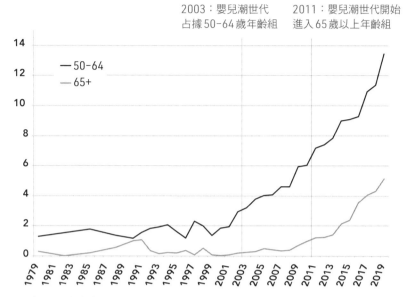

2003：嬰兒潮世代　　　2011：嬰兒潮世代開始
占據 50-64 歲年齡組　　進入 65 歲以上年齡組

圖3.12 ｜ 美國中老年人過去一年使用大麻的百分率，依年齡組比較，1979–2019

資料來源：全國藥物使用與健康調查

注：全國藥物使用與健康調查只提供各年齡層的數據，沒有個別年齡的數據。大麻是「cannabis」的俗名。

然年輕世代和嬰兒潮世代站在同一陣線，沉默世代多半仍持反對立場，只有三分之一認為娛樂用大麻應該合法化。

　　嬰兒潮世代在年紀更大以後也繼續飲酒，其中一些甚至有過量之虞。公衛官員最擔心的莫過於暴飲，亦即在短時間內喝四到五杯，大多數人這樣喝都會喝醉。隨著嬰兒潮世代在中年人裡成為主要人口，這個年齡層的暴飲問題日益嚴重：從2007到2018年，自承過去一年曾經暴飲的嬰兒潮世代暴增了65%（見圖3.13）。嬰兒潮世代從《年少輕狂》中的暴飲少年變成暴飲中年。

　　兩個資料集的酗酒問題都往上升，並不令人意外：從2001到2013年，中老年人的酒精使用疾患（Alcohol use disorder，指嚴重到必須治療的飲酒問題）變成兩倍[14]。換句話說，暴飲不再是青年人獨有的問題，隨著嬰兒潮世代日益年長，暴飲也逐漸成為退休人士的問題。

2010：嬰兒潮世代開始占據54到74歲年齡組

圖3.13 │ 54到74歲的美國成人暴飲的百分率，1985–2021

資料來源：國民健康訪問調查（過去一年），行為風險因子監測系統（過去一個月）

注：暴飲的定義是在同一場合喝四杯（女性）或五杯（男性）。年齡組為嬰兒潮世代近年之年齡區間。

《選舉權法》之後：
嬰兒潮世代的美國黑人
特徵：種族問題雖有長足進步，但仍不完美

　　1964年夏，第一批嬰兒潮世代高中畢業，一群民權人士浩浩蕩蕩前往密西西比州，發起自由之夏（Freedom Summer）運動。這群民權人士以嬰兒潮世代和沉默世代為主，目標很單純：推廣美國黑人投票登記。當時辦理投票登記的密西西比黑人還不到十分之一，因為大多數試圖登記的人都被全由白人組成的投票登記委員會拒於門外。暴力隨之而來。1965年3月，當和平抗議者試圖在阿拉巴馬州塞爾馬（Selma）遊行，警方展開攻擊。媒體發布相關報導，警察毆打抗議者的照片上了新聞，這起事件被稱為「血腥星期日」。在民意支持下，《選舉權法》在1965年8月通過。

　　這部法案幾乎立刻發揮影響：從1964到1972年，密西西比州登記投票的

黑人公民增加了239,940人。在南方的七個州，黑人投票登記率從29%增加到56%（見圖3.14）。就在嬰兒潮世代開始投票之後，南方州黑人行使投票權也不再困難重重。

隨著黑人選民增加、南北種族立場更為進步，越來越多美國黑人成為政治領袖。雖然黑人國會議員在1950和60年代仍屈指可數，可是到1970年代已大幅增加（見圖3.15）。1971年，一群以沉默世代為主的眾議員成立黑人國會議員連線（Congressional Black Caucus），創始成員包括查理·藍格（Charles Rangel，1930年生）、威廉·克萊（William L. Clay，1931年生）、路易斯·史托克斯（Louis Stokes，1925年生）、雪莉·奇澤姆（1924年生）。由於尼克森總統拒絕與連線成員會面，他們在1971年杯葛了國情咨文。直到1989年，道格拉斯·懷爾德（Douglas Wilder，1938年生）在維吉尼亞州州長選舉中獲勝，美國才終於出現第

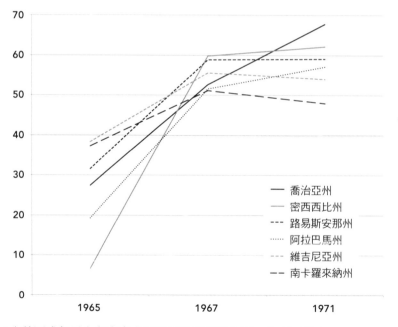

圖3.14 ｜ 美國成年黑人在南方六州登記投票的百分率，1965–1971
資料來源：美國民權委員會（United States Commission on Civil Rights, 1975）[15]

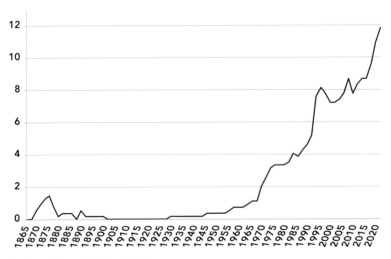

圖3.15│美國國會黑人議員百分率，1865–2021

資料來源：美國國會官網

注：含華府哥倫比亞特區及海外領土的無投票權成員。含該任期所有國會成員。

一位黑人州長。

　　2008年，歐巴馬在贏得愛荷華州民主黨初選後發表演說，第一句話就是：「他們曾說這一天永遠不會到來。」他的潛台詞很清楚：許多美國人從來不認為黑人能扭轉乾坤，在一個白人占90%的州勝選。歐巴馬後來成為美國第一位黑人總統。到2020年代，在這個13%的居民是黑人的國家，總算有將近12%的國會議員是黑人。當然，這並不代表種族問題已經解決。「現在已經活在後黑人世界的，只有住在賓州大道那棟小白房子裡的四個人。[16]」這是哈佛大學教授亨利・劉易斯・蓋茲二世在2009年自己被捕後說的，他的鄰居當時報警說有人闖空門，結果他在麻州劍橋的家中遭到逮捕。「我是很敬佩巴拉克・歐巴馬，但如果有人只因為他當上美國總統，就以為美國已經進入後種族或後黑人時代，實在可笑無比。美國就和選舉的前一天一樣階級歧視、種族歧視。」

　　政治並不是見證了種族問題有所改變的唯一領域。從1950年代到1970年代初，也就是大多數學童都是嬰兒潮世代的那段時間，學校的種族隔離終於開

始鬆動。解除南方學校的強制種族隔離政策花了相當長的時間。儘管最高法院已在1954年裁定學校種族隔離違憲，可是大多數南方公立學校直到1960年代仍實施種族隔離。而許多北方學校則依照學區原本的種族隔離情況為招生基礎，實質上仍是種族隔離。直到1960年代末才開始改變，隨著嬰兒潮世代後半進入中學，許多學校終於開始種族融合。黑人學童就讀取消種族隔離學校的人數大增，從1966年的17%增加到1970年的超過八成。嬰兒潮世代雖然不是就讀種族比例懸殊的學校的最後一代，卻是就讀完全按照種族隔離的學校的最後一代。隨著嬰兒潮世代紛紛成家，各學區種族融合的程度也越來越高。從1980到2000年，住民種族隔離的某項指數下降了12%。指涉種族的用語也跟著社會態度改變，從種族標籤就看得出來情況不一樣了——儘管沒有全然改變，但至少已經出現一些變化。如蓋茲二世教授所說：「以前人家叫我爺爺『有色人種』（colored），叫我爸爸『黑鬼』（Negro），現在大家叫我『黑人』（Black）。[17]」

我們在第二章已經看到：在這幾十年間，取得高中學歷的美國黑人顯著增加。1964年通過的《民權法》禁止就業種族歧視，為黑人開啟更多機會，年輕的嬰兒潮世代受惠尤多。同年，林登・詹森（Lyndon Johnson，1908年生）總統宣布「向貧窮宣戰」，陸續推出聯邦醫療保險（Medicare）、聯邦醫療補助（Medicaid）、食品兌換券等政策，並設立學齡前幼童啟蒙計畫（Head Start）。兒童貧窮比例在1960年代初便已開始減少，接著下降更為迅速，有很大一部分是因為美國黑人貧窮比例大幅降低。從1965到1970年，短短五年之間，黑人兒童貧窮比例從令人震驚的66%降至40%，降幅高達39%（見圖3.16）。換句話說，嬰兒潮世代的黑人兒童有很大一部分是在極短的時間內脫貧。在這段時間裡，白人兒童的貧窮比例雖然同樣降低（1965年的14%降到1970年的11%），但幅度遠不如黑人兒童驚人。

成年黑人的貧窮比例也有下降，從1970和80年代的四分之一降至2020年的六分之一。這至少有一部分要歸功於教育程度大幅提高，以及嬰兒潮世代的黑人在職場上揚眉吐氣（這個世代從1990年代開始主宰18到64歲年齡層）。

不過，美國黑人的處境並沒有完全改變。從1977到1990年，大學學位頒

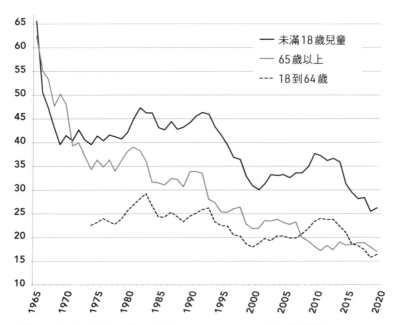

圖3.16｜美國黑人在貧窮線下的百分率，1965-2020，依年齡層比較

資料來源：美國普查局人口動態調查

注：採計的種族分類包括「黑人」（1965-2001）和「父母皆為黑人或其中一方為黑人」（Black alone or in combination，2002-2020）。兒童部分的數據使用了「與家庭相關」（related in families）的統計，因為這是1973年以前唯一能取得的數字。1965年以後才有依種族分類的數據。

授黑人學生的比例變化不大。換言之，雖然這段時間有更多黑人學生取得大學學位，但相對於其他種族來說，學位頒給他們的比例並沒有提高。黑人與白人家庭的收入差距也沒什麼改變。正如許多人在2020年種族衝突再起時指出的：從1960年代到2020年代，儘管嬰兒潮世代已經從青少年變成老人，黑人和白人的家庭所得差距還是一樣大（見圖3.17）。不過，所得差距和所有財產（owned wealth）差距一比，仍是小巫見大巫，部分原因是許多黑人直到1980年代仍難以取得抵押貸款或買房，以致他們能傳給下一代的財產更少。

　　關於美國的種族問題，我們經常聽到的老生常談是：嬰兒潮世代的人生躬逢其盛，不僅見證強制性種族隔離遭法律禁止、南方黑人的投票權獲得改善，

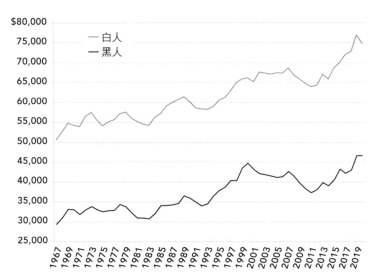

圖 3.17｜美國家庭所得中位數（以2020年幣值計算），依種族比較，1967–2020

資料來源：人口動態調查

注：已依通貨膨脹調整。中位數代表半數樣本在該數字以下、半數樣本在該數字以上。採計的種族分類包括「黑人」（1965-2001）及「父母皆為黑人或其中一方為黑人」（2002-2020）；「白人」（1965-2001）；以及「非西裔白人」（2002-2020）。

還看到種族歧視不但成為違法行為，社會也越來越不能接受。可是在其他方面，美國許多現象還是沒什麼變。正如歐巴馬總統在塞爾馬投票權遊行50週年紀念會上所說：「我們的聯盟還不夠完美，但我們在向前推進。」

　　種族問題上的種種進步（和停滯）是否對美國黑人心理健康產生了影響？舉例來說，美國黑人感覺比前幾十年更幸福嗎？在1970和1980年代，黑人成人的幸福感變化不大，可是到1990和2000年代，隨著嬰兒潮世代成為社會中堅，黑人成人的幸福感顯著提高（見圖3.18）。這幾十年裡，不但有更多黑人成為政治領袖和文化偶像，在後種族隔離時代成長的黑人也越來越多，人數逐漸超過在種族隔離時代長大的黑人。結果是：儘管教育和所得上的種族差距改善有限，美國黑人的幸福感仍然有所上升。

　　然而，就在同一段時間裡，白人成人的幸福感卻往下降。難道幸福感在

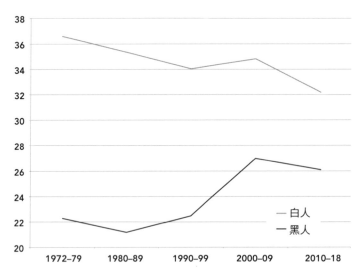

圖3.18｜感覺非常幸福的美國成人的百分率，依種族比較，1972–2018

資料來源：社會概況調查

種族上是零合遊戲，白人因為覺得對黑人失去優勢，所以幸福感降低？把時間拉長來看，似乎並非如此：黑人成人的幸福感在1990年代到2000年代上升最多，但白人成人的幸福感是在2000年後下降最快，與此同時，黑人的幸福感也略為降低。那麼，白人的幸福感為什麼會下降呢？我們在本章稍後會好好探究這個謎團。

女性：兔女郎問題
特徵：爭取性別平等

　　第一批嬰兒潮世代滿18歲那年，亦即1964年，《民權法》在國會展開辯論。維吉尼亞州眾議員霍華德·史密斯（Howard Smith，1883年生）心生一計。史密斯是立場強硬的種族隔離支持者，巴不得整部法案遭到否決。所以他提議做個小小的更動，希望藉此擋下法案。他提出，就業部分的條文不應只禁止種族和宗教歧視，也該禁止性別歧視。他相信如此一來能讓法案胎死腹中——也

能讓他得到一點樂趣。在議場提出這個主意時，他說有一位女士寫信陳情，建議國會對平等權部分略做調整，讓女性真正受惠，信中寫道：「您是否能向我們的政府提出建言，採取一些措施來保障老姑娘嫁個好丈夫、建立美滿家庭的『權利』？」語畢，國會哄堂大笑。

不只南方人如此。紐約州眾議員伊曼紐・塞勒（Emanuel Celler，1888 年生）跟著敲邊鼓，說女人根本不需要保障。他說在他家裡，「通常是我說了算——但我向來只有一句話：『遵命，親愛的。』」他說得興起：「要說女人和男人的問題，法國人有句話講得好……『vive la difference』——差異萬歲。我覺得他們講得一點也沒錯。[18]」此外，他還說：有些法律就是基於男女生理差異而制定，例如透過規範女性工時來保障女性的法律，如果性別平等入法，這些法律還適用嗎？（當時很多州禁止女性一天工作超過九個小時，理由就是為了保障女性，但男性無所謂。）

雖然當時女性眾議員寥寥無幾（435 席中只有 10 席），但她們還是努力把討論拉回正軌。有人說如果不納入性別平等，黑人男性和女性就比白人女性更具優勢。也有人說那些所謂「保障」女性的法律根本成事不足、敗事有餘，不但常常阻礙女性升遷，也並沒有保障徹夜打掃紐約、華府辦公室的女性清潔工。俄亥俄州眾議員法蘭希絲・波頓（Frances Bolton，1885 年生）特別提到剛才那場大笑：「如果我還需要提出證據證明女人被當成次等性別，各位的笑聲已是鐵證。」

最後，不但性別歧視的修正案獲得通過，整部法案也安然過關，民權人士和女權運動者士氣大振。於是，嬰兒潮世代的就業機會受到法律保障，不因性別、種族、宗教而受到歧視。他們是整個成年期都享有這種權利的第一代美國人。

當然，實際情況沒這麼簡單。《民權法》原已設立平等就業機會委員會（Equal Employment Opportunity Commission, EEOC），專門負責執行就業相關規定——可惜形同虛設。EEOC 幾乎立刻被各種申訴淹沒，執法功能近乎癱瘓。禁止性別歧視的規定也沒有執行，等同不存在。這顯然是蓄意漠視—— EEOC

有位主管表示禁止性別歧視是《民權法》的「私生子」,男人本來就有權利聘請女祕書。《紐約時報》社論說這部分的規定荒謬可笑,「國會不如直接廢除性別算了」。社論還說相關規定製造出「兔女郎問題」:要是有男人想當《花花公子》的兔女郎,那不就糟了?主筆室進一步抱怨將來恐怕連詞語也得中性化(「以後不能再寫『milkman』、『iceman』、『serviceman』、『foreman』、『pressman』了」)。他們最後作出結論:「這是造反,亂七八糟。以後連登廣告徵個太太都會出事。」這就是《紐約時報》1965年的官方立場。

眼見情況毫無改善,一群女性與男性在1966年創立全國婦女協會,重點放在遊說EEOC執行禁止性別歧視規定。接下來幾年,女權人士參與法律、教育、個人層面的種種議題,呼籲各界關注性別歧視,提倡女性機會平等。和民權運動一樣,1960和70年代的女權運動主要是由沉默世代和最偉大的世代領導,重要人士包括貝蒂・傅瑞丹、貝拉・阿布朱格(Bella Abzug,1920年生)、葛蘿莉雅・史坦能、雪莉・奇澤姆(1924年生)和露絲・拜德・金斯伯格。

不過,真正大規模落實改變的是嬰兒潮世代,是他們活出最偉大的世代和沉默世代所奮力追求的生活。嬰兒潮世代不但有更多女性獲得大學學位,醫師、律師、教授的女性比例更以前所未有的速度增加。1965年只有3%的新進律師是女性,到了1980年則到達30%(見圖3.19)。

改變橫掃一切。在1970年代,女性成為電視播報員、法官、太空人、軍人、牧師、警察仍很不尋常,甚至前所未聞。到了1980年代逐漸普遍,到1990年代已廣獲接受(雖然有些人是心不甘情不願地接受),到了2000年代則近乎理所當然。這是嬰兒潮世代女性成年後的人生軌跡,整個國家和她們一起改變。嬰兒潮世代女性拿下一長串的第一:第一位美國女太空人莎莉・萊德(Sally Ride,1951年生);第一位黑人女性國務卿康多莉扎・萊斯(1953年生);第一位女性四星上將安・鄧伍迪(Ann Dunwoody,1953年生);第一位獲主要政黨提名的女性總統候選人希拉蕊・柯林頓(1946年生);第一位美國女性拉比莎莉・普里桑德(Sally Priesand,1946年生);第一位女性聯準會主席兼第一位女性財政部長珍妮特・葉倫(Janet Yellen,1946年生);第一位女性副總

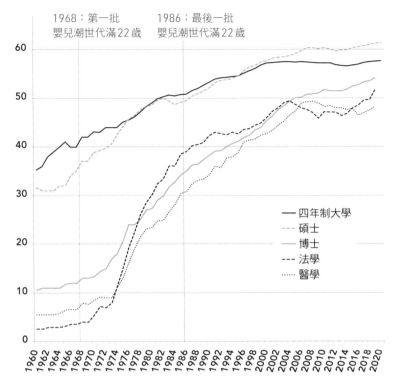

四年制大學
碩士
博士
法學
醫學

圖3.19 │ 美國高等學位授予女性的百分率，1960–2020

資料來源：《教育統計彙編》及美國普查局《統計摘要》

統賀錦麗（1964年生）；第一位女性奧斯卡最佳導演凱瑟琳・畢格羅（Kathryn Bigelow，1951年生）；以及第一位參加職業賽的女騎師黛安・克倫普（Diane Crump，1948年生）。她在1969年2月出賽時，一群滋事者圍著她叫囂：「滾回廚房煮飯！」）。

　　嬰兒潮世代的凱倫・華格納（Karen Wagner，1952年生），是紐約某家大型律師事務所的第一位女性合夥人，愛瑞卡・貝爾德（Erica Baird，1948年生）則是某家大型會計師事務所的第一位女性合夥人，她們說自己當時身為年輕女性，「得到像樣的工作讓我們興奮不已——儘管身邊全部都是男性。女廁不是在樓上就是在一樓。制服是男性制服改的，有效掩蓋女性身形……我們想方設

法被看見，被聽見。[19]」有些「第一」花的時間比其他「第一」久：在《紐約時報》報導史上頭兩名女性清潔工表現良好時，已是1987年1月31日[20]。

工作上的性別隔離也影響到男性。1967年，育有兩個孩子的邁阿密已婚男性小切利歐‧迪亞茲（Celio Diaz Jr）應徵空服員，但被泛美世界航空打了回票，原因是他是男性。迪亞茲提出告訴，卻在1970年敗訴，法院的理由簡直不可思議：限女性是空服員一職合法的職業資格要求[21]。迪亞茲繼續上訴，最後終於在1972年獲得對他有利的和解。可惜的是，他當時已經超過泛美航空對空服員所設的年齡上限。不過，其他男性得到了這個機會：1972年7月，泛美航空首次雇用男性擔任空服員。《邁阿密先鋒報》（Miami Herald）當時特別予以報導：「下次你搭上飛機，準備開始長途飛行，要是發現幫你拍枕頭的『空中小姐』是堂堂七尺前警官，請別驚訝。」《邁阿密先鋒報》還說這個改變是「男性解放運動的成果」。沒過多久，「空中小姐」一詞就改成了「空服員」。到1990年代，空服員有男有女已是常態。

女性參政的軌跡也道出世代差異的故事。雖然女性國會議員的人數在1970和80年代成長緩慢，可是到了1990年代，隨著嬰兒潮世代開始邁入中年，女性國會議員人數迅速提高（見圖3.20），其中增幅最大的是1992「女性年」（部分原因是安妮塔‧希爾，我們稍後會談到她）。

這些改變一點也不容易。舉例來說，嬰兒潮世代家庭有一大問題需要克服：當家長都在工作，誰來照顧孩子？托嬰中心和全日幼兒園在1970年代還很少，托育服務到1980年代才慢慢增加，但收費昂貴，而且往往難以取得。在1993年《家庭與醫療假法》（Family and Medical Leave Act）實施之前，連請無薪假照顧新生兒都有失去工作之虞。在美國，有子女的女性大量投入職場（見圖3.21），但卻沒有獲得系統性的托育解決方案，每個家庭都必須自行承擔（從很多面向來看，這仍可能是女性勞動參與率在1990年代後漸趨平緩的原因之一）。

1980年代的嬰兒潮夫妻都正在勉力通過社會變遷的考驗。「我一直聽說出現了一群新好男人……如果孩子在學校發燒，他們會認真考慮請假回家照顧孩子，而不是直接認定請假的應該是你。可是就我看到的而言，這樣的男性屈指

1986：第一批嬰兒潮世代滿40歲

— 眾議院
— 參議院

圖 3.20│美國女性國會議員百分率，依參、眾兩院比較，1915–2021

資料來源：美國國會官網

注：含華府及美國海外領土的無投票權成員。含該任期所有國會成員。

可數，並沒有多到足以成為『一群』，只能說是『一小撮』。[22]」嬰兒潮世代作家安娜・昆德蘭在1986年寫道：「當我發現即使經過這麼多改變，到頭來卻沒什麼不同，我深感憤怒。」《紐約時報》那天擺在昆德蘭專欄底下的報導，似乎正好證明她所言不虛──那篇報導將嬰兒潮女性的困境怪罪於她們太投入工作。「心理學家說美國公司到處都是女人……她們嘗到事業成功的壞處──飲食障礙、抽菸、藥物濫用和其他自毀行為。[23]」文章洋洋灑灑寫道：「專家表示，這些女人無法處理成功為生活其他層面帶來的挑戰。她們已經發現兼顧妻子、母親、社交花蝴蝶和主管等各種工作十分累人，辛苦大於快樂。她們已經無法好好掌控自己的生活，再亮眼的名片都彌補不了這種損失。」這就是嬰兒潮世代在1980年代的性別角色：媒體雖然沒有公開呼籲母親辭去工作，而是含蓄勸告她們這樣做，但意思仍然相同。昆德蘭將此形容為：「我一輩子受盡

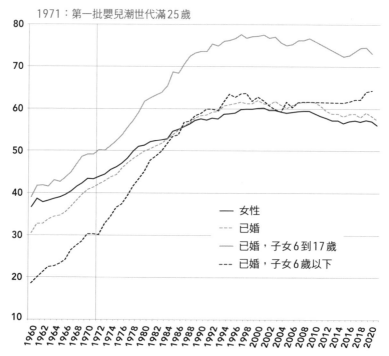

1971：第一批嬰兒潮世代滿25歲

女性
已婚
已婚，子女6到17歲
已婚，子女6歲以下

圖3.21 │ 美國女性勞動參與率（女性就業百分率），全體女性，
依婚姻狀態和子女年齡比較，1960–2021

資料來源：美國普查局人口動態調查

性別革命之風衝擊，有時將我吹向這邊，有時吹向那邊。」

　　由於雙薪家庭的育兒安排始終是東拼西湊的急就章，很快就變成全國層次的問題。1993年柯林頓就任後，希望能任命美國第一位女性司法部長，但他最早提出的兩名人選（柔伊・貝爾德〔Zoë Baird，1952年生〕和金芭・伍德〔Kimba Wood，1944年生〕）接連出局，兩個人都因為雇人照顧孩子產生法律爭議（她們都雇用非法移工，其中一個還加上沒為家務工付社會安全稅。不過，為家務工付社會安全稅的規定在當時並非廣為人知）。柯林頓後來提名的是珍妮特・雷諾（Janet Reno），一名沒有子女的沉默世代。

　　1991年，蘇珊・法露迪（Susan Faludi）出版《反挫：誰與女人為敵？》

（*Backlash: The Undeclared War Against American Women*），甫上市就登上暢銷榜。法露迪指出：推進女性平等的腳步在1980年代不只停滯，甚至倒退。1970年代的解放精神已經消失，取而代之的是雷根時代的保守家庭價值。從電視劇情到令人喘不過氣的新聞報導，美國人接受到的訊息是職業婦女不快樂、女人若要在四十歲以後結婚，相比之下被恐怖分子殺害的機率還更高、生下孩子之後繼續工作的女性感到後悔，諸如此類。法露迪說這些說法雖然沒有一件是真的，但焦慮的確存在。

電視影集《三十而立》也是法露迪的批判對象。這部影集在1987年開播，雖然幾十年後的今日已沒人記得，但在播映當時是熱門話題，從媒體版面到公司茶水間，大家都在討論。有一集是霍普在女兒兩歲後回去兼差，但沒過多久就決定辭職待在家裡。法露迪指出：藝術並未仿效現實人生——飾演霍普的演員梅爾・哈里斯（Mel Harris，1956年生）在兒子滿九個月後就回去演戲了。即使在法露迪的書出版之後，1990年代的社會似乎仍無改變之意，每幾個月就要針對女性角色發明出各式各樣令人窒息的小危機：瑪西雅・克拉克（Marcia Clark，1953年生）是單親媽媽，還燙髮！芭芭拉・布希（1925年生）和希拉蕊・柯林頓（1947年生）的巧克力餅乾食譜孰優孰劣？想找個男人，照《戀愛必勝守則》（艾倫・費恩〔Ellen Fein，1958年生〕與雪莉・史奈德〔Sherrie Schneider，1959年生〕合著）的建議做就對了！

當然，媒體勾勒的形象未必反映真實生活。當時的美國人實際上怎麼看待女性呢？社會概況調查是美國執行最久的社會議題調查研究，裡頭有一題問美國人是否贊同「男主外、女主內對每一個人都好」這種支持傳統性別角色的陳述。圖3.22是不同意的百分率，亦即對性別角色持進步立場的比例。

不過，性別平等的概念在1980年代其實持續成長，並沒有像法露迪說的那樣反挫。在嬰兒潮世代紛紛成家的這段時間，不但女性越來越難接受刻板性別角色，**男性**同樣如此。即使法露迪對媒體性別恐慌的觀察是正確的（而她的確是），但在這段政治風氣日益保守的時代，美國百姓的性別觀念仍以飛快的速度改變。改變需要時間才能擴散，雖然有人認為大多數美國人在1970年代

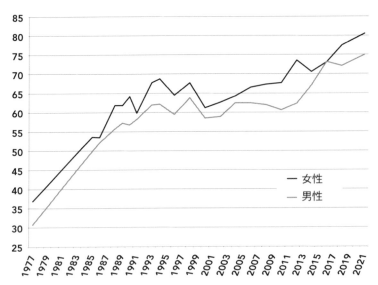

圖3.22│美國成人反對刻板性別角色的百分率，依性別比較，1977–2021

資料來源：社會概況調查

注：圖中顯示的是反對「男主外、女主內對每一個人都好」的百分率。

擁抱女性主義，到了1980年代又棄之如敝屣，但實際發展並非如此。事實上，情況恰恰相反。

　　人們不但對「男主外、女主內」的觀念變了，對所有女性角色所持的態度也變了。整個1980年代，認同女性（包括母親）可以也應該在政治和職場擔負重任的人持續增加，往後幾十年亦然（見圖3.23）。媒體也許對職場媽媽大驚小怪，但整體而言，社會大眾越來越支持女性投入職涯。

　　有些變化十分驚人。舉例來說：在1977年，認為媽媽上班對學齡前兒童不好的人將近四分之三，到了2021年，這樣想的人只有四分之一。在1975年，半數受訪者認為女性不適合從政，到了2018年，只有八分之一的人還這樣想。到了2010年，96%的人說自己願意投給女性總統候選人——於是社會概況調查不再詢問這個問題。

　　對於1980年代媒體呈現的女性主義形象，法露迪的批判確實擲地有聲，

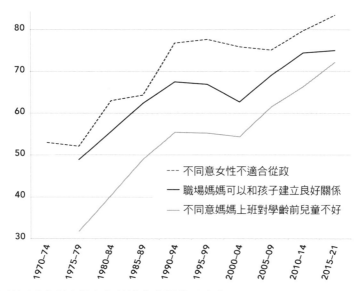

圖 3.23 │ 美國成人對女性角色持進步立場的百分率，1972–2021

資料來源：社會概況調查

注：分數越高代表態度越進步（每個問題都是如此）。2021年起停止詢問部分問題。

可是美國大眾整體而言並沒有倒退（即使有，也只有一點點）。1980年代其實擁抱性別平等，為女性的社會地位帶來前所未有的改變——這些改變直到今天仍與我們同在。

#MeToo 之前的 Me Too
特徵：開始關注性騷擾問題——至少不再無視

1991年9月，最高法院大法官被提名人克拉倫斯·托馬斯（1948年生）赴參議院出席聽證會。托馬斯是老布希總統提名的保守派黑人，在為期八天的過程中，他除了陳述自己在喬治亞州的成長過程之外，也一一回答政治傾向、墮胎立場等常見問題。一開始似乎只是例行公事，平淡無奇，直到一名奧克拉荷馬大學法學教授現身發言，她叫安妮塔·希爾（1956年生）。

希爾曾與托馬斯在EEOC共事。她對參議院說托馬斯當時是她上司，不但

一再邀她約會，還經常談起與性有關的話題。她很快舉出一些現在稱為 NSFW（Not Safe for Work，工作場所不宜）的內容。例如有一次，托馬斯看著汽水罐說：「誰把陰毛放在我的可樂上？」在時任參議員的喬・拜登問話時，希爾說托馬斯「講過一個陰莖很大的人，還提到那個人在色情片裡的名字」。拜登問：「你記得是什麼名字嗎？」「我記得。」希爾說：「他提到的那個名字是長屌・希爾佛（Long Dong Silver）。」

當時的參院司法委員會由 14 名白人男性組成，他們對希爾的控訴持懷疑態度。參議員阿倫・史派克特（Arlen Specter，1930 年生）對希爾說：「你今天上午作證說，最令你尷尬的是他常講『波霸』——這還好吧。這個詞我們每天都在講，你說托馬斯法官講這個讓你很尷尬？」

儘管如此，一身青綠套裝的安妮塔・希爾始終沉著以對。她引起全國關注，女性不分沉默世代、嬰兒潮世代或 X 世代，都對她的經驗心有戚戚，也都無法接受參議員對她的態度。雖然托馬斯的提名還是通過，但風向已經改變：性騷擾成為全國議題，女性已經受夠了。派蒂・莫瑞（Patty Murray，1950 年生）當時是華盛頓州議員，希爾遭到的對待同樣令她驚愕 [24]。她想：「這樣吧，我來競選參議員。」她當選了，和其他五名新科女性參議員一起。在 1992 那年，美國總共選出 26 名新科女性參議員和眾議員。儘管嬰兒潮世代當時才 28 到 46 歲，但她們在 26 名新科女性議員中占了 12 名。那年很快被稱為「女性年」。

近年 #MeToo 運動讓社會注意到性騷擾和性侵害問題，加害者有的被捕，如哈維・溫斯坦（Harvey Weinstein，1952 年生），有的辭職，如麥特・勞爾（Matt Lauer，1957 年生）、查理・羅斯（Charlie Rose，1942 年生）。許多案例的加害者是沉默世代或嬰兒潮世代的男性，他們似乎十分驚訝社會已經發生這麼大的變化。「在我自己看來，我從來沒有逾越界線，但我沒有意識到這條界線已經被重劃到什麼程度。」紐約州長安德魯・古莫（Andrew Cuomo）被許多女性指控性騷擾，在 2021 年辭職時說：「我想我就是沒能充分察覺世代變了、文化也變了，但我原本應該察覺的。」

女性之間也有世代分歧，對性騷擾是言語冒犯而非身體接觸時尤其如此。

2018年的一份調查發現：對於性玩笑和性評論算不算性騷擾，千禧世代和Z世代比起X世代、嬰兒潮世代、沉默世代更傾向答「是」。是否舉報性騷擾也有世代分歧：曾遭受騷擾的中老年女性有53%從未舉報，年輕女性則有44%[25]。

雖然沉默世代和嬰兒潮世代絕非人人如此，但他們似乎普遍持這種態度：男人就是這樣，忍一忍就算了。我們在沉默世代那章談過的琳達就是如此，她從1960年代起當了50年護理師。直到今天，當她說起自己和其他同事受過的性騷擾和性玩笑，還是當成某種理所當然會發生的事：「要是他們想趁你經過時拍你屁股，你只會瞪他們一眼，意思就像：『喂，給我差不多一點喔！』然後一笑置之。你不會覺得那是冒犯。」她還說她「極度懷疑」那些事隔多年才說出性騷擾經驗的女性。「她們當下為什麼不處理呢？」她問：「現在的女人很堅強。我很難相信她們無法自己處理這種狀況。這種事明明可以防患未然。」

不過，不是所有嬰兒潮世代的女性都同意這種看法，還是有很多人樂見#MeToo帶來的改變。嬰兒潮世代的莎蓉・瑪哈菲（Shar'Ron Mahaffey）就對沃克斯（Vox）傳媒說：「我的女兒和孫女知道自己能得到傾聽，能挺身而出做些事，不必擔心遭到報復，這帶給她們力量。[26]」

嬰兒潮世代的政治參與
特徵：勢力龐大的政治變色龍

從1960年代的越戰抗議者到2020年代的政治領袖，嬰兒潮世代主導美國政治七十年。嬰兒潮人數可觀，不僅大於之前的沉默世代，也超過之後的X世代，伴隨龐大規模而來的是無可挑戰的政治實力。不過，嬰兒潮世代不只是人數驚人而已，對政治和社運的濃厚興趣更是這一代人的獨特之處。

雖然嬰兒潮之後的世代延續年輕人的傳統，繼續抗議由上一代制訂的政策，但他們的抗議運動很少能跟嬰兒潮世代相提並論，沒有那股渴望全然改變社會、翻天覆地的氣魄。

隨著第一批嬰兒潮世代在1964年秋季進入大學，校園開始爆發抗議事件。加州柏克萊大學位於電報大道（Telegraph Avenue）的入口向來是宣傳勝地，學生

和校外社運人士常在那裡設攤位和發傳單。可是在那年9月，學務長宣布往後禁止發放政治團體傳單。10月1日，種族平權團體於入口設攤，警方逮捕其中一人，將他押上警車。接下來有的學生鑽入車底，有的圍繞警車靜坐，不讓警方帶人離開。雙方僵持32小時。雖然帶頭抗議的是沉默世代（1942年生的馬里奧·薩維奧也是其中之一），但嬰兒潮世代在旁見證了一切。

校園自此進入前所未見的動盪時期，學生占領行政大樓、與警察發生衝突，甚至火燒校舍。到1960年代末，校園運動的焦點從民權轉向越戰，學生示威遊行，反對徵兵，抵制涉入戰爭的企業，例如生產凝固汽油 ⁱ 的陶氏化學（Dow Chemical）公司。有研究指出：在1967到1968學年，也就是第一批嬰兒潮世代18到22歲時，美國有40%的大學發生嚴重抗議事件。騷亂很快從校園蔓延到街頭，並在1968年抗議民主黨全國代表大會達到巔峰。群眾當時聚集在芝加哥會場外，在電視攝影機前與警方衝突，並大聲高呼：「全世界都在看。」接著是1970年，俄亥俄州肯特州立大學（Kent State University）爆發反戰示威，國民警衛隊在鎮壓過程中殺死四名學生。

此後，校園抗議活動逐漸沉寂，但嬰兒潮世代對政治的興趣絲毫不減。許多人顯然決定進入體制，而非在體制外抗議。1970年代末，當越戰已經結束，而1958到1961年出生的嬰兒潮世代陸續升上12年級時，他們之中有超過三分之一有意寫信給政府官員，四分之一表示自己可能或已經為政治活動捐款，五分之一有興趣參與政治競選工作（見圖3.24）。嬰兒潮世代參與政治的熱情遠遠超過往後的世代——如果再考慮到網路已經讓寫信給政府官員變得省事許多，這種現象尤其令人訝異。

嬰兒潮世代的政治熱情不是隨口說說，而是真的化為實際行動。1972年，嬰兒潮世代前半已成為擁有投票權的青少年，18到24歲的選民投票率高達52.1%，後來沒有一場總統選舉能打破這項紀錄，連投票率甚高的2020年大選都不例外。

---

vi 越戰中大量使用燒夷彈，凝固汽油是燒夷彈的重要成分。編注

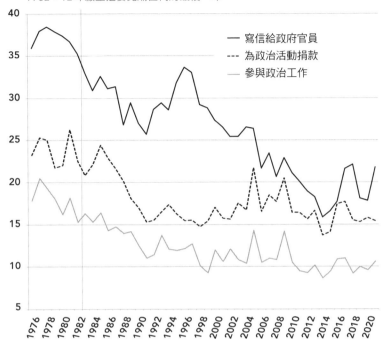

圖3.24│美國12年級生對特定政治活動感興趣的百分率，1976–2021

資料來源：監測未來調查

注：縱軸數字為回答「可能願意」或「已經參與」該活動的百分率。

　　嬰兒潮世代幾乎剛剛符合總統年齡資格就獨占這個職位。從1992到2016年，每一屆總統都是嬰兒潮世代。在1988到2020年兩大黨提名的36名總統副總統候選人中，有21名是嬰兒潮世代。柯林頓、小布希、川普全都出生在1946年夏季的三個月之間。美國第一位黑人總統巴拉克·歐巴馬出生於1961年，離這個世代結束只有幾年（也有人說他的非典型成長過程和輕鬆的態度更像X世代）。

　　年紀較長的嬰兒潮世代領袖經常在政治交鋒時強調自己出身戰後，沒有過去的包袱，深信更好的路是向前邁進，而非向後回顧。「改變」就是他們的名

片。1996年，最偉大的世代總統候選人鮑伯‧杜爾（Bob Dole，1923年生）說：「讓我成為橋梁，通往唯有無知之輩才稱之為神話的美國；讓我成為橋梁，通往祥和的時代、信仰的時代、抱持信心勇敢行動的時代。」時任總統的柯林頓聞言回覆：「我們不需要通往過去的橋，我們需要的是邁向未來的橋。」柯林頓1992年首次競選時也不斷提到「改變」，承諾會讓經濟更繁榮，也不太委婉地指出自己比對手二戰老兵老布希（1924年生）年輕。然而，雖然柯林頓以改變為競選主軸，可是他在總統任期間支持福利改革，強硬打擊犯罪，也贊同禁止同性婚姻的《婚姻保護法》（Defense of Marriage Act），作風其實偏向中間派，而非進步派。有人說歐巴馬也是如此——儘管競選時口口聲聲強調改變，八年任期卻是讓國家依循既定軌道前進，只是相對來說沒什麼醜聞。嬰兒潮世代總是把改變掛在嘴邊，改變幅度卻未必符合年輕世代期待。

總統雖是一國領袖，但也只是公職之一，觀察嬰兒潮世代在政府其他層級是否依然享有政治主導地位，此舉有其道理——而他們確實有。2015年，嬰兒潮世代平均為60歲，50位州長中有40位是嬰兒潮世代，可是在沉默世代同樣平均為60歲的1995年，只有32位州長是沉默世代（見圖3.25）。到目前為止，美國大多數州已經由嬰兒潮世代執政數十年，在未來也將繼續如此。截至2023年初，50位州長中有28位是嬰兒潮世代（關於嬰兒潮世代在2020年代政局持續擁有權力，我們將在下一章和X世代對照討論）。

相較之下，嬰兒潮世代在參議院的勢力就沒有那麼龐大。2015年，嬰兒潮世代五、六十歲，在參議院中占63席；1995年，沉默世代同樣五、六十歲，而他們在參議院中的席次是67席（見圖3.26）。部分原因可能是2015年還留在參議院的沉默世代較多，續任的州長較少。也許對當時都已年過七十的沉默世代來說，身為參議員的負擔還是比治理一整個州來得輕。不令人意外的是，隨著嬰兒潮世代前段邁入七十歲，他們在參議院的勢力變得更加龐大——在2023年開始的這一屆國會裡，100位參議員中有66位是嬰兒潮世代。

嬰兒潮世代在立法機關的勢力比在行政機關小，在眾議院也是如此：截至2022年，嬰兒潮世代出身的眾議院議長只有約翰‧伯納（John Boehner，1949年

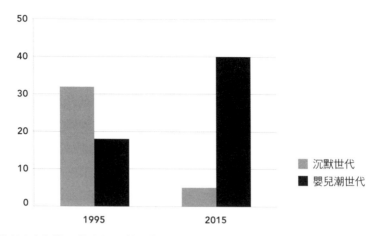

圖3.25 ｜ 美國州長人數，依世代比較，對照1995年和2015年

資料來源：各州官方紀錄。出生日期以網路搜尋取得

生）一名；最近幾屆議長都是沉默世代，中間插進一名X世代保羅・萊恩（Paul Ryan，1970年生）。在2022年末，最高法院有五名大法官是嬰兒潮世代，四名是X世代。

雖然嬰兒潮世代目前依然具有龐大政治勢力，但隨著他們越來越多人邁入七十，這種優勢會在2020年代逐漸轉移。由於民選官員沒有強制退休年齡，這個改變將是漸進的。在人生減速策略下，許多人更加長壽。可以預見的是，將來我們會看見更多七、八十歲的州長，參議員尤甚。但慢慢地，會有越來越多X世代和千禧世代勝選，為政壇注入這兩代人特殊的世代經驗。

當然，絕大多數嬰兒潮世代扮演的政治角色是選民。光是憑著可觀人數，自從他們在1980年代成為美國選舉關鍵族群之後，就發揮了不容小覷的政治力量。在2020年總統大選中，嬰兒潮世代年長者（65到74歲）的投票率是76%，比任何年齡層都高。

由於1960和70年代的嬰兒潮世代以嬉皮文化著稱，總是讓人聯想到花的孩子、反戰、反建制，你可能會預設他們是自由派民主黨。在1970年代確實如此：在1970年代初，將近七成的嬰兒潮世代被認為是民主黨。他們在1972

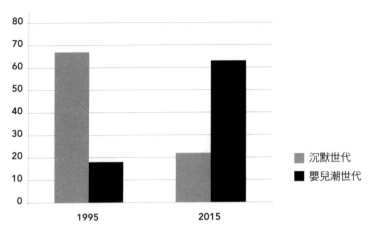

圖3.26 │ 美國參議員人數，依世代比較，對照1995年和2015年

資料來源：美國國會官方紀錄。出生日期以網路搜尋取得

年總統大選中力挺民主黨候選人麥高文（McGovern），在牛仔外套別上他的和平鴿綠胸章。到1970年代末吉米・卡特（Jimmy Carter）執政時，嬰兒潮世代有三分之二是民主黨。

接著，他們在1980年代突然搖身一變，從嬉皮變成雅痞。「雅痞」（yuppie）是年輕都會專業人士（Young Urban Professionals）的縮寫，他們是受過良好教育的嬰兒潮世代，在律師事務所和廣告公司飛黃騰達。他們是《三十而立》中麥可、霍普、艾略特、南希在現實世界的翻版，是養家活口、妙語如珠的成功人士。他們像《雙面嬌娃》（*Moonlighting*）裡的大衛和瑪蒂那樣彼此調情，穿著光鮮亮麗，開著寶馬在洛杉磯兜風。

除了權力套裝和偉大事業之外，雅痞們還帶有保守派共和黨的主張——而嬰兒潮世代往哪裡走，國家就往哪裡走。雷根勢如破竹當選總統之日，正是嬰兒潮世代中傾向共和黨的人開始增加之時（見圖3.27，出自全美選舉研究，美國歷時最長的選民調查）。

嬰兒潮世代的軌跡與整個國家的政治軌跡交織。1980年代，嬰兒潮世代大力轉向共和黨；從2010年代末到2020年代初，隨著嬰兒潮世代邁入五十、

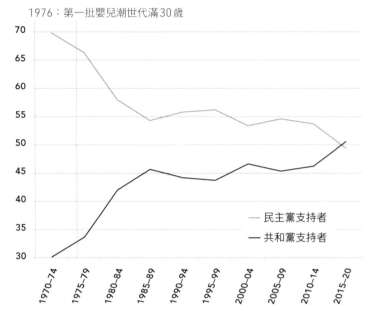

1976：第一批嬰兒潮世代滿30歲

（圖例）
—— 民主黨支持者
—— 共和黨支持者

圖 3.27 | 美國嬰兒潮世代成年人傾向兩大黨的百分率，1972–2020

資料來源：全美選舉研究

注：本圖追蹤嬰兒潮世代隨年紀漸長而起的變化（雖然調查並非追蹤同一群人的變化，但每個樣本都具有全國代表性）。「民主黨支持者」含傾向民主黨的中立選民，「共和黨支持者」含傾向共和黨的中立選民。不傾兩大黨任何一黨的中立選民視為缺失資料。調查於總統選舉年進行。

六十、七十，共和黨支持者以些微差距成為多數。

　　不論嬰兒潮世代自認是保守派或自由派，他們的政治意識型態變得甚至比政黨立場更快、也更堅決。雖然這個世代絕大多數在 1970 年代視自己為自由派，但多數人在 1980 年代轉向保守派，而且多半沒有再轉回自由派（見圖 3.28）。這未必代表 1980 年代的嬰兒潮世代想逆轉自己年輕時奮力爭取的逐步改變，相反地，他們這時已在養家活口，在工作上力求表現，許多人似乎認為世界已經改變得夠多了，滿意現狀讓他們更傾向共和黨和保守派。

　　這種趨勢的部分原因是每一代都在自然演化：不論是哪一個世代的人，隨著年紀漸長，往往都會變得較為保守，不再像以往開放，而因為大多數自由派

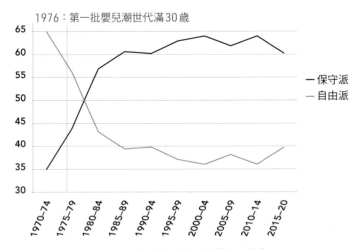

1976：第一批嬰兒潮世代滿30歲

— 保守派
— 自由派

圖3.28 │ 美國嬰兒潮世代成年人認同保守派或自由派的百分率，1972–2020

資料來源：全美選舉研究

注：本圖追蹤嬰兒潮世代隨年紀漸長而起的變化（雖然調查並非追蹤同一群人的變化，但每個樣本都具有全國代表性）。答覆「不偏向任何一派」或「中間路線」者視為缺失資料。

是民主黨，大多數保守派是民主黨，所以傾向共和黨的人通常年紀較大。造成這種差異的是年齡，而非世代。如果有人因為共和黨支持者的年齡普遍偏高，就認為這個黨遲早會走向消亡，恐怕忘了有些二十歲時是自由派的人到了五十歲會變成保守派。

那麼，造成嬰兒潮世代轉向共和黨的主因有多少是因為年紀漸長，又有多少是因為這個世代背景特殊？回答這個問題的方法之一，是比較不同世代同年齡層的人在不同時間點的政黨傾向。2020年的嬰兒潮世代是56到74歲。用這種方式檢視資料之後，我們發現一個驚人的事實：自1952年開始進行調查以來，嬰兒潮世代是第一個在56到74歲多數支持共和黨的群體（見圖3.29）。換言之，嬰兒潮世代比前幾個世代的同齡者更傾向共和黨。就一個年輕時非常偏向自由派的世代來說，這樣的發展一方面令人驚訝，另一方面也在嬰兒潮世代與更開放的千禧世代、Z世代之間造成龐大的代溝。

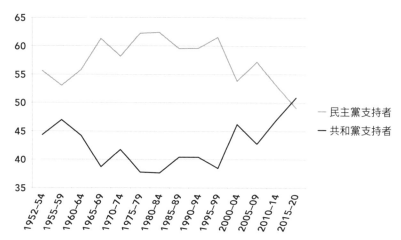

圖 3.29 │ 美國 56 到 74 歲年齡層民主黨與共和黨支持者百分率，1952–2020

資料來源：全美選舉研究

注：本研究採時間差設計，檢視同一年齡層在不同年代的變化。「民主黨支持者」含傾向民主黨的中立選民，「共和黨支持者」含傾向共和黨的中立選民，不傾兩大黨的中立選民視為缺失資料。

嬰兒潮世代的憂鬱
特徵：心理困擾更多，也更憂鬱

　　心理學家一開始不曉得怎麼解釋。短短幾年之間，出現心理疾患症狀的大學生越來越多。在紐約大學水牛城分校，1969 年新生（多為 1951 年生）在偏執、躁狂、憂鬱量表上的分數明顯高於 1958 年新生（多為 1940 年生）。有兩名教授選定南方一所教學型大學進行問卷調查，在 1959 到 1968 年間比較七個學年新生的調查結果。最後，在 1969 年的美國心理學會年會上，他們用論文標題哀傷地提問：「懷抱理想、沉著冷靜的新鮮人都到哪裡去了？」[vii]

　　沒過多久，大家發現心理困擾增加的不只是大學生。研究者分析 1980 年代初在全國進行的大型調查時，原本預計憂鬱症終生盛行率會和過去一樣，年輕人較低，年長者較高（因為年長者度過的歲月較長，罹患憂鬱症的機會就更多），沒想到並非如此。在 25 到 44 歲的年齡層（主要是嬰兒潮世代），有十一分之一的人已經罹患過重度憂鬱症，45 到 64 歲的年齡層（主要是沉默世代）

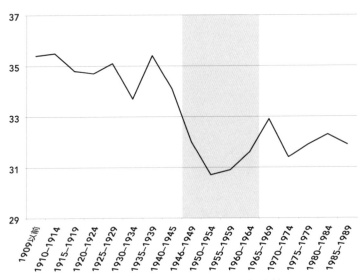

圖3.30│美國成人表示自己非常幸福的百分率，依出生年比較

資料來源：社會概況調查

注：陰影區為嬰兒潮世代。此分析結合1972到2018年每一年的數據，檢視出生年與幸福感的關聯。
每個出生年的受訪者會在不同年齡接受評估。控制年齡變因：控制年齡變因能消除年齡的影響，保留出
生年和時代的影響。詢問的問題是：「整體而言，你覺得最近過得如何？是非常幸福、還算幸福，還是
不太幸福？」圖中顯示的是選擇「非常幸福」的百分率。

則是二十二分之一。換言之，曾受憂鬱症之苦的嬰兒潮世代是沉默世代的兩倍
——而且這時大多數的嬰兒潮世代還沒到中年。當時十一分之一的嬰兒潮世代
是七百萬人，差不多是麻州全部的人口。

　　這些憂鬱症終生盛行率的研究其實不夠完美，因為年長者可能遺忘他們
年輕時罹患過憂鬱症；那些大學生調查其實也不夠理想，因為它們沒有追蹤嬰
兒潮世代成年後的心理健康和幸福感。為此，我們需要的是歷時數十年、對所
有年齡層的成人進行的調查。社會概況調查從1972年就開始詢問美國人幸福
感的問題，可以讓我們比較嬰兒潮世代和沉默世代成年後的幸福感。嬰兒潮世

vii Wrightsman L. S., Baker N. J. 1969 "Where have all the idealistic, imperturbable freshmen gone?" Proceedings
　　of the Seventy-Seventh Annual Convention of the American Psychological Association 4: 299–300. 譯注

代情況的確不佳：從沉默世代的出生年到嬰兒潮世代的出生年，幸福感顯著下降（見圖3.30）。和沉默世代相比，表示自己非常幸福的嬰兒潮世代人數減少了15%。

嬰兒潮世代幸福感驟降的現象的確耐人尋味，但降幅不算太大。那麼，較為嚴重的心理健康問題情況如何？有一份全國大型研究調查了九百萬名美國人（人數超過紐約市人口總數），請他們回答過去30天有幾天受壓力、憂鬱或難以控制情緒所苦。雖然每個人難免都有這種時候，但如果頻繁發生，往往就是指標，可能代表作答者有憂鬱症或其他心理健康問題。由於這份調查是針對全體人口抽樣，而非僅僅挑選曾為心理健康問題尋求醫師或治療師協助的人，所以其所反映的變化不能解釋為作答者更傾向於尋求協助。

這份調查顯示：嬰兒潮世代除了純粹不快樂之外還有更深層的困擾跡象——他們出現心理健康問題的天數，是沉默世代同齡者的兩到三倍（見圖3.31）。

由於這項調查問的是心理健康欠佳的天數，嚴格來說失之籠統。如果能聚焦在心理困擾或憂鬱症的特定症狀，也許更為理想。有兩個資料集已經做到了這一點。第一個以六道問題詢問沮喪、緊張、無價值感等症狀，藉此衡量心理困擾的程度。嬰兒潮世代和沉默世代之間的確有落差：在生於1950年代和1960年代初的嬰兒潮世代中，心理困擾程度偏高的有六分之一，生於1930年代的沉默世代則是十分之一（見圖3.32）。

另一份全國性研究以九個問題直接評估憂鬱症的症狀（如做事提不起勁、出現睡眠問題、失去活力、難以專注等）。在1960年代前半出生的嬰兒潮世代中，憂鬱症症狀嚴重到需要健康專業人士評估的超過四分之一，1930年代前半出生的沉默世代則是十分之一（見圖3.32）。

顯然，對嬰兒潮世代心理健康的早期研究的確命中紅心：1960和70年代的大學生心理健康欠佳不是偶然，也不是時代動盪所致。和同齡時的沉默世代相比，嬰兒潮世代的整個人生都幸福感偏低、心理健康欠佳的天數偏高、更常出現心理困擾，也更容易憂鬱。

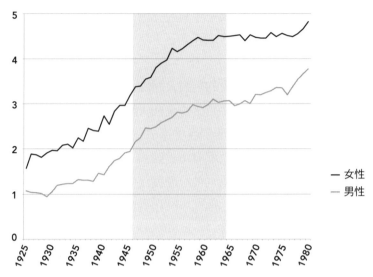

圖3.31｜美國成人每月心理健康欠佳日數，依性別與出生年比較

資料來源：行為風險因子監測系統

注：陰影區為嬰兒潮世代。此分析結合1993到2021年每一年的數據，檢視出生年與心理健康欠佳的關聯。每個出生年的受訪者會在不同年齡接受評估。控制年齡變因：控制年齡變因能消除年齡的影響，保留出生年和時代的影響。詢問的問題是：「你覺得過去30天有幾天心理健康欠佳（感到壓力、焦慮、難以控制情緒）？」

　　會不會是因為嬰兒潮世代更願意透露心理健康問題，所以才有這麼一場集體大告解？不無可能，但應該不是主因——在開始詢問之前，訪問員已仔細向受訪者說明所有回覆皆為匿名，不會洩露身分。由於這些調查收集的是敏感健康資訊，訪問員也會特別強調一切內容嚴格保密。另外，如我們在前一章看到的，沉默世代道出的心理健康問題其實比最偉大的世代少，所以並沒有越晚的世代越願意揭露心理健康問題的趨勢。但即便如此，自陳式問卷還是有可能出現主觀偏誤，如果能參考客觀的行為衡量標準還是更好。

　　自殺率正是其中一種行為衡量標準。我們可以從圖3.33看到：自殺率曾在沉默世代的出生年下降，後來又從1940年代出生者那裡開始上升，接著整個嬰兒潮世代的自殺率不斷衝高。這種現象不能用「嬰兒潮世代更願意透露心理

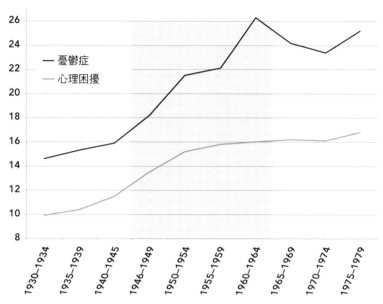

圖3.32│美國成人有心理困擾或憂鬱症的百分率，依出生年比較

資料來源：國民健康訪問調查（1997-2018）及疾病管制中心全國健康與營養調查（2005-2020）

注：陰影區為嬰兒潮世代。心理困擾依凱斯勒量表（K6）評估，圖中為中度到重度心理困擾的百分率。由於國民健康訪問調查在2019年改變篩檢標準，資料止於2018年。憂鬱症依病人健康狀況問卷（PHQ-9）評估，採計5分以上者（5分以上代表輕度、中度及需要健康專業人士進一步評估之重度憂鬱症）。控制年齡變因：控制年齡變因能消除年齡的影響，保留出生年和時代的影響。

健康問題」來解釋。

　　自殺率的變化相當大。1964年生的美國人自殺的可能性比1935年生的高35%。嬰兒潮世代自殺率升高的跡象很早就已出現：1970年15到19歲嬰兒潮世代青少年的自殺率，是1950年沉默世代同齡青少年的兩倍。

　　事實上，自殺率提高只是冰山一角。2015年，經濟學家安·凱思（Anne Case）和安格斯·迪頓（Angus Deaton）的一篇論文突然成為媒體焦點，因為他們發現，45到54歲非西裔白人的死亡率雖然在前幾十年不斷下降，可是在1999到2013年間上升了。換言之，2010年代的中年白人死亡率比1990年代的中年白人高[27]。這種變化令人意外，因為在同一段時間，不但其他工業化國家的死

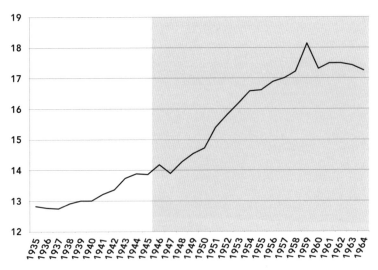

圖 3.33 | 美國成人自殺率,依出生年比較

資料來源:疾病管制中心 WISQARS 致命傷害報告

注:自殺率以每10萬人計算。陰影區為嬰兒潮世代。含1981到2020年數據。只列計20到72歲之自殺者。最小列計年齡為20歲,因為這是全體皆為成人的最小年齡組(即20到24歲年齡組,更年輕的15到19歲年齡組含未成年人),而且18歲以下自殺率較低。最大列計年齡為72歲,因為72歲以上自殺者多罹患絕症。1999到2019年有確切年齡紀錄;1981到1998年數據只有年齡組紀錄,以平均自殺率為每個年齡組內所有年齡的自殺率(例如20、21、22、23、24歲的自殺率皆以20到24歲平均自殺率計)。控制年齡變因:控制年齡變因能消除年齡的影響,保留出生年和時代的影響。

亡率大幅下降,美國其他族裔的死亡率也明顯降低。凱思和迪頓估計:如果中年白人的死亡率維持前幾十年的下降趨勢,美國的死亡人口原本可以減少五十萬——差不多是亞特蘭大目前的人口數。無大學學位者的死亡率甚至增加更多。

凱思和迪頓發現:造成這些超額死亡的原因是「絕望死」(deaths of despair)——自殺、用藥過量和肝病(常為酒精濫用所致)。這個發現震驚世界,許多人開始關注美國白人勞動階級長久以來的問題(一年後川普當選,這些問題再次成為焦點)。

我們可以從圖3.34中看出這個趨勢:從2005到2016年,全體45到54歲美國人的死亡率是下降的(原因可能是黑人和西裔死亡率降低),但該年齡組

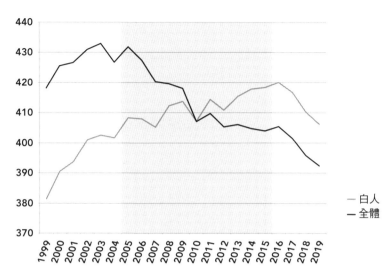

圖3.34｜美國45到54歲者死亡率，白人與全體，1999–2019

資料來源：全國生命統計系統，取自疾病管制中心之WONDER資料庫

注：死亡率以每10萬人計算。陰影年度之45到54年齡組大多為嬰兒潮世代。「白人」指非西裔白人；「全體」含所有種族和族裔。「Death rate」之專門術語為「mortality rate」。縱軸數字為每10萬人死亡人數。

的非西裔白人死亡率反而上升，這種趨勢從沉默世代就已開始，持續到嬰兒潮世代。

　　由於凱思和迪頓初步分析的數據只到2013年，我們應該看看接下來幾年的發展。2016年後情況有所改善，45到54歲全體和白人的死亡率雙雙下降，令人憂心的趨勢終於反轉。為什麼會出現這種變化？是因為中年白人的處境突然好轉了嗎？我認為更可能的原因是世代：嬰兒潮世代在那段時間退出45到54歲年齡組，由X世代接棒。凱思和迪頓的絕望死其實是嬰兒潮世代的現象，尤其是嬰兒潮白人。

　　如果死亡率上升其實是世代問題，那麼隨著嬰兒潮的年齡增加，這個問題應該也會跟著他們進入更高的年齡層。實際情況正是如此：隨著嬰兒潮世代進入年紀第二大的年齡層（55到64歲），問題變得更加嚴重——全體55到64歲

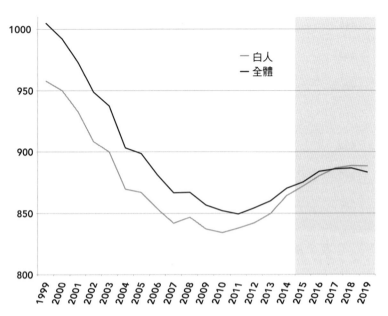

圖 3.35 | 美國 55 到 64 歲者死亡率，白人與全體，1999-2019

資料來源：全國生命統計系統，取自疾病管制中心之 WONDER 資料庫

注：死亡率以每 10 萬人計算。陰影年度之 55 到 64 年齡組大多為嬰兒潮世代。白人指非西裔白人。
「Death rate」之專門術語為「mortality rate」。

美國人的死亡率一起增加，不只是白人而已（見圖 3.35）。

出現這種轉變，是因為不但非西裔白人和美國原住民的死亡率上升，而原本持續下降的黑人、西裔及亞裔死亡率也在 2011 年以後趨於穩定。隨著嬰兒潮世代老化，凱思和迪頓在白人身上發現的問題擴大影響了所有族裔。

在此同時，還有另一件事值得留意：從 2000 到 2019 年，55 到 64 歲死於心臟病和癌症的人數其實是降低的。換言之，即使兩大死因的致死人數都往下降，整體死亡率還是上升。

為什麼會這樣？因為五、六十歲的美國人絕望死的人數上升了，尤其是因用藥過量致死增加最多。從 55 到 64 歲全部都是沉默世代的 2000 年，到這個年齡組全部都是嬰兒潮世代的 2019 年，用藥過量的死亡率竟然暴增十倍，肝病

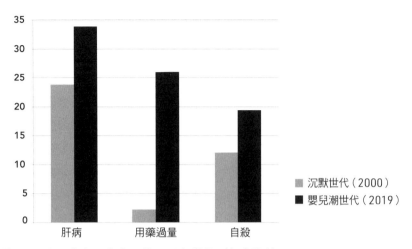

圖3.36｜美國55到64歲者死亡率，依死因和世代／年度比較

資料來源：全國生命統計系統，經疾病管制中心之WONDER資料庫取得

注：死亡率以每10萬人計算。2000年之55到64歲年齡組為1936到1945年出生（皆為沉默世代），2019年之55到64歲年齡組為1955到1964年出生（皆為嬰兒潮世代）。

死亡率增加42%（常為酒精濫用所致），自殺死亡率增加60%（見圖3.36）。

　　為了用更具體的方式說明，請想像一個超大型橄欖球場，如果2000年元旦坐滿十萬名中年人，他們之中只有兩個人會在那年因用藥過量而死；但如果2019年元旦同樣坐滿十萬名中年人，他們之中將有26人在那年結束前因用藥過量而死。以絕望死的全部人數而言，2019年嬰兒潮世代中年人的絕望死人數，是2000年沉默世代中年人的兩倍。

　　雖然用藥過量致死的年輕人一度可能略多於中老年人，可是從2007年起，55到64歲年齡組的用藥過量死亡率開始變得比年輕人更高，到了2020年，差距更加擴大（見圖3.37）。雖然疾病管制中心資料庫並沒有特別注明是哪一種藥用藥過量，但我認為很可能以鴉片類藥物居多，如羥考酮（oxycodone）。這兩個年齡組的用藥過量死亡率在2020年都激增，也許是因為新冠疫情或其他因素。

　　簡言之：和前幾個世代的人相比，嬰兒潮世代不但有可能幸福感偏低、心

2015：嬰兒潮世代開始占據55到64歲年齡組

| | 55-64 |
| | 18-25 |

圖 3.37 │ 美國非故意用藥過量死亡率，依年齡層比較，1999–2020

資料來源：疾病管制中心 WISQARS 致命傷害報告

注：死亡率以每10萬人計算。

理健康欠佳天數偏高、更常出現心理困擾和憂鬱，還更可能因為心理健康問題
而死，包括自殺和用藥過量。出生在1946到1964年間一定有某種因素對心理
健康不利，出生在1955到1964年間更是如此。問題是：這個因素究竟是什麼？

　　開始討論這個問題之前，重要的是，我們必須從同樣的基準出發，也就
是：有心理健康問題不代表脆弱。演員兼作家嘉莉・費雪（Carrie Fisher，1953
年生）說得好：「我認為與躁鬱症共存需要無比的勇氣……雙極性疾患有時令
人心力交瘁，應付這種挑戰需要非凡的毅力，更需要過人的勇氣。所以，如果
你有這種疾病卻沒被擊垮，你該為自己驕傲，而非感到羞恥。他們不但應該穩
定供藥，還應該頒獎給你。」

　　雖然有人因為遺傳因素而罹患憂鬱症，但一個人會不會罹患憂鬱症、憂
鬱症的情況嚴不嚴重，外在環境的影響依然極深。在狩獵採集部落和農業社會
（如阿米什人〔Amish〕）等傳統文化中，憂鬱症十分罕見。臨床心理學家史帝
夫・伊拉迪（Steve Ilardi）也說憂鬱症是「文明病」。所以我們要問的是：嬰兒潮
世代的環境有哪些因素導致憂鬱症？

其中一個可能是嬰兒潮世代吸毒比例偏高。雖然大多數時候人們是因憂鬱而吸毒，而非因吸毒而憂鬱，但由於許多嬰兒潮世代吸毒是因為跟風，毒品可能還是造成其中一部分人罹患憂鬱症，上癮和生活受到影響的人更是如此。用藥過量的死亡率高是另一條線索——也許因為嬰兒潮世代從年輕時就開始使用毒品，對藥物更無戒心，中年時就可能更容易用藥過量。

個人主義和科技也可能要負上責任。個人主義雖然有不少優點，但也容易造成關係不穩定，讓人以為實現自我就能帶來幸福。結果是個人主義社會常有孤立、失去連結的問題，正如珍妮絲・賈普林的歌詞：「自由只是一無所有的換句話說。」在嬰兒潮世代長大成人的年代，個人主義以前所未有的速度推進，新的關注點是自我，穩定的關係成為過去。

這種變化的後果之一是不切實際的過高期待。個人主義在這方面還有共犯：科技，尤其是電視。嬰兒潮世代是第一個伴著電視長大的世代，從小就透過它認識更廣闊的世界——只不過那個世界強調的往往是多多消費。針對兒童的廣告是和嬰兒潮世代一起出現的，也跟著這一代人邁入青春期和成年，一路不斷告訴他們應該擁有更多、變得更好。在此同時，自動化生產技術讓客製化成為可能，進一步助長這種風氣。亨利・福特（Henry Ford）力求標準化的時代過去了（他曾說你想要什麼顏色的T型車都可以，「但他們只生產黑色的」）。不只汽車，嬰兒潮世代有越來越多東西可以客製化，讓它們「和你一樣獨一無二」。消費文化和個人主義分進合擊，在金錢推波助瀾下，個人選擇成為至高無上的判準。

1988年，心理學家馬汀・塞利格曼（Martin Seligman，1942年生）在《今日心理學》（*Psychology Today*）發表〈嬰兒潮世代憂鬱〉（Boomer Blues）。這是對嬰兒潮世代憂鬱現象的早期研究之一，塞利格曼發現：嬰兒潮世代不只對商品期待過高，對人生其他領域也期待過高——工作不只要能養家活口，還要高薪、有啟發性又能帶來成就感；婚姻不只要對彼此善盡責任，更要滿足互相陪伴和魚水之歡的需求。塞利格曼寫道：「我們盲目放任期待一飛沖天，像傻子一樣拉高當正常人的標準。」進入21世紀後，社群媒體和實境節目持續提高對「美好

人生」的期待，這種趨勢只會有增無減。

　　嬰兒潮世代的高離婚率不僅是個人主義的另一個副產品，可能也是引發憂鬱的原因之一。整體而言，有婚姻關係的人比單身、喪偶、離婚的人快樂、也比較不容易憂鬱。根據社會概況調查，有婚姻關係的人有四成自認非常幸福，離婚的人只有兩成。雖然我們很難解釋原因何在（也許是不快樂的人離婚容易，再婚難），但嬰兒潮世代在年輕時日益不穩的人際關係顯然不利於心理健康。嬰兒潮世代男性更是如此，他們在中年結婚的人數比前幾個世代都少。

　　嬰兒潮世代這顆蘋果裡還有另一條蟲：收入不平等。

富者愈富，貧者愈貧
特徵：收入不平等的受害者

　　2016年川普跌破眾人眼鏡當選美國總統後，許多人開始尋找解釋。其中一種重要說法是美國階級鴻溝日益擴大，白人尤其嚴重。這種理論認為沒有大學學位的美國白人越來越不快樂，經濟也陷入困境，有大學學位的人則越來越幸福，財富越來越多。

　　階級鴻溝有兩個層面：一是經濟上的收入不平等，二是幸福不平等。經濟的部分相對容易證明，例如把前10%富人的收入占比畫成圖，柏克萊大學一名經濟學者就是這樣做的。這張圖顯示收入不平等的「富者愈富」面向（見圖3.38）。1920年代有一段時間收入高度不平等，戰後情況改善，迎來中產階級的黃金時代。可是大約從1980年開始，收入不平等再次惡化，在2010年代中期左右飆到史上最高點。這種現象一方面是因為稅法，另一方面是因為經濟變化。

　　在此同時，致富和教育的關係越來越深，有沒有四年制大學學位尤其重要。雖然有學士學位的美國人收入一向高於只有高中學歷者，但兩者之間的差距在1980年代前期進一步擴大（見圖3.39）。有大學學位者的收入增加，只有高中學歷者的收入減少。

　　到了2001年，這兩組人的所得差距（虛線）剛好等於高中畢業生的收入，

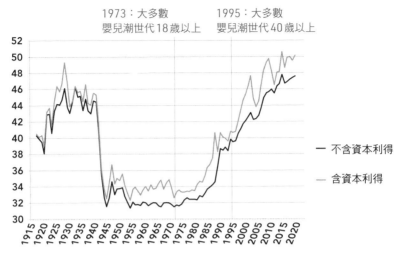

圖3.38 │ 美國前10%富人收入占全體收入的百分率，1918-2017

資料來源：E. Saez（2019）[28]。

代表大學畢業生的收入恰恰是高中畢業生的兩倍。從1980到1990年代，製造業中薪資優渥的工作大量消失，數量以百萬計。隨著汽車組裝廠遷往海外，失業的煉鋼工人和車廠工人成千上萬。雖然這種巨變是由許多因素造成的，但科技顯然是根本原因之一：隨著科技進步，許多體力勞動工作改成自動化生產，或遷往海外，增加的往往是需要更多教育的「知識經濟」工作。

　　這種變化從1980年代前期開始，時間點非常關鍵——當時較早出生的嬰兒潮世代約三十五、六歲，較晚出生的仍是青年。失業的煉鋼工人和其他勞工大多都是嬰兒潮世代，其他人出社會後也將發現遊戲規則隨時在變，勞動階級越來越難找到好的工作。造成這種局面、導致收入不平等惡化的，並不是嬰兒潮世代——當時領導國家的是最偉大的世代和沉默世代，嬰兒潮世代年紀太輕，離權力核心還有好一段距離。雖然嬰兒潮世代在1990和2000年代獲得政治權力，終於可以向收入不平等宣戰，但那時顯然已無力回天。

　　這個事實足以挑戰近年流行的世代敘事：美國的問題出在富有的嬰兒潮世代壓迫貧窮的千禧世代。過去幾年常有人說嬰兒潮世代為富不仁，自己把成功

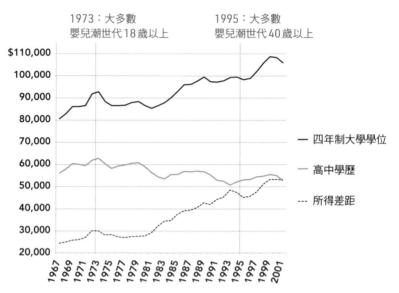

圖3.39 ｜ 美國家庭所得中位數（以2020年幣值計算），依教育程度和所得差距比較，
1967–2001

資料來源：美國普查局《年度社會與經濟別冊》：人口動態調查

注：所得差距計算方式：有四年制大學學位者之所得中位數減只有高中學歷者之所得中位數。當所得差
距等於只有高中學歷者的收入，代表有大學學位者的收入是只有高中學歷者的兩倍。

的果實吃乾抹淨，讓年輕的世代喝西北風。但事實上，許多嬰兒潮世代一開始
就嘗過成功的滋味。他們大多不是這個體系的獵食者，而是它的第一批獵物。

1983年1月，製造業重鎮匹茲堡的失業率到達18%。其中一名失業者是丹
尼・邦比諾（Denny Bambino，1953年生），他不斷求職，先後在伯利恆鋼鐵、
火車製造廠和煤礦場工作，但這些公司陸續倒閉，邦比諾也永久失業。妻子離
開後，他賣了房子，在29歲那年搬回父母家住，後來好不容易在巴爾的摩的
煉鋼廠找到工作（美國當時的煉鋼廠已寥寥無幾）。到了2012年，連煉鋼廠也
關門大吉。59歲的邦比諾不得不再次到處求職，但難如登天。「沒有人想雇個
老頭子。[29]」他說。

邦比諾和嬰兒潮世代許多沒有大學學位的人一樣，也是新經濟的受害者。

在1989年的紀錄片《羅傑與我》（*Roger and Me*）中，導演麥可·摩爾（Michael Moore，1953年生）回到故鄉密西根州弗林特，看到成千上萬汽車工人失業，許多居民陷入赤貧，失去住所的人不在少數。片名中的「羅傑」指的是通用汽車當時的執行長羅傑·史密斯（Roger Smith），摩爾在片中不斷嘗試就失業工人問題與他對質。片尾是這樣一句話：「這部片無法在弗林特上映，因為那裡的電影院已全部關閉。」千禧世代常說嬰兒潮世代上大學不難，因為當時的學費仍可負擔，但嬰兒潮世代勞動階級面對的變動之大，正足以說明這樣講並不公平。的確，有些嬰兒潮世代讀了大學，但也有人當時因為勞動階級工作不少，選擇不讀大學，後來進退維谷。

收入只是嬰兒潮世代階級鴻溝擴大的面向之一，另一個面向是收入對幸福感和心理健康的影響：沒有大學學位的美國人像以往一樣幸福，還是對現狀更加不滿？在2016年總統大選後，雖然有人猜測這個群體以不滿居多，但沒有經驗證據可以證明這點。

許多社會科學家認為這樣的證據非常難找，因為收入（以及由收入延伸的教育）和幸福感的關係不深。「錢買不到幸福」這句話流行了好一陣子，諾貝爾獎得主丹尼爾·康納曼（Daniel Kahneman）2010年發表的論文就是在談這件事。康納曼發現：收入增加和幸福感之間只有弱連結，而且這個連結在達到中產階級舒適水準（約每年75,000美元）之後就煙消雲散，往後即使收入增加，也不會讓你更快樂。

但幾年以前，我在社會概況調查中看到的幸福感變化令人吃驚：收入和幸福感的連結會隨著時間穩定增強。這讓不同收入水準的人之間出現龐大的幸福差距。舉例來說，從1970年代到2010年代，高收入美國白人的幸福水準變化不大，但低收入白人明顯變得更不幸福。拿白人之中收入最高和最低的五分之一相比，到2010年代，低收入組不幸福的比例是高收入組的五倍（見圖3.40）。

「收入越高越幸福」的趨勢在2010年代尤其明顯：收入百分等級90以上的人（當時約年薪15萬）就是比80到89的人快樂，雖然兩者之間賺的其實沒差多少。換言之，錢可以買到幸福——而且能比以前買到更多。

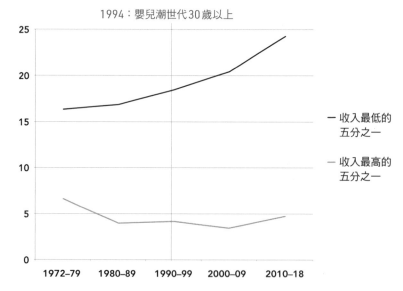

圖3.40 │ 美國白人成人感到不幸福的百分率，依收入高低比較，1972–2018

資料來源：社會概況調查

注：採計30歲以上成人，因為他們多半已完成學業，並在經濟上脫離父母獨立。由於幸福水準和趨勢
會隨種族而變化，所以白人和黑人分開檢視。因為黑人樣本數較少，趨勢較不穩定，他們的趨勢只以文
字討論，不繪製成曲線。

　　教育也是一樣：在有和沒有四年制大學學位的白人成人之間，幸福差距逐
漸擴大（見圖3.41）。2000年後，沒受過大學教育的白人不幸福感迅速膨脹，
2010年後尤其如此。同樣是沒有大學學位的美國白人，在2010年代感到不幸
福的比例比1990年代高45%。嬰兒潮世代的不幸福感幾乎是無大學學位者獨
力拉高的。

　　我們在本章稍早提過，從1970年代到2010年代，黑人成人的幸福趨勢和
白人不同，是逐漸提高。然而，黑人之間的階級鴻溝也在拉大幸福差距：低收
入黑人成人的幸福感原地踏步，高收入黑人的幸福感持續上升。因此，黑人
之間的幸福差距也在擴大。換言之，這幾十年來，不論是白人還是黑人，階級
差異造成的幸福落差都在擴大，不同的是黑人的幸福感是淨增加，白人是淨減

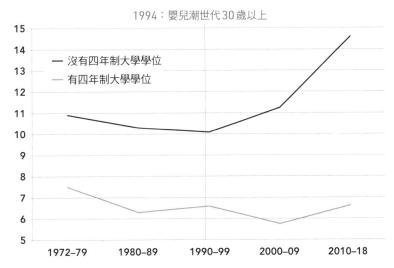

圖3.41 | 美國白人成人感到不幸福的百分率，依學歷比較，1972–2018

資料來源：社會概況調查

注：採計30歲以上成人，因為他們多半已完成學業，並在經濟上脫離父母獨立。由於幸福水準及趨勢會隨種族而易，所以白人和黑人分開檢視。因為黑人樣本數較少也較不穩定，他們的趨勢不繪製成圖表。

少。在高收入黑人、高收入白人、低收入黑人、低收入白人這四個群體之中，只有一群人的幸福感大幅下降：低收入白人。釐清這個事實有助於理解近年來的許多變化，包括從2016年川普當選，到2021年1月6日國會大廈遇襲。不幸福造成不信任，新冠疫情時為什麼有那麼多低收入白人抗拒疫苗和口罩令，也可以從這些趨勢得到說明。

因此，美國不只收入差距擴大，幸福差距也在擴大。越來越多白人勞動階級說自己不幸福，這是不滿激增的症狀。當一個階級越來越幸福、另一個階級越來越不滿，國家很難不出現對立。

更令人驚訝的是，社會階級的鴻溝不只加重不幸福感，還造成更嚴重的心理健康問題。在沒有大學學位的人中，心理健康欠佳的日數隨著世代劇烈增加，有大學學位的人增幅則較為平緩（見圖3.42）。

對1920年代出生的沉默世代來說，有和沒有大學學位者的心理健康差距

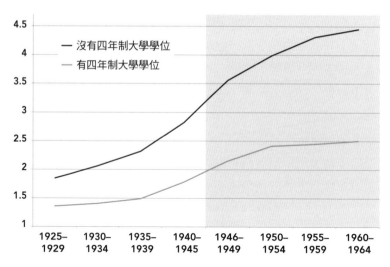

圖 3.42｜美國成人每月心理健康欠佳日數，依教育水準和出生年比較

資料來源：行為風險因子監測系統

注：30歲以上，全部種族。結合1993到2021年數據。陰影區為嬰兒潮世代。含1993到2021年的數據。控制年齡變因：控制年齡變因能消除年齡的影響，保留出生年和時代的影響。和幸福趨勢不同，美國白人和黑人的心理健康欠佳趨勢類似；兩個群體心理健康欠佳的日數都隨世代增加。有大學學位者的趨勢略有不同：美國白人的趨勢在「1940到1945年生」（譯按：沉默世代）和「1946到1949年生」（譯按：嬰兒潮世代）兩組之間驟升，在「1950到1954年生」之後降低；美國黑人的趨勢從「1930到1934年生」到「1950到1954年生」緩升。

不大。可是嬰兒潮世代不一樣，階級造成的心理健康差距明顯擴大，沒受過大學教育者出現憂鬱、壓力或情緒問題的天數，是有大學學位者的兩倍之多。因此，嬰兒潮世代整體而言之所以比沉默世代憂鬱，應該與收入不平等脫不了關係。收入因素對教育程度較低的嬰兒潮世代所構成的壓力，恐怕是沉默世代未曾經歷過的。

同樣地，收入水準對沉默世代造成的憂鬱差距並不算大，可是對嬰兒潮世代不是如此，低收入成人罹患憂鬱症的可能性是高收入者的兩倍以上（見圖3.43）。

對照心理健康調查和凱思與迪頓對中年人死亡率的分析，我們可以推論：

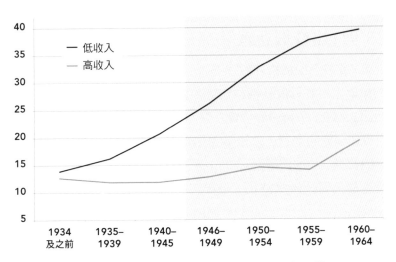

圖3.43│美國成人罹患憂鬱症的百分率，依收入水準和出生年比較

資料來源：全國健康與營養調查

注：30歲以上，全部種族。結合2005到2020年數據。陰影區為嬰兒潮世代。控制年齡變因：低收入 ＝家庭所得低於貧窮線三倍；高收入＝家庭所得高於貧窮線三倍。憂鬱症依病人健康狀況問卷（PHQ-9） 評估，採計5分以上者（5分以上代表輕、中度憂鬱症及需要健康專業人士進一步評估之重度憂鬱症， 收入造成的心理健康差距在白人中較大，黑人之中雖然也有這種現象，但較不一致，部分原因是調查的 黑人樣本較少）。控制年齡變因能消除年齡的影響，保留出生年和時代的影響。

無大學學位者的死亡率增幅應該比有大學學位者大。果然，在另一篇論文裡， 凱思和迪頓指出：25到75歲無大學學位者的平均預期壽命越來越短，有大 學學位者越來越長。到2018年，美國有大學學位者的預期壽命比沒有大學學位 者長三年，黑人與白人皆然。近年來，種族之間的死亡率差距已經縮小，但教 育程度之間的死亡率差距逐漸擴大。

　　即使是死亡，嬰兒潮世代也被收入不平等分成兩半，一半是富人，另一半 是窮人。從各方面來看，嬰兒潮世代都是這個體系的第一批受害者，而非加害 者。嬰兒潮世代並沒有掃光成功的果實，讓千禧世代為剩餘的蠅頭小利你爭我 鬥──許多嬰兒潮世代從一開始就沒有嚐過成功的滋味。有些人因此賠上心理 健康，最後失去生命。

插曲：911事件與新戰爭

丹尼爾·列文（Daniel Lewin）的公司出了狀況。X世代的列文（1970年生）是出色的數學家，長於改善網站流量。1998年，他在波士頓創立阿卡邁科技（Akamai Technologies），公司股價曾一飛沖天，但沒過多久就大幅下跌。列文必須談下一筆四億元的生意，才能保住公司。他和幾名金主商定時間，打算在加州一場電腦會議上和他們碰面。

列文生於丹佛，14歲時和父母搬到以色列。他在以色列從軍，加入特種部隊接受反恐訓練，服役四年後以上尉退伍，後來在攻讀應用數學博士學位時想出獨特的網路演算法。登機前往加州開會那天，列文31歲。

一開始毫無異狀，飛機關閉艙門，從波士頓洛根國際機場起飛。誰知道起飛還不到二十分鐘，一名乘客持刀劫機，刺傷商務艙的兩名空服員。事發時列文坐在9B，由於他有軍事背景，當時很可能見義勇為，出手相助。但他不知道的是：另一名劫機者沙坦·蘇坎米（Satam al-Suqami）就坐在他背後10B的位子。蘇坎米當場殺害列文。不到半小時後，這架飛機——美國航空11號班機——衝向紐約世貿中心北塔。丹尼爾·列文很可能是911事件的第一位遇害者。

列文是2001年9月11日的2,977名罹難者之一。要不是聯合航空93號班機的乘客捨身取義，恐怖分子得手的恐怕不只世貿中心和五角大廈，還得加上白宮或國會大廈。93號班機透過電話得知其他劫持事件後，乘客群起攻擊劫機者，飛機最後在賓州鄉間墜毀。帶頭反抗的有三十多歲的X世代（陶德·畢莫〔Todd Beamer，1968年生〕、馬可·賓漢〔Mark Bingham，1970年生〕、傑瑞米·葛里克〔Jeremy Glick，1970年生〕），也有嬰兒潮世代（湯姆·伯內特〔Tom Burnett，1963年生〕和空服員珊德拉·布萊德蕭〔Sandra Bradshaw，1963年生〕）。葛里克是柔道高手，很可能在墜機前最後幾分鐘摔倒了一名恐怖分子。

911事件的大多數罹難者正值盛年，有的三、四十歲，有的才二十多歲。包括殉職的消防員和警官在內，罹難者將近90%是X世代和嬰兒潮世代。留下的是成千上萬名哀傷的伴侶、兒女、父母、手足、朋友和同事。

對親身經歷這場悲劇的幾個世代來說，美國歷史從此以911事件為界，分成之前和之後。在這之後，他們將不斷想起紐約街頭貼滿的「失蹤協尋」相片，永遠銘記那幾千名備受珍愛、但再也回不了家的人。在這之後，他們不再確定自己能否重獲安全感。在這之後，他們對過去被當成頭條新聞的那些媒體口水嗤之以鼻。在這之後，美國陷入戰爭二十年，其中八年還同時與伊拉克和阿富汗作戰。雖然除了911之後的頭幾天外，大多數美國人的日常生活變化不大，但震驚、悲傷和憤怒的記憶不曾消逝，每個人都知道國家再也不一樣了。911之後，機場有武裝士兵值勤，全國公共場所嚴格強化安全措施，穆斯林和錫克教徒走到哪裡都引人側目，遭受更多歧視。

對當時37到55歲的嬰兒潮世代來說，911猶如不祥的惡兆，預示他們領導國家的挑戰將比想像中更為艱難。對當時22到36歲、正準備成家立業的X世代而言，911為他們多采多姿、大展身手的計畫蒙上陰影。對當時7到21歲的千禧世代來說，911就像童年的終結——至少是不再那麼快樂的童年的開始——從此以後，「911時你在哪裡？」成為這個世代的標準話題。只有一件事變得較為正面：也許是因為同仇敵愾，在911事件之後的幾個月，人們在公共場合變得比較和善。美國人似乎一起做了決定，不再為雞毛蒜皮的小事彼此為難。

4

X世代（1965-1979年生）
Generation X (Born 1965-1979)

1990年代初的某一天，媒體赫然發現：嬰兒潮世代不再是年輕人了。

那麼，新的年輕世代是群什麼樣的人？一時誰也說不上來，只知道他們愛穿一身黑，對抗議興趣缺缺，倒是變得憤世嫉俗，頗以獨立自主為傲。而他們津津樂道的童年回憶不外乎《脫線家族》（*The Brady Bunch*）和《星際大戰》（*Star Wars*）。

我們常用字母X代表未知數，X世代正如其名，是個撲朔迷離、難以界定的世代。X世代像三明治一樣夾在兩個大型世代之間，自我界定的方式常常不是自己有什麼特色，而是自己和嬰兒潮世代有什麼不同，或是和千禧世代有什麼不一樣。

在嬰兒潮世代驚天動地的華麗演出之後，X世代從小活在60年代的陰影之下。他們太過年輕，沒經歷過那十年的變化，卻天天活在到那十年變化的影響中。X世代是*之後*的世代——至少在嬰兒潮世代看來是如此：這個世代生在胡士托音樂節之後，越戰抗議之後，民權運動之後，女權運動之後。嬰兒潮世代到1980年代常捫心自問是否「背棄」理想？X世代從來不懂這種心情，過去不懂，現在往往還是不懂。在他們來到世界的時候，1960年代的理想主義已灰飛煙滅，所以他們根本沒有理想可以背棄。對絕大多數的X世代來說，找份好工作賺大錢只不過是每個人都想做的事，沒有「背棄」可言。X世代打從一開始就清楚這點，在往後60年中，美國文化再也沒有重拾60年代那種抽象的理想主義。

X世代儘管作風低調，卻拿下許多第一，以及許多最後——他們是第一個一出生就與電視為伍的世代；是在網路時代邁入青年期的第一代，也是小時候用過類比產品的最後一代；是童年讀紙本書、會在戶外玩耍、聽卡式錄音帶的最後一代，也是體驗過這些東西的無聊之處的最後一代。拜個人主義促成的全募兵制之賜，X世代是20世紀第一個沒被徵兵的世代。但他們在冷戰高峰期成長，幾乎無時無刻不擔心核戰爆發——而且他們和嬰兒潮世代不一樣，從不認為躲在桌子底下就能平安無事。

在1990年代初，對X世代的描述常常集中在悲觀傾向和不確定感，但如果把焦點放在他們的成長背景——自信、活潑、雷根當政、瑪丹娜以〈拜金女孩〉（Material Girl）一曲走紅的1980年代——其實也一樣精準。1996年，當X世代被問到長輩怎麼看待他們，他們回答「懶惰」、「混亂」、「茫然」；問他們怎麼看待自己，他們的答案是「有抱負」、「有決心」和「獨立」[1]。他們厭世冷淡，是因為更重視自己，而不是性好疏離。行銷人員付出不小的代價才明白這點——1993年，可口可樂推出灰色罐身、以疏離為主題的OK Soda，銷量奇差無比。

對於X世代的刻板印象往往令人無所適從。他們究竟是永遠一襲高領黑衣的憂鬱兒童，還是愛穿螢光色、上面印著標語「Frankie Say Relax」[i]運動服的快樂青少年？是遊手好閒沒工作的懶惰鬼，還是現實貪婪的科技大亨？是逃避責任、與世隔絕的獨行俠，還是重視孩子勝過一切的家長？雖然X世代和每個世代一樣人人不同，也會隨著時間改變，但他們的面貌就是比其他世代模糊。

X世代的年代界線同樣曖昧。雖然「X世代」一詞來自道格拉斯·柯普蘭（Douglas Coupland）的同名小說，但那本小說裡的角色其實是1960年代初出生，通常會歸入嬰兒潮世代末段（柯普蘭自己生在1961年）。另一方面，X世代末段常常和千禧世代前段混在一起，所以有人另外創了個新詞叫「X禧世代」。大家對X世代該結束在哪一年一直沒有共識，從1977年到1983年各有擁護

---

i　這行標語來自英國樂團Frankie Goes to Hollywood在1983年發行的單曲〈Relax〉，歌詞內容描述男同志性愛，後來無論歌曲或音樂錄影帶都被BBC禁播。編注

者。我之所以決定以1979年為界，一方面是因為它是1970年代的終點，另一方面是因為它很適合當世代分水嶺——在2001年911事件發生時，所有1979年以前出生的人都已年滿21歲，就權利而言都已成年[ii]。

　　X世代身處科技、個人主義、人生減速策略等各種影響的中心。他們生在電視問世之後，成年時迎來電腦，接著是網路，成年後開始使用智慧型手機和社群媒體。面對嬰兒潮世代的父母時，X世代頗以自己的科技知識為傲；可是等到他們自己成了Z世代的父母，他們也為了孩子沉迷於自己從沒聽過的平台（如TikTok）煩惱，不知道子女是否該和過去的自己一樣惹惹現實裡的麻煩，而非待在網路世界。在X世代成長的年代，個人主義的重心已悄悄轉移，從反抗1950年代的舊傳統轉向積極以自己為先。這讓X世代成為從小熟悉後60年代高度個人主義文化的第一代。X世代的人生軌跡融合多種特色：一開始偏向人生加速策略，縮短童年，早早進入青春期，變得堅韌；但後來轉向人生減速策略，把青春期和青年期拉得比遠其他世代更長，年過四十仍繼續減速，不願放棄諷刺T恤、舊牛仔褲和運動鞋。

　　X世代是排行中間的孩子，不但年紀剛好在各世代中間（在2020年代的五個成年世代中，X世代前有沉默世代和嬰兒潮世代，後有千禧世代和Z世代），地位似乎也不上不下，就像家裡排行中間的孩子般常被忽略。2019年時，CBS新聞台做的世代圖表竟然直接跳過X世代，彷彿嬰兒潮世代和千禧世代之間的那些年不存在。社群媒體和新聞經常炒作嬰兒潮世代和千禧世代的對立，卻好像沒人記得兩者中間還有另一個世代。不過，隨著嬰兒潮世代在2020年代迅速退休，X世代想必很快就會填補領導空缺。我們早該好好認識他們了。

　　那麼，X世代是群什麼樣的人？就讓我們啟動千年鷹號（Millennium Falcon），與兒時玩伴騎上腳踏車去附近兜風，高喊「我要看MTV」，將迪羅倫車（DeLorean）加速到88哩，[iii] 看看我們知道什麼。

ii　美國依法需年滿21歲才能購買菸酒。譯注
iii　千年鷹號是《星際大戰》中的飛行船。「I want my MTV」是MTV台的台呼。迪羅倫車是電影《回到未來》中改裝成時光機的汽車，加速到88哩可穿越時空。譯注

X世代（1965–1979年生）

2020年人數：6,140萬人（占2020年美國總人口18.5%）

62.7%　白人
12.8%　黑人
16.6%　西裔
6.7%　亞裔、夏威夷原住民及太平洋群島原住民
1.2%　美國原住民

父母：沉默世代或嬰兒潮世代
子女：千禧世代、Z世代或兩極世代
孫子女：兩極世代或後兩極世代

最常見的名字　　　　　　　　　　　　　　　　　　　　　*首度進榜

男生

麥可
傑森（Jason）*
大衛
克里斯多福（Christopher）*
約翰
詹姆斯
羅伯

女生

麗莎　　　　　　　　　　　　　愛咪（Amy）*
珍妮佛（Jennifer）*　　　　　　海瑟（Heather）*
凱倫　　　　　　　　　　　　　安琪拉（Angela）*
瑪莉　　　　　　　　　　　　　潔西卡（Jessica）*
金柏莉（Kimberly）*　　　　　　亞曼姐（Amanda）*
蘇珊
蜜雪兒（Michelle）*

知名人士（出生年）

演員、喜劇明星、製片

班・史提勒（Ben Stiller, 1965）　　　　吉米・金默（Jimmy Kimmel, 1967）
克里斯・洛克（Chris Rock, 1965）　　　威爾・法洛（Will Ferrell, 1967）
布魯克・雪德絲（Brooke Shields, 1965）　威爾・史密斯（Will Smith, 1968）
薇拉・戴維絲（Viola Davis, 1965）　　　茉莉・林瓦德（Molly Ringwald, 1968）
亞當・山德勒（Adam Sandler, 1966）　　安東尼・麥可・霍爾
約翰・庫薩克（John Cusack, 1966）　　　　（Anthony Michael Hall, 1968）
吉姆・加菲根（Jim Gaffigan, 1966）　　　趙牡丹（Margaret Cho, 1968）
茱莉亞・羅勃茲（Julia Roberts, 1967）　　約翰・辛格頓（John Singleton, 1968）

珍妮佛・羅培茲（Jennifer Lopez, 1969）
珍妮佛・安妮斯頓（Jennifer Aniston, 1969）
馬修・麥康納（Matthew McConaughey, 1969）
魏斯・安德森（Wes Anderson, 1969）
鄭肯（Ken Jeong, 1969）
茱莉・鮑溫（Julie Bowen, 1970）
麥特・戴蒙（Matt Damon, 1970）
蒂娜・菲（Tina Fey, 1970）
梅麗莎・麥卡錫（Melissa McCarthy, 1970）
伊森・霍克（Ethan Hawke, 1970）
凱文・史密斯（Kevin Smith, 1970）
莎拉・席佛曼（Sarah Silverman, 1970）
薇諾娜・瑞德（Winona Ryder, 1971）
愛咪・波勒（Amy Poehler, 1971）
葛妮絲・派特洛（Gwyneth Paltrow, 1972）
艾娃・杜威納（Ava DuVernay, 1972）
蘇菲亞・維加拉（Sofia Vergara, 1972）
賽斯・梅爾（Seth Meyers, 1973）

克莉絲汀・薇格（Kristen Wiig, 1973）
戴夫・查普爾（Dave Chappelle, 1973）
威爾森・克魯茲（Wilson Cruz, 1973）
吉米・法倫（Jimmy Fallon, 1974）
李奧納多・狄卡皮歐
　　（Leonardo DiCaprio, 1974）
茱兒・芭莉摩（Drew Barrymore, 1975）
安潔莉娜・裘莉（Angelina Jolie, 1975）
札克・布瑞夫（Zach Braff, 1975）
約翰・希南（John Cena, 1977）
詹姆斯・法蘭科（James Franco, 1978）
凱蒂・荷姆斯（Katie Holmes, 1978）
艾希頓・庫奇（Ashton Kutcher, 1978）
安迪・山伯格（Andy Samberg, 1978）
傑森・摩莫亞（Jason Momoa, 1979）
喬登・皮爾（Jordan Peele, 1979）
敏迪・卡靈（Mindy Kaling, 1979）
克萊兒・丹妮絲（Claire Danes, 1979）

音樂家與藝術家

珍娜・傑克森（Janet Jackson, 1966）
寇特・柯本（Kurt Cobain, 1967）
麗茲・費兒（Liz Phair, 1967）
Jay-Z（1969）
關・史蒂芬妮（Gwen Stefani, 1969）
拉蒂法女王（Queen Latifah, 1970）
圖帕克・夏庫爾（Tupac Shakur, 1971）

史努比狗狗（Snoop Dogg, 1971）
阿姆（Eminem, 1972）
珠兒（Jewel, 1974）
蘿倫・希爾（Lauryn Hill, 1975）
布雷克・雪爾頓（Blake Shelton, 1976）
肯伊・威斯特（Kanye West, 1977）
約翰傳奇（John Legend, 1978）

企業家與商人

麥可・戴爾（Michael Dell, 1965）
彼得・提爾（Peter Thiel, 1967）
雪柔・桑德伯格（Sheryl Sandberg, 1969）
伊隆・馬斯克（Elon Musk, 1971）

賴瑞・佩吉（Larry Page, 1973）
瑟吉・布林（Sergey Brin, 1973）
西恩・帕克（Sean Parker, 1979）

政治家、法官、社運家

布雷特・卡瓦諾（Brett Kavanaugh, 1965）

凱文・麥卡錫（Kevin McCarthy, 1965）

尼爾・戈蘇奇（Neil Gorsuch, 1967）

蓋文・紐松（Gavin Newsom, 1967）

約翰・費特曼（John Fetterman, 1969）

保羅・萊恩（Paul Ryan, 1970）

泰德・克魯茲（Ted Cruz, 1970）

凱棠潔・布朗・傑克森
（Ketanji Brown Jackson, 1970）

哈基姆・傑福瑞斯（Hakeem Jeffries, 1970）

馬可・盧比歐（Marco Rubio, 1971）

格雷琴・惠特梅爾（Gretchen Whitmer, 1971）

愛咪・康妮・巴瑞特（Amy Coney Barrett, 1972）

史黛西・艾布蘭（Stacey Abrams, 1973）

拉斐爾・華諾克（Raphael Warnock, 1973）

瑪喬麗・泰勒・葛林
（Marjorie Taylor Greene, 1974）

楊安澤（Andrew Yang, 1975）

榮恩・迪尚特（Ron DeSantis, 1978）

喬什・霍利（Josh Hawley, 1979）

運動員及體壇名人

瑪莉・盧・雷頓（Mary Lou Retton, 1968）

南希・柯瑞根（Nancy Kerrigan, 1969）

譚雅・哈丁（Tonya Harding, 1970）

安德烈・阿格西（Andre Agassi, 1970）

米婭・韓姆（Mia Hamm, 1972）

俠客・歐尼爾（Shaquille O'Neal, 1972）

小戴爾・恩哈德（Dale Earnhardt Jr., 1974）

德瑞克・吉特（Derek Jeter, 1974）

老虎伍茲（Tiger Woods, 1975）

湯姆・布雷迪（Tom Brady, 1977）

柯比・布萊恩（Kobe Bryant, 1978）

記者、作家及新聞人物

羅德尼・金恩（Rodney King, 1965）

馬特・德拉吉（Matt Drudge, 1966）

米卡・布里辛斯基（Mika Brzezinski, 1967）

凱莉安・康威（Kellyanne Conway, 1967）

安德森・古柏（Anderson Cooper, 1967）

喬・羅根（Joe Rogan, 1967）

榮恩・高德曼（Ron Goldman, 1968）

塔克・卡爾森（Tucker Carlson, 1969）

梅蘭妮亞・川普（Melania Trump, 1970）

恰克・克羅斯特曼（Chuck Klosterman, 1972）

莫妮卡・陸文斯基（Monica Lewinsky, 1973）

瑞秋・梅道（Rachel Maddow, 1973）

大衛・繆爾（David Muir, 1973）

諾拉・歐唐納爾（Norah O'Donnell, 1974）

約翰・葛林（John Green, 1977）

小唐納・川普（Donald Trump Jr., 1977）

考特妮・卡戴珊（Kourtney Kardashian，1979）

在網路上，沒人知道你是條狗 iv
特徵：類比、數位皆可通

YouTube 之所以誕生，是因為有個 X 世代想看露乳畫面。

話說從頭：賈德・卡里姆（Jawed Karim，1979 年生）那時 25 歲，在 PayPal 任職，上網想找 2004 年超級盃中場表演的影片，因為珍娜・傑克森（1966 年生）在那場表演中短暫露乳——但遍尋不著[2]。當時還沒有線上影片分享平台，全國各地只能用 TiVo 錄影機重播那一幕，卡里姆顯然不是唯一想再看一次的人。卡里姆對同事查德・赫利（Chad Hurley，1977 年生）和陳士駿（Steve Chen，1978 年生）說起這件事，三個人都認為設立影片分享網站是個好主意。2005 年 4 月 23 日，卡里姆在 YouTube 上傳第一部影片〈我在動物園〉（Me at the zoo）；12 月，YouTube 正式啟用。拜粉絲上傳《週六夜現場》短劇〈慵懶星期天〉之賜，YouTube 很快累積了數百萬次瀏覽。此後影片不斷湧入，有看完牙醫像嗑了藥的小孩，有誇張搞笑大失敗，有化妝教學，還有可愛貓咪（可愛貓咪影片多得不得了）。到 2020 年代，我們幾乎已經忘了 YouTube 不存在的時代。

當然，沒有網路，YouTube 這類網站不可能存在——而 X 世代從網路誕生就一路相伴。1993 年，X 世代的馬可・安德立森（Marc Andreessen，1971 年生）還在伊利諾大學讀研究所，設計出第一個廣獲使用的網路瀏覽器 Mosaic（後來改名 Netscape）。楊致遠（Jerry Yang，1968 年生）和大衛・費羅（David Filo，1966 年生）創辦的 Yahoo! 也表現奇佳，是 1990 年代風靡一時的網路搜尋引擎。但它風光的日子不多，很快就被 1999 年由賴瑞・佩吉（1973 年生）和謝爾蓋・布林（1973 年生）創立的 Google 取代。簡言之，我們現在使用的許多基礎網站和科技都是 X 世代發明的。

不久，X 世代和其他人發現大家都想透過網路嘗試的新事物有哪些，範圍不脫人們最喜歡的兩件事：流行文化和商業。於是，皮耶・歐米迪亞（Pierre Omidyar，1967 年生）創立 eBay（出售的第一件物品是一支壞掉的雷射筆）[3]；

---

iv 標題來自迷因：https://reurl.cc/V4GWyY。譯注

湯姆‧安德森（Tom Anderson，1970年生）共同創辦Myspace——臉書接管之前人氣最高的社群網站（X世代和較早的千禧世代應該還記得他的暱稱：「Tom from Myspace」）；彼得‧提爾（1967年生）和伊隆‧馬斯克（1971年生）創立PayPal；傑克‧杜錫（Jack Dorsey，1976年生）創立推特；特拉維斯‧卡拉尼克（Travis Kalanick，1976年生）和加瑞特‧坎普（Garrett Camp，1978年生）創立Uber；西恩‧帕克（1979年生）共同創立音樂分享平台Napster（後來因為版權問題關站），也出任臉書首任總裁。臉書雖然不是X世代的雪柔‧桑德伯格（1969年生）創立的（創立者是千禧世代的馬克‧祖克柏），但她協助經營這個社群網站十年之久。

所以，談起網路，X世代常常是第一代——也是最後一代：X世代是童年多半使用類比產品的最後一代；是用過轉盤電話（而非按鍵電話或無線電話）的最後一代；是熬過沒有第四台和錄影帶的黯淡童年的最後一代；是中學沒有網路作伴的最後一代；是十多歲（而非從小）才學打字的最後一代；是大學用打字機交報告的最後一代；是翻閱大部頭百科全書查閱資料的最後一代；是使用底片機的最後一代；是收聽調頻收音機的最後一代；是購買卡式錄音帶的最後一代；是嘗試利用優惠規則敲詐哥倫比亞唱片俱樂部（Columbia Record Club）的最後一代（一美元買13張唱片或錄音帶！）；是上班時用傳真機分享笑話的最後一代；也是還記得數據機連上大學伺服器的聲音的最後一代。但成年以後，X世代成為完全掌握網路力量的第一代。當嬰兒潮世代還在設法了解網路到底是什麼，X世代已經開始和別的學校的朋友通電郵、傳訊息、建立檔案分享網站。X世代進入軟體公司、科技新創公司、大企業IT部門，將科技變革帶入醫學、法律和學術領域。這個過程總是會遇上紙本轉電子檔的關卡，幾乎每個X世代都曾為此和嬰兒潮世代起過爭執。我自己也有這種經驗：在2010年代初，有位嬰兒潮世代的大學職員堅持應徵教職的文件一定要交紙本，如果收到的是電子版，「我們還是得全部印出來」——呃，為什麼非印出來不可？

在X世代的生命歷程中，科技變化得太快，幾乎每出現一種新的設備或應用程式，就多出一道清晰的代溝：電腦和電郵在X世代和嬰兒潮世代之間劃下

代溝；文字通訊在千禧世代和X世代之間劃下代溝；TikTok又在Z世代和千禧世代之間劃下代溝。從20世紀最後十年到21世紀最初十年，你的溝通方式往往取決於你的所屬世代：沉默世代和嬰兒潮世代想親自碰面或打電話，X世代想寫電郵，千禧世代想傳訊息，Z世代想把他們的簡歷拍成TikTok影片寄給你。

回到2000年代初，在老太太們也開始用臉書以前，X世代看到嬰兒潮世代和沉默世代對科技缺乏悟性，總是多少有點瞧不起他們。2000年，唐納．倫斯斐（Donald Rumsfeld，1932年生）當上國防部長前不久，我有個熟人跑去當他的私人助理。因為倫斯斐不會用電子信箱，我朋友得幫他登入，把電郵印出來給他看，再聽他口述打字回信。我記得自己當時難掩一臉不屑（如果我有試圖掩飾的話），但當然，現在就算你付錢給我，我應該還是學不會怎麼拍TikTok。

天理循環，報應不爽。在X世代記者梅根．達姆（Meghan Daum，1970年生）看來，X世代和年輕世代的隔閡之所以越來越深，主要是因為線上科技變化太快。也許X世代是最早使用電郵的一代，但他們已經跟不上社群媒體時代的線上互動文化，也不了解取消文化，以致千禧世代離他們越來越遠。達姆說自己年輕時會仰慕老作家，總覺得自己和老一輩的人有交集：都看書，都用過公共電話，也習慣面對面溝通。「但我們這一代和後輩的關係不是如此。」她說：「年輕人不想成為我們，因為他們和我們甚至不是同一個物種。世界變得太多，他們的時代已經和我的太不一樣。一個人只要比你年輕10歲，就可以說他屬於不同地質年代。現在這個年代不會一時興起打公共電話給朋友，一起逛街的快樂被Instagram點讚的多巴胺取代。對年輕人來說，像我這樣的人與其說是長輩，不如說是瀕臨絕種的動物。」達姆嘆道：「我這一代會是以類比方式認識世界的最後一代。」她說：「結果，我們在真正年老以前就已變老，還不到50歲就成了恐龍。」

電視世代
特徵：熱愛共同的流行文化，逃避現實

　　網路出現以前，X世代最喜歡的科技是電視。雖然嬰兒潮世代是第一個小時候就有電視的世代，X世代卻是把看電視當成天經地義的第一代──也是還記得沒有第四台和錄影機的日子的最後一代。擺進傳媒史來看，X世代和嬰兒潮世代尾的成長歲月十分獨特：當時電視無所不在，但收看選擇十分有限，還沒有分裂成像後來那樣令人目不暇給的幾百萬種選項（線上和串流影片出現之後尤其如此）。X世代的孩子有什麼節目就看什麼，因為電視上只有那些。如果有YouTube，10歲大的孩子為什麼要看《網絡明星戰》（*Battle of the Network Stars*）？他們才不想看。但X世代的孩子沒別的選擇，所以他們非看《網絡明星戰》不可。結果是X世代擁有比過去更為統一的流行文化經驗，形成他們大多數都能認可的流行文化標準。

　　X世代的童年回憶有很大一部分與電視有關。對他們來說，最美好的事莫過於在週六上午起床後倒碗玉米脆片，坐在電視前看卡通。如果你是鑰匙兒，八成會成為週間下午情境喜劇的忠實觀眾。X世代收看的節目反映了他們的成長經歷：雖然大人試圖將70年代「規則僅供參考」的文化變得適於兒童，但經常失敗。這養成了X世代關鍵性格：獨立、憤世嫉俗、熱愛流行文化。

　　1970年代的兒童電視節目迷幻味十足，簡直像嬰兒潮世代邊嗑藥邊寫的，也許是編輯開始打字前先躲進廁所抽了大麻。有個節目叫《噴斯托夫先生》（*H.R. Pufnstuf*）（請問你噴的是煙還是……？）另一部《西格蒙德與海怪》（*Sigmund and the Sea Monsters*）裡有一隻被趕出家門的年輕海怪（其實是穿上綠色人造纖維裝的比利・巴蒂[v]，身上有毛，眼睛傻呼呼的，還有一根大牙）。同樣腦洞大開的還有《失落之地》（*Land of the Lost*）：一家人被水捲進浴缸（我是說，瀑布），結果落入叢林，發現那裡全是恐龍和一種叫史力斯塔克（Sleestaks）的生物（顯然有語言學教授為這種生物編了一整套語言──恬量過這齣戲的製作品質和演

---

v　比利・巴蒂（Billy Barty，1924-2000）是美國知名演員，因罹患侏儒症，身高僅114公分。編注

技之後，你會覺得他們大部分預算一定都用到那裡）。

在週六上午的各種節目之間，還有內容活潑、短歌琅琅上口的教育卡通《搖滾學習樂》（Schoolhouse Rock），X世代可以透過它學到歷史、政府和文法。如果你想知道某人是不是X世代，這樣做就對了：走過去對他唱「我只是法案，是的，我只是法案……」如果對方回唱：「我正坐在國會大廈裡。」沒錯，他是X世代。X世代也許不記得連接詞是什麼，但他們一定記得〈連接詞用來連結〉的曲調。

X世代的兒童節目基本上有兩種典型，一種是《史酷比，你在哪裡？》（Scooby-Doo, Where Are You!），另一種是《脫線家族》。這兩部卡通淡化了沉默世代和嬰兒潮世代的問題，讓兒童觀眾更能接受，可以說是最具X世代風格的節目。《史酷比》有四個青少年和一隻狗，他們每一集都忙著破案，也每一集都穿著同樣的衣服。其中一個嬰兒潮世代青少年叫薛吉，好像隨時都像喝醉酒或嗑了藥一樣。他非常貪吃，而且老是看到鬼（2002年重拍的《史酷比》電影拿他的特色大做文章，有一幕是薛吉的小貨車在冒煙──鏡頭一轉，原來是他和史酷比在烤漢堡）。每一集最後總是「怪老頭」或某個壞蛋的詭計被拆穿，原本可以從鬧鬼的地方拿到的好處都沒了，怒氣沖天地說：「要不是你們這些死孩子瞎攪和，我早就拿著東西跑了！」（1992年的《反斗智多星》完美致敬了這個「史酷比結局」哏，讓X世代開心得很）。

《脫線家族》演的是拼裝家庭的故事，三個女孩和三個男孩同住一個屋簷之下，後院是人工草坪，屋子裡不曉得怎麼塞進了第二層樓。《脫線家族》在1970年代初首播，後來沒完沒了似地在1980年代一再重播。製作人舍伍德·施瓦茨（Sherwood Schwartz）當初看到離婚率上升，決定跟上文化潮流，用戲劇呈現繼兄弟姊妹的生活互動──不過這家人不知怎地總是能完美融入彼此。不論是手足拌嘴（如〈瑪莎、瑪莎、瑪莎！〉那集），還是約會難題（像〈突然出事〉那集），都可以在30分鐘內完美解決。有人認為X世代兒童之所以這麼喜歡這齣戲，是因為他們的家庭問題通常沒那麼簡單。在1994年的電影《四個畢業生》（Reality Bites）裡，薇諾娜·瑞德的角色抱怨：「我真不知道事情為什

麼不能像《脫線家族》一樣，半個小時一到就恢復正常。」伊森·霍克回答：
「嗯，因為現實世界不是如此——連布萊迪先生都死於愛滋。」是的，飾演布
萊迪先生的演員羅伯特·里德（Robert Reed）驗出HIV陽性，1992年去世，享
年59歲。

X世代還拿電視作新的用途：打電動。雅達利（Atari）遊戲機在1977年上
市，到1980年代初已隨處可見。許多X世代沉浸在《太空侵略者》、《一級方
程式賽車》、《大蜈蚣》的世界，一打就是好幾個鐘頭。到1980年代中期，電
子遊戲漸漸轉移到電腦和其他公司（如任天堂），《大金剛》、《超級瑪利歐》、
《拳無虛發》等遊戲風靡一時，不只小孩和青少年為之瘋狂，許多大人也趨之
若鶩。電子遊樂場讓電動成為社交活動，朋友之間會彼此幫忙找銅板、湊零
錢，好再戰一局《小精靈》、《打空氣》或《青蛙過河》。就這樣，X世代一馬當
先，衝進往後幾十年將越來越具互動性的數位媒體世界。打電動和看電視不一
樣，看電視是被動的，打電動是主動的。這是十年後的先兆，預示網路將賦予
個人更大的控制權。

▍父母離異的一代
特徵：適應力強，厭世

在1993年出版的《第十三世代》（13th Gen）中，兩名嬰兒潮世代的作者與X
世代的伊恩·威廉斯（Ian Williams）對談，問他的父母是否還在一起，威廉斯答
得理所當然：「當然沒有。」如果嬰兒潮世代的轉捩點是甘迺迪遇刺，X世代的
轉捩點「只有一個問句」，蘇珊·葛利果瑞·托瑪斯（Susan Gregory Thomas）篤定
地問道：「你爸媽什麼時候離婚的？[4] 還記得1979年的電影《克拉瑪對克拉
瑪》（Kramer vs. Kramer）嗎？講紐約一對年輕夫婦離婚打監護權官司的那部？夾
在中間的孩子就是X世代。由於個人主義不僅以個體的需求為中心，也拋下了
傳統社會規範（例如離婚的汙名），高離婚率是個人主義抬頭不可避免的結果。

在大多數未成年人為嬰兒潮世代的1960年，88%的孩子與兩名已婚父母
同住（見圖4.1）。1970年，情況開始生變；到了大多數孩子為X世代的1980

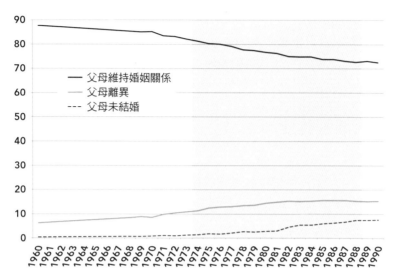

圖4.1｜美國未成年子女家庭狀況的百分率，1960–1990

資料來源：美國普查局《年度社會與經濟別冊》：人口動態調查

注：陰影區內的X世代大多為0至17歲的未成年人。「離異」含分居或夫妻暫時分隔兩地。

年，與兩名已婚父母同住的孩子下降到77%。這種變化主要是因為離婚——在1980年，與離婚的父親或母親同住的孩子，幾乎是1960年的三倍之多。

　　儘管與離婚父母同住的孩子增加，X世代的多數孩子仍在初婚父母照顧下成長，所以「X世代的父母大多離婚」的說法並不真確。不過，X世代仍是第一個對父母離婚司空見慣的世代，也是第一個有不少人經歷過父親（或母親）搬走的世代（雖然還不到半數，但已經有相當數量）。在1994年出版的《憂鬱青春日記》（*Prozac Nation*）中，伊莉莎白・渥茲（Elizabeth Wurtzel，1967年生）說：每當她對心理師談起自己父母離異，「他們的反應總像我家問題多大或多嚴重似的，可是現在的情況恰恰相反：離婚完全正常。」讀大學時，她和朋友會互相比慘，看誰的爸爸更不負責任、誰的媽媽擔子更重，這種比賽總是難分軒輊。

　　即使父母仍在一起，許多X世代還是忐忑不安，不知道他們會不會和朋友

的爸媽一樣以離婚收場。茱蒂・布倫（Judy Blume）1970年代寫過一本青少年小說叫《不是世界末日》（*It's Not the End of the World*），談的就是父母離婚。在每一個透過這本小說認識自己的「破碎家庭」孩子周圍，都有兩、三個孩子在憂心自己的父母會不會也走向離婚。

鑰匙兒風潮的興衰
特徵：獨立

「鑰匙兒」一詞來自你掛在脖子上的鑰匙。如果你是1970或80年代的鑰匙兒，放學後等待你的是空蕩蕩的家和沒有爸媽的午後。吃完一盒餅乾、看完幾集《歡樂時光》（*Happy Days*）或《莫克和明迪》（*Mork and Mindy*）重播之後，你的爸媽（或只有其中一個）才會回家。這就是鑰匙兒的生活。

鑰匙兒只是這個據說不受寵愛的世代的象徵之一。在1991年出版的《世代》中，史特勞斯和霍伊說X世代是被漠視的世代，不是爸媽離婚，就是媽媽外出工作，只能自立自強，和兒時受到細心照顧的嬰兒潮世代形成鮮明對比。可是到了1980年代，隨著千禧世代出生，文化風向又轉回呵護兒童，到處都看得到貼有「內有孩童」黃色貼紙的車。千禧世代的父母照顧子女不只細心，還有點緊迫盯人。

雖然上述說法十分流行，但它迴避了一些關鍵事實，尤其是與職業婦女有關的事實。首先，有學齡子女的已婚女性早就開始大量投入職場，這種趨勢不是從X世代童年時開始，也不是從嬰兒潮世代末段班童年時開始，而是從最早的嬰兒潮世代童年時就已開始。早在我們具備可靠資料的1948年起，職業婦女的數量就在增加，到了幾乎所有學齡兒童都是嬰兒潮世代的1972年，女性中的職業婦女占比已經超過50%（見圖4.2）。換句話說，許多嬰兒潮世代（約30%到60%）仍在學齡時媽媽也在工作。鑰匙兒並不是X世代出生後才出現的新現象。

其次，在千禧世代童年時，有子女的已婚女性外出工作的比例其實比X世代童年時更高：在大多數學齡前兒童已從X世代轉變成千禧世代的1984年，

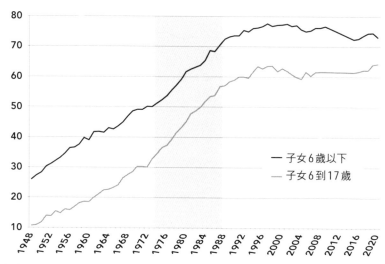

圖 4.2 │ 美國已婚女性支薪工作的百分率，依子女年齡比較，1948–2020

資料來源：美國勞工統計局

注：X世代在陰影區內大多為0至17歲未成年人。到1973年為止，0至17歲未成年人主要是嬰兒潮世代，1989到2003年主要是千禧世代，2004到2021年主要是Z世代。缺少全體母親的勞動參與統計數據，之所以有已婚女性的相關數據，是因為她們是最大的群體。

子女6歲以下的已婚媽媽投入職場的比例突破50%。職業婦女增加是線性趨勢，受這項因素影響的不只X世代。

　　另一組取自中學生的數據也證實了這點：從嬰兒潮世代、X世代到千禧世代，說媽媽在自己成長期間「大多數時候／一直有上班」的12年級生穩定增加（見圖4.3）。最大的變化是媽媽外出工作成為常態。嬰兒潮世代的媽媽大多有一段時間有上班或從來沒有上班，X世代後段和千禧世代的媽媽則大多數時候有上班。在表示媽媽從來沒有上班的12年級生之中，人數最少的是千禧世代，不是X世代。

　　第三，鑰匙兒出現不只是因為更多媽媽出門上班，也是因為學校和社會反應較慢，太晚發現這個新現實——大多數學童放學時家長並不在家。到了1990年代，才普遍有了經過規劃的課後活動。因此，在越來越多沉默世代和

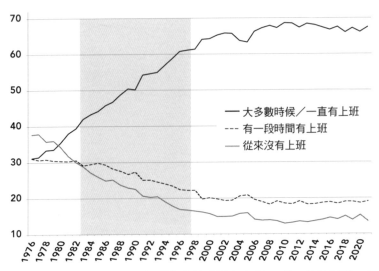

圖4.3 │ 美國12年級生成長期間媽媽「大多數時候有上班」、「一直有上班」、「有一段時間有上班」、「從來沒有上班」的百分率，1976–2021

資料來源：監測未來調查

注：陰影區期間之12年級生主要為X世代。從1976到1982年，12年級生大多為嬰兒潮世代；1983到1997年大多為X世代；1998到2012年大多為千禧世代；2013到2030年大多為Z世代。

嬰兒潮世代女性投入職場、但學童缺乏可靠照顧的那段時間，鑰匙兒越來越多。等到千禧世代出生、雙薪家庭逐漸受到認可和接受，托育機構也日趨普及了。

　　因此，X世代鑰匙兒增加不是週期性的鐘擺現象，而是更多母親出門上班所帶動的線性發展，一種文化轉變。投入職場的媽媽之所以變多，部分原因是科技（科技讓家事變得較為輕鬆，同時也讓女性擅長的工作更具經濟重要性），部分原因是個人主義。個人主義除了推進女性機會平等的觀念之外，也以「人人為己」的形式讓托育問題上升到國家級層次。在X世代成長階段，育兒一直被當成個人的事，但實際上已是集體問題——至少許多人切身體驗到了它的集體性。

　　隨著千禧世代誕生，鑰匙兒風潮開始消退。千禧世代在課後活動中往往被

看管得更嚴。你也許好奇：既然科技不斷進步、個人主義持續抬頭、出門上班的媽媽越來越多，為什麼孩子反而被盯得更緊？部分原因是人生減速策略的影響越來越大。隨著出生率下降、家庭規模縮小，家長子女生得少，便更加小心保護，不會讓孩子獨自在家。父母無暇照顧的千禧世代開始蒙上「野放孩子」的汙名，新聞也充斥綁架兒童的報導，儘管這段時期的綁架案其實不比X世代童年時來得多。此外，由於人們更加期待青少年將來會讀大學，新世代的人生腳步又進一步放慢了——10歲大的兒童還有十幾年以上才需承擔成年人的責任，而不是八年。換言之，千禧世代有更多時間培養獨立。

嬰兒潮世代和X世代則是在人生加速策略時代成長的，時常被叮囑「天黑前記得回家就好」，可以自由在家裡附近遊蕩。只要有人在社群媒體上講起小時候多沒人管，總是可以釣出許多X世代。一名叫麥可·裘利（Mikel Jollett）的推特用戶寫道：「如果你好奇X世代為什麼是現在這個樣子，那是因為千禧世代／Z世代的爸媽老是上網搜尋『實現孩子成長奇蹟的最佳培育策略』，而我們爸媽的基本態度卻是：『在房間裡玩刀子沒關係，不要在廚房呼麻就好。』」

他的貼文引起X世代熱烈共鳴，許多X世代說出類似的經驗。「我覺得不是在70年代末、80年代初長大的人，絕對想不到上一代多懶得管我們，還有當時的社會對危險多漫不經心。」夏儂·佛里·馬提內茲（Shannon Foley）附和裘利的說法：「爸媽大概90%的時間真的不知道自己的孩子在哪裡，也不知道他們在幹什麼。」許多X世代懷念童年和青少年時期無拘無束的獨立，認為那段時間讓他們學到長大成人寶貴的一課。一名X世代寫道：「我們就是得自己想辦法解決事情。我們完全自由，卻沒意識到自己多麼脆弱，雖然恐怖，但也令人興奮。」另一名X世代說：「我從4歲起就到處趴趴走……我不覺得大人冷落我，反而感謝爸媽沒把我當寶貝捧著。」

X世代是與真實世界密切互動的最後一代，加上從小沒人盯，他們直到今天仍然堅強又有韌性。X世代作家梅根·達姆說，她這一代之所以「天不怕地不怕」，都是因為在真實世界（而非數位世界）吃過苦頭，從而學到可貴的經驗。在《諸事不利》（*The Problem with Everything*）這本回憶錄中，達姆除了談到中

年危機和文化戰爭之外，也拿X世代的厚臉皮和年輕世代相互對比。她說，千禧世代和Z世代「對吃苦耐勞不夠敬畏。小時候不以吃苦耐勞為傲，成年後又不夠重視這項特質……許多人以脆弱作為最強大的武器，遇上困難就輕鬆靈巧地閃身一讓。事實證明，我獨特的堅強特質已經不再受到重視。」她說自己花了很多時間思考「從什麼時候開始，人們變得比過去殘酷得多、也脆弱得多」。

當然了，儘管許多X世代雖然以童年獨立為榮，為人父母之後卻十分保護孩子——有時甚至是過度保護。這有一部分的原因是社會要求：現在要是讓孩子像1982年那樣在社區裡四處遊蕩，兒童保護局會馬上把他們帶回去。有些X世代父母雖然希望孩子放下手機、出門走走，但已經放棄對抗Z世代的科技癮頭。無論如何，許多X世代希望能確保孩子別再做自己以前做過的蠢事。回顧童年令他們心情複雜，半是懷念，半是遲來的恐懼，好奇自己當年是怎麼活過來的。

▎結婚、性愛、生小孩——未必按照順序
特徵：性生活與家庭生活彈性大，童年短，青春期長

我X世代的朋友貝琪13歲時爸媽離婚，媽媽返回職場，下午只有她一個人在家。貝琪15歲時開始和同齡的陶德交往，小情侶的下一步顯而易見：在沒有大人的家上床親熱。

許多X世代和貝琪一樣早早便開啟了成人關係，有性經驗的青少年比沉默世代和嬰兒潮世代都多。換言之，他們採取人生加速策略。不過，X世代成年後反而放慢速度，沒有盡早結婚生子。

圖4.4道出X世代成年生活的三大特點：

1. X世代結婚之晚，在美國史上前所未見。嬰兒潮世代前段雖然以嬉皮文化聞名，但其實非常早婚：女性21歲，男性23歲。到2004年，亦即最後一批X世代滿25歲那年，女性平均結婚年齡提高到25歲，男性則是27歲。綜觀20世紀，女性原本一直在20歲到22歲之間結婚，但這點在1980年代開始改變，從

那時起，結婚年齡逐漸上升。到 X 世代末段，初婚新娘年齡首度更接近 30 歲，而非 20 歲。成年後改採人生減速策略最終漸成主流。

2. 初次性行為年齡降低（人生加速指標），初婚年齡提高（人生減速指標），使得兩者之間差距拉大。 舉例來說，嬰兒潮世代前段的女性初次發生性行為只比結婚早兩年左右，X 世代女性從失去童貞到步入禮堂則相隔七年。1991 年，青少年初次性行為的數據令人震驚：十分之一的青少年說他們在 12 歲或甚至更小就已初嘗禁果。簡言之，嬰兒潮世代第一次性經驗在大學，X 世代在高中──甚至初中[5]。

　　所以，X 世代以性行為「告別童年」較快，以婚姻擁抱成年較慢。但這種趨勢並沒有持續下去：等到千禧世代成為青少年，初次性行為的年齡再次提

圖 4.4｜美國女性各生育里程碑的年齡中位數，1960–2021[6]

資料來源：人口動態調查及 Finer & Philbin（2014）

注：陰影年度之 17 到 25 歲年齡組主要為 X 世代。部分數據為估計值。

高，結婚和生育年齡也繼續後移，三個人生里程碑重新同步，全部放慢。

　　總之，在20世紀出生的所有世代中，X世代童年期最短，青春期最長。他們在人生策略上是獨特的一代，年少時人生加速，成年後人生減速。簡言之，X世代將青春期大幅擴延，打破過去的一切界線。

3. 生育開始和婚姻脫鉤。 1960年時，二十個幼兒中只有一個是未婚媽媽所生。嬰兒潮世代進入青年期後，比例開始拉高，到1980年約六比一。到1993年，不但比例變成三比一，女性第一次生育的平均年齡也首度降至初婚年齡以下。

　　有一部分單身父母是真的單身，其他則是與伴侶同住。雖然嬰兒潮世代以打破規矩聞名，可是在他們年少輕狂的1960和70年代，不結婚卻同住就是不可以。直到1980年代，還是有許多人認為這是「活在罪惡中」。直到1990年代中，X世代在25到34歲這段年齡層占了多數，不婚同住才漸漸被接受。X世代是第一個有大量年輕情侶同住的世代，千禧世代也延續這個趨勢（見圖

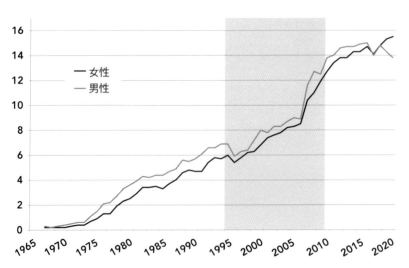

圖4.5 ｜ 美國25到34歲年齡層與未婚伴侶同住的百分率，1967–2020

資料來源：美國普查局人口動態調查

注：陰影區之該年齡組主要為X世代。

4.5）。這項世代變化十分巨大，年輕情侶不婚同住的比例從趨近於零躍升到七分之一。另一方面，初婚之前曾與未婚伴侶同住的人數也大幅增加[7]：從1965到1974年間，19到44歲的女性（嬰兒潮世代和沉默世代）只有11%這樣做過，可是在2010到2013年間，同年齡層的女性（X世代和千禧世代）有69%有這種經驗。促成這種變化的主因可能同樣是個人主義：既然你是想做什麼都可以的個體，為什麼還需要政府發給一紙證明才能和別人同住？

一開始沒人知道怎麼稱呼沒結婚卻同住的情侶。這種現象太新，人口學家不曉得怎麼統計，也沒有為它命名。美國普查局一度以縮寫命名為POSSLQ，意指「共享居住空間之異性」（Persons of the opposite sex sharing living quarters），既拗口又排除掉LGBT。最近通行的學術名稱是「同居」（cohabitation），聽起來像是寵物鼠的籠子（還記得塑膠管倉鼠籠品牌Habitrail吧？如果你是X世代，你應該有印象）。

如果X世代選擇結婚，最後是否能共度一生？由於不少X世代出身離婚家庭，許多人推測他們比較不會離婚。的確如此：離婚率在1980年代以後持續下降，到2019年已下降到1981年的一半。這種變化的部分原因是X世代較晚結婚，而較晚結婚的人通常較不容易離婚。雖然離婚率還是比20世紀初來得高（畢竟當時離婚是禁忌），但已經比X世代雙親離異時低得多。有大學學位的人降得尤其明顯：以1990年代中和1970年代結婚的大學畢業夫婦相比，前者在結婚前十年離婚的機率比後者低27%。《紐約時報》在2011年有一篇報導〈離婚為何不再風行〉（How Divorce Lost Its Groove），其中幾對夫婦說因為很少看到有子女的人離婚，所以他們也不好意思離婚。

說到子女，在1970年代（嬰兒潮世代年輕時）出生率暴跌之後，大家常常以為再也不會恢復。畢竟女性已有更多職涯選擇，似乎不是非當母親不可。此外，由於X世代的童年和青少年時光過得並不安逸，將來的經濟前景似乎也不甚樂觀，看起來很可能會延續、甚至加快女性不生育的趨勢。

沒想到X世代恰恰相反。

雖然沒有子女的女性人數在嬰兒潮世代的出生年期間節節上升，但這種趨

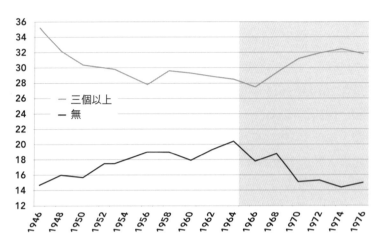

圖4.6│美國40到44歲女性子女人數的百分率，依出生年比較

資料來源：美國普查局人口動態調查

注：陰影區之該年齡組主要為X世代。據1988到2018年數據繪製。出生年以資料收集年度減平均年齡（42歲）估計。

勢隨著X世代逆轉，開始下降（見圖4.6黑線）。比較1964年和1974年出生的女性（前者為嬰兒潮世代，後者為X世代），四十出頭仍沒有子女的女性減少29%。由於這個年齡組在2019年大約有一千萬人，換算之下，四十出頭、至少有一個孩子的女性大約增加了五十萬人，相當於全邁阿密的人口。

　　隨著個人主義造成的風氣改變，也許更多X世代女性相信事業和生兒育女可以兼顧。另一方面，生育率增加也是因為有些X世代太早起跑：青少年懷孕率在持續下降近三十年之後，突然在1986到1991年（X世代為青少年時）暴增23%，到1990年代末仍居高不下。

　　不但有更多X世代女性生兒育女，建立大家庭的也多。對照1966年和1974年出生的女性，子女三名以上的增加18%（見圖4.6灰線）。換言之，有三名以上子女的女性增加了四十三萬，相當於佛羅里達州坦帕（Tampa）的人口。正如2010年代初一名產科醫生所說：「生三個是新風潮。」大家庭增幅最大的是有研究所學位的女性，這代表在生育子女時，X世代兼顧事業和家庭的機會比嬰兒

潮世代多，很可能是因為社會更能接受職業婦女，托育機構也比以前多。

　　雖然不是每個X世代都像喜劇演員吉姆（Jim，1966年生）和珍妮‧賈菲根（Jeannie Gaffigan，1970年生）一樣拚命，甘願和五個孩子擠在紐約一間兩房公寓（「親愛的孩子們，」吉姆在《胖子老爸》〔*Dad Is Fat*〕一書裡寫道：「我打從心裡愛你們，但你們或許是我掛掉的原因……P.S. 你們2011年復活節是怎麼把呼拉圈弄進餐廳的？」），可是，這群在人口成長率為零的1970年代出生、還被稱為懶惰世代的人，居然有三分之一的女性生育三名以上子女，實在令人驚嘆。X世代長在傳宗接代顯得落伍的年代，卻重新讓生兒育女成為風潮。

我最棒！
特徵：高自尊，關注自我

　　1985年我還在讀初中，有一天媽媽載我上學，別克車的木紋音箱飄出惠妮‧休斯頓的〈最偉大的愛〉（The Greatest Love of All）。「你覺得這首歌在講什麼呢？」我問我沉默世代的媽媽。「一定是講孩子吧。」她說。

　　可惜不是——不論是休斯頓（1963年生）或所有嬰兒潮世代，都認為最偉大的愛是「學會愛你自己」。休斯頓唱道，因為她從沒找到可以依靠的人，所以她學會依靠自己。

　　九年後，X世代樂團「後裔」（Offspring）推出新歌〈自尊〉（Self-Esteem），將這個觀念又推進一步。〈自尊〉裡的主角被女友背棄：「她說她只要我……我不曉得她為何睡了我朋友。」（呃）但他說無所謂，反正他「只是個低自尊的爛人」。換言之，在1994年，後裔樂團理所當然地認為聽眾一定熟悉「自尊」這個詞、一定知道自己應該有自尊，也一定曉得怎麼診斷出自己沒自尊。不論是我媽媽的回答、休斯頓的歌，還是後裔樂團篤定的態度，都反映出「看重自我」的觀念在美國文化中的軌跡，從沉默世代、嬰兒潮世代到X世代，皆是如此。這主要是因為個人主義逐漸茁壯——如果你打算依靠自己和自己的選擇，你最好喜歡自己。

　　Google圖書資料庫見證了這項改變：從1970到1995年——也就是X世代

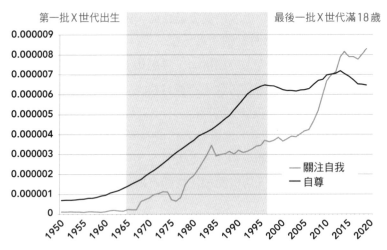

第一批X世代出生　　　　　　　　　　　最後一批X世代滿18歲

圖 4.7｜「關注自我」和「自尊」在美國圖書中的出現頻率，1950–2019

資料來源：Google 圖書資料庫

注：縱軸數字代表各短句在該年出版的所有書籍中占的百分率。百分率以三年為區段進行平滑處理。為了讓兩個詞語出現在同一張圖，「關注自我」的出現頻率已乘以100。因此，「自尊」在書中出現的次數其實是「關注自我」的100倍。

長大成人的歲月——美國圖書出現「自尊」、「關注自我」（self-focus）的次數大幅上升（見圖4.7）。雖然「自尊」在1990年代中期以後增幅有限（從後裔樂團的歌詞語帶嘲諷看來，「自尊」那時可能已經用得太過浮濫，不再能打動人），但「關注自我」持續暴增，即使到2005年以後依然人氣不減。

　　對嬰兒潮世代來說，關注自我是新鮮事。因為他們大多成長在較為集體主義的1950年代和1960年代初，1960年代末到1970年代的個人主義是未知的領域。直到現在，嬰兒潮世代還是常把探索自我比喻成「旅程」或「航行」。用他們的話來說，了解自己和自己的需求是「過程」。在1981年的《新規則：在不再一樣的世界尋求自我實現》（*New Rules: Searching for Self-Fulfillment in a World Turned Upside Down*）中，我們看見嬰兒潮世代的年輕人正苦苦思索新的問題：夫妻如何成為平等的伴侶？當父母連「關注自我」是什麼意思都不了解，你該如何關注自我？書中所描述的嬰兒潮世代就像在黑暗中開車又沒有地圖。

也許因為毫無方向，嬰兒潮世代認識自己的方式十分令人意外，亦即在團體中探索自我：參加艾哈德培訓課程、反戰抗議、音樂祭。換句話說，關注自我是嬰兒潮世代的集體旅程，他們藉由聚在一起來宣告自己是獨一無二的個體。

可是X世代不一樣，個人主義對他們來說不是旅程——他們已生在終點，不需要地圖，因為個人主義文化就是他們的原鄉。X世代不必在團體中探索自我的領域，因為他們已身在其中。X世代從小知道應以自己為先，因為他們的沉默世代和嬰兒潮世代父母都是這麼教的。X世代就是知道自己的需求和欲望最為重要，不需要透過示威遊行或團體課程慢慢領悟。

這是嬰兒潮世代和X世代的關鍵差異之一：在X世代成年時，美國文化已經決定拋下舊的集體主義規則，擁抱個人主義。第一批X世代到1975年才滿10歲，而美國當時早已抽起大麻、穿上喇叭褲，吵吵鬧鬧地屏棄不過十年前還穩如泰山的集體主義文化。對X世代來說，個人主義天經地義——人當然該以自己的需求為先。廢話。

X世代對個人需求能有這般信心，部分原因是獲得嬰兒潮世代支持。嬰兒潮世代透過探索自我的旅程，深信關注自我和自尊非常重要，之後便教導他們的X世代子女要欣賞自己。有人說要是孩子的自尊太低，應該設法幫助他們提高。小學開始加入「追求卓越的龐西」（Pumsy in Pursuit of Excellence）之類的教材，用一隻卡通龍鼓勵孩子培養欣賞自己的「閃亮眼光」，避免厭惡自己的「爛泥眼光」。整個社會彷彿一起注視鏡中的自己，像艾爾‧佛蘭肯（Al Franken，1951年生）演的史都華‧史摩利（Stuart Smalley）那樣大聲嚷嚷：「我好聰明我好棒，喔老天哪，我人見人愛。」

這樣做有用嗎？我讀研究所時發表過一篇論文，以最通行的自尊衡量標準「羅森伯格自尊量表」（Rosenberg Self-Esteem Scale）為準，分析1960年代到1990年代初65,965名大學生的測驗結果[8]。我發現：大學生的自尊心一年比一年高。1990年代X世代大學生的平均自尊得分，比1968年80%的嬰兒潮世代大學生還高。X世代更傾向同意「整體而言，我對自己滿意」等陳述，更傾向不同意「有時我認為自己一無是處」。

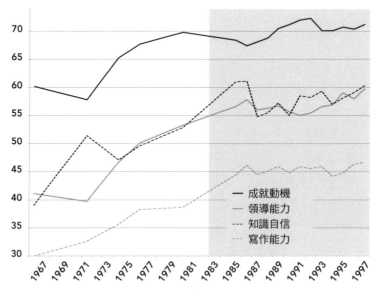

圖 4.8 ｜ 美國大學新生相信自身特定能力優於同儕的百分率，1966–1997

資料來源：美國大一新生調查

注：陰影區之大學新生主要為 X 世代。1966 到 1982 年入學的大學生大多為嬰兒潮世代，1983 到 1997 年以 X 世代為主。受訪者為美國各地四年制學院和大學一年級學生。

　　另一項研究的發現更令人詫異：在 1950 年代初，只有 12% 的青少年同意「我是重要人物」；到 1980 年代末，同意的青少年高達 80%，增幅超過六倍[9]。研究者的看法是：在 1950 年代，這種陳述可能被視為自吹自擂，可是到 1980 年代，這被看作「反映出自尊的正面特質」。

　　然而，X 世代比嬰兒潮世代更正面看待自己，反映的恐怕是自以為是。舉例來說，認為自己比同儕優秀的大一新生明顯增加，而這種趨勢其實從嬰兒潮世代後段就已開始，X 世代繼續延續（見圖 4.8）。在領導能力方面，嬰兒潮世代前段的大學生只有四成自認優於同儕，到 X 世代讀大學時則是六成[10]。

　　這種變化不是因為人口組成改變：在這段時間，女性、美籍亞裔和西裔的大學生都有增加，而這三個群體在自我評價時通常比男性或白人謙虛。也就是說：如果自認優於同儕的變化受到人口組成影響，前述比例就應該降低，而非

增加。換言之，自認優於同儕的實際增幅也許比這裡看到的更高。那麼，自視更高是因為實際表現更好嗎？似乎不然：SAT成績在這段時間反而下降。

儘管如此，用高中生的數據驗證自我評價上升趨勢還是有幫助，畢竟高中生背景更多元、更有代表性，更足以反映這個世代的樣貌。結果也是一樣：X世代明顯比之前的嬰兒潮世代更有自信，與嬰兒潮世代前段差距更大。同樣是12年級生，X世代中有三分之二相信自己會成為「非常好」的員工（相當於工作表現前20%），70年代中期的嬰兒潮世代則有二分之一持此看法。X世代有二分之一認為自己會是非常好的父母或配偶，嬰兒潮世代則是三分之一（見圖4.9）。如1987年《華盛頓郵報》（*Washington Post*）的一篇文章所說：在許多人眼

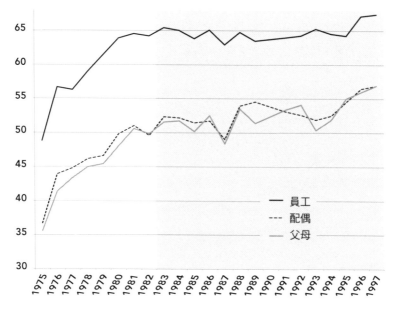

圖4.9｜美國12年級生相信自己能將特定成人角色做得「非常好」的百分率，1975–1997

資料來源：監測未來調查

注：陰影區之12年級生主要為X世代。1975到1982年的12年級生主要為嬰兒潮世代，1983到1997年以X世代為主。問題：「以下問題將請你猜測自己在幾種情境中的表現：你認為自己……當丈夫或妻子可以當得多好？當父母可以當得多好？工作可以做得多好？」回答選項包含「不好」、「不太好」、「普通」、「好」和「非常好」，排除「不知道」。

中，那年的X世代高中畢業生是「極度投入自我的新一代成人」[11]。

這句話或許帶有太多嬰兒潮世代的偏見，未必精確。此外，這種趨勢其實早在1970年代末就已開始，起頭的是嬰兒潮世代高中生。然而，有個問題還是值得深究：自信提高究竟是好事還是壞事？許多人認為這是好事，他們相信有自信的人更可能成功。

然而，數十年來針對自尊的研究顯示：自尊高低並不足以預測學業或事業成就。我只舉一個例子：美國自尊最低的族群是亞裔，但亞裔不但學業表現最好，失業率也最低。因此，自信並不像許多人以為的那樣保證成功，只不過也未必不利於成功。儘管如此，高自尊還是有一些好處，例如比較不容易憂鬱。

但高自尊也有壞處，自尊過高時尤其如此。自認聰明而不認真讀書或工作的人往往表現不佳。自尊脫離現實就變成自戀，而自戀的負面後果可不少，例如冒太大的風險、因為自私破壞關係等等（下一章會詳談自戀）。簡言之，自

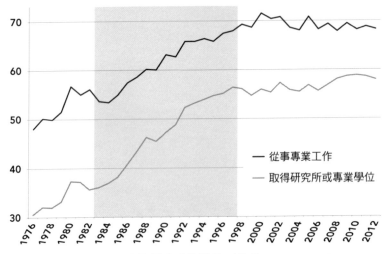

圖4.10│美國12年級生對未來抱持高度期待的百分率，1976-2012

資料來源：監測未來調查

注：陰影區之12年級生主要為X世代。1976到1982年的12年級生以嬰兒潮世代為主，1983到1997年以X世代為主，1998到2012年以千禧世代為主。詢問受訪者自認30歲時成為專業人士（律師、醫師、護理師、工程師等）的機會多大，以及取得研究所或專業學位的可能性多高。

尊提高有利有弊，好處是防止憂鬱，但要是因自視過高而變得不切實際，那可就不好了。

　　X世代的自信不是隨便想想而已，他們將這股自信化為對未來的期待，相信自己能達成80年代「摘星」文化鼓勵的高目標。和嬰兒潮世代相比，自認能在30歲成為專業人士（如醫師、律師、護理師、工程師等）的X世代更多，自認能取得研究所學位的也更多（見圖4.10）。所以，雖然開啟這股自信趨勢的是嬰兒潮世代，但將這種態度化為對未來的高度期待的是X世代。用1986年的一首歌來說，X世代認為「未來如此光明，我得戴上墨鏡」（歌詞說：「有份工作等著大爺我畢業／年薪五萬可以買好多啤酒」）。

　　然而，現實並沒有那麼光明：到X世代30歲上下時，他們只有20%成為專業人士，換言之，三分之二的人沒有達成目標。到2020年，45到49歲（皆為X世代）具高中學歷者只有18%有研究所或專業學位，同樣有三分之二的人沒有實現自己的期望。這一代人對未來期待太高，很難全部達成。但高期待對X世代或許還是有幫助，他們有更多人達成能力範圍內的目標——取得大學學位的X世代比嬰兒潮世代多（詳後述）。

　　大家經常有種刻板印象，認為X世代是自我懷疑、屢受打壓的一代，但他們展現的蓬勃自信卻與這種刻板印象大相徑庭。與嬰兒潮世代同齡時相比，X世代其實更有自信，對自己的期待也更高，是第一個理所當然認為人就該欣賞自己的世代。雖然X世代常為千禧世代目空一切的樂觀詫異，但他們自己其實也擁抱自我，對未來抱持高度期待。

富豪名流的生活方式
特徵：追求物欲，看重外在價值

　　早在我們今日熟悉的實境節目出現之前，羅賓・李奇（Robin Leach，1941年生）就已製播《富豪名流生活秀》（Lifestyles of the Rich and Famous），介紹超級有錢人的名車、豪宅和豪華假期。這個節目從1984年播到1995年，通常是週末下午播映（《紐約時報》說它「好像無所不在好幾年了，白天播，晚上播，這

台播，那一台也播」[12]）。當時迎合大眾口味的電視節目數不勝數，為什麼只有這齣特別受歡迎、對X世代年輕人特別有吸引力？

首先，它是1980年代物質主義的產物——但這種毫不掩飾的物質主義源於1970年代的自我放縱，就彷彿嬰兒潮世代在1960年代一路抗議過來之後，突然決定好好賺錢繳房貸，於是整個文化也跟著轉向。1980年代惹眼的物質主義其實從1970年代就已開始，也立刻影響當時仍在形成世界觀的X世代兒童和青少年。不僅物欲成為目光焦點，嬰兒潮世代前段對內在和抽象理念的興趣也開始消退。電視讓X世代見識到人可以擁有多少財富，個人主義則鼓勵他們為自己大膽渴求。

了解這種轉變的切入點之一是人生目標——亦即早上讓我們願意起床忙過一天又一天的東西。心理學家把人生目標分成兩大類，一種是內在的，例如意

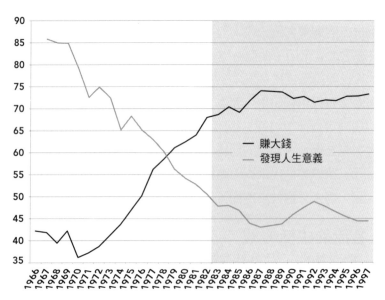

圖4.11｜美國大學新生認為特定人生目標很重要的百分率，1966–1997

資料來源：美國大一新生調查

注：陰影區之大一新生主要為X世代。1966到1982年入學之大學新生以嬰兒潮世代為主，1983到1997年以X世代為主。

義、理念、助人；另一種是外在的，例如財富、名氣、形象。

從抽象到物質的轉向幾乎與1970年代一起開始。相信「找尋人生意義」很重要的大學生越來越少，認同「賺大錢」很重要的越來越多（見圖4.11）。這種趨勢由嬰兒潮世代後段開啟，在X世代手上鞏固。它和很多趨勢一樣，並不是一個世代單獨造成的。

到1970年代末，以賺錢為重的學生已經超過志在找尋人生意義的學生；到大一新生為X世代的1980年代，認為賺錢比較重要的學生近四分之三。用X世代最喜愛的嬰兒潮世代人物瑪丹娜（1958年生）的話來說，他們是活在拜金世界的拜金女（「腰纏萬貫的男子／永遠是真命天子」）。這樣的轉變只是開始而已：千禧世代和Z世代大學生將持續這股趨勢，比嬰兒潮世代的同齡人更重視外在價值、更不在乎內在價值。在2019年的美國大一新生調查中，認同賺大錢很重要的比例創史上新高：84.3%。X世代鞏固的趨勢只是更顯著了。

12年級生也出現類似的變化，但不像大一新生那麼劇烈。與嬰兒潮世代的同齡人相比，重視「找尋人生的目的與意義」的X世代12年級生變少，更在乎「賺大錢」的人變多。這種趨勢在1980年代末、1990年代初尤其明顯（見圖4.12）。

雖然1980年代的人還是看重意義，但金錢的重要性在這十年間隨著收入不平等（貧富差距）提高。如1987年電影《華爾街》（Wall Street）主角高登·蓋科（Gordon Gekko）所說：「我沒有更好的方式形容貪婪——貪婪是好的。」蓋科的獨白其實不是憑空編造，而是來自股票操盤手伊凡·博斯基（Ivan Boesky，1937年生）於1986年在柏克萊企管所的畢業演講。這樣的話第一次出現居然是在柏克萊，或許已足以證明60年代的理想主義已死，80年代已是物質主義的時代。在電影《華爾街》中，查理·辛（Charlie Sheen，1965年生）飾演的X世代年輕配角最後因內線交易被捕。嬰兒潮世代導演兼編劇奧立佛·史東（Oliver Stone，1946年生）這樣安排的用意原本可能是希望藉蓋科之口敲響警鐘，誰知大家竟然經常把那句話當成80年代的經典建議——而且未必是壞的建議。

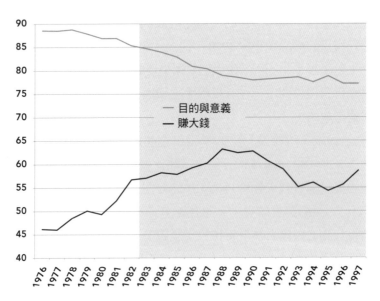

圖4.12 │ 美國12年級生認為特定人生目標很重要的百分率，1976–1997

資料來源：監測未來調查

注：陰影區之12年級生主要為X世代。1976到1982年的12年級生以嬰兒潮世代為主，1983到1997年以X世代為主。由於較晚的世代傾向把所有目標都評為重要，我們已減去全部14個人生目標的平均值以修正相對重要性。詢問的問題是：「以下各種目標對你的人生多重要？」

　　《華盛頓郵報》在1987年訪問了一些高中畢業生。在維吉尼亞州費爾法克斯郡（Fairfax County），17歲的蜜雪兒・藍提尼（Michelle Lentini）說她打算在35歲成為百萬富翁：「我對未來已下定決心：我要當有錢人。」在馬里蘭州喬治王子郡（Prince George's County），高中畢業生史黛希・葛林（Stacey Green）所見略同。「我想變有錢。超想。」她說：「我了解自己。我很愛錢。」這篇報導的兩名記者都是嬰兒潮世代，她們忍不住把這一年的高中畢業生和1960年代的做比較，說：「他們的前輩曾熱心關切和平與社會正義，但那段激越的青春已成往日回憶。」[13]

　　X世代追求的不只是錢，也追求只要砸下大錢就能買到的東西。他們不只想擁有自己的房子和流行服飾，還想擁有眾人眼中只有富豪才有的奢侈品（至

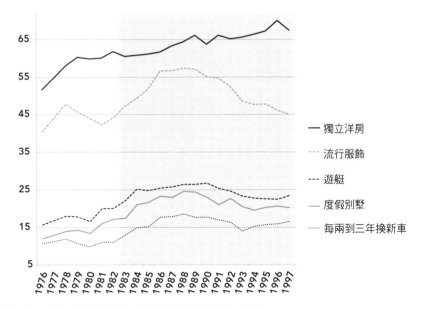

圖 4.13｜美國 12 年級生認為擁有特定物品很重要的百分率，1976–1997

資料來源：監測未來調查

注：陰影區之 12 年級生主要為 X 世代。1976 到 1982 年的 12 年級生以嬰兒潮世代為主，1983 到 1997 年以 X 世代為主。「遊艇」一項的完整陳述是「馬達驅動的娛樂用載運工具（動力船、雪上摩托車等）」。

少必須是可以好好享受的東西），例如度假別墅、遊艇、每兩、三年換新車（見圖 4.13）。富豪名流的生活似乎特別迷人，就像電視上演的一樣。和關注「賺大錢」一樣，這些欲望在 1980 年代末到 1990 年代初最為強烈。

那個時代有一張海報十分出名，畫面裡是一棟海濱豪宅，車庫中全是名車，上方印的是「受高等教育的理由」。「只要能活得奢侈，我什麼都願意做。」在前述 1987 年《華盛頓郵報》的那篇報導中，剛剛高中畢業的山姆・布拉斯（Sam Brothers）說：「我想要兩台好車，和大家一樣有兩個孩子，一棟四房洋房。」[14]

不是只有富裕社區的白人孩子才有這種欲望。我和提姆・凱瑟（Tim Kasser）在 2013 年發表過一篇論文，我們發現：家境較差的青少年其實更看重昂貴的東

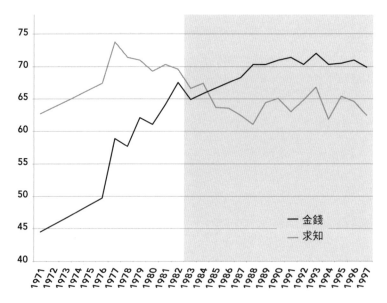

圖4.14｜美國大一新生說讀大學是「為了賺更多錢」與「接受通識教育及求知」的百分率，1971–1997

資料來源：美國大一新生調查

注：陰影區之大一新生主要為 X 世代。1966 到 1982 年入學之大學新生以嬰兒潮世代為主，1983 到 1997 年以 X 世代為主。

西，例如度假別墅和新車；從 1970 年代到 2000 年代，他們的物欲增幅比家境較佳的青少年更大[15]。在《華盛頓郵報》1987 年的那篇報導中，兩名記者訪問了出身華府最貧窮地區的高中畢業生妮可・麥可克萊亞（Nicole McCrea）。麥可克萊亞說她想當心臟外科醫生，因為「大家都知道當外科醫生很賺」。

麥可克萊亞的話讓我們看到：外在價值和內在價值不只是看不見、摸不著的觀念，它們會形塑行為、影響決定，對年輕人來說尤其如此。價值讓人們決定該把時間花在哪裡、該選擇什麼工作，還有該接受什麼教育。舉例來說：和嬰兒潮世代前段相比，嬰兒潮世代後段和 X 世代的大學生更傾向認為讀大學是為了賺更多錢，表示自己是為了求知的人越來越少（見圖4.14）。教授們也留意到這個轉變，許多人發現：1990 年代的學生對教育的態度更像是消費者。

圖 4.15 │ 美國大一新生計畫主修商管或教育的百分率，1966–1997

資料來源：美國大一新生調查

注：陰影區之大一新生主要為 X 世代。1966 到 1982 年入學之大學新生以嬰兒潮世代為主，1983 到 1997 年以 X 世代為主。

1990 年代時我聽見一名教學助理這樣說大學生：「他們會說：『我的 A 咧？我在型錄上訂的明明是 A。』」

　　X 世代的大學生也更常選擇畢業後薪水較高的科系。在 1960 年代末與 1970 年代初，嬰兒潮世代前段大學生主修教育和主修商科的一樣多，但這種分布從嬰兒潮世代後段開始改變，到 X 世代在 1980 年代末進大學時達到新的高峰。在 1987 年，四名大學新生中就有一名打算主修商科（見圖 4.15）。雖然到了 1990 年代，隨著大學科系多元化，主修商科的比例大幅下滑，但 X 世代就讀大學的整個時期，主修商科的人數都超過主修教育。

　　把這種轉向金錢和物質的趨勢放入脈絡來談，是很重要的。正如我們在嬰兒潮世代那一章見到的，美國的製造業在 1980 年代初走向衰落，貧富差距開始擴大。大學畢業生和其他人的所得差距越拉越大，過得好不好和有沒有大學學位的關係越來越深，無怪乎越來越多大學生說他們讀書是為了賺更多錢。因

此，這種轉向是面對經濟變局的合理反應。如果需要更多錢才過得上中產階級的生活，讀大學就是出路，轉向外在價值確實有道理。至於X世代高中生為什麼也對度假別墅和遊艇更感興趣，光從經濟變遷切入似乎難以充分解釋，我想和1980年代高漲的物質主義不無關係。但整體而言，X世代出現這種變化在某種程度上是回應市場。

和許多世代變化一樣，轉向外在價值有其代價。就負面影響來說，看重金錢和其他外在目標與不快樂和心理健康問題有關。成為富豪並不容易，以此為志的人大多未能達成目標。隨著中產階級的門檻年年提高，追逐同樣的生活水準恐怕令人心力交瘁。相反地，大多數人都可以透過助人找到人生意義。內在目標不只更有意義，也更容易達成。或許正因如此，它們往往讓人更為快樂。雖然有錢對心理健康未必最為有益，但許多X世代會說沒有錢萬萬不能。

歡迎來到1990年代：頹廢風、饒舌與惡煞
特徵：強硬，負面，憤世嫉俗

每個世代怎麼命名、如何界定，常常是依那一代人青年時期的時代氛圍而定。X世代的命名時刻是1990年代初：隨著道格拉斯・柯普蘭的小說《X世代》在1991年出版，媒體立刻撲向這個「新」的世代。正如嬰兒潮世代老是和1960年代的騷亂連在一起，每當人們說起X世代，也總是一併想起1990年代初的嚴峻現實和闇黑流行文化。雖然後來經濟改善，X世代和其他人都擺脫了那些年的苦悶，但瀰漫1990年代初的抑鬱流行文化和對犯罪的恐懼，仍然是X世代的正字標記。

1980年代的流行音樂曲調動聽、樂觀積極。那十年帶給我們瑪丹娜、麥可・傑克森，還有瑞克・艾斯里（Rick Astley，1966年生）的〈絕不放棄你〉（Never Gonna Give You Up），這首動感十足的歌後來還成了惡作劇迷因「瑞克搖」（Rickroll）。[vi] 約翰・休斯的電影在1980年代風靡X世代，《少女十五十六時》

---

vi 惡作劇者會故意使用聳動標題誘人點擊，連上之後才發現是〈絕不放棄你〉的MV。參維基百科「瑞克搖」條目：https://reurl.cc/M4voZ3。譯注

（*Sixteen Candles*）、《早餐俱樂部》（*The Breakfast Club*）、《蹺課天才》（*Ferris Bueller's Day Off*）、《紅粉佳人》（*Pretty in Pink*）等片雖然揭開青少年生活受到的侮辱創傷，卻也總是含有勵志橋段和快樂結局。

到了 1991 年末、1992 年初，西雅圖開始出現一種新的音樂，X 世代連作夢都會喃喃道出那些樂團的名字：超脫、珍珠果醬（Pearl Jam）、聲音花園（Soundgarden）、幽浮一族（Foo Fighters）。一開始時，這些音樂因為風格太不一樣，主流電台根本不播，因而被稱為**另類搖滾**。但不到兩年，這種音樂變得到處都是，一點也不「另類」。隨著另類搖滾一起流行的還有西雅圖油漬搖滾（grunge），這種音樂風格源於西北太平洋岸，樂手往往穿著法蘭絨襯衫。在最早竄紅的另類搖滾歌曲中，代表作有超脫樂團的〈有青少年的味道〉（Smells Like Teen Spirit）（「我們在這／娛樂我們」），還有珍珠果醬的〈黑色〉（Black）（「我的手痛苦摩擦／在曾是一切的雲朵下／……我知道你會成為另一個人天空裡的星」）。不論是曲調或歌詞，這些歌曲都傳達出 1990 年代初青年的苦悶。前路茫茫，他們已無所適從，乾脆什麼也別想，週末先找點樂子再說，像威瑟樂團（Weezer）的〈解（毛衣歌）〉（Undone (The Sweater Song)）說的：「你知道那場派對嗎？……／我想我會去，但我朋友其實不想去／可以載我去嗎？）。X 世代青年已經開始創造流行文化。雖然在成長過程中，他們耳濡目染的是 1980 年代嬰兒潮世代的樂天情緒，但他們的作品明顯更為喜怒無常。

電影的調性也差不多。1990 年的《都市浪人》（*Slacker*）把背景設定在德州奧斯汀，描寫一群聰明、無業、古怪的青年。如某篇影評所說，這部電影精準掌握了「充滿怨懟、卻無法將想法化為行動的一代人」[16]。《四個畢業生》（1994）和《單身貴族》（*Singles*）（1992）等電影則反映出 X 世代的不確定，深刻描繪他們對傳統職涯和關係的遲疑。恰克·克羅斯特曼（1972 年生）在《90 年代》中評論《四個畢業生》說：除了 X 世代以外，恐怕沒人知道薇諾娜·瑞德為什麼選擇憤世嫉俗又散漫的伊森·霍克，而非穩重和善的商人班·史提勒（1965 年生）。克羅斯特曼敏銳地看出一件事：雖然 X 世代普遍耽溺物欲，可是在 90 年代初這一小段時間，X 世代最直言不諱的人就是挺身選擇頹廢風和

另類搖滾的代表，反抗主流，不願從俗。超脫樂團的寇特・柯本（1967年生）就是如此。

最經典的X世代青壯年電影或許是《瘋狂店員》（*Clerks*）（1994），片中人物除了大玩《星際大戰》死星哏，也極力展現魯蛇的魅力。凱文・史密斯（1970年生）在他工作的便利商店拍這部黑白電影，預算只有27,575美元。裡頭的對話充滿X世代風格：尖酸刻薄、哀嘆個人境遇、對性無比坦率、滿口髒話和流行文化哏，把X世代的個人主義表現得淋漓盡致。「我們這一代相信自己幾乎什麼都能做。」史密斯說：「我戲裡的角色放蕩不羈，社會習俗無法約束他們。[17]」《四個畢業生》裡的角色排斥公司文化，《瘋狂店員》中的但丁和藍道爾卻不是如此——如果可以辭掉看店的爛工作，他們不介意「背棄」自己。

90年代的流行文化還發生另一個重大變動：饒舌和嘻哈突破種族界線，從黑人社群傳遍全國。饒舌從1970年代就已開始發展，最早是DJ在街區派對中隨著節拍吟唱押韻歌詞。到80年代，當黑人青少年開始創作饒舌這種全新的音樂類型，白人青少年還在校園舞會演奏〈你是靈感〉（You're the Inspiration）。由於N.W.A和史努比狗狗等人的黑幫饒舌內容大膽，歌詞涉及犯罪、暴力和毒品，饒舌從一開始就引起爭議（因此也深獲青少年認同），不過，X世代前段將是最後一群不聽饒舌或嘻哈的白人青少年。到1990年代初，所有種族都加入MC哈默（MC Hammer）的行列，告訴我們〈這個你做不到〉（U Can't Touch This）。不過短短幾年，白人孩子也開始聽黑幫饒舌。

90年代流行文化充滿強悍和悲觀，雖然我們難以斷言這在多大程度上是因為大環境，但它一定反映了那個時代的問題。在1980年代的美好時光之後，經濟在1990年代初劇烈震盪，年輕人更難找到工作，原已憤世嫉俗的心態也變得更為強硬。暴力犯罪從1970年代便已逐漸攀升，到1990年代初最為嚴重（見圖4.16）。不論劫車、強暴、殺人、槍擊，各種案件全部暴增。隨著毒品蔓延、槍枝暴力橫行，許多人在市區入夜以後不敢上街，唯恐遭到搶劫。

暴力犯罪在1980和1990年代到達巔峰，此後再也沒有惡化到同樣程度。沉默世代和嬰兒潮世代在驚恐之餘，紛紛將矛頭指向那個時候的年輕人——X

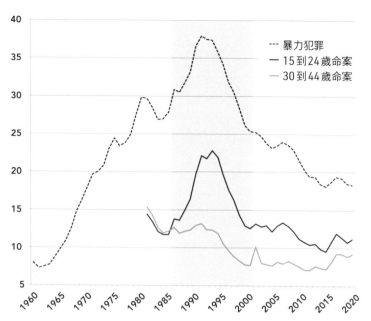

圖 4.16 ｜ 美國暴力犯罪率（以 5,000 人計）與謀殺率（以 10 萬人計），1960–2019

資料來源：FBI 統一犯罪報告（Uniform Crime Reports）及疾病管制中心 WISQARS 致命傷害報告

注：1985 至 1999 年（陰影區）之 15 到 24 歲年齡組以 X 世代為主。為併入同一量尺，已調整比例。暴力犯罪率以 5,000 人計，謀殺率以 10 萬人計，故暴力犯罪大約為謀殺之 20 倍。

世代。沉默世代專欄作家威廉·拉斯貝瑞（William Raspberry，1935 年生）怒斥他們是「禽獸世代」，其他人也說他們是「惡煞」。《紐約時報》1988 年說全國各地的少年觀護所已人滿為患。法院為了降低犯罪率，開始把少年當成人起訴。監獄人口驟然大增。

當時年輕人攻擊老人的案件特別受到關注，例如在紐約地鐵，一群年輕人涉嫌搶劫嬰兒潮世代伯納·葛茲（Bernard Goetz，1947 年生），葛茲對他們開槍，少年犯打劫觀光客的消息也時有所聞。

然而，這些案件其實是特例，至少很少鬧出人命。拿 30 到 44 歲美國人的謀殺率來說，1990 年代初的數字還低於 1980 年代初（見圖 4.16 灰線）。整體而言，在暴力犯罪暴增的這段時間，這個年齡層的謀殺率沒有什麼變化。但

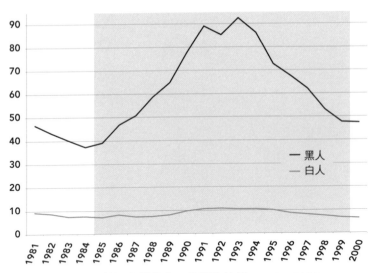

圖 4.17 │ 美國 15 到 24 歲年齡組之謀殺率，依種族比較，1981–2000

資料來源：疾病管制中心 WISQARS 致命傷害報告

注：謀殺率以 10 萬人計。1985 至 1999 年之 15 到 24 歲年齡組以 X 世代為主（陰影區）。由於西裔到 1990 年才獨立記錄，表中兩個種族亦含西裔。

1990 年代 15 到 24 歲的年輕人（全為 X 世代）就沒這麼幸運了：十年之間，他們的謀殺率幾乎翻倍（見圖 4.16 黑線）。

因此，80、90 年代暴力犯罪激增的主要受害者是年輕的 X 世代，而非年長的嬰兒潮世代和沉默世代。許多犯罪的加害者是 X 世代年輕人，受害者也是 X 世代年輕人。在「惡煞」少年攻擊嬰兒潮世代成人的頭條新聞背後，是 X 世代年輕人自相殘殺的嚴酷事實。到了 2000 年，隨著千禧世代成為 15 到 24 歲年齡層的大多數，原本高得不可思議的謀殺率也跟著下降。

命案被害人大多都是年輕男性。在謀殺率最高的 1993 年，年輕男性被殺的可能性幾乎是年輕女性的六倍。種族差異也十分可觀：當時年輕黑人被殺的機會是年輕白人的九倍左右，讓原已不小的種族命案差異變得更大（見圖 4.17）。

我們並不清楚 1980 年代末到 1990 年代初為何命案激增。有人歸咎於快

克古柯鹼氾濫，有人認為主因是廉價槍枝變得更易取得（所謂「週六夜特價品」），讓1990年代初的市場充斥致命武器[18]。不論是毒品猖獗或槍枝氾濫，受害最深的都是黑人居民眾多的都市貧民區。在其中喪命的不只是黑幫，往往也包括剛好身在衝突地點的人。80年代和90年代初的犯罪潮為整個國家留下永久創傷，而黑人受害尤深。儘管種種統計清楚顯示受創最重的是X世代黑人，但當時幾乎沒人承認暴力犯罪受害者存在種族差異。例如《第十三世代》，雖然作者花了七頁篇幅談青少年犯罪和「貧民區幫派文化」，對於種族卻隻字未提。倒是X世代電影製作人約翰·辛格頓（1968年生）掌握了殘酷現實：在他1991年的半自傳電影《街區男孩》（*Boyz in the Hood*）中，道出了洛杉磯南區年輕男性在幫派暴力中求生的悲劇。對許多人來說，他們對90年代最深的記憶就是那些沒能活下來的人。

從廚房雜工到科技新貴
特徵：形象懶散，但收入不差

1990年代初，X世代不只面臨犯罪問題，在經濟上也處於劣勢，經常自嘆財運不如嬰兒潮世代。1990年代初充滿悲觀的預言，說X世代將來一定一事無成、以後的表現一定不如父母等等。小說《X世代》（1991）不但創造「麥工」（McJob）這個詞（指「服務業中薪水低、地位低、尊嚴低、福利低、沒前途的工作」），還普遍給人一種「X世代沒好好發揮潛能」的印象（《都市浪人》之類的電影又進一步強化這種印象）。喬佛瑞·霍茲（Geoffrey Holtz，1966年生）等X世代作者指證歷歷，拿出統計和圖表證明X世代經濟狀況不佳。在霍茲1995年的作品《歡迎來到叢林世界》（*Welcome to the Jungle*）裡，有一節就叫「赤貧世代」。

和幾十年前同齡的嬰兒潮世代相比，1990年代初的X世代青年確實收入較低，擁有房屋的人也比較少，18到24歲的年輕男性尤其明顯。儘管如此，「X世代錢途黯淡」的印象仍然有失公允，原因有二。

首先，1990年代初的X世代之所以收入較低，部分原因是他們完成學業的時間較長，這是典型的成年早期人生減速策略。X世代三十出頭的時候有三

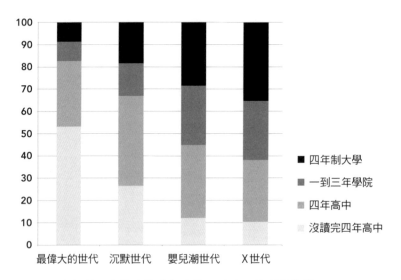

圖4.18｜美國35到54歲年齡層有特定教育程度的百分率，依世代比較

資料來源：美國普查局人口動態調查

注：彙整1940到2020年資料。每個長條區段代表完成（但未超過）該教育程度的百分率。由於這項研究調查的是修業學年而非取得的學位，數字未必與取得學位的數字一致。無法取得1941-1946、1948-1949、1951、1953-1956、1958、1961及1963年之數據。從1964年開始每年蒐集資料。世代分組方式：以多數35到54歲者的出生年屬於哪個世代為準。

分之一有四年制大學學位，相較之下，同齡的嬰兒潮世代只有四分之一大學畢業。換句話說，X世代踏入職場較晚。接受更多教育代表你十幾二十歲時賺不了多少錢，但將來能賺得更多。接受高等教育等於延遲滿足。

圖4.18顯示X世代與父母、祖父母在教育程度上的差異。在最偉大的世代，大多數人連高中都沒讀完，X世代則多半讀過大學，而且至少有35%是四年制大學。到了2020年，45到54歲者（全為X世代）有四成有四年制大學學位——就一個老是被說「懶惰」的世代而言，這樣的表現其實不壞。

「X世代錢途黯淡」並不可信的另一個重要原因是：在1990年代初著書立說的人寫作的重點是那幾年經濟發展停滯，而非X世代表現庸碌。1992年柯林頓競選總統時，競選團隊的非正式口號是「笨蛋，問題在經濟」。直到

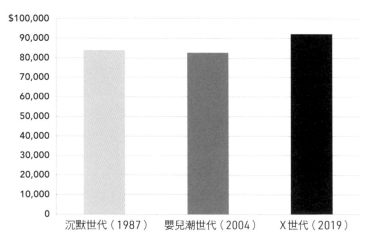

圖 4.19 │ 美國45到54歲者之家庭所得中位數（以2019年幣值計），依世代／年度比較

資料來源：美國普查局人口動態調查

注：已依通膨調整。所有年度的家庭所得中位數圖表見〈千禧世代〉一章。

1993、甚至1995年，人們都還無法預見美國經濟將在1990年代末大幅成長，屆時推動經濟的主要是科技業，正是X世代擅長的領域。

所以，在1990年代中期的短短幾年之內，X世代的大眾形象搖身一變，從失業的懶鬼變成網路新貴。當然，這兩個形象都不完全準確，但刻板印象改變反映的是青年收入的實際變化。

1993年，25到34歲者的家庭所得中位數大幅下降到55,333美元（以2020年幣值計算），比1978年低了9%。一時之間，所有書籍和報導莫不感慨X世代經濟處境堪慮。可是到了2000年，當25到34歲年齡組的X世代占比超過1993年，該年齡組的所得中位數驟增21%，上升到66,946美元。在2019年，45到54歲者（全為X世代）的家庭所得中位數其實表現不俗，甚至高於2004年同年齡層的嬰兒潮世代，以及1987年同年齡層的沉默世代（見圖4.19）。所以，X世代雖然起步較晚，但後來成就可觀。

那麼，居住問題呢？由於住宅自有率一向隨經濟循環起落，所以並不令人意外的是：和一、二十年前同齡的嬰兒潮世代相比，1990年代初的X世代較少

擁有房屋;在1990年代初,每個年齡層的住宅自有率都比前幾十年少。住宅自有率在1990年代末重新回升,到2000年代末又再次下降。這些起伏讓人很難判斷X世代擁屋率低是因為經濟循環,還是因為世代效應。為釐清眉目,我統整了1982到2020年25到44歲者的擁屋數據(之所以選擇這個年齡層,是因為這是最多人購屋的年紀)。結果發現:25到44歲的嬰兒潮世代有56%擁有房屋,同年齡的X世代則是55%,幾乎一模一樣。X世代的表現並不差,考慮到他們有更多人讀大學,因此年紀較大才進入收入高峰,這樣的結果更值得讚賞。

簡言之,X世代其實表現不錯。

▍憂鬱一族──真的嗎?
特徵:青春期自殺率高,成年後心理健康穩定

由於在1990年代初,二十多歲的人流行穿一身黑,我們似乎可以合理推測X世代的青少年比前幾個世代憂鬱。X世代的一些作品也強化了這個觀點,

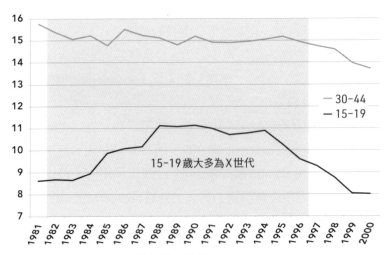

圖4.20 │ 美國自殺率變化,依年齡層比較,1981–2000

資料來源:疾病管制中心WISQARS致命傷害報告

注:自殺率以每10萬人計算。陰影區之15到19歲年齡組以X世代為主。從1982到1996年,15到19歲年齡組大多為X世代。

例如伊莉莎白・渥茲的《憂鬱青春日記》（1994）。

的確，青少年自殺率從1980年代末到1990年代初急速飆升，而那段時間大多數的青少年都是X世代（見圖4.20）。和1983年相比，1988年自殺的青少年增加382人。青少年自殺率直到1990年代中以後才開始下降，約莫和暴力犯罪減少同步。

這段時間的青少年自殺率飆升不是因為全體自殺率提高。相較之下，30到44歲年齡層（主要是嬰兒潮世代）的自殺率始終穩定（雖然穩定，但還是不低——如前章所述，嬰兒潮世代的自殺率一直高於沉默世代）。

在X世代青少年的自殺高峰期，人數幾乎是1970年嬰兒潮世代青少年自殺率的兩倍。不過，青少年自殺率提高有另一種可能解釋：1990年代初，廉價槍枝更容易取得。事實上，1990年代初增加的自殺青少年都是以槍枝自殺，不以槍枝自殺的青少年人數其實是減少的。大多數非槍枝自殺都不會致死，槍枝自殺反之。所以，X世代青少年自殺率提高或許和心理健康關係較小，和廉價槍枝氾濫關係較大。無論如何，X世代的青少年歲月並不好過，1990年代初尤其如此。12年級生的年度調查顯示：在1992和1993年，有18%的X世代青少年說自己不快樂，在1978年，自認不快樂的嬰兒潮世代青少年則是12%。

儘管X世代青春期艱辛，但他們的心理健康似乎隨著成年後生活穩定而好轉。X世代青少年雖然自殺率偏高，但成年後的自殺率其實比嬰兒潮世代低（見圖4.21）。成人自殺率高峰出現在1950年代末出生的嬰兒潮世代，此後逐漸下降。

心理健康的其他面向又如何呢？我們可以參考兩件大型調查，比較X世代和嬰兒潮世代同齡時的心理健康狀態。例如：同樣是35到38歲，1993到1999年的嬰兒潮世代和2003到2007年的X世代有什麼不同？

這個年齡層的世代差異不大（見圖4.22）。不論是心理健康欠佳的天數，還是出現嚴重心理困擾（感到悲傷、緊張、做每一件事都很費勁）的比例，X世代和嬰兒潮世代幾乎一模一樣。

評估憂鬱症的調查雖然往回追溯的時間不長，但也再次顯示X世代成年後

圖 4.21｜美國成人自殺率，依出生年比較

資料來源：疾病管制中心WISQARS致命傷害報告

注：自殺率以每10萬人計算。陰影區為X世代。含1981到2020年數據。只列計20到72歲之自殺者。最小列計年齡為20歲，因為這是全體皆為成人的最小年齡組（亦即20到24歲年齡組，更年輕的年齡組是15到19歲，含未成年人），18歲以下者自殺率較低。最大列計年齡為72歲，原因是72歲以上自殺者多罹患絕症。1999到2019年有記錄自殺者確切年齡。1981到1998年只記錄自殺者之年齡組，數據以該年齡組之平均自殺率為該年齡組所有年齡之自殺率（例如以20、21、22、23、24歲之平均自殺率為20到24歲年齡層之自殺率）。控制年齡變因。控制年齡變因能消除年齡的影響，保留出生年和時代的影響。

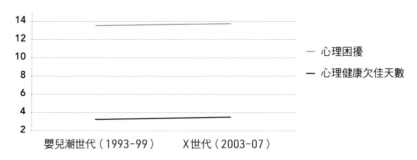

圖 4.22｜美國35到38歲者具高度心理困擾之百分率及每月心理健康欠佳天數，依世代／年度比較

資料來源：國民健康訪問調查及行為風險因子監測系統

注：1993到1999年，35到38歲者皆為嬰兒潮世代；2003到2007，35到38歲者皆為X世代。

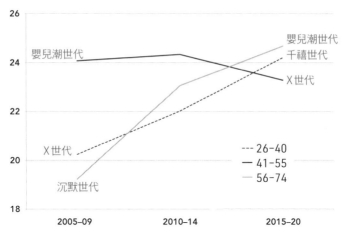

圖4.23│美國成人有憂鬱症的百分率，依年齡層比較，2005–2020

資料來源：全國健康與營養調查。憂鬱症依病人健康狀況問卷（PHQ-9）評估，採計5分以上者（5分以上代表輕度、中度及重度憂鬱症）。

並不比嬰兒潮世代憂鬱。從2005到2020年，41到55歲年齡組的主體從嬰兒潮世代變成X世代，憂鬱症的比例甚至略為下降（見圖4.23黑線）。這種趨勢和別的世代相反：當56到74歲的年齡組（灰線）從沉默世代變為嬰兒潮世代，憂鬱症發病率上升；當26到40歲的年齡組（虛線）從X世代變為千禧世代，憂鬱症發病率同樣上升。簡言之：憂鬱症的發病率從沉默世代到嬰兒潮世代是上升的，從嬰兒潮世代到X世代略為降低，從X世代到千禧世代則再次上升。

　　整體而言，X世代的心理健康只比嬰兒潮世代好一點點，但沒有更差。所以，儘管不少人認為X世代是憂鬱一族，但其實不是——至少沒有比嬰兒潮世代憂鬱。也許他們喜歡穿一身黑只是因為顯瘦。

　　為什麼心理健康變化不大？我們不妨放回脈絡下檢視：從沉默世代到嬰兒潮世代，憂鬱症的增幅已經十分驚人，所以儘管這種趨勢在X世代轉為持平，憂鬱症比例還是很高。可喜的是，X世代並沒有讓憂鬱症繼續蔓延。也許童年自由、青春期獨立已經帶給他們力量，讓他們成年後有能力抵抗憂鬱。

　　《X世代的決戰時刻》作者馬修‧軒尼斯（1973年生）也這樣認為。在他

看來，X世代的力量是從成長過程中磨練出來的。「X世代出身於美國某些已不復存在的具體觸覺世界。我們騎腳踏車不戴安全帽、也不戴護肘；我們走路上學，走路打棒球，走路排練，也走路回家——全都沒有大人看管。我們在家裡附近遊蕩，直到太陽下山。」他回憶道：「非要找爸媽或朋友不可的時候，我們不用手機也辦得到。獨立讓我們學會韌性、學會自立自強——這些特質正從美國慢慢消失，只要看看現在教孩子勇氣的書有多少就知道了。」

誰也不信
特徵：憤世嫉俗，懷疑權威

　　1980年代末，民調專家發現一件怪事。一直以來，年輕人通常較為理想主義，老年人比較憤世嫉俗，不容易信任別人，也未必相信聽見的消息。大家

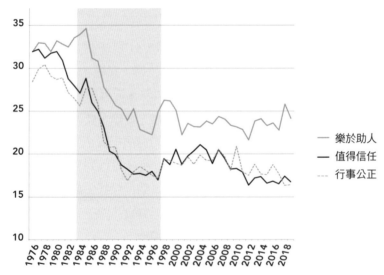

圖4.24｜美國12年級生信任他人的百分率，1976–2019

資料來源：監測未來調查

注：陰影區之12年級生以X世代為主。問卷題目是：「你認為人大多數時候願意幫助別人嗎？還是他們多半只關心自己？」；「你認為大多數人只要有機會就會占你便宜，還是他會公正行事？」；「一般而言，你認為大多數人值得信任嗎？或者與人往來再小心也不為過？」2020年樣本數過少，信度不足。

常常認為老人歷盡滄桑，對人對事都已麻木。但1980年代的幾次調查顯示實際情況恰恰相反：最憤世嫉俗的是年輕人。有報導說：「24歲以下的人是怎麼樣呢？他們認為一切都是胡說八道。[19]」

這種說法頗能迎合讀者胃口，因為當時對X世代的刻板印象就是悲觀、疏離、憤世嫉俗，從一出生就被廣告淹沒，結果變得什麼也不信。X世代年輕人就是那種老是白眼一翻、敷衍了事地咕噥一句「隨便啦」的人。

不過，民調專家顯然說中了什麼。同是12年級生，從1970年代末的嬰兒潮世代到1990年代初的X世代，這個年齡層同意「大多數人值得信賴」的比例少了一半（見圖4.24）。這已經不只是憤世嫉俗而已，X世代基本上在宣示他們誰也不信，與人往來必須非常小心。他們同意的是人不為己，天誅地滅，所以你得好好保護自己。

X世代也比較不相信大多數人行事公正、樂於助人。這股猜忌之風和1990年代初的許多負面潮流不同，並沒有隨著經濟改善消失——在12年級生陸續變成千禧世代、Z世代之後，這個年齡層的人同樣不信任別人。X世代年輕人掀起了憤世嫉俗和不信任之風，而這股潮流再也沒有消退。

這股不信任感，是否只是X世代在悲觀的1990年代初憤世青年時期的產物？也許他們成年後能重拾信任感？可惜不是。從2000年代末到2010年代初，隨著41到55歲年齡層從嬰兒潮世代變成X世代，這個年齡層也明顯變得更不信任人。相較之下，雖然56到74歲年齡層也在這段時間換血，從沉默世代變成嬰兒潮世代，但這個年齡層的信任感依然保持穩定。X世代是第一個在成年以後信任感仍不斷下滑的世代，而且每個出生年都是如此），千禧世代和Z世代也延續這個趨勢（見圖4.25）。簡言之，從1960年代開始，每一個世代都變得越來越不信任別人。

在社會關係中，不論是朋友、家人還是同事，人與人之間必須相互信任才能有最順利的往來。當人們缺乏互信，社會體系也將隨之瓦解。不信任創造出人人都是潛在敵人的社會。除此之外，信任也是經濟的基礎。沒有信任，經濟交易寸步難行。有經濟學家舉過這樣的例子：鑽石批發商必須將成袋的原鑽交

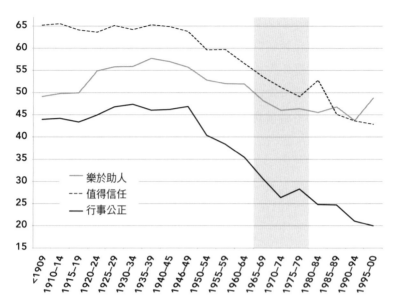

圖4.25 | 美國成人信任他人的百分率，依出生年比較

資料來源：社會概況調查

注：陰影區為X世代。統整1972到2018年數據。控制年齡變因。問卷題目是：「一般而言，你認為大多數人值得信任，或者與人往來再小心也不為過？」；「你認為人大多數時候願意幫助別人嗎？還是他們多半只關心自己？」；「你認為大多數人只要有機會就會占你便宜，還是他們會公正行事？」由於2021年並未以相同方式詢問這些問題，該年數據不予列入。

給珠寶商鑑定，如果批發商不信任珠寶商，不是交易難以進行，就是進度被繁瑣的防弊措施大幅拖延。在eBay購物也是如此：你先付款，然後相信賣家稍後會把東西寄給你。

　　為什麼信任感降低這麼多？1980和1990年代的高犯罪率或許是原因之一，可是信任感在犯罪率下降之後還是沒有恢復。我們的信任感在經濟衰退時沒有降低，在經濟蓬勃時也沒有回升——要說有什麼區別的話，情況倒是恰恰相反，我們的信任感是在景氣大好的1980年代降低最多。不過，有一項因素確實值得留意：信任感下降和收入不平等擴大是同時出現的[20]（見圖4.26）。

　　當經濟體系遭到操縱，讓一部分人獲得的比其他人多出許多，信任就受到

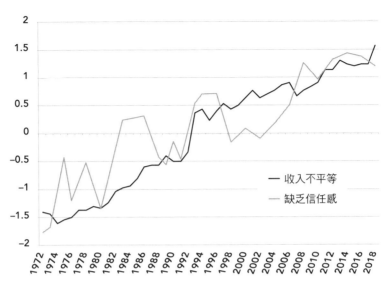

圖 4.26 │ 美國成人收入不平等與缺乏信任感的變化，1972–2018

資料來源：世界銀行數據及社會概況調查

注：收入不平等以吉尼指數（Gini index）衡量。變數已標準化。

破壞。收入不平等有很多根源，但其中之一是個人主義的資本主義，讓稅制和政策越來越以「人人為己」為依歸。信任感降低也可能與個人主義帶來的背離社會規則有關：個人主義雖然強調尊重差異，但也可能鼓勵「以我為先」的心態，導致不顧他人偏好，造成不信任。

即使人與人之間缺乏互信，只要政府以法律和規範介入，一方面防止有人占別人便宜，另一方面幫助無法自助的人，社會還是可以良好運作。問題是：如果人們不相信政府，這道解方還行得通嗎？

這正是我們目前面臨的問題。從1970年代中到1980年代中，12年級生對政府的信任感仍然高而穩定——但接下來就持續下降，雖然911事件後短暫回升，卻再也沒有恢復之前的水準（見圖4.27）。

有些作者（如X世代的馬修·軒尼斯）認為，柯林頓總統和莫妮卡·陸文斯基（1973年生）的婚外情是致命一擊，完全粉碎X世代對政府的最後一絲信

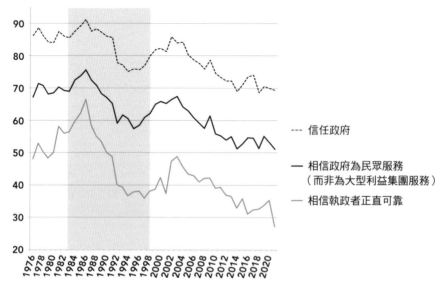

圖 4.27｜美國 12 年級生信任政府的百分率，1976–2021

資料來源：監測未來調查

注：陰影區內之12年級生以X世代為主。問卷題目是：「你多相信華府在做正確的事？」；「你認為政府主要是為少數只求自利的大型利益集團服務，還是為全體國民服務？」；「你認為部分官員狡詐或不正直嗎？」

任。這件事當然無益於建立信任，可是早從雷根的第二任期開始（也就是 X 世代的人格養成階段），18 歲以上的人便已對政府失去信心。到 1990 年代末，年輕人對政治人物的信任感已蕩然無存。在 X 世代心灰意冷之後，年輕人再也沒有恢復對政府的信心。

不只對政府如此，X 世代對其他專業的信任感也大幅下降。20 世紀前半出生的世代仍然十分信任媒體，但這種信任感從嬰兒潮世代開始出現裂痕，到 X 世代更分崩離析（見圖 4.28）。隨著有線電視台為收視率廝殺、地方報社關閉、網路新聞唯點閱率馬首是瞻，新聞變得只關心內容能否引起關注，不在乎內容是否引起最高的信任感。

信任他人、信任政府、信任媒體，是民主運作不可或缺的三大要素。這些數據很能解釋我國為何出現 2020 年和 2021 年那種局面——為什麼假訊息傳得

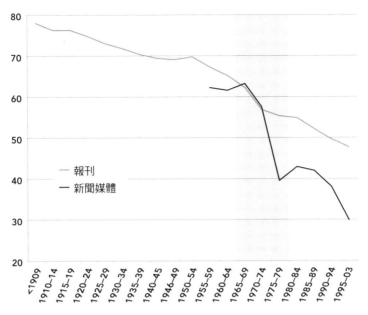

圖 4.28│美國人對報刊和新聞媒體有信心的百分率，依出生年比較

資料來源：社會概況調查（1972-2021）及監測未來調查（1976-2020）

注：陰影區為X世代。縱軸百分率數字包括對報刊「還算信任」和「非常信任」，以及認為新聞媒體「還算稱職」和「非常稱職」。對報刊是否有信心的調查對象為成人，對新聞媒體是否有信心的調查對象為12年級生。研究預設12年級生為18歲。

如此之快？為什麼2020年的選舉結果受到質疑？為什麼美國國會大廈在2021年1月6遭到襲擊？當大家對媒體和政府權威失去信心，發生這種事情就不足為怪。現代社會既然建立在政府、貨幣、公司、財稅等抽象概念上，人們起碼要能相信執政者和媒體，才能對孰真孰假形成共識。但大家現在不再是如此，對於真相往往各執一詞。

人們對醫學的信任感也大不如前。從2000年代到2010年代，不論嬰兒潮世代、X世代或千禧世代，對醫學深具信心的人急遽減少。雖然沉默世代和嬰兒潮世代對醫學的信心在2021年回升，但X世代和千禧世代仍舊無動於衷。在過去，年輕人往往比年長者對醫學更具信心（也許是因為他們不太需要看

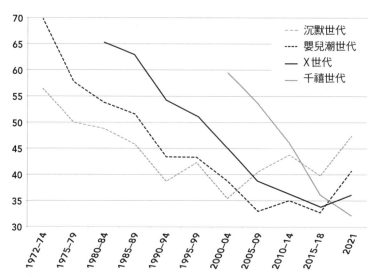

圖 4.29｜美國成人對醫學深具信心的百分率，1972–2021

資料來源：社會概況調查

病，醫療機構他們失望的機會少得多），可是到2021年，情況已經逆轉（見圖 4.29）。對權威的不信任感擴大到醫學領域。

　　缺乏信任讓陰謀論氾濫成災，連治療新冠肺炎的偏方都大行其道。2021 年12月，一名醫師匿名上Reddit發文，標題是「陰謀論傷亡率」（Q-Anon[vii] Casualties）。這名醫師說許多病人家屬對他叫罵（我無法確認貼文者的性別，但從文風判斷可能是男性，所以使用陽性代名詞），說他「為虎作倀，幫國際陰謀集團滅絕人類」，要他用高劑量維生素C或奎寧治療他們的家人。有位38歲的病人因為新冠肺炎入院，妻子要求這名醫生用伊維菌素（ivermectin）治療（也是偏方）。被醫生拒絕之後，她痛罵醫生無知。儘管那名病人性命垂危，但因為那位太太就是不願遵守戴口罩的規定，進不了醫院。最後那名病人過世時毫無家人陪伴，只有這名發文的醫生握著他的手。最後，醫生到停車場告知她丈夫的死訊，她痛斥醫生是兇手，還打斷他的鼻梁。這名醫生隔天就開始找新工

vii Q-Anon的典故有點複雜（https://reurl.cc/lgRAmv），所以我直接譯成「陰謀論」。譯注

作，在貼文中說：「我當了三十年醫生，但還是敗給這群陰謀論魔人，他們讓我不想再照顧病人。」

個人主義是信任感受到侵蝕的原因之一，這就是缺乏信任造成的惡果，最後受害的不只 X 世代，還有所有世代的美國人。個人主義創造出一種觀點，以為自己的看法絕不遜於任何一個人，讓人無視專業差距。正因如此，有的人老是愛說他們寧願對疫苗「自己做研究」。可是對於在 Reddit 貼文的那位醫生來說，過度自信和相信陰謀論直接相關。他曾經疑惑為什麼病人家屬一方面指控醫院殘害病人，另一方面又把家人送來醫院。「後來我知道為什麼了。」他說：「他們知道那全是謊言，可是他們又自負到拉不下臉承認。」

抗拒防疫規定（如戴口罩）的核心也和個人主義有關。當每個人都認為自己只是獨立個體，往往很難接受別人告訴自己該怎麼做。文化個人主義者不太會考慮集體效應，例如人人戴口罩，才能讓口罩的效果發揮到最好。在這個全面擁抱個人主義五十年的文化裡，口罩令處處碰壁。事實上，關閉商店和學校的防疫措施對經濟和心理衝擊更大，抗拒這些措施也不完全是因為個人主義。相較之下，戴口罩只是相對輕微的不便，連口罩令都難以貫徹，更突顯出極端個人主義影響之大。對一部分人來說，連戴口罩的規定都干涉太多。

科技對機構的衝擊也不容小覷。社群媒體和網路為個人主義推波助瀾：人們之所以能自己做研究，無非是因為獲取資訊的管道更多，無論資訊正不正確。在醫學資訊只能透過不甚流通的教科書獲得時，大多數人別無選擇，只能信任醫生。可是當資訊大量上網、唾手可得，任何人都能對任何主張提出質疑。這當然有好處，畢竟病人可以得到更多知識，進而為自己爭取權益。可是在開始施打疫苗之後，從太多來源接收太多資訊的缺點變得顯而易見。如果能嚴格查核資訊來源，「自己做研究」是好事一樁；但如果不分青紅皂白照單全收，恐怕得不償失。然而，許多人無法分辨哪些來源值得信任、哪些不能，甚至把不喜歡的說法都視為假新聞。「假新聞」一開始指的是來路不明的網站為牟利而製造的假消息，但這個詞最後失去意義，被人們用來否定所有自己看不順眼的訊息。隨著網路新聞成為主流，人與人之間的信任越來越低，真相變得

言人人殊。在普遍認為只能信任自己的社會，不但集體行動成為奢求，連為基本事實取得集體同意都變得難如登天。

我們能不能好好相處？
特徵：懷疑主義，種族意識覺醒

1991年3月3日凌晨，水管工喬治・霍里迪（George Holliday）被警笛吵醒。他馬上拿起新買的手提攝影機，衝向公寓陽台，開始拍攝。「你知道，人買了新科技產品都是那個樣子。」他後來說：「你什麼都拍，無所不拍……雖然大家經常指控別人做了什麼事，可是被拍下來就不一樣了。鐵證如山，無可抵賴。[21]」

霍里迪拍下的是四名洛杉磯警察打人的畫面。被打的羅德尼・金恩（Rodney King，1965年生）25歲，週六晚上和兩個朋友在另一個朋友家看棒球，因為超速行駛被警方攔截，警察命令他趴在地上。開始拍攝時，金恩已被電擊，正想從地上爬起，幾名警察一擁而上，不但用警棍捶他，在他倒下之後還一直踹他。往後幾個月，這段影片像無限循環一樣在電視重複播放。

四名洛城警察在影片曝光後遭到逮捕，接受審判。可是在1992年4月29日，主要由白人組成的陪審團判他們無罪。洛杉磯陷入暴動六天，期間63人罹難，財產損失高達10億。新聞直升機拍到暴動者攻擊白人司機雷金納德・丹尼（Reginald Denny），將他拉出卡車毆打。羅德尼・金恩上電視呼籲各方冷靜，說：「我們能不能好好相處？」

對X世代而言，金恩被毆和洛城暴動猶如晴天霹靂，對於有幸不必經常思考種族問題的X世代白人來說尤其如此。X世代是未曾經歷黑白分校、飲水機分開、民權遊行的第一代，在此之前，他們一直以為種族歧視已是歷史。

洛城暴動兩年後，前橄欖球球星辛普森（O. J. Simpson）分居的妻子妮可（Nicole，1959年生）被殺，同時遇害的還有妮可的友人羅納德・高德曼（Ronald Goldman）。由於證據顯示辛普森涉嫌重大，他同意到案說明。不料，辛普森五天後卻和朋友艾爾・寇林斯（Al Cowlings）擅自離家，警方只好將他逮捕（追緝

行動後來被稱為「低速追捕」）。1995年的後續審判猶如媒體大戲，電視台追蹤直播長達九個月之久。最後，在絕大多數證據對辛普森不利的情況下，他被判無罪。儘管許多人認為判決背叛正義，但也有不少人為此欣慰，認為這是美國黑人在司法體系中罕見的勝利。調查發現不同種族對判決歧見極深：美國黑人只有三成相信辛普森有罪，美國白人則是八成[22]。美國赫然發現「種族問題已獲解決」的表象只是幻覺——不過，美國黑人多半不曾相信這個理想已經實現。

年輕X世代也感受到種族之間的緊張氛圍。在1990年代，相信黑白種族關係惡化的12年級生大幅增加，擔心種族衝突的人數也迅速上升。大學生比過去更加相信增進種族理解至為重要（見圖4.30）。儘管個人主義在促進種族平等上厥功甚偉，但革命未竟全功。X世代雖然從小深信平等天經地義，但許

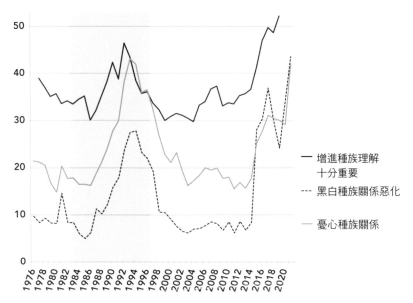

圖4.30｜美國12年級生和大學新生同意特定種族與不平等陳述的百分率，1976–2021

資料來源：監測未來調查與美國大一新生調查

注：陰影區之12年級生和大學新生主要為X世代。「增進種族理解」一題的詢問對象是大學新生，「種族關係」兩題詢問的是12年級生。2020年對12年級生的調查於2月到3月初進行，當時學校尚未因新冠疫情關閉，因喬治‧佛洛伊德遇害而起的抗議活動也尚未開始。

多人發現種族平等還有很長一段路要走。

到了 2000 年代，種族對立似乎在某種程度上自動緩解。在 911 事件後同仇敵愾的氣氛中，種族恩怨彷彿一筆勾銷。碧昂絲成為媒體公認的流行音樂之后；珊達・萊姆斯（Shonda Rhimes）製作的影集風靡全國觀眾；美國選出第一位黑人總統——而且讓他連任。「美國已經進入後種族社會」的議論再次出現，《華爾街日報》在 2008 年說：歐巴馬當選代表「我們或許可以拋下迷思，不再相信這個偉大的國度會因為種族主義而阻礙一個人成功」[23]。

雖然大多數人並不同意歐巴馬當選是種族主義的終結，但種族關係從 2000 年代到 2010 年代初的確較為平和，12 年級生憂心黑白種族對立的不到五分之一，認為種族關係惡化的不到十分之一。可是到了 2014 年，隨著麥可・布朗（Michael Brown）在弗格森（Ferguson）遭警方槍殺，種族對立再次升高（見圖 4.30，2015 後的種族關係將在〈千禧世代〉一章詳述）。種族緊張在 2010 年代末持續醞釀，接著大家都知道出了什麼事：2020 年，喬治・佛洛伊德（1973 年生）在明尼亞波里斯遇害，全國再次爆發種族衝突。到了 2021 年，認為黑白種族關係惡化的 12 年級生人數創下史上新高。

2015 年後，許多積極討論種族問題的作家和思想家都是 X 世代，例如《世界與我之間》（*Between the World and Me*）的塔納哈希・科茨（Ta-Nehisi Coates，1975 年生），以及《1619 計畫》（*The 1619 Project*）的妮可・漢娜－瓊斯（Nikole Hannah-Jones，1976 年生）。這些作者的作品都深具影響力，但他們和同世代的其他人一樣，從來沒有經歷過法律許可種族隔離的時代。然而，他們都發現不平等依然無所不在，也質問社會為何依舊如此。X 世代不分種族，每一個人都在個人主義和憤世嫉俗的文化中成長，從小學到的是質疑一切，不會理所當然地認為政府可以信任，反而相信應該深思、挑戰所有社會規範，甚至革除其中一部分。也許是因為 X 世代太習於質疑，他們的看法並非完全一致，即使在同一種族或族群之內也是如此。例如約翰・麥克沃特（John McWhorter，1965 年生）雖然身為黑人，可是在《覺醒種族主義》（*Woke Racism*）中，他對 2015 年後種族問題重獲關注的方式深深不以為然，認為相關論述將美國黑人幼體化，也

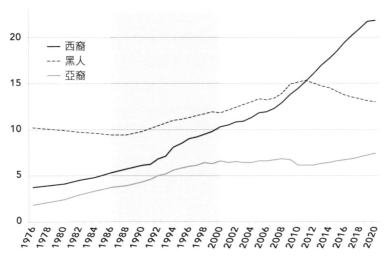

圖 4.31 ｜美國大學生屬特定種族／族裔的百分率，1976–2020

資料來源：《教育統計彙編》

注：陰影區之大學部學生以X世代為主。縱軸數字為各類別學生占全體大學生的百分率，非全體人數。

批判這個運動太在意用詞，卻忽略行動。

在X世代眼中，種族也不再限於黑人和白人。在第一批X世代誕生的1965年，詹森總統簽署了一項歷史性法案，取消依出生國而定的移民配額（該規定原本對北歐移民特別有利）。於是在接下來的幾十年，湧入美國的數百萬移民有許多來自亞洲、拉美和中東，他們的X世代子女將使這一代永遠多元。一度只有黑人和白人的高中和大學教室，逐漸坐滿越來越多西裔和亞裔學生（見圖4.31）。這種趨勢在某些大學特別明顯，例如在1990年代中，加州柏克萊大學有四成的學生是亞裔美國人。

雖然在此之前，已經有許多西裔和亞裔在美國生活了幾十年，但這時增長的移民數量龐大到不容忽視。非洲和中東的移民人數也十分可觀，連原本似乎不可能有移民湧入的地方也出現移民聚落，例如密西根的中東社群，還有明尼蘇達的索馬利亞社群。

X世代是全程見證美國被世界各地移民改變的第一代。移民的X世代子女

進入大學之後，一方面因為共同的童年經驗而能與同學打成一片，另一方面又能與朋友分享自己獨特的故事，用墨西哥成年禮、印度紗麗、伊斯蘭頭巾、華人春節讓同儕大開眼界。美國餐廳原本乏善可陳，不是漢堡就是燉菜或果凍沙拉，但現在連內陸都吃得到墨西哥捲餅、壽司和港式點心。我爸爸的家鄉在明尼蘇達州威爾瑪（Willmar），原本那裡最有特色的館子也不過是美式連鎖餐廳柏金斯（Perkins），現在不但能去阿茲提卡小館（Azteca）吃墨西哥菜，還能在索馬利亞星辰（Somali Star）嘗到道地索馬利亞料理。

隨便啦
特徵：政治冷漠

1981 年，MTV 頻道以〈影像殺死廣播明星〉（Video Killed the Radio Star）開播。這首歌猶如預言：MTV 台的節目既不像兒童節目那般幼稚，又不像給成年人看的那麼無聊，立刻風靡無數青少年，成為 X 世代最愛的頻道。1983 年，麥可‧傑克森的〈顫慄〉（Thriller）在 MTV 頻道首播，製作精緻，有點恐怖卻又不至於太過嚇人，在「爆紅」這個詞出現之前就已爆紅。

可是到 1992 年，青少年看 MTV 時卻發現不一樣的東西：他們喜歡的幾位歌手居然拍攝廣告，敦促他們在即將到來的總統大選中投票。混音老爹（Sir Mix-A-Lot，1963 年生）在廣告中穿插他的當紅歌曲〈寶貝，回來！〉（Baby Got Back），說：「饒舌歌最近流行吐槽有權有勢的人……但真正應該流行的是走進投票所投票。我告訴你各位：只要你是 18 歲以上的美國公民，你就有權利投票。只要你有任何不滿，就用選票教訓他們！和平。」另一個廣告採黑白攝影，請瑪丹娜絮絮叨叨了將近三分半鐘，以唯有 X 世代能懂的幽微諷刺挖苦說投票好麻煩。影片最後，造型師挑了一套 1970 年代風格的連身裙給她，瑪丹娜拒穿，說：「雪兒才會選（vote）那種東西。」

為這些廣告出資的是撼動選票（Rock the Vote）。1990 年，一群音樂製作人成立了這個組織，原因是不滿嘻哈和饒舌歌手經常遭到審查。他們認為：要是能鼓勵更多年輕人投票，應該能對相關法律和政策施壓。1992 年的廣告直接

訴諸X世代，在整個1990年代及其後，撼動選票也持續鼓勵年輕人投票。

大人對鼓勵年輕人投票的廣告嘖嘖稱奇，第一波嬰兒潮世代尤其覺得有趣。畢竟他們當年積極影響政治政策，不只投票，還上街示威、當眾燒徵兵令。難道這群小鬼真的政治冷漠到這種地步，還需要混音老爹和瑪丹娜親自出馬說服他們？

某方面來說的確如此。以18到41歲的年齡層為例，1940年代末出生的嬰兒潮世代有57%投過總統選舉；1960年代末出生的X世代則只有47%（見圖4.32）。這樣的差距不容小覷：以2016年為例，18到41歲年齡層的10%是一千萬人——在那一年的總統選舉中，有幾個中西部州只要八萬票就會翻盤，一千萬人是這個數字的125倍[24]。像前幾次選舉那麼近的差距，僅僅幾個百分點都攸關勝負。

即使是同一個世代的人，投票率也會隨著出生年而不同。嬰兒潮世代的投票率從前期到後期逐漸降低，換言之，這個世代的人越晚出生，就越沒興趣參

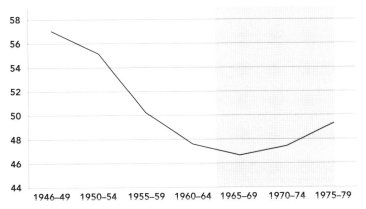

圖4.32 | 18到41歲美國人總統選舉投票率，依出生年比較

資料來源：美國普查局人口動態調查

注：陰影區為X世代。據1964到2020年資料繪製。1946到1979年出生者（從嬰兒潮世代頭到X世代尾）有這個年齡層（18到41歲）的完整數據。1976年起可取得個別年齡的數據，1964到1972年只有年齡組的數據。從1972年選舉開始，投票年齡由21歲下修到18歲。由於18到20歲者投票次數較少，我們對嬰兒潮世代前期的投票率推測可能略有膨脹，但1964到1972年的18到24歲年齡層的投票率非常接近。

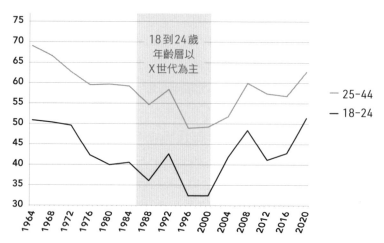

圖 4.33 ｜美國成人總統選舉投票率，依年齡層比較，1964–2020

資料來源：美國普查局人口動態調查

注：陰影區內之 18 到 24 歲年齡層以 X 世代為多數。

與政治。X 世代的趨勢恰恰相反，越晚出生就越積極參與政治：和 1960 年代末出生的 X 世代相比，1970 年代末出生的 X 世代投票率高了 6%。

令人遺憾的是：儘管如此，投票率依然顯示 X 世代對政治較為冷感。和嬰兒潮世代對 1968 和 1972 年兩次總統大選更熱烈的投票率相比，X 世代青年在 1990 年代總統大選的投票率低得多：從 1972 年到 1996 年，18 到 24 歲年齡層的投票率降低了 35%（見圖 4.33）。

在 1992 年青年投票率突升和媒體開始關注 X 世代之後，有些年輕領袖決定建立政治組織，一方面推進 X 世代的投票率，另一方面呼籲政治人物回應這個新興世代的需求，尤其是國債問題和社會保險償付能力。喬・柯文（Jon Cowan，1965 年生）和羅伯・尼爾森（Rob Nelson，1964 年生）在 1992 年成立「領導或滾蛋」（Lead...or Leave），要求政治人物降低國債，否則下台。他們到大學校園舉辦集會，還在國會大廈台階撒下四千枚美分銅板代表國債。柯文和尼爾森說：國債就是「我們的越戰」[25]。不過，雖然「領導或滾蛋」成功推動了幾波選民登記，卻還是在 1995 年分崩離析。隔年，年輕人投票率創下史上新

低。

　　進入2000、2010、2020年代之後，千禧世代和Z世代青年的投票率大幅提升，拉回到嬰兒潮世代的水準（見圖4.33）。拿18到34歲的年齡層來說，X世代的平均投票率是43%，嬰兒潮世代是50%，千禧世代前段則是49%。從投票率來看，X世代似乎的確是各世代青年人之中對政治最冷漠的。

　　然而，嚴格來說並非完全如此。首先，在1996和2000年的總統選舉中，嬰兒潮世代和沉默世代的投票率也不高。承平時期往往投票率低，經濟衰退和軍事動員期間才會刺激投票率，尤其是年輕選民。X世代青年人在1992年之所以踴躍投票，原因正是那年經濟衰退（雖然混音老爹和瑪丹娜也出了點力）。

　　其次，X世代過了青年期以後對投票較為積極。到了2008年，25到44歲的年齡組投票率反彈回升時，這個年齡組幾乎全部都是X世代（見圖4.33）。X世代步入成年中期以後似乎擺脫了政治冷漠，讓投票率恢復嬰兒潮世代後期的水準。雖然崇尚個人主義的X世代一度輕視選舉，認為投票不啻於隨眾人起舞，但逐漸年長之後，他們或許也發現投票是表達自我觀點的方式之一。

　　隨著X世代在2020年代邁入成年中期（主要投票年齡），他們應該會成為政治人物極力爭取的目標。隨著這十年過去，X世代也會有更多人年過六十，進入投票率最高的年齡層。X世代在2020年已是龐大投票勢力，有4,000萬名登記選民（嬰兒潮世代是5,200萬名，千禧世代是4,100萬名）。實際投票的X世代也比千禧世代多：X世代有93%的登記選民投票，千禧世代的登記選民則有89%投票。然而，可能是因為X世代早已被貼上政治冷漠的標籤，大多數媒體往往忽略他們，只集中注意到千禧世代成為新的投票勢力，即將取代嬰兒潮世代。

▌天天都是地球日
特徵：關心環保

　　對投票興趣缺缺是一回事，X世代從年輕時就十分熱中一項政治社會議題：環保。1970年設立的地球日原本不受重視，沉寂了20年。直到1990年20

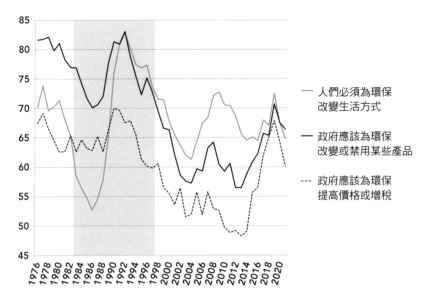

圖 4.34 | 美國 12 年級生贊同為環保採取特定行動的百分率，1976–2021

資料來源：監測未來調查

注：陰影區之 12 年級生主要為 X 世代。X 世代於 1983 到 1997 年就讀 12 年級，千禧世代於 1998 到 2012 年，Z 世代於 2013 到 2030 年。

週年紀念，才被 X 世代和其他組織者推向舞台中央。同年，美國通過《國家環境教育法》(National Environmental Education Act)，透過課程規劃讓學生學習環保知識，也鼓勵他們從事相關工作。

於是，許多年輕人對環保議題產生濃厚興趣，相信人人都必須為環保改變生活方式，也認為政府應該協助完成這個目標（見圖 4.34）。在環保議題的領域上，X 世代願意放下個人主義，為了更大的善——或許也為了自己的未來考量。

和大眾印象相反，X 世代年輕人的環保熱忱其實勝過後續世代的高中生。儘管副總統高爾 2006 年的紀錄片《不願面對的真相》(An Inconvenient Truth) 震撼全球，引起世人對氣候變遷的關注，但千禧世代對環保的興趣還是明顯不如 X 世代。雖然 Z 世代重燃環保熱情，但不僅程度不如 1990 年代的 X 世代年輕人，實際上還在 2019 到 2021 年之間退燒。

我們現在視為理所當然的環保政策，其實很多都起於1990年代。許多城市的回收計畫都是在當時應運而生，由X世代教導嬰兒潮世代和沉默世代長輩什麼能回收、什麼不能 [26]。從1990到2000年，街頭垃圾回收率增加一倍，10年中的增幅為有紀錄以來最高的。氟氯碳化物（chlorofluorocarbons, CFCs）壓力噴霧罐被禁用（哈囉，泵式噴霧器，我們又見面了）；麥當勞停止使用保麗龍容器；加油站也終於在1996年告別含鉛汽油。連1969年發生大火的伊利湖（Lake Erie）都整治成功，1999年我住在克里夫蘭（Cleveland）的時候，湖水乾淨得可以游泳。1990年代也許犯了不少錯，但那段時間至少讓我們學會關心環境。

愛勝過一切
特徵：接納差異

吉姆・歐伯格菲（Jim Obergefell）和約翰・亞瑟（John Arthur）都是X世代，第一次邂逅是在辛辛那提大學旁邊的伍迪大叔酒吧，時間是1990年代初。幾年後，兩人在同一家酒吧又一次相遇。在朋友的派對上第三次相會時，他們決定交往。吉姆說：「這叫三見鍾情。[27]」

他們一起生活了二十年，兩人在不同公司工作，修復舊屋。可是在2011年，約翰診斷出肌萎縮性側索硬化症（amyotrophic lateral sclerosis, ALS），又稱魯－蓋瑞氏症（Lou Gehrig's disease）。這種神經疾病讓約翰快速衰弱，不到兩年就無法行走。「我們結婚吧。」吉姆說。約翰答：「好。」

但他們不能結婚──因為他們住在俄亥俄州，同性婚姻在那裡尚未獲得法律認可。在親友資助下，他們搭乘醫療專機飛往馬里蘭州，在停機坪上舉行婚禮。三個月後，約翰過世。

在吉姆和律師的爭取之下，約翰的死亡證明將吉姆列為配偶，但俄亥俄州隨即上訴成功，刪去吉姆的名字。吉姆上訴聯邦最高法院，最高法院決定將歐伯格菲訴霍吉案（Obergefell v. Hodges）與其他三案合併審理。其中一案的原告是密西根州女同志伴侶愛普洛・狄包爾（April DeBoer）和簡恩・羅斯（Jayne Rowse），因為她們得知只要其中一人發生意外，兩人收養的子女可能被迫分

開。2015年6月26日，最高法院裁定歐伯格菲、狄包爾、羅斯等原告勝訴，同性婚姻在美國全面合法，影響遍及全美在世的六個世代。雖然這項判決對千禧世代和Z世代的影響應該更大，可是站在法律和政治前線的其實是X世代，是他們衝鋒陷陣爭取同性婚姻合法化，他們也第一手見證大眾對LGBT的態度從輕視（甚至暴力）到接受，再到祝賀。

我們在沉默世代那章談過麥克・麥康諾和傑克・貝克（明尼蘇達州發給他們結婚許可又撤回）。正因為這些同志伴侶不斷提出挑戰，同性婚姻從1970年代開始受到全國關注。在1980年代愛滋病爆發期間，同性婚姻的優先性一度被擱置，許多同志平權人士甚至認為永遠不可能合法化。他們似乎是對的——1996年，柯林頓簽署《婚姻保護法》，宣布各州沒有義務認可在別處核准的同性婚姻。

然而，一州又一州的法律開始改變。有些州先以「民事結合」（civil union）為名提供同性伴侶多數婚姻保障，為同性婚姻的概念建立法律和語意基礎。2004年情人節前兩天，舊金山市長蓋文・紐松（1967年生）命市政府核發結婚許可給同性伴侶。為了完成終身大事，一對對男女同志在法院外大排長龍，甘願冒雨等候幾個小時之久，畫面透過電視傳送到全國。取得第一張結婚許可的是德爾・馬丁（Del Martin）和菲莉絲・里昂（Phyllis Lyon），一對從1953年就一起生活的女同志。舊金山公然藐視現存州法直到3月，才被州檢察總長下令停止。

然而，潮流已經開始轉變。同年，麻州成為美國同性婚姻合法的第一州，其他州也陸續跟進。在最高法院對歐伯格菲案做出裁定之前，大多數州其實已經通過同性婚姻合法。

在1980年代愛滋病流行期間，X世代最初並不贊同同性性行為，可是在那之後，X世代的態度急遽轉為認可，變化幅度超過其他世代（見圖4.35）。這讓X世代和他們的沉默世代父母產生巨大隔閡，在同性婚姻成為文化戰爭主戰場的2000年代尤其嚴重。那段時間總是不乏政治人物表態，說自己相信唯有一男一女才能結婚。連向來是民主黨票倉的加州，到2008年依然通過反對同性婚姻的8號提案。

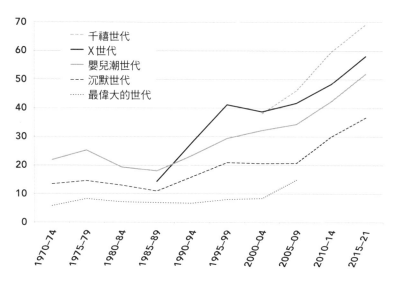

圖 4.35｜美國成人接受同性性行為的百分率，依世代比較，1972–2021

資料來源：社會概況調查

注：雖然調查並非追蹤同一群人，但結果顯示每一個世代的態度都隨時間而改變。詢問的問題是：「你怎麼看待兩個相同性別的成年人發生性關係？一定是錯的？幾乎一定是錯的？有時候是錯的？或完全沒錯？」縱軸數字為回答「完全沒錯」的百分率。

　　然而，這是舊世界的垂死掙扎。到了 2021 年，連大多數的共和黨都支持同性婚姻。這個社會議題的輿論轉向可以說是有史以來最快的。

　　風潮會隨著時間的推移而改變，在整體趨勢改變的同時，不同世代之間也會表現出明顯的差異，對同性戀的態度就是典型的例子（雖然每一個世代都受到時代因素影響，但對同性戀的態度漸趨友善，見圖 4.35），可是在 2015 到 2021 年還是可以看得見代溝，例如千禧世代明顯比沉默世代更支持同性婚姻。在同性性行為和同性婚姻議題上，世代差異比其他議題更大。20 世紀初出生的人贊同同性性行為的微乎其微，20 世紀末出生的人則超過四分之三贊同，比例增加超過 10 倍（見圖 4.36）。X 世代是第一個成年後超過半數支持同性性行為和同性婚姻的世代，千禧世代和 Z 世代不但延續了這樣的態度，還更進一步讓這種看法成為主流，過程一如沉默世代為平等權利奮鬥，再由嬰兒潮世代

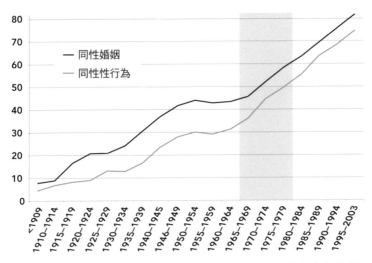

圖 4.36│美國成年人支持同性婚姻和同性性行為的百分率，依出生年比較

資料來源：社會概況調查

注：陰影區為 X 世代。含 1972 到 2021 年數據。在同性性行為方面，詢問的問題是：「你怎麼看待兩個相同性別的成年人發生性關係？一定是錯的？幾乎一定是錯的？有時候是錯的？或完全沒錯？」縱軸數字為答「完全沒錯」的百分率。在同性婚姻方面，問卷的陳述是：「同性戀伴侶應有結婚的權利。」縱軸數字為回答「強烈認同」或「認同」的百分率。

完全實現平權。人的觀念在相對短暫的時間裡竟然能發生這麼大的變化，正足以證明「沒有世代差異」、「什麼也沒變」的說法並不正確。

有人認為：社會之所以越來越能接受同性婚姻，是因為越來越多 LGBT 出櫃。當大家發現自己認識的人是 LGBT，對這個族群的謎之想像也煙消雲散。畢竟排斥模模糊糊的「同志」概念是一回事，將親人、同事、鄰居拒於門外是另一回事。媒體勾勒的同志形象也有助於消除成見，雖然他們花了點時間才跟上時代的腳步。1993 年，《歡樂單身派對》（*Seinfeld*）率先表示身為 LGBT「沒什麼不對」。但直到 1997 年，當嬰兒潮世代的艾倫・狄珍妮（1958 年生）公開宣布性傾向（《時代》雜誌以她為封面故事，標題是：「對，我是同志」），她還是失去了主持的情境喜劇。不過，風向已開始改變：僅僅一年以後，以數名出櫃同志為主角的影集《威爾與格蕾絲》（*Will & Grace*）大獲好評。到 2003 年的

《酷男的異想世界》（*Queer Eye for the Straight Guy*）登場時（這部影集的主人翁是五名X世代同志，為異男提供不少建議，例如穿曲棍球衣參加晚宴絕不得體），整場革命已接近尾聲。那十年還有其他青少年節目宣導平權觀念，例如由X世代凱文・威廉森（Kevin Williamson，1965年生）製作的《戀愛時代》（*Dawson's Creek*），以及由三名X世代製作的《歡樂合唱團》（*Glee*）。這些影集以千禧世代為主要對象，揭露出同志青少年在學校受到的霸凌。X世代年輕時常隨便把「同性戀」當罵人的話，現在則開始教育自己的孩子接納差異。

當然，同志勇於出櫃和社會氛圍改變孰先孰後，就像是先有雞還是先有蛋的問題。如果社會充滿偏見、文化不容差異，LGBT不會願意出櫃，媒體也不會正面描繪他們。LGBT平權革命之所以能發生，必須有某個東西先為它打好基礎，而我認為那個東西就是個人主義。如果社會普遍相信每一個人都是獨立個體，能自行決定愛什麼人，那麼昔日關於性傾向的僵化社會規範就不再能服人。隨著個人主義在1960年代之後站穩腳跟，大眾的態度開始改變，接納LGBT也成為接下來幾十年發展的最終結果。作為第一個認為個人主義天經地義的世代，X世代成為第一個多數支持同性婚姻的世代絕非偶然。千禧世代和Z世代也將延續這種態度，把支持同性婚姻的比例推上高峰。

不准這樣講！
特徵：臉皮厚，對歧見態度開放

每個世代都有這麼一天：你赫然驚覺文化在你忙東忙西時已經起了變化，在時代面前，你覺得自己像個老人。你不再是主導改變的人，反而必須回應年輕一代造成的改變。對X世代來說，這一天在2010年代中期降臨。

例如在2014年，布朗大學一名四年級生因為不同意演講者的觀點，和同學們預先布置了一座「安全空間」，準備好餅乾、著色書、毛毯，還播放小狗的影片，讓到時候受不了那名講者的學生能來這裡稍事喘息。其中一名使用空間的學生說：「那個人的看法和我向來重視和堅持的信念背道而馳，我覺得像是被轟炸一樣。[28]」而X世代的集體反應是：「呃？念大學不就是來接觸不同

觀點的嗎？」

　　差不多在同一段時間，抱持爭議性主張的講者越來越常被「取消邀請」，被學生認為發言失當的教師紛紛遭到停職或開除。對X世代的教師和嬰兒潮世代的大學主管來說，這種新的言論審查著實令人咋舌。在《為什麼我們製造出玻璃心世代？》（*The Coddling of the American Mind*）中，強納森‧海德特（Jonathan Haidt，1963年生）和葛瑞格‧路加諾夫（Greg Lukianoff）指出：抑制言論對學生毫無益處，這樣一來不但接觸不到不同觀點，也失去自行處理歧見的機會。同樣是2010年代，作家克萊兒‧福克斯（Claire Fox，1960年生）到倫敦一所高中演講，底下的女生聽了之後哭著對她喊：「不准這樣講！」

　　到了2020年代，言論自由辯論加速成為取消文化，如何面對歧見的爭論經常演變為世代戰爭，對峙雙方往往是X世代和千禧世代。2020年夏，全美抗議活動四起，參議員湯姆‧柯頓（Tom Cotton）投書《紐約時報》，呼籲軍隊介入。刊出之後，報社裡的千禧世代員工表示該文令他們不安，投書版主編詹姆斯‧班內特（James Bennet）被迫辭職。差不多在同一時間，X世代作家J‧K‧羅琳（J. K. Rowling，1965年生）引發另一場風暴：她在推特上批評「有月經的人」這個用詞（她認為應該直稱「女性」），結果被《哈利波特》電影中的千禧世代演員群起而攻之。Netflix也遇過千禧世代員工集體罷工，原因是電視台播出戴夫‧查普爾（Dave Chappelle，1973年生）的脫口秀《華麗最終回》（*The Closer*），而該集內容頗有爭議。當然，X世代的看法並不完全一致，千禧世代和Z世代也不是眾口一詞，但言論自由之戰的世代色彩確實鮮明，對立的常常是X世代和千禧世代。

　　X世代獨立製片馬克‧杜普拉斯（Mark Duplass，1976年生）也為此吃過苦頭：他推文建議自由派同溫層追蹤保守派評論家班‧夏皮羅（Ben Shapiro，1984年生），因為「我和他雖然很少看法相同，但他是個真誠的人，有一次還單純出於好意幫我。他不會扭曲事實，出發點也是好的。」杜普拉斯立刻在推特上遭到圍剿，最後出面致歉，說那則推文「在許多方面是場災難……我真的很抱歉。我現在知道自己應該更用心也更謹慎。我正在努力。」導演詹姆斯‧

岡恩（James Gunn，1966年生）由於力挺杜普拉斯也受到波及，網路鄉民搜遍他的推特和部落格，翻出他十年前開過的不當玩笑。岡恩原已應邀執導《星際異攻隊》（*Guardians of the Galaxy*）第三集，但因這場風波遭到撤換。

為什麼會出現這些言論自由衝突？播放小狗影片的安全空間是條線索：青年人追求童年的安適，反映的是人生減速策略。重視安全植根於人生減速策略，這種策略以安全為最高原則。從這種角度出發，保護聽眾比公開討論重要。千禧世代熟悉的是人生減速策略，而X世代從童年到青春期看重的都是強韌，並不認為言語足以構成暴力。另一方面，個人主義本來就傾向保障過去遭受歧視者的權利，這種態度和人生減速策略重視保護的立場相互加乘，讓千禧世代對該保護誰、該對抗誰十分敏感（這條界線甚至比種族歧視更不容侵犯，例如雖然戴夫・查普爾是黑人，跨越紅線還是會遭到圍攻）。而當然，即時互動和網路暴民心態也為這些因素火上澆油。

「現在跑出來一個新老大……社群媒體暴民。」X世代作家梅根・達姆寫道：「千禧世代……站上媒體守門員的位置。科技、教育和其他主要領域逐漸受制於鄉民，畏畏縮縮地被他們牽著鼻子走。這群思想警察志願軍人數雖然不多，聲量卻非常大。[29]」

X世代夾在不同世代之間，上有嬰兒潮世代老闆和主管，下有千禧世代和Z世代年輕員工或學生，而他們自己有時也會陷入衝突。X世代雖然未必能同理年輕世代對言論和創傷的看法，但和嬰兒潮世代相比還是略勝一籌。正如X世代詩人柔伊・惠特爾（Zoe Whittall）在推文中所說：「我們是生在夾縫之間茫然的一代，上一代覺得什麼都不算創傷，下一代認為什麼都是創傷。」

▍雷根世代
特徵：年輕的和沒那麼年輕的共和黨

在1970年代，情境喜劇常有保守派父母和自由派子女爭執的情節，例如在《家家有本難念的經》（*All in the Family*）中，亞奇・邦克（Archie Bunker）（卡洛・歐康納〔Carroll O'Connor，1924年生〕飾）和自由派女婿麥可・史提維奇

（Mike Stivic）（羅伯·雷納〔Rob Reiner，1947年生〕飾）經常意見相左，兩人之間的對話令人印象深刻。然而到了1980年代，兩代之間突然立場互換，例如在情境喜劇《天才家庭》（Family Ties）裡，自由派父母養出了一個保守派兒子，支持雷根，總是正經八百打著領帶，這個角色叫亞歷克斯·基頓（Alex P. Keaton），由米高·福克斯（Michael J. Fox，1961年生）飾演——誰叫他看起來比實際上年輕viii。據《天才家庭》製作人蓋瑞·大衛·高柏格（Gary David Goldberg）說，劇中內容都是照他聽說的真人真事改編。高柏格說自己和同輩朋友「就是那種老激進派，沒想到忽然之間成了主流……生了孩子，給予下一代更多自主權。孩子們非常聰明，但立場顯然比你偏向右派，不覺得賺大錢、過更好有什麼不對。[30]」

viii 亞歷克斯·基頓在劇中設定為1965年出生：https://reurl.cc/yYLG8q。譯注

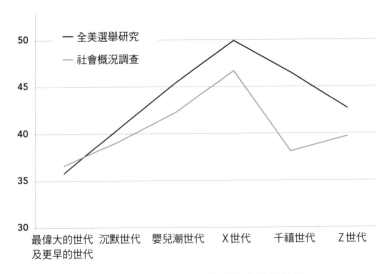

圖4.37 ｜美國成人傾向共和黨的百分率，依調查計畫和世代比較

資料來源：社會概況調查與全美選舉研究

注：統整1952至2020年數據。「民主黨支持者」含傾向民主黨的中立選民，「共和黨支持者」含傾向共和黨的中立選民，排除不支持兩大黨任何一黨的選民。控制年齡變因：控制年齡變因能消除年齡的影響，保留出生年和時代的影響。世代依出生年界定。

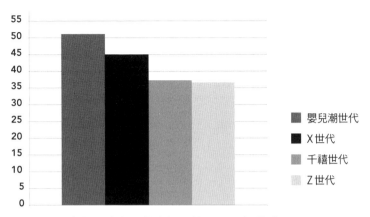

圖 4.38 │ 美國成人傾共和黨的百分率，依世代比較，2021 年秋季

資料來源：國會選舉合作研究

注：含傾民主黨或共和黨的中立選民，排除不傾向兩大黨的選民。

　　高柏格的《天才家庭》的確掌握了時代脈動：美國當時出現一批支持共和黨的年輕人。1984 年 10 月的民調顯示：18 到 24 歲的選民比 26 歲以上者更支持雷根。在年輕人看來，不論是 1979 年伊朗人質營救行動失敗，或是美國在 1970 年代末的「積弱不振」，都是吉米・卡特過於軟弱所致，相較之下，雷根就強悍得多。對於這股趨勢，一名民主黨官員開玩笑說：「我們應該提出一條憲法修正案，把投票年齡提高到 35 歲。[31]」《紐約時報》請專家評論前述民調，想知道這群傾共和黨的年輕人會不會變成長期支持者，有專家說會，但也有專家不表同意。

　　三十年後，隨著 X 世代進入中年，我們總算有了答案：從 1952 年開始進行的兩個全國性調查看來，在年齡因素不變的情況下，X 世代明顯比其他世代更傾向共和黨（見圖 4.37）。他們早年對雷根政府的認同似乎已經成為長期政治立場。

　　嬰兒潮世代從 1970 年代初開始進入投票年齡，將近七成支持民主黨；X 世代則是從 1980 年代末陸續成為首投族，民主黨和共和黨支持者大約各半——此後即使年紀漸長，這個比例大致不變。2021 年，最大的政治代溝出現

在X世代和千禧世代之間，嬰兒潮世代和X世代傾共和黨的比例明顯高於千禧世代和Z世代（見圖4.38）。雖然媒體經常把焦點放在嬰兒潮世代與千禧世代的對立，但X世代和千禧世代的對立其實同樣嚴重，可能讓美國的政治分歧日益加劇。

抱歉，你擋了我的路
特徵：延後進入領導階層

　　1992年柯林頓當選總統時46歲，是第一個嬰兒潮世代總統。在他之後有三個嬰兒潮世代總統、一個沉默世代總統──就是沒有X世代總統，儘管第一批X世代在2011年已年滿46歲，半數X世代在2018年也都已超過46歲。

　　事實上，到2023年為止，美國連一個X世代副總統都沒有（賀錦麗還差幾個星期才是X世代）。第一個贏得兩大黨總統大選門票的X世代是保羅・萊恩（1970年生），2012年共和黨總統候選人米特・羅姆尼的副手。在2020年民主黨總統提名人黨內初選中，表態參選的X世代在2月底全軍覆沒（包括柯瑞・布克〔Cory Booker，1969年生〕、朱利安・卡斯楚〔Julián Castro，1974年生〕、陸天娜〔Kirsten Gillibrand，1966年生〕、貝托・歐洛克〔Beto O' Rourke，1972年生〕、楊安澤〔1975年生〕），剩下的角逐者是兩個千禧世代（彼特・布塔朱吉〔Pete Buttigieg，1982年生〕、圖爾西・加巴德〔Tulsi Gabbard，1981年生〕）、兩個嬰兒潮世代（愛咪・克羅布查〔Amy Klobuchar，1960年生〕、伊莉莎白・華倫〔1949年生〕）和四個沉默世代（喬・拜登〔1942年生〕、麥可・彭博〔Michael Bloomberg，1942年生〕、伯尼・桑德斯〔1941年生〕、比爾・威爾德〔Bill Weld，1945年生〕）。

　　當然，總統只有一個──用學術方式說，樣本數太低。如果我們有心更全面地觀察政治領袖的世代變遷，或許應該再看看其他職位，例如參議員。2005年，嬰兒潮世代平均50歲時，100名美國參議員中有46名是嬰兒潮世代；可是在2021年，也就是X世代同樣平均50歲時，只有20名參議員是X世代，嬰兒潮世代的參議員卻超過三分之二（見圖4.39）。換句話說，查克・舒默和莉

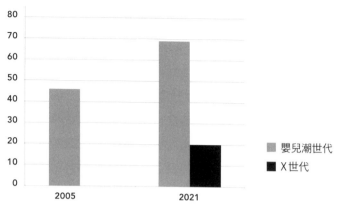

圖 4.39 │ 美國參議員人數，依世代比較，2005 年與 2021 年對比

資料來源：美國參議院

莎・穆考斯基（Lisa Murkowski，1957 年生）等嬰兒潮世代是多數，泰德・克魯茲（1970 年生）和陸天娜等 X 世代是少數。政界原本是觀察世代流動的最佳場所之一，每個世代隨著年紀漸長而成為領袖，也隨著年華老去而退出政壇。可是至少在參議院，世代流動停在嬰兒潮世代。

當然，參議員通常年紀較大。諷刺媒體《洋蔥報》（Onion）幾年前也拿這點開過玩笑：「布滿蜘蛛網的骷髏賴在參議員位子上，準備尋求第 15 次連任。」眾議院較常吸引年輕政治領袖叩關，也許在那裡更能看出領導階層向 X 世代位移。

2005 年時，435 名眾議員中有 255 名（58.6%）是嬰兒潮世代；可是在 2021 年 X 世代到達相同年齡時，只有 136 名眾議員（31.3%）是 X 世代──大約只有嬰兒潮世代同齡時的一半（見圖 4.40）。所以即使在眾議院，同齡的 X 世代人數同樣大幅落後嬰兒潮世代。2021 年時嬰兒潮世代 57 到 75 歲，在眾議院中占 229 席──還是超過一半。雖然嬰兒潮世代的確人數龐大，可是在 2021 年，嬰兒潮世代人口只比 X 世代多 14%。然而在眾議院，嬰兒潮世代的席次卻比 X 世代多 68%，幾乎是雙方人數差距的五倍。簡言之，不論在眾議院或參議院，X 世代的席次都遠低於他們的人口比例，嬰兒潮世代則是在兩院的比例都過高。

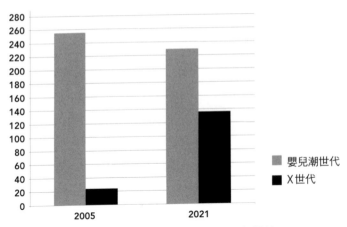

圖 4.40｜美國眾議員人數，依世代比較，2005年與2021年對比

資料來源：美國眾議院

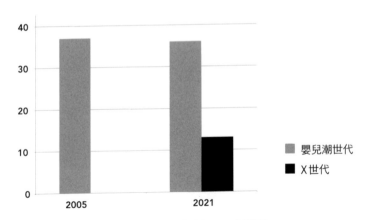

圖 4.41｜美國州長人數，依世代比較，2005年與2021年對比

資料來源：全國州長協會

　　那麼，州長的情況又如何？也許X世代對行政比立法更有興趣？在2005年，美國50名州長中有37名是嬰兒潮世代，占四分之三；可是在2021年、X世代到達同樣年齡時只有13名州長，在50名州長中只占四分之一，是嬰兒潮世代同齡時占比的三分之一（見圖4.41）。事實上，嬰兒潮世代州長在2021年

依然過半，共36名。換言之，傑・英斯利（Jay Inslee，1957年生）和金・雷諾茲（Kim Reynolds，1959年生）等嬰兒潮世代州長是常態，蓋文・紐松、格雷琴・惠特梅爾（1971年生）、榮恩・迪尚特（1978年生）等X世代州長是例外。我們之前看到：雖然沉默世代人數不多，又被兩個大型世代夾擊（前有戰爭英雄最偉大的世代，後有嬰兒潮世代急起直追），卻還是奪下同樣多的州長和參議院席次。[ix] 然而X世代則未能如此。

考慮到X世代一向不信任體制，他們對從政興趣缺缺或許不足為怪（我有一次聊起X世代政治領袖不多，一名X世代朋友對我說：「那是因為我們比較聰明。」）從X世代的投票率一直不如嬰兒潮世代看來，或許他們多半無心政治，所以追求政治職位的也比較少。

另一方面，就像我們之前提到的：X世代毫不諱言自己想賺大錢、在經濟上有所成就。考慮到X世代比嬰兒潮世代對經商更感興趣，觀察商界領袖的世代分布或許更能看出X世代的崛起？

ix 參圖2.10、2.11、3.25、3.26。譯注

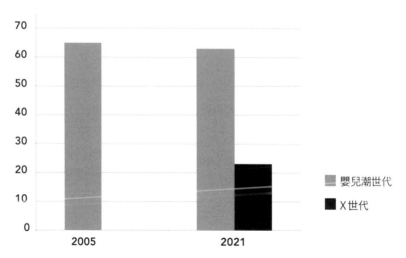

圖4.42 ｜《財富》雜誌百大企業執行長人數，依世代比較，2005年與2021年對比

資料來源：《財富》雜誌百大企業名單；出生年資訊取自不同網路資源。

然而，儘管X世代受到更多教育，晉身商界領袖的速度還是不如嬰兒潮世代。在2005年，《財富》（Fortune）雜誌百大企業中有65名執行長是嬰兒潮世代；可是在2021年X世代同齡時，百大企業只有23名執行長是X世代（見圖4.42）。從2005到2021年，雖然《財富》雜誌百大企業越來越以科技公司為主（亞馬遜、蘋果、Alphabet〔Google母公司〕都在2005年進入前十名），但X世代的商界領袖仍然偏少。這和我們稍早看到的一樣：雖然嬰兒潮世代和X世代的人口規模不同，但這樣的差距已不足以用人口解釋。從2005到2021年，企業的領導層級由嬰兒潮世代壟斷的情況幾乎毫無改變：在2021年，《財富》雜誌百大企業多數（63家）仍由嬰兒潮世代擔任執行長。換句話說，家得寶（Home Depot）的克雷格・納爾（Craig Menear，1958年生）比特斯拉（Tesla）的伊隆・馬斯克（1971年生）更能代表大企業執行長，克羅格（Kroger）的羅德尼・麥克穆蘭（Rodney McMullen，1960年生）也比美國教師保險和年金協會（TIAA）的塔桑達・達克特（Thasunda Duckett，1973年生）和微軟的薩提亞・納德拉（Satya Nadella，1967年生）更能代表商界大老。

為什麼X世代在取得領導權上落於人後？X世代應該比嬰兒潮世代更有志於成為企業領袖，畢竟在12年級生皆為X世代的1991年，有三分之一的12年級生認為謀求地位高、名望好的工作很重要，可是在1976年，只有五分之一的嬰兒潮世代12年級生這樣認為。也許X世代更重視生活和工作的平衡，所以寧可不追求高位或成為執行長——同樣是18歲的年輕人，X世代比嬰兒潮世代更不認同工作是生活的重心。問題是：這兩個世代對工作的態度其實差距不大，應該不足以構成那麼龐大的領導層世代差異——和嬰兒潮世代的同齡人相比，X世代登上企業頂峰的人數只有前者的二分之一到三分之一。

我認為此處的圖表顯示出另一個可能性：X世代之所以沒能成為領袖，是因為嬰兒潮世代擋了他們的路。嬰兒潮世代的人口極其龐大，在人口金字塔上猶如「蟒蛇腹中的豬」，早就占盡領導位子。X世代人數不多，又偏偏排在這一大群人後面，無怪乎只有乾瞪眼的份。嬰兒潮世代之所以能長期壟斷領導層，也是拜科技和人生減速之賜：隨著人們活得更久也更健康，嬰兒潮世代可

以工作到年紀更大。在他們退休之前，X世代晉身領袖的機會不多。

但要是千禧世代趕著插隊，X世代恐怕連熬成婆的機會都將拱手讓人。馬修・軒尼斯認為千禧世代正虎視眈眈，準備趁嬰兒潮世代退出舞台之際奪下權力，而X世代是溫和派中能擋下千禧世代的最後堡壘。「要是X世代不同心協力……我們恐怕來不及發揮潛力就已出局。」他寫道：「如果你不想被科技巨獸監視到家裡和車上……如果你重視開放的辯論，如果你已為大學校園的言論規範和政治正確寒心……如果送貨無人機和性愛機器人令你不安……現在就是你挺身而出的時候……否則這些現象很快會成為定局。唉，我們快沒時間了。」

隨著嬰兒潮世代退休，X世代或將接下更多領導職位——但也可能不會，畢竟他們從一開始就跌破眾人眼鏡。這一代人將在2020年代成為橋梁，連結前數位嬰兒潮世代與後數位千禧世代和Z世代。不過，X世代或許不甘只做排行中間的孩子，在兩個大型世代之間不上不下，反而會成為稱職的掌舵者——因為唯有他們一腳立足現實、一腳邁入數位，深知我們這個科技飽和的文化的優點和缺點。

▋插曲：金融海嘯及其餘波

經濟惡兆一開始如涓涓細雨：2006年，隨著法拍屋越來越多，房價開始下跌；2007年，摩根士丹利（Morgan Stanley）一名債券交易員在次貸交易中損失90億元；2008年3月，投資銀行貝爾斯登（Bear Stearns）賤價求售。

接著，事態急轉直下：2008年9月15日，投資銀行雷曼兄弟（Lehman Brothers）倒閉。次日，美聯儲不得不出手收購保險公司AIG，因為它已「大到不能倒」。股市暴跌，金融體系幾近崩潰。10月3日，國會撥款7000億元紓困；11月，汽車製造業「三巨頭」申請紓困金500億元。

金融風暴的影響在往後幾年逐漸擴大，猶如火車事故以慢動作播放。房市崩潰意味著許多人「資不抵債」，房屋價值已低於抵押貸款金額。等到無法還款或必須另覓住處，他們往往放棄房屋贖回權，將鑰匙寄給銀行。失業率飆

升，在2010年增加到9.6%。

2008年時，嬰兒潮世代（44到62歲）正準備退休，資產卻大幅縮水；X世代（29到43歲）正成家立業——許多人在2000年代初買了房子——卻遭受嚴重財務衝擊；剛從高中或大學畢業的千禧世代（14到28歲）一職難求；剛開始認識世界的Z世代（13歲以下）親眼目睹金融體系近乎失能。自1930年代經濟大蕭條之後，這是美國最嚴重的一次金融危機，被稱為「經濟大衰退」（Great Recession）。

看到華爾街巨賈得到紓困、升斗小民卻求助無門，許多美國人憤慨不已。這股民怨在2011年9月爆發，抗議民眾發起占領華爾街運動，在紐約金融區的祖可蒂公園（Zuccotti Park）搭帳棚露宿。他們的口號是「我們是那99%」，控訴最富裕的1%人口和其他99%之間的財富鴻溝（事實上，收入不平等從1970年代開始便已逐漸擴大）。11月15日，紐約警方將抗議者逐出公園，占領華爾街運動劃下句點。雖然行動結束，但相關議題塑造出一整代進步派社運人士。

茶黨運動也是在金融危機時出現的。他們反對政府紓困，呼籲刪減政府支出，也成功將幾名共和黨非主流派送進國會，例如明尼蘇達州眾議員蜜雪兒·巴赫曼（Michele Bachmann，1956年生），以及南卡羅來納州參議員提姆·史考特（Tim Scott）。雖然茶黨後繼無力，影響力未能延續，但有人說這種極端化、反建制的政治立場從此生根，後來促成川普當選。

從金融危機中復甦是條漫漫長路。直到2015年，失業率才重新降回5%。但在此之後，美國經濟扶搖直上，失業率在2019年降至3.7%，經濟榮景到2020年才被新冠疫情打斷。到2022年，雖然全國飽受高通膨之苦，但工作唾手可得，薪資也逐漸增加。

儘管如此，金融危機的後勁持續發酵。部分受到占領華爾街運動的影響，國會提出增加基本工資的法案，社會也更加意識到收入不平等和資本主義的缺陷。在2000年代中購屋、又眼睜睜看著房產價值驟減的X世代，再也無法完全信任房市。在危機當下仍是青少年或青年的千禧世代和Z世代，從此深知經濟可能一夕崩盤，最好隨時做好準備。雖然Z世代在2008年時年紀還小，對

這場風暴沒有印象，卻也潛移默化了對收入差距的高度關注，以及圍繞經濟的低迷氣氛。

金融危機對每一個世代都是當頭棒喝，讓2000年代中蓬勃的消費和物質主義戛然而止，轉為審慎的現實主義。國會在危機爆發之後通過新法，收緊取得房屋抵押貸款的規定，設法防止房市再次崩潰。金融危機也喚醒了政治意識、提高了投票率，而且這股潮流在經濟復甦之後並未消退。可是從負面來看，金融危機讓共和、民主兩黨更加對立，政治極化之嚴重前所未見。經濟大衰退最深遠的惡果或許是憤怒，即使在疫情過後的2020年代，美國仍未重拾過去的樂觀精神。

5 千禧世代（1980–1994年生）
Millennials (Born 1980–1994)

　　「千禧世代有許多面貌，而其中最重要的面貌是：兇手。」最近，網路媒體Mashable不無戲謔地這樣說，以此回應社會各界對千禧世代層出不窮的指控。從餐巾到早餐麥片到婚姻，大家說千禧世代「殺」了一切。Mashable那篇文章的標題是：「RIP：千禧世代殺掉的70件事——基本上無一倖免！」

　　雖然說千禧世代毀了一切顯然誇大其詞，但這個世代的確很不一樣。他們生在可以有效節育和合法墮胎的年代，對絕大多數的嬰兒潮父母來說，生下千禧世代是心甘情願想生，事前也經過最充分的規劃，美國史上迄今為止只有千禧世代是在這種條件下出生的。千禧世代在充滿樂觀精神的年代成長，對自己的期許也非常高。儘管X世代已經讓嬰兒潮世代的個人主義成為理所當然，千禧世代卻進一步把標準拉高：對這一代人來說，個體不只重要，更是一切，而且幾乎一定超棒。

　　這種觀念當然不是他們自己憑空創造的。從千禧世代的童年開始，廣大的社會文化就不斷提醒關注自我的重要，灌輸他們自信，直到今天仍絲毫不減。千禧世代的成長過程充滿正面發展，像是經濟繁榮、電腦革命、冷戰結束，但他們不是沒見過災禍：2001年911事件後，1990年代那種所向無敵的感覺煙消雲散。儘管如此，千禧世代和前幾個世代立刻團結起來，在2000年代中期再創經濟佳績。進入大學和職場後，千禧世代的滿滿自信讓教授和主管驚喜與驚嚇兼具，畢竟他們年輕時不曾這麼肯定自己。

　　然而，2008年的金融海嘯戳破了房市泡沫，也戳破了千禧世代的樂觀。

對於千禧世代的討論一度集中在他們急於施展抱負，但焦點隨即轉往他們被經濟蕭條整得多慘。千禧世代成為無數文章和線上討論的話題，許多人懷疑他們買不買得起房子、能否趕上自己的父母、能否不再兼差。即使在2012年經濟復甦之後，千禧世代的經濟困境還是備受關注。在他們為自身世代寫出的第一批非虛構作品中，財務困難的主題比比皆是。

作為小型世代之後的大型世代，千禧世代正開始展現政治肌肉，迫不及待想促成許多人認為早該發生的改變。「千禧世代的態度已在形塑……美國社會。」作家夏洛特・阿爾特（Charlotte Alter，1989年生）寫道：「他們的新創公司已經刷新經濟，他們的品味已經改變文化，他們對社群媒體的龐大胃口已經改寫人類互動方式。政治只是他們準備顛覆的最新舞台。[1]」

阿爾特提到的新創公司大多是科技業。這並不令人意外，畢竟千禧世代是與網路一起成長的第一代。他們從小打《奧勒岡小徑》（Oregon Trail）、使用美國線上（AOL）即時通訊，無疑是數位原住民（後來的Z世代則是智慧型手機原住民，和千禧世代不太一樣）。1995年網路商業化時，千禧世代平均8歲（以1987年出生來算）；2000年家用網路普及時，他們平均13歲；2006年臉書開放大眾註冊時，他們19歲；2012年美國使用智慧型手機者超過半數時，他們25歲。在千禧世代長大成人的過程中，科技發展似乎永無止境，線上購物、社群媒體、網路新聞、串流影片猶如背景音樂，伴隨著他們一路成長。

千禧世代是第一批精通傳訊的世代，最早的時候選一個字母還得在掀蓋手機上的同一個鍵按三次。在還沒有無限數據的2000年代初，許多家長是在收到大筆帳單之後，才赫然發現自己的千禧世代子女傳了多少簡訊。千禧世代從來沒有真正恢復電話的原始用途——通話。「嬰兒潮世代是把鈴聲開到最大，響半天才接。」一名推特用戶在網路媒體BuzzFeed上說：「千禧世代則是根本不知道自己的鈴聲，因為你從2009年開始就一直用震動模式。[2]」

由於嬰兒潮世代的子女較少，每一個都細心照顧，千禧世代在青春期和成年期都採取人生減速策略。這是備受父母期許的一代，「parenting」（教養）一詞就是在他們童年時出現的。這個詞當動詞用，在養育上兼具評判和競爭意

識。阿爾特說，在全球競爭激烈和收入不平等的年代，父母「變得執迷於『充實』孩子[3]」，教養方式從 X 世代小時候的放牛吃草，變成事事皆要指導監督的「直升機」或「溫室」父母。在此之後，成年往往變成一場震撼教育，讓大眾發明出「adulting」這個千禧世代專用詞，指無聊但必要的成長行動，如工作、付帳、洗衣。BuzzFeed 還在 2020 年推出成年「功績布章」，包括遛狗、用牙線潔牙、準時付帳單等等，顯然毫無嘲諷之意。長大成人或許不易，但你至少可以得到獎勵。

邁入 2020 年代，千禧世代已經熟悉成年的滋味，知道自己不再年輕。2020 年 3 到 4 月，習慣把「年輕人」和千禧世代劃上等號的人時空錯置，把新冠疫情蔓延怪罪於「千禧世代」的大學生趁春假到處亂跑。但千禧世代當時已 26 到 40 歲，在春假時到處跑的其實是下一個世代──Z 世代。果不其然，推特一片譁然。有人推文說：「千禧世代沒・有・春・假。我們太・老・了。」有人強調：「千禧世代不再等於年輕人了。我們很多人已經有了孩子……其餘那些人現在喝兩瓶半啤酒就宿醉。」還有人貼心地附上一張每個世代的出生年簡表，說：「千禧世代……有太多事要忙，一邊要居家辦公，一邊還得教年紀大的同事怎麼用視訊會議。」

同樣是 2020 年代，千禧世代發現自己正站在每個世代都來過的十字路口：發現自己不再像過去一樣年輕、一樣「潮」。有個不甘寂寞的 Z 世代造了新詞「cheugy」，指有心跟上潮流、實際上卻落伍好幾年的人，一針見血點出千禧世代在網路上被 Z 世代揶揄的感覺（顯然對 Z 世代來說，窄管牛仔褲已經落伍，高腰牛仔褲才酷；旁分過時，中分才跟得上潮流）。知道自己屬於霍格華茲哪個學院曾經是年輕的象徵，現在反而代表你有了年紀。2020 年代開始已經有人說「千禧老人」，而當然，這個世代大多數人巴不得這個詞趕快消失。

從科技、個人主義到人生減速策略，許多世代趨勢雖然是由嬰兒潮世代和 X 世代開啟，卻是在千禧世代身上達到頂峰。換句話說，雖然人們經常責怪千禧世代造成某些趨勢，但他們其實不是始作俑者──習於批判千禧世代的媒體報導往往忽略這點。隨著千禧世代進入壯年，重新評估這個世代已刻不容緩。

千禧世代（1980–1994年生）

2020年人數：6,790萬人（占美國總人口20.5%）

63.7%　白人

13.1%　黑人

20.8%　西裔

7.3%　亞裔、夏威夷原住民及太平洋群島原住民

1.2%　美國原住民

父母：嬰兒潮世代和X世代

子女：Z世代和兩極世代

孫子女：？？？

最常見的名字 　　　　　　　　　　　　　　　　　　　*首度進榜

男生	女生
麥可	潔西卡
克里斯多福	艾希莉（Ashley）*
約書亞（Joshua）*	珍妮佛
馬修（Matthew）*	莎拉（Sarah）*
傑森	亞曼姐
大衛	布蘭妮（Brittany）*
詹姆斯	梅莉莎（Melissa）*
丹尼爾（Daniel）*	莎曼莎（Samantha）*
安德魯（Andrew）*	愛蜜莉（Emily）*
泰勒（Tyler）*	

知名人士（出生年）

演員、喜劇明星、製片

金・卡戴珊（Kim Kardashian, 1980）	伊利亞・伍德（Elijah Wood, 1981）
林－曼努爾・米蘭達（Lin-Manuel Miranda, 1980）	克絲汀・鄧斯特（Kirsten Dunst, 1982）
克里斯・潘恩（Chris Pine, 1980）	科林・約斯特（Colin Jost, 1982）
克里斯・伊凡（Chris Evans, 1981）	賽斯・羅根（Seth Rogen, 1982）
艾米・舒默（Amy Schumer, 1981）	黃艾莉（Ali Wong, 1982）

吳恬敏（Constance Wu, 1982）

亞當‧崔佛（Adam Driver, 1983）

阿茲‧安薩里（Aziz Ansari, 1983）

麥可‧切（Michael Che, 1983）

喬納‧希爾（Jonah Hill, 1983）

蜜拉‧庫妮絲（Mila Kunis, 1983）

丹‧列維（Dan Levy, 1983）

唐納‧葛洛佛（Donald Glover, 1983）

艾美莉卡‧弗瑞娜（America Ferrera, 1984）

科勒‧卡戴珊（Khloe Kardashian, 1984）

吉娜‧羅德里奎（Gina Rodriguez, 1984）

奧莉維亞‧魏爾德（Olivia Wilde, 1984）

史嘉蕾‧喬韓森（Scarlett Johansson, 1984）

凱特‧麥金儂（Kate McKinnon, 1984）

伊莎‧蕾（Issa Rae, 1985）

凱莉‧庫柯（Kaley Cuoco, 1985）

哈桑‧明哈吉（Hasan Minhaj, 1985）

莉娜‧丹恩（Lena Dunham, 1986）

琳賽‧蘿涵（Lindsay Lohan, 1986）

瑪莉－凱特與艾希莉‧歐森
（Mary-Kate and Ashley Olsen, 1986）

艾略特‧佩吉（Elliot Page, 1987）

柴克‧艾弗隆（Zac Efron, 1987）

布蕾克‧萊芙莉（Blake Lively, 1987）

奧卡菲娜（Awkwafina, 1988）

艾瑪‧史東（Emma Stone, 1988）

海利‧喬‧奧斯蒙（Haley Joel Osment, 1988）

瑞秋‧布羅斯納安（Rachel Brosnahan, 1990）

珍妮佛‧勞倫斯（Jennifer Lawrence, 1990）

克莉絲汀‧史都華（Kristen Stewart, 1990）

楊伯文（Bowen Yang, 1990）

雪琳‧伍德莉（Shailene Woodley, 1991）

麥莉（Miley Cyrus, 1992）

迪倫與寇爾‧史普洛茲
（Dylan and Cole Sprouse, 1992）

比妮‧費爾德斯坦（Beanie Feldstein, 1993）

彼得‧戴維森（Pete Davidson, 1993）

達珂塔‧芬妮（Dakota Fanning, 1994）

音樂家與藝術家

喬許‧葛洛班（Josh Groban, 1981）

碧昂絲（Beyoncé Knowles, 1981）

布蘭妮（Britney Spears, 1981）

艾莉西亞‧凱斯（Alicia Keys, 1981）

賈斯汀（Justin Timberlake, 1981）

珍妮佛‧哈德森（Jennifer Hudson, 1981）

黎安‧萊姆絲（LeAnn Rimes, 1982）

凱莉‧克萊森（Kelly Clarkson, 1982）

亞當‧藍伯特（Adam Lambert, 1982）

妮姬‧米娜（Nicki Minaj, 1982）

米蘭達‧藍珀特（Miranda Lambert, 1983）

凱莉‧安德伍（Carrie Underwood, 1983）

凱蒂‧佩芮（Katy Perry, 1984）

曼蒂‧魔兒（Mandy Moore, 1984）

席亞拉（Ciara, 1985）

女神卡卡（Lady Gaga, 1986）

凱文‧強納斯（Kevin Jonas, 1987）

肯卓克‧拉瑪（Kendrick Lamar, 1987）

柔伊‧克拉維茲（Zoë Kravitz, 1988）

喬‧強納斯（Joe Jonas, 1989）

泰勒絲（Taylor Swift, 1989）

尼克‧強納斯（Nick Jonas, 1992）

黛咪‧洛瓦特（Demi Lovato, 1992）

席琳娜（Selena Gomez, 1992）

卡蒂‧B（Cardi B, 1992）

亞莉安娜（Ariana Grande, 1993）

饒舌歌手錢斯（Chance the Rapper, 1993） 小賈斯汀（Justin Bieber, 1994）

企業家與商人
馬克・祖克柏（1984） 伊萬・斯皮格（Evan Spiegel, 1990）

政治家、法官、社運家
彼特・布塔朱吉（Pete Buttigieg, 1982） 艾莉絲・斯特凡尼克（Elise Stefanik, 1984）
伊涵・歐瑪（Ilhan Omar, 1982） 傑德・凡斯（J. D. Vance, 1984）
莎拉・哈克比・桑德斯 喬・奧索夫（Jon Ossoff, 1987）
　（Sarah Huckabee Sanders, 1982） 亞莉珊妲莉雅・歐加修－寇蒂茲
凱特・布里特（Katie Britt, 1982） 　（Alexandria Ocasio-Cortez, 1989）

運動員及體壇名人
大威廉絲（Venus Williams, 1980） 艾莉森・菲利斯（Allyson Felix, 1985）
艾里・曼寧（Eli Manning, 1981） 肖恩・懷特（Shaun White, 1986）
霍普・索蘿（Hope Solo,1981） 科林・卡佩尼克（Colin Kaepernick, 1987）
小威廉絲（Serena Williams, 1981） 史蒂夫・柯瑞（Steph Curry, 1988）
安迪・羅迪克（Andy Roddick, 1982） 凱文・杜蘭特（Kevin Durant, 1988）
亞隆・羅傑斯（Aaron Rodgers, 1983） 布蘭妮・格林納（Brittney Griner, 1990）
勒布朗・詹姆斯（LeBron James, 1984） 貝瑟尼・漢密爾頓（Bethany Hamilton, 1990）
萊恩・羅契特（Ryan Lochte, 1984） 達米安・里拉德（Damian Lillard, 1990）
凱爾・布許（Kyle Busch, 1985） 麥克・楚奧特（Mike Trout, 1991）
梅根・拉皮諾（Megan Rapinoe, 1985） 布萊斯・哈波（Bryce Harper, 1992）
麥可・菲爾普斯（Michael Phelps, 1985） 強尼・曼塞爾（Johnny Manziel, 1992）

記者、作家及新聞人物
雀兒喜・柯林頓（Chelsea Clinton, 1980） 愛德華・史諾登（Edward Snowden, 1983）
珍娜・布希・海格（Jenna Bush Hager, 1981） 伊莉莎白・霍姆斯（Elizabeth Holmes, 1984）
芭黎絲・希爾頓（Paris Hilton, 1981） 班・夏皮羅（Ben Shapiro, 1984）
梅根・馬克爾（Meghan Markle, 1981） 艾瑞克・川普（Eric Trump, 1984）
妮可・李奇（Nicole Richie, 1981） 克莉絲汀・泰根（Chrissy Teigen, 1985）
伊凡卡・川普（Ivanka Trump, 1981） 丹尼爾・雷佛瑞（Daniel M. Lavery, 1986）
米斯蒂・柯普蘭（Misty Copeland, 1982） 羅南・法羅（Ronan Farrow, 1987）
安妮塔・薩克伊西恩（Anita Sarkeesian, 1983） 夏洛特・阿爾特（Charlotte Alter, 1989）

布倫娜・泰勒（Breonna Taylor, 1993）

蒂芬妮・川普（Tiffany Trump, 1993）

一夫當關
特徵：自信

　　2000年，美國軍方意識到必須向新的世代開拓兵源。X世代時期的募兵標語「盡己所能」（Be All You Can Be）雖然慷慨激昂，但已經用了二十年，必須與時俱進，推陳出新。2001年1月，軍方果然推出為千禧世代量身打造的募兵標語，只不過對凡事講求團隊合作的軍隊來說，這個標語有點令人意外：「一夫當關」（An Army of One）。

　　千禧世代從沒見過以前那種處處規矩的集體主義社會。在1950年代和1960年代初，意外懷孕必須奉子成婚，男人連看棒球賽都一身正裝還戴帽子。X世代雖然也不認識那樣的美國，但他們的父母大多是這樣走過來的。然而那個時代對千禧世代來說已經太過遙遠，在他們看來，美國文化一向以自己為先。

　　雖然二戰之後的每個世代都擁抱個人主義，但每個世代著重的面向各有不同。對嬰兒潮世代而言，個人主義是反抗戰後限制重重的社會規範（尤其是與性和婚姻有關的規範），並在1970年代以關注自我的密契主義走上「內心之旅」。X世代在1980年代率先展現大膽的自信，相信自己比同儕傑出，認為以自己為先天經地義。1990和2000年代的個人主義既延續X世代開啟的趨勢，又做出新的調整。個人主義彷彿在千禧世代耳邊低語：只要你相信自己，別人怎麼想都所謂。

　　即使只是粗略觀察1990和2000年代的美國文化，也一定會看見那條圍繞自我的洶洶暗流，聽見那首「相信自我是成功關鍵」的合唱。一時之間，自我似乎無所不在。

　　「只要你相信自己，即使情況似乎對你不利，一切皆仍有可能。」《戀愛時代》劇中向來有點憤世嫉俗的角色喬伊這樣說。這部高人氣肥皂劇在1990年

代末到2000年代初播出，正是年紀較大的千禧世代讀高中的時候。2000年代末的《歡樂合唱團》同樣深受千禧世代喜愛，講的是一所高中合唱團的故事。在劇中，指導老師舒斯特對團員說：「歡樂合唱團不只是讓你向別人展現自己，更是讓你向自己展現自己。」（好喔）。此外，在2007年，NBC的「多知道一點」（"The More You Know"）公益廣告如此宣告：「每個人天生都有唯一真愛——自己。」

如果你覺得這種說法很新，1990年代以前很少聽到，這不是錯覺。搜尋Google圖書資料庫的幾百萬本書之後，我們發現：在千禧世代童年和青少年期出版的美國書籍中，「相信自己」、「做自己」這些短句出現的次數暴增（見圖5.1）。

這種趨勢也反映在一種常見也不難定義的詞語：代名詞。到1990年代末為止，美國書籍使用集合代名詞像是「我們」（we／us）的頻率幾乎和單數代名

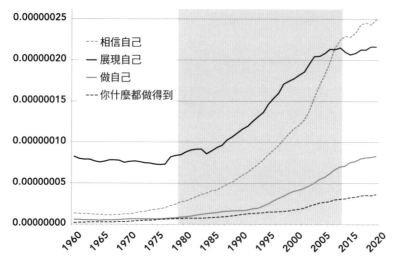

圖5.1 ｜ 美國書籍中使用特定個人主義短句的百分率，1960–2019

資料來源：Google圖書資料庫

注：陰影區為千禧世代童年期。美國英語語料庫，以三年為區段進行平滑處理，不分大小寫。縱軸數字代表各短句在該年出版的所有書籍中占的百分率。

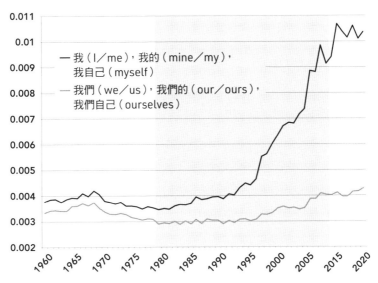

圖5.2│美國書籍中使用第一人稱代名詞的百分率，1960–2019

資料來源：Google 圖書資料庫

注：陰影區為千禧世代童年期。美國英語語料庫，以三年為區段進行平滑處理，不分大小寫。

詞如「我」（I／me）一樣高。可是在2000年後，單數第一人稱代名詞暴增超過一倍，但第一人稱集合代名詞只略微上升（見圖5.2）。有研究團隊分析每年十大流行歌曲的代名詞使用情形，結果發現同樣的現象：從1980到2007年，單數代名詞增加，集合代名詞減少[4]。有些社會心理學家說使用「我」未必和自負有關——詹姆斯·潘納貝克（James Pennebaker）在其著作《代名詞的祕密》（*The Secret Life of Pronouns*）中就是這樣說的，但提到「我」的原因不論是正面或負面的理由，一定和關注自我有關。千禧世代年輕人的語言明顯具有關注自我的傾向。

同樣華麗登場的還有「自尊」（self-esteem）——到處都看得見「擁有自尊」、「提高自尊」、「鼓勵自尊」。自尊原本是個模糊的概念，只在大學和教師培訓課程中討論，不料最後卻成為全國都為之著迷的想法。雖然專業教育期刊早在1970年代就談到自尊，可是在1980年代中期之前，較主流的報章雜誌幾乎沒提過這個概念——後來不一樣了，對自尊的興趣如野火蔓延，先攻占書籍，再

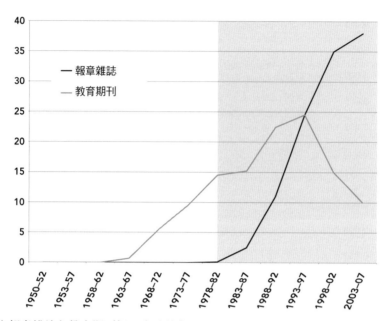

圖 5.3│報章雜誌和教育期刊提及自尊的對比，1950–2007

資料來源：報章雜誌文章：LexisNexis。教育期刊：ERIC 資料庫。

注：陰影區為千禧世代童年期。每年報章雜誌文章的實際數量超過 100 篇。研究與分析原為基斯·坎貝爾（W. Keith Campbell）為《自戀時代》（*The Narcissism Epidemic*）（2009）所進行。

延燒到雜誌（見圖 5.3）。X 世代也許在學校裡聽過關於自尊的討論，但千禧世代則是走到哪裡都聽到自尊，不論父母、醫生、教練或朋友，人人嘴上都掛著這個詞。

　　這種趨勢從 X 世代童年就已開始。學校相信欣賞自己能帶來正面結果（例如成績進步、行為改善），開始規劃提升自尊的課程。嬰兒潮世代因為兒時常被嚴厲管教，也希望親子關係更溫暖、更正面。既然大環境關注自我需求，接下來的發展便也顯而易見：大家覺得如果父母愛孩子，就應該鼓勵子女提高自尊。專家同意這種看法：美國兒科學會出了一本育兒書（1991 年初版，正是千禧世代長大的時候），前七頁就提到十次「自尊」。童書立刻跟進。在《自尊王國的可愛小動物》（*The Lovables in the Kingdom of Self-Esteem*）裡，猴子蒙娜對孩子們

說：只要連說三次「我人見人愛！」王國的大門就會為你而開。另一本談自尊的著色書讓孩子填空：「ㄐㄧㄝˇ ㄕㄡˋ ㄕˋ ㄐㄧ__。ㄋㄧˇ ㄏㄣˇ ㄊㄜˋ ㄅㄧㄝˊ。ㄓ__ ㄇㄧㄢˋ ㄙ ㄎㄠˇ。」這種觀念有一部分出自嬰兒潮世代家長的個人主義，但也有一部分出自他們的焦慮。如千禧世代作家夏洛特・阿爾特所說：「童年變得競爭更激烈，同時卻也更受寵溺，因為輸成了極其危險的事，每個人都得贏。」

提高自尊不只是說說而已，大人們真的付諸行動。學校開始在頒獎典禮上表揚每一個孩子，為了讓孩子們感覺良好，不只表現最好的有獎，全體統統有獎。兒童運動賽不只頒發獎盃給獲勝隊伍，只要參加，人人都有獎盃。我外甥在2000年代也拿了這麼一個，足足有兩尺高，上面刻著「最佳參與獎」。

雖然X世代也接受過類似的提升自尊教育，但這股風潮的全盛時期是1990到2010年代——也就是千禧世代的童年期和青春期。在那段時間，許多千禧世代（還有他們的長輩）相信提升自尊是好事，即使沒有實績，憑空讚美也無傷大雅。2013年有讀者投書《紐約時報》批評這種作法（標題是〈輸對你有益〉），一名青年反駁：「我不認為我們給了孩子太多獎盃。其實我覺得我們給得還不夠多。獎盃能幫助孩子提高自信。」另一個人說：「拿到獎盃之後，你會覺得自己可以表現得更好。這能讓你建立自信和自尊。」

鼓勵欣賞自己的風潮所向披靡，不但家長和教練奉為圭臬，兒童和青少年也深信不疑。和1980年代末的X世代年輕人相比，2000年代中的千禧世代年輕人在自尊量表上得分較高（見圖5.4）。也許因為自尊課程更著重於年紀較小的學生，兩個世代的差距以國中生為最大。大人教小孩要有自尊，於是他們養成自尊（至少他們知道大人期待自己要有自尊）。千禧世代的確高度自信，但他們並不是無端養成高度自信——是父母、老師和文化告訴他們要欣賞自己。他們也確實做到了。

正面看待自我也讓千禧世代對未來抱有更多期待。對未來期待更高的趨勢從X世代就已開始了，千禧世代延續這股潮流，更多12年級生自認將來能在學業、事業上一展長才，取得研究所學位或從事專業工作（見〈X世代〉一章

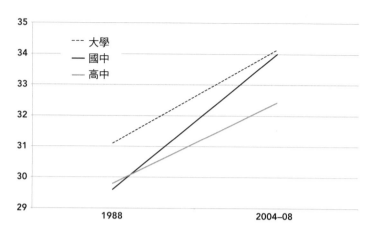

圖5.4│自尊得分，依年齡層比較，1988和2004–08年對照[5]

資料來源：詹泰爾（Gentile）等（2010）

注：1988年的國、高中生和大學生幾乎皆為X世代，2004到2008年則是千禧世代。分數出自已發表之研究。自尊以羅森伯格自尊量表衡量。問題包括「我對自己持正面態度」和「有時我認為自己一無是處」（反向計分）。總分10到40分。

的圖4.10）。同樣地，越來越多千禧世代相信自己能扮演好重要的成人角色：在2010年代初，千禧世代有七成認為自己的工作表現是前20%——從數學上來看當然不可能，可是對這個從小看好自己的世代來說，這就是他們心中認定的事實。

千禧世代不但年輕時抱持這種想法，成年後也沒有改變。2015年的調查顯示：52%的千禧世代家長認為自己的親職表現「非常好」，相較之下，X世代父母這樣想的比例是43%，嬰兒潮世代是41%[6]。簡而言之，就我們的衡量標準來看，無論青少年或青壯年，千禧世代都是史上最樂觀、最有自信的一個世代。

年輕人變得更自信、更樂觀到底是好是壞？由於美國文化非常喜歡正面看待自己，大多數人認為這種潮流有益無害。自我感覺良好顯然有其優點，例如罹患憂鬱症的機會較低。樂觀的人更善於處理壓力。覺得自己不賴總比妄自菲薄來得好。

美國人多半認為人要有自信才能表現得好，所以提高自尊就成了一件好

事。然而，自尊高的人實際上並沒有比自尊低的人成功。特別當高自尊的基礎是虛的──「因為你是你，所以你很特別」就是虛的自尊，說得極端一點，這等於是告訴你自我感覺良好重要到不論表現好壞、天賦高低都無所謂。空有自尊、沒有實力的人可能會想：「何必讀書？反正我這麼聰明！」但實的自尊不一樣，這樣的自尊很大程度建立在良好表現之上，這樣的人知道讀書可以讓表現更上一層樓。

所以我們接下來要問的是：1990 到 2000 年代提高自尊的風潮，強化的是實的自尊，還是虛的自尊？我想，主事者的本意也許是透過稱讚好的行為，消除前幾代人童年時經常遭受的嚴格（卻無益的）管教，以幫助孩子建立實的自尊。可是沒過多久，這股提高自尊之風就開始朝虛的方向吹。在 2000 年代，有一所大學的教育系牆上寫著這句話：「無論如何，我們選擇感覺自己是特別的、有價值的。」當時，對於培養自尊應否「不以學生的行為或表現為依歸，更無條件地肯定他們原本的樣貌」，答「應該」的老師占六成，輔導老師占七成 [7]。這是毫無根據的自尊。

人為放大的不只是自尊，還有關注自我的口號。以千禧世代從小到大不斷聽到的句子為例，就有「做你自己」、「相信自己，一切都有可能」、「勇於表達自己」、「先愛自己才能愛別人」。

問題是：這些建議不只是關注自我而已，更是幻覺。「做你自己」乍聽之下似乎不錯，卻經不起檢驗。試問：如果你是渣男或連續殺人犯，或許你還是應該洗心革面、重新做人吧？「相信自己，一切都有可能」？不，絕非如此。溫和表達自己的看法是不錯，但口沒遮攔可能傷到別人。「先愛自己」也大有問題：打從心底愛自己叫自戀，這樣的人和別人建立關係時會是糟糕的伴侶（稍後會談到自戀這個棘手課題）。從建議到鼓勵提高自尊，大環境不斷告訴千禧世代：無論如何，都要自我感覺良好。

他們做到了。和前幾個世代相比，千禧世代有更多大學生認為自己比一般同儕優秀（見圖 5.5）。

既然比較的是自己和同儕，只要自認比同儕優秀的比例超過 50%，就代

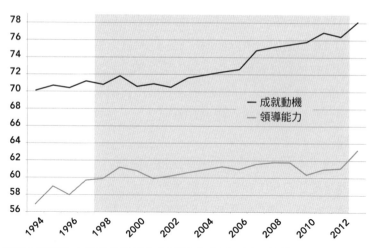

圖 5.5│美國大學新生自認成就動機和領導能力高於一般同儕的百分率，1994–2013年

資料來源：美國大一新生調查

注：陰影區之大一新生主要為千禧世代。到1997年為止，大一新生主要為X世代；1998到2012年主要為千禧世代。

表一定有學生高估自己。在2012年，自認成就動機高於平均的大學新生有78%，自認領導能力高於平均的有63%。雖然X世代年輕時也有自我膨脹的傾向，但和千禧世代比起來是小巫見大巫。

如果在更客觀的領域檢驗這種高於平均的優越感，尤其能得到有用的資訊──例如學業表現。對照之後，我們發現結果相同：和嬰兒潮世代及X世代前段相比，自認智力和學力高於平均的千禧世代高中生更多（見圖5.6）。在2010年代初，將近三分之二的千禧世代12年級生自認智力高於平均。

會不會是千禧世代高中生實際上的確更聰明，所以他們對自己評價較高？答案是否定的：從1990年代（X世代為主）到2000年代（千禧世代為主），大學入學測驗（SAT）分數並沒有改變（或下降），針對12年級生的國家教育進展評測（National Assessment of Educational Progress, NAEP）也是如此。換言之，千禧世代的學業表現和X世代差不多（或較差），但自我評價更高。

這種現象不可能完全是青少年自己造成的，一定是別的地方灌輸他們這種

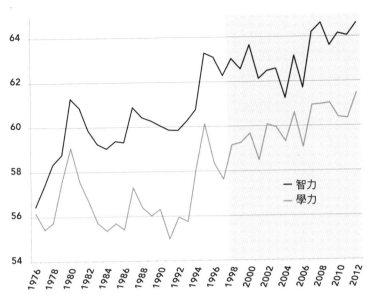

圖5.6 | 美國12年級生自認智力和學力高於平均的百分率，1976–2012

資料來源：監測未來調查

注：陰影區之12年級生主要為千禧世代。到1982年為止，12年級生主要為嬰兒潮世代；1983到1997年主要為X世代；1998到2012年主要為千禧世代。

觀念。其中一個可能是高中成績，因為成績是老師給學生的回饋，比標準化測驗更主觀，也更容易受到正面回饋的文化風氣影響。「人人有獎」在成績上就是「人人得A」。那麼，千禧世代對自身學業表現得到的訊息是什麼？

簡單來說，他們得知的是自己太棒了。延續X世代後半讀高中時便已開始的趨勢，千禧世代12年級生總平均為A的比例暴增，總平均為C的比例銳減（見圖5.7）。這也是家長開始逼老師給高中生更好的成績的時代，換句話說：分數膨脹不是老師單方面的決定。

千禧世代12年級生的成績變好，會不會是因為在學業上花了更多時間？實情恰恰相反：2000年代學生花在課業上的時間更少。從1996到2006年，每週用功10小時或以上的12年級生減少了24%（見圖5.7虛線）。

所以，千禧世代進入青春期的時候，「無論如何都要相信自己很不錯」儼

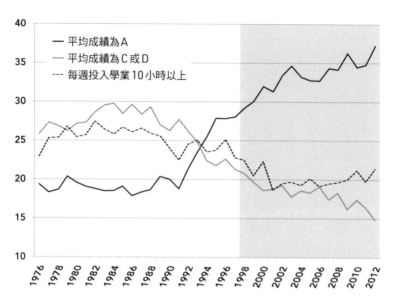

圖 5.7 ｜ 美國 12 年級生平均成績為 A 或 C、D 的百分率，以及每週投入學業 10 小時以上的百分率，1976–2012

資料來源：監測未來調查

注：陰影區之 12 年級生主要為千禧世代。

然已成體制的一部分：儘管學生花在課業上的時間變少，老師為他們打的分數卻變高。提高虛的自尊不再是理論，而是現實。學生開始認為自己比別人優秀，但原因既不是有所進步，也不是花了更多時間讀書，而是嬰兒潮世代的大人認定他們需要正面回饋。得 A 的學生之所以變多，不是因為有更多學生精熟課程內容，而是因為家長和老師決定要讓更多學生覺得自己表現出色。

這種自信轉化成令人咋舌的態度。大學老師開始討論：似乎有越來越多學生認為只要不蹺課、交作業，就應該得 A。2000 年代末有大學生寫電郵給教授表達看法，說她認為學生只要上課出席和繳交作業，「就應該得到體面的分數——A」。在 2008 年的調查中，有三分之二的大學生認為只要向教授說明自己已經盡力，教授就該提高他們的分數；也有三分之一認為只要大多數時候都有出席，至少應該得 B[8]。

隨著千禧世代在2000年代陸續進入職場，他們的主管也察覺異狀。傳聞開始流出：年輕員工才做了幾個月就認為自己應該升遷。也有人說這些員工似乎隨時需要讚美，但容不下批評。那段時間大多數人稱千禧世代為Y世代。2000年代有一本主管工具書叫《職場中的Y：管理「以我為先」世代》（*Y in the Workplace: Managing the "Me First" Generation*），還有一本叫《並非人人有獎：如何管理Y世代》（*Not Everyone Gets a Trophy: Managing Generation Y*）（第一章叫〈認識Y世代：有史以來最難搞的員工〉）。《時代》雜誌最後在2013年也為千禧世代做了封面故事，標題是「我・我・我世代」。

這樣說公平嗎？當然，不是每個千禧世代都自信過頭或自以為是，但平均來看，學生的確變得更有自信。這代表過度自信的人即使只占千禧世代的一小部分，這樣的人還是變多了。許多主管看到心高氣傲的年輕員工變多，就直接對千禧世代做出定論。這對那些比較腳踏實地的千禧世代並不公平，但趨勢數據顯示這種觀感並非毫無根據，而是反映出年輕人的自我評價的確出現變化。

當然，開啟正面看待自己和高度期待未來之風的不是千禧世代，而是嬰兒潮世代和X世代。雖然千禧世代將這股風潮推向新高，但頒發最佳參與獎一開始並不是他們的主意。那麼，我們可以說「罪魁禍首」是嬰兒潮世代或X世代嗎？大可不必。抓戰犯沒什麼建設性，何況文化變遷不是一人或一代可以造成的。另外，家長和教練並不是有意造成孩子自我膨脹，是當時的文化讓他們相信讚美、高分、參與獎對孩子有益，而非有害。

成年以後，千禧世代對生活高上天際的期待無可避免導致失望，在金融海嘯重創這個世代之後尤其如此。在此之前，美國文化不斷對千禧世代說他們好棒——一切都好棒——孰料幾年之間風雲變色，世界變得一點都不棒。許多千禧世代開始意識到童年雖然愉快，卻沒有讓他們準備好面對成年，在要求年長世代別再批評他們的時候，現實已悄然而至。蒂芬妮・范（Tiffany Vang，1990年生）在2013年寫道：「大學和學院……放我們到競爭激烈的就業市場，但市場要的技能我們不是沒有、就是缺乏競爭力……傳統的成功之路以前也許有用，但今天絕對沒有。」對此，千禧世代作家傑森・多希（Jason Dorsey）同

樣經驗豐富，在協助許多為成年生活「挫敗而幻滅」的同輩之後，他寫了一本《我的現實跳票了！》（*My Reality Check Bounced!*）。

「大家總說我們有權利想做什麼就做什麼。」漫畫家馬特・伯爾斯（Matt Bors，1983年生）寫道：「我們覺得自己應該得到某些東西，覺得既然我們存在，世界就該把一些東西送到我們手上，例如工作。我們真的是這樣想的……因為你總不能拿空氣還學貸。別討厭千禧世代了，禍不是我們闖出來的。我們就像宴會遲到，只剩麵包屑能塞塞牙縫……而且我們吃之前還會先拍照上傳Instagram，給個『#不錯吃』的標籤。」

如果世界由我統治，一定比現在更好
特徵：（一部分人）自以為是

「我很特別／我很特別／你看看我」。如果你在1990年代去過幼稚園，你很可能聽過小朋友唱這首歌。園方之後可能還會舉辦「關於我的一切主題月」，活動內容包括請小朋友們仔細看看鏡子裡的自己有何獨特之處。在2000年代的一篇投書裡，一名賓州爸爸堅持他要告訴女兒「她有多麼特別……**一有機會就說**。」但這種說法其實是新的，「你很特別」在1980年代以前的書很少出現，到1990年代末才變得人人耳熟能詳（見圖5.8）。

問題是：認為自己十分特別代表的不是自信，而是自戀。自戀是複雜又常被誤解的特質，經常被定義為自我意識膨脹。雖然有一種臨床疾患叫自戀型人格疾患，但自戀也是一種人格特質，會出現在相對正常的人身上。只不過和一般人以為的不一樣，自戀的人在學業和事業上未必更有成就。自戀者通常心裡沒有不安全感，他們自視甚高，而且真心相信自己高人一等，即使事實不是如此，他們還是這樣認為。有一篇研究自戀與外貌的論文就叫〈自戀者認為自己超帥，但他們其實不帥〉。

自戀型人格有利有弊，短期內往往伴隨正面情緒，長期來說卻常常破壞關係、不利穩定表現。由於自戀者太以自己為中心，經常忽略別人的需求和感受，他們幾乎一定會傷害到周遭的人。自戀是極端版的個人主義，具有我們談

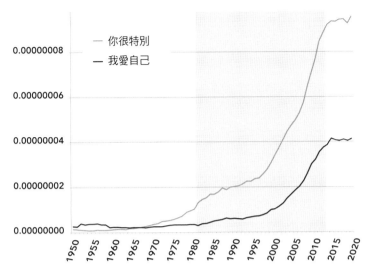

圖 5.8 ｜ 美國書籍使用自戀短句的頻率，1950–2019

資料來源：Google 圖書資料庫

注：陰影區為千禧世代童年期。美國英語語料庫，不分大小寫，以三年為區段進行平滑處理。縱軸數字代表各短句在該年出版的所有書籍中占的百分率。

過的樂觀、自尊、高期待等特質，但將這些特質放大到不符常理，例如大聲宣告「我愛自己」——在 2000 年代之前，沒什麼人聽過這種有點奇怪的說法（見圖 5.8）。

如果想研究非臨床人口的自戀，幾乎一定會用到自戀型人格量表（Narcissistic Personality Inventory，簡稱 NPI）。NPI 有 40 組陳述，請作答者從每一組陳述中選出比較接近自己的句子，其中自戀型陳述包括「我喜歡成為目光焦點」、「我可以依我喜歡的任何方式而活」、「我喜歡看著鏡中的自己」、「如果世界由我統治，一定比現在更好」、「我想我是個特別的人」等等。舉例來說，如果某人選的是「我想我是個特別的人」，而非「我不比大多數人好，也不比大多數人壞」，NPI 就得一分。NPI 是自評量表，衡量的是受測對象對自己的觀感，而非旁人對受測對象的觀感。

NPI 是可靠的行為量表。得分高的人往往偏好短期關係，難以建立長期關

係，更在乎占有和地位，而非關心，被挑戰時會以憤怒回應。這樣的人通常外向、樂觀、開朗（至少在一切順利時是如此，一旦遭遇挫折，他們很可能轉為憂鬱，年紀大了以後尤其明顯）。有趣的是，自戀的人往往不吝於承認自己具有這些特質——大多數NPI高分者都大方勾選「我自戀」的陳述。

然而許多人聽到「自戀」就搖頭，認為自戀的人一定是壞人，不可能有任何優點。但也有人說自戀是好事，在競爭激烈的世界，自戀才能生存。這兩種反應其實都沒掌握自戀的複雜性：自戀結合了兩種特質，往往對自己是好事，對別人是壞事；短期帶來成功，長期造成失敗。

2008年，我和同事共同發表的論文引起高度關注，因為我們發現：大學生（當時主要是千禧世代）變得比過去更自戀。從1980年代前期到2000年代中期，大學生的NPI分數穩定上升。

回顧2000年代中期的文化，這個結論其實並不令人意外：整型手術蔚

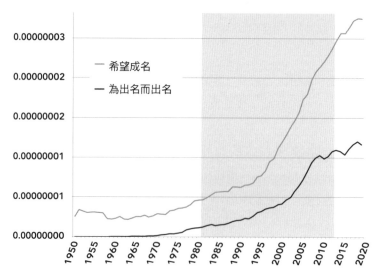

圖5.9│美國書籍使用「成名」相關短句的頻率，1950–2019

資料來源：Google圖書資料庫

注：陰影區為千禧世代童年期。美國英語語料庫，不分大小寫，以三年為區段進行平滑處理。縱軸數字代表各短句在該年出版的所有書籍中占的百分率。

為風潮，其中又以抽脂和隆乳為最；《跟著卡戴珊家走》（*Keeping Up with the Kardashians*）在 2007 年首播；社會推崇成名，欽羨成名，渴望成名（見圖 5.9）。有研究從當時最受兒童和青少年歡迎的節目分析幾十年來十六種價值的排名變化，如《美國偶像》（*American Idol*）、《孟漢娜》（*Hannah Montana*）等，結果發現：當時（2011 年）最受重視的價值是名氣——但才不過十多年前（1997 年），名氣只排名第十五[9]。

在 2000 年代中期，你可以雇假的狗仔隊跟拍自己的夜生活，他們會把照片刊在假的名人雜誌上，讓你帶回家過過乾癮。芭黎絲・希爾頓穿的衣服上印的是自己的臉。威瑟樂團有一首歌的歌詞是：「有史以來最偉大的就是我。」另一位歌手唱道（顯然沒有反諷之意）：「我深信世界應該繞著我轉。」還有一首歌要全世界「做好準備，等著大爺我變成億萬富翁」。另一名歌手在歌詞中問：「你難道不希望馬子和我一樣辣？」

大多數人都記得接下來發生了什麼事：經濟弊病叢生，引發金融海嘯。誰也躲不過現實的當頭棒喝，連還在讀大學的人都不例外。2000 年代中期過度自信的文化開始收斂，雖然還是維持個人主義，但退回較為貼近現實的狀態。尤其在看到高風險抵押貸款造成那麼嚴重的經濟危機之後，人們不再認為盲目的樂觀值得鼓勵。

自戀風氣也同步發生變化。從 1990 年代到 2000 年代的大部分時間，隨著個人主義不斷強調關注自我，一味慫恿不切實際地正面看待自己，大學生的自戀傾向緩步加重。接著，隨著經濟泡沫破滅，自戀泡沫也無以為繼（見圖 5.10）。雖然書中出現自戀短句的頻率沒有減少，但有些類型不再增加（見圖 5.8 及 5.9）。

為了確保這些結果不是隨機變異或校風不同所致，我們也參考了兩所每年進行 NPI 調查的大學的平均分數。我們認為這樣做更加周延，因為年度數據能讓我們更準確地觀察 NPI 分數何時升到頂峰、何時下降。結果發現：這兩所學校的趨勢與全國數據類似，自戀傾向到 2008 年為止不斷上升，接著隨雷曼兄弟一起墜落（見圖 5.11）。

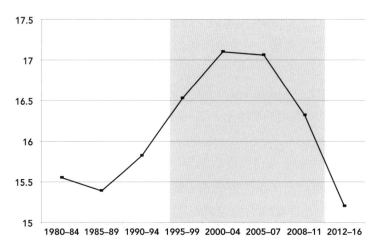

圖 5.10｜美國大學生自戀型人格量表得分，1982–2016[10]

資料來源：全國統合分析，特溫格等（2021）

注：陰影區（尤其是1999到2013年）之大學生主要為千禧世代。分數由0分到40分。

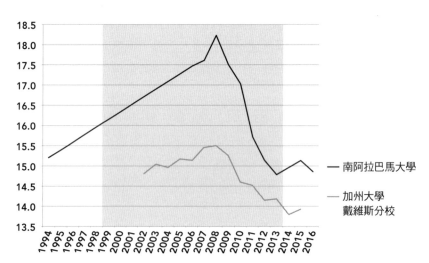

— 南阿拉巴馬大學

— 加州大學
　戴維斯分校

圖 5.11｜南阿拉巴馬大學（University of South Alabama）及加州大學戴維斯（Davis）分校
學生之自戀型人格量表得分，1994–2016[11]

資料來源：校內樣本，特溫格等（2021）

注：陰影區之大學生主要為千禧世代。分數由0分到40分。

在 2000 年代中期，在多數題目中選擇自戀陳述的學生為十分之三，比 1980 年代初的十分之二來得高。許多大學教授和公司主管都注意到這個顯著的變化，因為這些自戀分數高的學生或年輕職員最終一定會帶著他們的問題來到你的辦公室——從 1980 年代初到 2000 年代中，這樣的年輕人增加了 50%。雖然自戀的年輕人在金融海嘯後人數銳減，但有些教授和主管到了 2020 年代還在繼續抱怨年輕人自以為是，但自戀風潮早已消退，不再有隨便就能取得抵押貸款那時的氣勢。

因此，整體而言，1980 年代出生的人（前三分之二的千禧世代）的確比 X 世代和嬰兒潮世代自戀，但 1990 年代出生的千禧世代並不比大多數 X 世代自戀。換言之，在回答「千禧世代是否比 X 世代和嬰兒潮世代自戀？」的時候，我們應該進一步細究千禧世代的「微世代」差異，不能一概而論。

至於幾十年來成人 NPI 分數的變化，由於缺少可比較的研究，我們難以判斷千禧世代成年以後的自戀程度和其他世代是否仍有差異。雖然自戀程度通常會隨著年齡降低，但如果在每個世代，自戀隨年齡降低的速度都差不多，那麼自戀的世代差異還是會繼續存在。如果實際情況的確如此，那麼 2020 年代最自戀的應該是三、四十歲的中年人，而非（大家以為的）二十多歲的年輕人。

天天上網
特徵：數位原住民

「在成長階段，每天下午放學以後，我總拉著低腰牛仔褲直奔家裡的電腦，連線上網。」千禧世代安娜・肯特（Ana Kent）說：「一陣迷人的撥接聲後，我打開美國線上的 AIM 聊天室，確保我沒有漏掉任何重要的事情。[12]」千禧世代不只是網路聊天高手，也是唯一精通掀蓋手機打字的世代（還記得嗎？以前光是要打個「Hi」，就得在 Motorola Razr 手機上先按「4」的按鍵兩次，再按同一個鍵三次。這門功夫現在已經失傳）。在電玩變成全民運動之前，千禧世代已經開始用家用電腦玩《奧勒岡小徑》，或是用任天堂紅白機打《超級瑪利》。

X 世代是網路席捲全球以前成年的最後一代，千禧世代則是與網路發展同

步成年的世代。隨著千禧世代步入學齡，接著邁向青少年和青年人階段，舊世界緩緩落幕，新世界登上舞台。網站和應用程式逐漸取代傳統的溝通和資訊收集工具，例如CD、節目表、DVD、報紙、圖書卡片目錄、底片相機、公共電話、紙本地圖、電話簿、傳真和旋轉式名片夾。嬰兒潮世代和X世代都用過這些東西；千禧世代有的用過、有的聽過，視出生年而定；Z世代除非看過以前的電視節目，否則大概一半以上連聽都沒聽過。

1990年代末，音樂開始以MP3檔的形式數位化，但相關產業還不知道怎麼販售數位音樂。麻州大學生肖恩・范寧（Shawn Fanning，1980年生）率先開發檔案分享平台，讓大家可以彼此分享音樂MP3檔。他用自己中學時的綽號將平台命名為Napster，1999年6月上線。由於千禧世代初和X世代末的學生反應熱烈，不斷上Napster上傳或下載音樂，美國各地大學的乙太網路在那年秋天紛紛超載。幾所學校因此禁用Napster，而禁令促使千禧世代首次發起抗議運動（例如印第安那大學的學生架設請願網站Savenapster.com）。Napster也很快引起版權問題，因為歌曲被分享的音樂家得不到版稅。雖然Napster在2001年7月被迫關站，但數位音樂不但順利存活下來，還成為主流媒介，在iTunes和其他官方頻道公開販售。

三年後，馬克・祖克柏（1984年生）在哈佛宿舍架了一個小型網站：thefacebook.com。祖克柏當時的室友艾瑞・哈西特（Arie Hasit，1983年生）說：「我在個人檔案放了一句喜歡的格言，談了幾本喜歡的書、我在哈佛修了哪些課，還上傳一張照片到個人檔案。那時沒有動態牆，也沒有動態消息。[13]」短短一週之內就有4,000名哈佛學生註冊，於是祖克柏進一步向其他幾所大學的學生開放。到2006年9月，只要你年滿13歲、也有電郵地址，就可以申請臉書帳號（臉書此時已去掉原有的「the」，改為「Facebook」）。到了2022年，臉書在全世界已有將近30億名活躍用戶，祖克柏成為全球最有名的美國千禧世代，也是《財富》雜誌2022年百大企業中唯一一個千禧世代執行長。

隨著臉書和其他社群媒體崛起，千禧世代成為第一個面臨一道難題的世代：讀大學時貼了一堆轟趴狂歡的照片，要是被新老闆看到怎麼辦？史丹佛

大學的三名千禧世代學生想出辦法：他們開發出一款叫Snapchat的應用程式，和朋友分享的照片會在幾秒之後自動消失。Snapchat創辦人伊萬・斯皮格（1990年生）說：「我聽說有人在面試之前急著刪除臉書照片的標記，也知道有人在上傳照片之前總忙著修圖（畢竟，要是被人發現你9年級第38天時長了一顆痘子，一輩子都毀了）。聽了許多爆笑的故事之後，我覺得一定要有更好的解決方式。[14]」Snapchat在2011年9月開張，到2015年已有7,500萬名用戶。

千禧世代是最早嫻熟社群媒體的世代，他們透過這些平台和朋友保持聯繫、開創事業、發起政治運動、追蹤最新時事、看影片、和根本不認識的人爭辯。身為第一代社群媒體用戶，許多千禧世代已經將這些平台融入生活。到2010年代末，社群媒體已滲透所有年齡層，既有嬰兒潮世代和沉默世代用戶（主要在臉書），也有Z世代用戶（主要在Instagram和TikTok）。全球調查發現：2020年末，千禧世代平均每天花2小時34分鐘上社群媒體──大約比看電視多40分鐘，比其他世代使用的平均時間多10分鐘[15]。

社群媒體也解釋了千禧世代社會運動的特色：去中心化、沒有領袖，把重心放在標語和理念，而非單一具體目標。2011年的占領華爾街運動就是如此，它由千禧世代主導，沒有領導人，也沒有特定訴求，但透過社群媒體，這群自稱「99%」的人成功把想法散播出去（「99%」指收入不到前1%的人）。在Tumblr和其他網站上，年輕人上傳自己拿著手寫牌的照片，訴說自身艱困的經濟處境。千禧世代作家夏洛特・阿爾特說：「這個運動沒有單一目標。你可以說它有幾百個目標，也可以說它一個目標也沒有，視你問誰而定。[16]」但阿爾特也說：占領華爾街運動「將原本模模糊糊的感覺化為語言──『我們是那99%』。對許多辛勤工作、卻被貪婪菁英壓榨的美國人來說，『我們是那99%』成為普羅多數對抗菁英少數的戰鬥口號」。阿爾特認為，要不是占領華爾街運動，伊莉莎白・華倫和伯尼・桑德斯不會競選總統，千禧世代眾議員亞莉珊姐莉雅・歐加修－寇蒂茲（常被稱為AOC）大概也無法進入國會。

歐加修－寇蒂茲（1989年生）第一次當選是2018年。AOC是千禧世代靈活運用社群媒體的活教材，懂得讓追蹤者像共犯一樣參與她的新經驗。參加新科

國會議員講習時，她拍攝短影音放上Instagram：「每個人都拿到一包東西，有新科國會議員紀念冊⋯⋯檔案夾，還有證件——跟學生證一樣！[17]」後來她還在國會大廈地下層拍了一段，神祕兮兮地說：「這裡有密道。」她也忍不住要玩《哈利波特》哏，在國會圖書館的照片上加上文字說明：「歡迎光臨霍格華茲。」

人人都該上大學
特徵：教育程度高

「申請大學的時候，我其實不是很清楚自己在做什麼。」賈桂琳・柯羅納（Jacqueline Corona）是家中第一個上大學的人，她說：「爸媽覺得我瘋了，他們不相信這怎麼可能。缺少大學經驗真的限縮了他們的視野。[18]」

20年來，我常問我在加州大學聖地牙哥分校的學生：你們認為自己和父母輩最大的差異在哪裡？三不五時就有人回答「教育」。我的很多學生和賈桂琳家一樣，父母沒有讀過大學。對於「人人都該上大學」的新期待，雖然有的

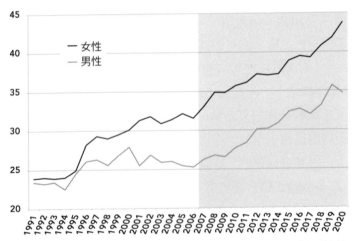

圖5.12｜美國25到29歲年齡層完成四年以上大學學業之百分率，依性別比較，
　　　　1991–2021

資料來源：美國普查局人口動態調查

注：陰影區之25到29歲年齡組主要為千禧世代。

學生抱怨，有的學生感謝，但談到世代差異的時候，教育總是他們最先想到的答案之一。

這不是巧合。以美國25到29歲年齡層為例，取得大學學位者在千禧世代首次超過三分之一，換成X世代同齡時只有四分之一（見圖5.12）。在女性的部分，擁有大學學位的比例一年比一年接近50%。從圖5.12，我們可以看出這股上升趨勢的轉折點是2005到2009年（以女性來說尤其如此）——正是25到29歲年齡層由X世代過渡到千禧世代的那幾年。所以，無怪乎千禧世代覺得自己好像「非讀大學不可」：到了千禧世代，社會風氣的確明顯轉向應該接受四年大學教育。

25到29歲的千禧世代黑人和西裔也不例外，擁有大學學位的比例明顯高於前幾個世代的同齡人。自2005年以來，擁有大學學位的西裔增加逾一倍；從1990年算起，擁有大學學位的黑人增加一倍（見圖5.13）。就時間來看，擁

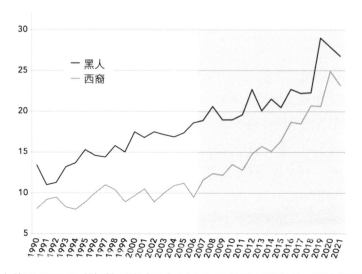

圖5.13 | 美國25到29歲年齡層完成四年以上大學學業之百分率，依種族和族裔比較，1990–2021

資料來源：美國普查局人口動態調查

注：陰影區之25到29歲年齡組主要為千禧世代。

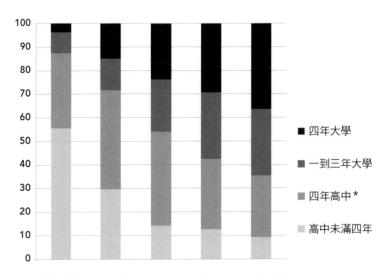

圖 5.14 │ 美國 25 到 34 歲者具特定教育程度之百分率，依世代比較

資料來源：美國普查局人口動態調查

注：統整 1947 到 2019 年數據。

＊ 依美國學制，高中為 9 到 12 年級四年。譯注

有大學學位的西裔和黑人在 2015 到 2020 年間增加尤其明顯（亦即 1980 年代末到 1990 年代初出生的人增加最多）。

　　千禧世代不僅僅是擁有四年制大學學位的人數增加，整體教育提升的程度更加令人驚豔。千禧世代只有一成沒有高中畢業，而他們的沉默世代祖父母或曾祖父母是三成。千禧世代有三分之二至少讀過一年大學，讀完四年大學的超過三分之一（見圖 5.14）。

　　簡言之，千禧世代是美國史上教育程度最高的世代。隨著社會和科技日益複雜，以勞力為主的工作越來越少，需要大學學位的工作越來越多。結果是人們花更多時間接受教育，邁入成年更晚，人生減速。所以，千禧世代並非婚姻和成年的「兇手」，推遲婚姻和成年的是大學教育──科技進步的後果。

千禧世代阮囊羞澀？
特徵：財力不薄

隨便翻翻談千禧世代的書，或是上網看看關於他們的討論，就會發現有個主題一再出現：千禧世代是第一個賺錢能力不如父母的世代。這個世代困在低薪工作之中，束手無策，大學教育沒有帶給他們優勢，反倒是經濟環境拖累了他們。相較之下，嬰兒潮世代就像是一出生就站在三壘，卻以為是自己擊出三壘安打（有個千禧世代在推特上說：「我最喜歡聽嬰兒潮世代的理財建議了：把你其中一棟度假別墅出租，別一年出國玩三次，兩次就好。」）

常有人說經濟困境是千禧世代不生孩子的原因。2021年11月，有一名千禧世代在推特上寫道：「我發現『千禧世代不生孩子』的說法又被炒了起來。我只想問：要是人人低薪、產假不夠、沒人生得起病、大多數人買不起房子，你覺得結果還能怎樣？」這則貼文24小時內就得到十二萬個讚、兩萬五千多次轉貼。同一天，另一名推特用戶發文說：「那些談『為什麼千禧世代不生小孩？』的文章感覺就像7歲小孩一個禮拜不餵倉鼠之後，跑去問媽媽說牠為什麼不動了。」

這是近幾年來一再出現的熱門話題。在《高學歷的背債世代》（*Kids These Days*）中，麥爾坎・哈里斯（Malcolm Harris，1988年生）說千禧世代因為經濟拮据，所以反對資本主義。在《貶低千禧世代》（*The Gaslighting of the Millennials*）裡，凱特琳・費雪（Caitlin Fisher）認為千禧世代「辛苦工作，到頭來只換得一句『世界不欠你們什麼』」。千禧世代作家吉兒・菲力波維奇（1983年生）的著作《好了啦，老灰啊》（*OK Boomer, Let's Talk*）副書名就叫「我的世代是如何被拋在後面的」。她在書中寫道：「我們才剛剛開始了解自己被惡整到什麼程度，我們極其失望，有時滿腔怒火。『好了啦，老灰啊』這句話就是這麼來的：它是一群人在政治和經濟上被忽視多年、萬般挫折之後，發出的最後反擊。」不只千禧世代這樣看，《華爾街日報》也說：千禧世代「在人生的競賽中拚命追趕[19]」。似乎每一個人都對「千禧世代經濟不佳」堅信不移。

然而，這些書籍和文章的依據往往是過時的資料，通常是2010年代初的統計，而當時經濟尚未從金融海嘯中恢復。我們應該看看更新的數據，來源越可靠越好。在這個例子上，我想美國普查局的人口動態調查是不錯的參考。

　　新數據透露的訊息和推特上很不一樣。在2019年，千禧世代的家庭所得其實高於沉默世代、嬰兒潮世代、X世代同齡時的家庭所得（而且你想得沒錯，這些數字已經按通膨調整）（見圖5.15）。千禧世代的家庭所得中位數比X世代同齡者高出9,000元左右，比嬰兒潮世代高出約10,000元。千禧世代的經濟狀況的確比父母輩更好，而非更差。

　　雖然因為1968、1987、2004、2019這四年的經濟情況相對較佳，用它們來比較世代差異較為公允，但為了更理解全貌，我們還是應該看看每一年的數字。此外，2020年疫情爆發之後，前幾年累積的財富怎麼可能沒有縮水？

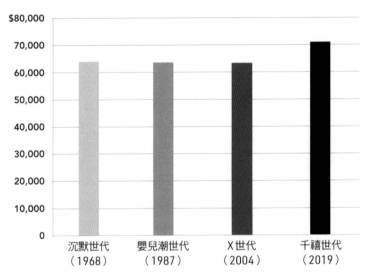

圖5.15｜美國25到34歲者的家庭所得中位數（依2019年幣值計算），依世代／年度比較

資料來源：美國普查局人口動態調查

注：長條選擇的年度是該世代全屬25到34歲的年度，或這段期間的中間年度。所得中位數代表的是50%的家庭所得比該數字少，50%的家庭所得比該數字多。參考中位數比起只看平均數穩當，因為少數所得極高的人雖然會拉高平均數，但不會影響中位數。為了反映通膨，表中所得數字已按定值美元調整。

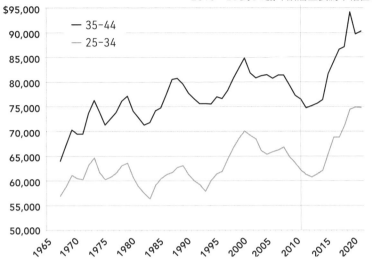

圖5.16 │ 美國家庭所得中位數，以2020年幣值計算，依年齡層比較，1967–2021

資料來源：美國普查局人口動態調查

注：為了反映通膨，表中所得數字已按定值美元調整。從2010年開始，25到34歲者主要為千禧世代；從2019年開始，35到44歲者主要為千禧世代。

　　令人意外的是：還真的沒有。從2019到2021年，雖然35到44歲者的所得中位數略微下降，但25到34歲者的所得中位數沒有改變。從1967年以降的家庭所得中位數看來，千禧世代的成績相當不錯，比X世代在2000年創下的所得高峰更高（見圖5.16）。

　　皮尤研究中心在2019年的分析結論也相同：千禧世代的家庭所得其實比前幾個世代的同齡人都高[20]。在1990年代初，許多人曾預言X世代將來財務堪慮，但事後發展證明並非如此。同樣地，現在對於千禧世代經濟情況的悲觀預言仍為時過早。這兩個預言都在經濟衰退時出現，也都在經濟復甦後不攻自破。

　　儘管如此，我們還是應該進一步深究。也許家庭所得無法正確反映千禧世代的處境，例如他們尚未成家，或是雙薪家庭？因此，我們最好也看看千禧世代的個人所得。社會安全局有美國勞工平均薪資的詳細紀錄。但即使在按照通

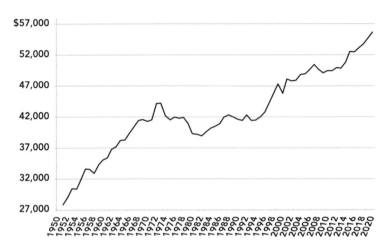

圖 5.17 | 美國勞工平均薪資，以 2020 年幣值計算，1951–2020

資料來源：社會安全局

注：為反映通膨，表中所得數字已按（2020年）定值美元調整。

圖 5.18 | 美國個人所得中位數，以 2020 年幣值計算，依年齡層比較，1974–2021

資料來源：美國普查局人口動態調查

注：為了反映通膨，表中所得數字已按定值美元調整。從 2010 年開始，25 到 34 歲者主要為千禧世代；從 2019 年開始，35 到 44 歲者主要為千禧世代。

膨調整數字之後，相關資料同樣顯示薪資穩定成長（見圖5.17）。

不過，圖5.17是統整所有年齡層之後得到的平均值，會不會只有嬰兒潮世代的個人薪資成長，而千禧世代獨落其後？事實不然：在2020年，25到34歲者的個人所得中位數創史上新高，35到44歲者的所得也僅從2019年的高點略微下降（見圖5.18）。

從這些數據來看，網路上對「薪資停滯」的批評挑剔在2015年後就該停止。最長的薪資停滯（或下降）期是1970年代到1990年代中，當時的年輕勞工是嬰兒潮世代，千禧世代尚未成為勞動人口。在那段時間之後，薪資穩定上升，只有在金融海嘯時停滯了幾年。

這些數據還沒點出另一個重點：千禧世代的子女較少，所以他們的薪水需要支應的人不多。從這點來看，千禧世代的財務處境不只是好，而是好上加好——賺的錢更多，養的人更少。

那麼，所得偏低的人又如何呢？結果同樣不壞：與X世代和嬰兒潮世代同齡時相較，千禧世代在貧窮線以下的更少（見圖5.19）。所以，在所得底端的千禧世代人數變得較少，而非較多。

但無可否認的是：衡量經濟情況的好壞不能只看所得，還要看財富——亦即家庭減去債務（debt）後的資產。在所得之外進一步檢視財富，不但有助於討論千禧世代為了謀求更好的工作所付出的代價，亦即大學學貸，也可能有助於評估金融海嘯那幾年對千禧世代的累積衝擊。

2018年，聖路易聯邦儲備銀行研究人員公布他們的發現，消息一出，舉國譁然。在分析2016年的消費者財務調查（Survey of Consumer Finances）之後，研究團隊指出：千禧世代家庭的平均財富比前幾個世代的同齡人少了34%，在財富上是「失落的一代」。

也許他們確實曾經是失落的一代。聖路易聯邦儲備銀行後來做了追蹤研究，用2019年的新數據分析千禧世代的財富情況，結果發現明顯進步。報告指出：到了2019年，千禧世代的財富只比前幾個世代的同齡人落後11%。

密西根大學的收入動態追蹤研究（The Panel Study of Income Dynamics，簡稱

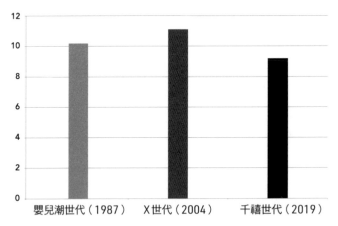

圖5.19│美國25到44歲者在貧窮線下的百分率，依世代／年度比較

資料來源：美國普查局人口動態調查

注：由於1987年的資料沒有更細的年齡分組，所以該年採25到44歲年齡組數據。貧窮線標準由美國普查局決定，每年依家庭規模和通膨調整。

PSID）評估的同樣是財富。但PSID從2009年起才使用相同的公式，所以無法和美聯儲的數據進行跨世代比較。儘管如此，PSID仍提供了寶貴資訊：由於它記錄了金融海嘯後十年（2009到2019年）間25到39歲年齡層的財富變化，而就在這十年之間，25到39歲的青壯年人從大多數是X世代（1970到1984年生）轉變成全部都是千禧世代。因此，如果金融海嘯對千禧世代的財富造成無法彌補的傷害，我們將在PSID中看到證據。

但PSID顯示的結果和美聯儲一樣：在2015到2019年間，千禧世代累積了可觀的財富。有了這些財富做後盾，千禧世代的財務狀況其實比2009年的X世代青壯年好得多。金融海嘯後的經濟復甦不只嘉惠嬰兒潮世代，也嘉惠了包括千禧世代在內的青壯年人（見圖5.20）。簡言之，即使在金融海嘯之後的幾年，千禧世代仍能建立大筆財富。

那住宅自有率呢？大家普遍相信千禧世代賺的錢不夠買房。幾年前有一名千禧世代在Reddit上說：「應該出千禧世代版的大富翁，不管走到哪裡都只能付租金，不能買房。」這篇貼文得到將近四千則回應。BuzzFeed上也有一篇

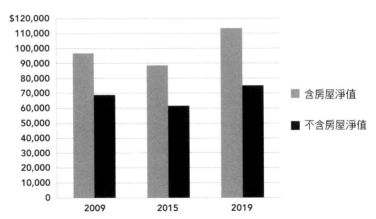

圖 5.20 │ 美國 25 到 39 歲者淨財富（資產減負債），以 2018 年幣值計算，
比較含和不含房屋淨值，2009–2019

資料來源：收入動態追蹤研究

注：2019 年之 25 到 39 歲年齡層皆為千禧世代。PSID 自 2009 年起才有可比較的財富問題。2009 年，
25 到 39 歲年齡層生於 1970 到 1984 年（X 世代和千禧世代前段）；2015 年，該年齡層生於 1976 到
1990 年（X 世代後段和千禧世代）；2019 年，該年齡層生於 1980 到 1994 年（皆為千禧世代）。為反映
通膨，表中所得數字已按定值美元調整。負債（liabilities）含債務（debt）。

文章，談的是「千禧世代變身有房階級」的二十四種方法，裡頭的例子光怪陸
離，例如有人說：「我被卡車撞了⋯⋯我把對方告上法院，贏了官司⋯⋯賠償
金剛好夠我付頭期款。[21]」——換句話說，被卡車撞出腦震盪是千禧世代買得
起房的少數辦法。引起千禧世代討伐的「酪梨土司敗家論」，正出自同為千禧
世代的澳洲人蒂姆・古納（Tim Gurner）之口：古納指責同輩不好好存錢買房，
把錢浪費在早午餐酪梨土司和其他小確幸上。

　　我只能說，千禧世代戒掉早午餐的一定不少，因為他們的住宅自有率其實
不低，只落後嬰兒潮世代和 X 世代同齡人一點點而已，數字幾乎一樣：嬰兒潮
世代在青壯年時有 50% 擁有自己的房子，千禧世代則是 48%。換言之，千禧世
代的有房階級只比嬰兒潮世代同齡人少 5% 左右，根本構不上頭條新聞，也不
足以挑起社群媒體戰爭（見圖 5.21）。

　　住宅自有率的些微差距其實也有十分合理的解釋：由於許多千禧世代選擇

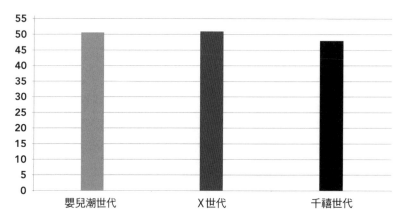

圖5.21│美國25到39歲者擁有房屋的百分率，依世代比較

資料來源：美國普查局人口動態調查：住屋／空屋調查

注：統整1982到2020年數據。依五年年齡組內之數據及年度估計出生年（及世代）。含1955到1964年出生的嬰兒潮世代、1965到1979年出生的X世代，以及1980到1983年出生的千禧世代。

上大學或研究所，所以他們比嬰兒潮世代和X世代較晚邁入職場。他們也可能活得較久。隨著整個成年人生的步調放緩，千禧世代自然需要比前幾個世代多花幾年才能購屋。

　　事實上，千禧世代的經濟成果比這些數據顯示的更好。因為這些數據比較的是千禧世代和前幾個世代的同齡人，但千禧世代的成年期已經隨著人生減速策略大幅延長了。既然千禧世代開始賺錢的時間較晚，將他們和前幾個世代的同齡人加以比較其實既不準確、也不公允。這同樣能解釋為什麼千禧世代的財富略低於前幾個世代、住宅自有率也略低於前幾個世代——對嬰兒潮世代來說，27歲代表已經工作五到九年；可是對千禧世代來說，27歲代表事業剛剛起步。雖然起步較晚往往對千禧世代有利（因為晚的那幾年通常是在讀大學、研究所或增加生活經驗），但也拖慢了他們的人生里程碑。隨著人生變長（現在的60歲等於以前的50歲），千禧世代可以花更多時間累積財富。既然他們普遍受過大學教育、薪水也高，他們的財富最後可能超越嬰兒潮世代。簡言之，推特上說的並非實情。

為什麼千禧世代明明不窮，卻總是覺得自己窮？
特徵：普遍自覺拮据

令人困惑的是：千禧世代明明表現得不錯，為什麼總是認為自己在經濟上是被壓榨的？為什麼關於千禧世代的敘事總是那麼負面、那麼充滿憤怒？以下是幾種可能，我認為其中一些比另一些有道理。

1. 居住成本。千禧世代雖然賺得不少，但因為生活花費更高，所以還是感到拮据——例如居住就是一大開銷。

由於收入動態追蹤研究會詢問居住成本，我們可以比較每個世代25到39歲年齡層在這方面的花費，而在2019年時，這個年齡層是千禧世代。從沉默世代到嬰兒潮世代、X世代，居住成本的確不斷上升（見圖5.22），但2019年千禧世代的相關花費其實比2005年的X世代略低。

怎麼可能？原因在於，一般而言，人們會在25到29歲或三十出頭時首次

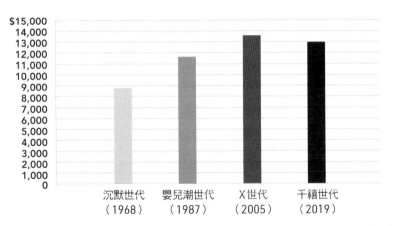

圖 5.22 ｜ 美國25到39歲者的年度住房成本，以2018年幣值計算，依世代／年度比較

資料來源：收入動態追蹤研究

注：為了反映通膨，表中所得數字已按定值美元調整。住房成本包含房租或房貸加房屋稅，不含房屋保險（因為問卷並未長期詢問房屋保險相關問題）。

購屋。雖然有人將來還會買更好的房子,但買下第一間房子對住房成本和往後的財富影響最大。從這個角度來看,被房市害慘的絕對是 X 世代,而非千禧世代(至少不是 1980 年代出生的千禧世代)。

為什麼?我們用例子說明:如果 1975 年出生的 X 世代選擇在 2005 年購屋,他們便是在房市最高點進場,接下來六年只能眼看房價暴跌 21%。如果頭期款是 20% 以下,代表這間房屋的價值已經低於抵押貸款金額,這叫「資不抵債」,是房屋被法拍的重要前兆。2005 年買下的屋子要到 2014 年才能恢復原價——幾乎是購屋 10 年以後(見圖 5.23)。換言之,2003 到 2007 年間三十出頭的人(亦即 1969 到 1977 年生的人——全是 X 世代)在購屋上有好一段時間處於劣勢,而且這段時間往往是他們的孩子年紀還小的時候。

但換作 1981 年出生的千禧世代在 2011 年買屋,情況就完全不同。房價將在往後六年上漲 40%,第十年升至 49%。2010 到 2015 年間三十出頭的人(1978

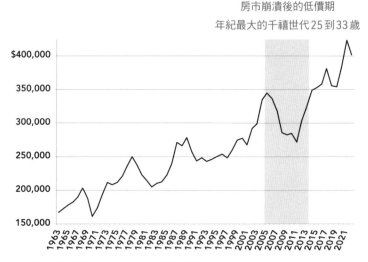

圖 5.23│美國房價中位數,以 2020 年幣值計算,1963–2022

資料來源:美聯儲經濟研究報告,聖路易聯邦儲備銀行

注:除 2022 年採第二季(4 月 1 日到 6 月 30 日)中位數外,其餘年度均採第四季(10 月 1 日到 12 月 31 日)中位數。為了反映通膨,表中所得數字已按定值美元調整。

到1985年生的人）購屋時機正好。

1990年代初出生的千禧世代情況又不一樣。他們將在2021年遇上房價飆漲，不是忍痛高價購屋，就是在2021和2022年利率飆升時退出房市。

因此整體來說，在2020年末以前，「千禧世代受房市高壓」的怨言並不符合實情，因為在此之前，是X世代在承受購屋時機不利的壓力。1980年代前期出生的千禧世代進場時機正好。所以，至少到2020年末為止，房價並不是千禧世代感到經濟窘迫的原因。

2. 雨露均霑？從種族和族裔來看。如果只有一部分的千禧世代賺得比前幾個世代多，但其他同輩的收入卻大幅降低，千禧世代對經濟感到憤怒就不令人意外。被拋下的「其他同輩」是誰？具體來說，有人認為是千禧世代的黑人和西裔。

這種看法並非空穴來風。據《華爾街日報》分析，同樣是千禧世代的大學畢業生，黑人大學畢業生的所得成長速度就是比白人慢，而且他們的財富成長深受學貸提高阻礙。此外，美國黑人和西裔的收入仍低於美國白人和亞裔[22]。

不過在另一方面，雖然有人主張「千禧世代黑人和西裔被拋棄」、「只有千禧世代白人和亞裔收入提高」，但這些說法並非事實。從2014年開始，每個種族和族裔的青壯年所得都已提高，黑人和西裔也不例外（見圖5.24）。

和同年齡層的沉默世代、嬰兒潮世代、X世代黑人和西裔相比，目前35到44歲的美國黑人和西裔（主要是千禧世代）收入最高，而且是近年來最高。25到34歲黑人和西裔的收入也不斷上升，這個群體在2020年的收入不但遠高於1980年代，也比1990年代的大多數時間都多，只有黑人青壯年的薪資在2000年代初曾略微下降。

當然，這並不代表一切都很美好，尤其學貸債務增加更是許多人的重擔。但無論如何，「千禧世代黑人和西裔不如前幾個世代」的說法遠非事實，他們在大多數面向都已超越前人。

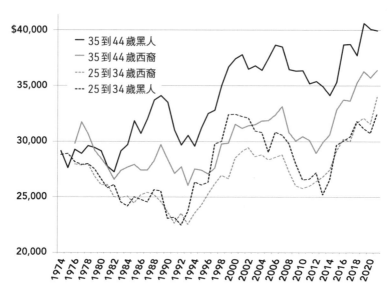

圖5.24 | 美國成人個人所得中位數，以2020年幣值計算，
依種族／族裔和年齡組比較，1974–2021

資料來源：美國普查局人口動態調查

注：為了反映通膨，表中所得數字已按定值美元調整。2021年所得已依2020年幣值調整。

3. 雨露均霑？從教育來看。 有一個因素的確讓一些人能享受經濟成果、另一些人不能，只不過那個因素不是種族，而是教育。

在美國，擁有四年制大學學位者的所得中位數穩定增加，只有高中學歷或只讀過幾年大學的人則恰好相反（見圖5.25）。沒有大學學位的人現在確實更難獲得好的收入。

你也許會好奇，為什麼這張圖的所得上升趨勢比圖5.24來得平緩？這是因為受過大學教育的青壯年大幅增加，把更多人推上高收入的級距。大學畢業生激增是千禧世代財富攀升的主要原因之一。換句話說，承受經濟重壓的並不是全體千禧世代，而是其中沒有大學學位的人。

4. 雨露均霑？從性別來看。 事實上，千禧世代賺得比前幾個世代的同齡人多，

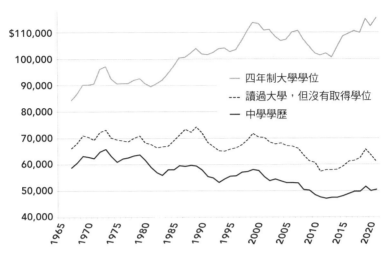

圖 5.25 │ 美國 25 歲以上成人家庭所得中位數，以 2020 年幣值計算，
　　　　 依教育程度比較，1967–2021

資料來源：美國普查局人口動態調查

注：為了反映通膨，表中所得數字已按定值美元調整。

不分種族、族裔都是如此。但這股趨勢掩蓋了一個令人訝異的事實：千禧世代
青壯年增加的每一分錢，都是因為女性收入提高。

　　千禧世代女性的收入大幅超越前四個世代的女性（X世代、嬰兒潮世代、
沉默世代和最偉大的世代）。從35到44歲年齡層來看，2021年千禧世代女性
的收入是1950年最偉大的世代女性的三倍以上，是1965年沉默世代女性和
1980年嬰兒潮世代女性的兩倍以上，比2005年X世代女性多21%。25到34歲
年齡層的女性同樣收入大增，舉例來說，2021年千禧世代女性賺得比1980年
嬰兒潮世代女性多69%。

　　然而在此同時，男性的收入從1970年開始下降（見圖5.26）。

　　由於女性收入上升的幅度大於男性收入下降的幅度，所以最終結果是千禧
世代的收入比前幾個世代的同齡人更高。雖然男性賺得還是比女性多，但性別
上的收入差距明顯縮小。25到34歲女性的年收入在1980年比男性少2萬5千

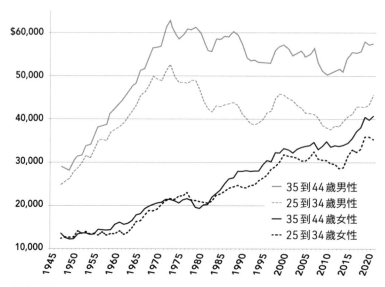

圖 5.26 ｜美國成人個人所得中位數，依性別和年齡比較，1947–2021

資料來源：美國普查局人口動態調查

注：為了反映通膨，表中所得數字已按定值美元調整。2021年所得已依2020年幣值調整。

元，到了2021年比男性少1萬元。

　　既然家裡有更多錢可以支配，對大多數的千禧世代家庭來說，這應該是好消息。可是兩性收入差距縮小反而為異性戀家庭帶來新的難題：如果女主人在孩子出生後離職，全家減少的收入會比前幾個世代多；如果女主人決定繼續上班，夫婦倆就得尋求托育服務——而托育費用的上漲速度已遠遠超過通膨。所以對千禧世代來說，若想維持和前幾個世代一樣的收入水準，就必須夫婦兩人繼續工作，但如此一來又不得不承擔龐大的托育費用。這個問題在疫情期間變得更加棘手，當時由於人力短缺，托育費用飆得更高——前提是你還找得到地方幫你顧孩子。大多數州的托育費用已經超過州立大學學費，有時甚至超過房屋貸款[23]。兩性薪資更趨平等的正面進展反而讓許多千禧世代夫婦陷入兩難，因為女方的收入已經高到不能輕易放棄。

　　千禧世代之所以孩子生得較少，雙薪和托育的艱難選擇或許是原因之一

（我們稍後會進一步討論這個問題）。可能也因為如此，千禧世代才老是覺得自己不如父母優渥（至少有子女的千禧世代是如此），因為雖然他們賺得更多，但花在托育上的錢也更多。

5. 學貸債務。千禧世代是美國史上教育程度最高的一代，但這是有代價的：他們必須背負學貸債務。

　　嬰兒潮世代讀大學時的學費（相對於所得）較低，能半工半讀完成學業的人較多。而現在，要激怒千禧世代或Z世代最簡單的方式就是向他們吹噓：「我當年靠自己打工就讀完了大學。」好的，實情是：嬰兒潮世代上大學的時候，加州居民讀加州大學免費。從1964年第一批嬰兒潮世代進入大學校園到現在，即使已經依照通膨調整數據（見圖5.27），讀大學的費用還是增加了一倍以上。

　　聯邦政府和大學校方其實已經增加補助，試圖抵付部分的大學費用，但千

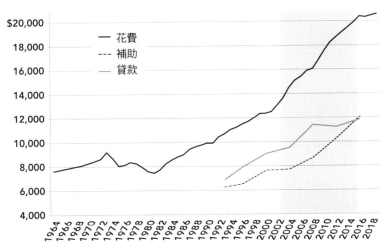

圖5.27｜美國大學生的花費、補助和貸款，依2018到19年幣值計算，1964–2019

資料來源：《教育統計彙編》

注：陰影區之傳統年齡大學生主要為千禧世代。「花費」含學費及食宿，「補助」指不需償還的財務補助（如聯邦津貼和私人獎學金）。貸款需由學生或家長償還。補助和貸款適用於就讀所有學校（含私立大學）的學生。為了反映通膨，表中所得數字已按定值美元調整。

禧世代還是需要申請學貸支應其餘的大部分開銷。在1992到1993年X世代讀大學時，只有三分之一的大學生申請學貸；到2015到2016年，最後一屆傳統年齡的千禧世代大學生畢業時，申請學貸的學生超過二分之一。

學貸的平均金額自1990年代至今已增加一倍，而且這已是按照通膨調整之後的數字（見圖5.27）。2016年，有財務補助的學生平均每年貸款11,850元，四年下來的債務就是47,400元。這些貸款必須在畢業後償還，許多千禧世代的薪資都要先被扣掉一部分。雖然還款利率不同，但47,400元的學貸即使每個月還500元，也要超過十年才還得完。千禧世代或許薪資不低，但讀大學的花費更高，四年大學最先換來的常常是高額學貸。

學貸重擔是千禧世代議論不休的話題，減免學貸也已成為AOC（1989年生）等「小隊」[i]眾議員（皆為千禧世代和X世代後段的女性民主黨員）的核心內政主張。

即使是有房、有孩子、有好的工作、事業有成的千禧世代，提起學貸也萬分無奈，用其中一位的話來說：「猶如烏雲罩頂。」泰倫斯·克來傑特（Terrance Cleggett，1990年生）為了完成俄亥俄州鮑林格林州立大學（Bowling Green State University）的學業，背負了46,000元的學貸。雖然他現在在克利夫蘭一所公立高中任教，也很喜歡那份工作，但因為學貸的關係，他的經濟情況和他沒受過大學教育的父母同齡時差不多。「我覺得現在一切都很不錯。」泰倫斯說：「唯一不好的是學貸。[24]」這句話一語道盡千禧世代的整體經濟處境。

6. 感覺拮据，但並非真的拮据。雖然千禧世代有學貸包袱，也因為性別收入差距縮小而面臨家庭兩難，但他們的收入明顯高於前幾個世代的同齡人。儘管他們的人生步調較慢，購屋率卻幾乎不輸前幾個世代。

既然如此，為什麼有這麼多人認為千禧世代經濟窘迫？為什麼網路上總是義憤填膺地說千禧世代被「害慘」了？收入和財富不只是客觀數字，一個人認

---

i 包括西語裔的AOC、非裔的普瑞斯利（Ayanna Pressley）、巴勒斯坦裔的特萊布（Rashida Tlaib）、索馬利亞裔的伊涵·歐瑪。譯注

為自己過得好或不好，很大一部分憑的是感覺。我眼中的好薪水對你來說可能是爛待遇；同樣的租金對我來說或許偏高，在你看來卻是撿到便宜。想了解為什麼千禧世代的經濟處境能引發這麼多怒火，我們不能只看數字，還必須討論看法和心理。

首先，千禧世代對青年人生的期待相當高。舉例來說，他們有超過一半認為自己能獲得研究所學位。這種趨勢是從X世代時延續下來的，以為自己能研究所畢業卻未能獲得學位的千禧世代更多了，以為自己能成為專業人士卻未能達成的也更多（見〈X世代〉一章的圖4.10）。「快樂等於現實減預期」是亙古不變的公式，要是預期很高（而千禧世代的預期奇高無比），那麼即使現實再好也難以讓人快樂，不論結果多好，只要低於期待，還是令人失望。

其次，感覺自己富不富裕是相對的。社會心理學研究發現：客觀指標和主觀感受之間的落差可以很大。如果收入所得的數字是客觀指標，和別人比較之後對自身所得的想法就是主觀感受。當我們能不帶偏見地看待別人的所得，我們對自身所得的主觀判斷就能和客觀判斷一致。例如某人的收入比80%的人高，也正確地感到自己收入不錯。然而實際發生的情況不是如此，社群媒體和電視總是把焦點放在收入最高的那群人身上（或至少是放在**看起來**收入最高的那群人身上），扭曲我們對其他人收入的判斷，結果就是所謂「相對剝奪感」（relative deprivation）──雖然客觀來看你過得比別人好，但你的感受不是如此。在社群媒體崛起之前（尤其在電視出現之前），大多數人知道的有錢人只有城裡的少數富裕人家。但現在不一樣，不論在Instagram或是在《跟著卡戴珊家走》節目裡，千禧世代不斷被超級富人的生活方式疲勞轟炸（《跟著卡戴珊家走》的名稱取得像是你能跟上似的，但你如果真的想跟，我只能祝你好運）。最近有研究發現：得知自己擁有的比別人少的人（即使客觀上不是如此）更容易產生憤怒和敵意[25]。聽起來挺像上網討論世代收入差距時會發生的事。

第三，網路不斷重彈「千禧世代是經濟受害者」的老調。「千禧世代表現出色！」的文章沒人點進去看，「千禧世代是犧牲品！」的貼文大受歡迎。負面新聞流量大，能引爆怒火的更是如此，賺的錢也更多。人們越是憤怒、越

是花更多時間上網，社群媒體網站的生意就越好。如X世代作者梅根・達姆所說：「社群媒體不僅鼓勵誇大不實的言論，更歡迎彷彿世界末日將至的怨言。[26]」哀嘆千禧世代收入微薄的故事獲得大量點閱，而皮尤研究中心較為樂觀（也和我們看過的前述調查一致）的發現，則沒人理會。

　　第四，不論是網路上或是其他地方，相關討論常讓事態看起來比實際上負面。每當一群人開始稍微傾向某種看法，討論過後往往會變得更偏激也更頑固，這種現象叫群體極化（group polarization）。談到負面話題時尤其如此，如果話題和金錢有關就更加嚴重。只要有人開始抱怨自己寒酸的薪水和高昂的房租，一定有人跟著敲邊鼓，最後變成一場牢騷大會，每個人都浸在自己的負面情緒裡。彼此舔舐傷口通常不是壞事，但老是聚在一起楚囚相對，往往只會強化原有的負面感受。即使有人認為這群人的收入其實相當不錯，也不會說出自己的不以為然。社群媒體有時就像千禧世代的避風港，讓他們在老一輩的世代看不到的地方大吐苦水，因為年長世代對社群媒體多半不像他們這麼積極。久而久之，社群媒體變成千禧世代經濟牢騷的迴聲室。正如德瑞克・湯普森（Derek Thompson，1986年生）在《大西洋》（*Atlantic*）月刊上所說：「當前網路論述的流行模版」是「只要你有一絲不爽，先怪現代資本主義再說[27]」。

　　最後的結果是：由於越來越多千禧世代自認為經濟受害者，影響了他們的政治態度和價值觀。越來越多人相信目前的體制失靈，越來越多人偏好減輕財務負擔的政策如學貸減免、育兒津貼、住屋補貼，越來越多人批判資本主義、讚揚社會主義。在2018年蓋洛普公司對千禧世代和Z世代進行的調查中，18到29歲的社會主義支持者（51%）多於資本主義支持者（45%）[28]。

　　諷刺的是，部分拜千禧世代的財務狀況出色之賜，美國經濟最終可能會大幅擴張。作為X世代之後的大型世代，千禧世代才剛在2020年代邁入消費高峰。這是2022年通貨膨脹的原因之一。2020年代初美國經濟的關鍵問題不是年輕人表現不佳，而是年輕人表現太好，以致供給跟不上需求，造成通貨膨脹。所以弔詭的是，千禧世代的經濟困境到2020年代中期恐怕會雪上加霜，原因正是他們在2020年代初表現太好，造成許多產業供不應求。

晚婚婚宴上的酪梨土司
特徵：延後許諾終身

「有一天我女兒打電話給我，說她有大消息宣布。」明尼蘇達州嬰兒潮世代富人南希說：「我以為她和她男友總算要結婚了——結果不是，她說他們要去露營兩個禮拜。」

兩年後，南希的千禧世代女兒和男友真的結婚了——在他們交往八年、同居七年之後。這就是千禧世代青壯年人的關係步調：不要急，慢慢來。

在預期壽命更長、健康照護更好、讀大學的人更多等各種因素加持下，人生減速策略在千禧世代蔚為風潮。在1990年代末，X世代末段進入青壯年那幾年，平均結婚年齡看似將穩定在女性25歲，男性27歲左右。沒想到的是，當青壯年的火炬傳到千禧世代手上，初婚新郎新娘的年齡邁向史上新高：女性28歲，男性30歲。而在Z世代陸續進入二字頭之後，初婚年齡提高的趨勢仍無放緩跡象（見圖5.28）。

結果，千禧世代青壯年的結婚人數創美國史上最低。在此之前，美國史上

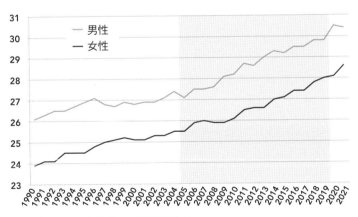

圖5.28 ｜ 美國初婚年齡中位數，依性別比較，1990–2021

資料來源：美國普查局人口動態調查，歷年婚姻狀態統計表（Historical Marital Status Tables）

注：陰影區之20到29歲年齡層主要為千禧世代。

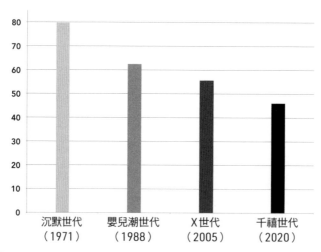

圖 5.29 ｜美國 25 到 39 歲未婚者的百分率，依世代／年度比較

資料來源：美國普查局人口動態調查

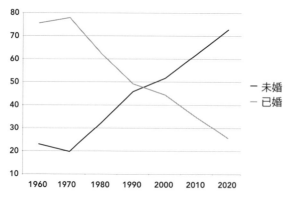

圖 5.30 ｜美國 25 到 29 歲未婚／已婚男性之百分率，1960–2020

資料來源：美國普查局人口動態調查

從來沒有 25 到 39 歲者過半數都沒有結婚的情況（見圖 5.29）。

　　25 到 29 歲男性的趨勢尤其令人訝異：1970 年，也就是這個年齡層為 1940 年代初出生的沉默世代之時，25 到 29 歲男性中的已婚者將近八成。這個比率從嬰兒潮世代開始下降，在 1960 年代初出生者身上跌破 50% 大關。到 1990 年

代初出生的千禧世代進入該年齡層時，未婚／已婚比幾乎是把他們沉默世代祖父母的百分率倒過來：25到29歲男性超過七成未婚（見圖5.30）。

事情不僅是二十多歲的人延後幾年結婚而已，三字頭末的千禧世代女性也仍有四分之一未婚，是嬰兒潮世代同齡未婚女性（十八分之一）的四倍以上。有些專家認為千禧世代女性大約有五分之一將終身不婚。男性未婚的比例也大幅增加：三字頭末的千禧世代未婚男性達28.9%，幾乎是嬰兒潮世代的同齡未婚男性（15.2%）的一倍。

2000年代開始出現這些趨勢的時候，有些觀察家認為年輕人還是會同居，只是沒有馬上結婚而已（像南希的女兒那樣）。一部分年輕人的確如此，但25到34歲者與情侶（不論有沒有結婚）同居的百分率也在下降：在1980年與伴侶同居者占70%，在2020年只有53%。許多千禧世代不僅推遲婚姻，也推遲與情侶同居（見圖5.31）。

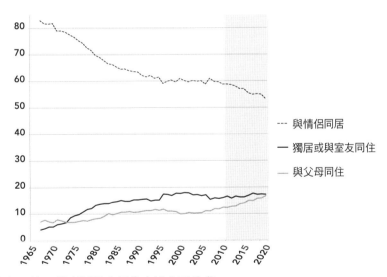

圖5.31｜美國25到34歲者採特定居住安排之百分率，1967-2020

資料來源：美國普查局人口動態調查

注：陰影區為千禧世代；2010年後，25到34歲者大多為千禧世代。情侶含已婚及未婚之伴侶。按照此圖表所依據之調查表，同時與伴侶及父母同住者歸為「與伴侶同住」。

事實上，越來越多青壯年人選擇獨居、與室友同住，或與父母同住。和1980年代初的嬰兒潮世代同齡人（也就是千禧世代的父母）相比，選擇獨居或與室友同住的千禧世代增加大約三成。2020年，千禧世代青壯年與父母同住的比例攀上新高，到達17%──是嬰兒潮世代同齡人的兩倍。雖然這個變化的確不小，但因為社會似乎過度擔憂越來越多千禧世代與父母同住，這種現象或許不像大家以為的那麼普遍──畢竟，還有超過八成的千禧世代沒有和與父母同住。

在此同時，越來越少人結婚，而且結婚年齡越來越晚，代表的是千禧世代的離婚率比嬰兒潮世代的同齡人低，從1990年到2020年，三字頭末離婚的女性減少42%。如果說千禧世代毀了某些東西，他們也毀了離婚。

出生率驟降
特徵：延後或避免成為父母

「我該生小孩嗎？」吉娜・塔明（Gina Tomaine，1987年生）自問：「也許應該，但我最後可能落得又窮又憂鬱。我真的想要孩子，只是不知道我應不應該有小孩。[29]」在《費城》（*Philadelphia*）雜誌上以長文思索自己的選擇時，塔明發現醫界出現一種新專業：生殖精神醫學，專門協助女性決定自己該不該生孩子。塔明說：「以前決定要不要生孩子似乎比較容易，至少不必考慮這麼多。」

一番長考之後，越來越多千禧世代決定不生小孩。從1990年代到2000年代初，X世代一度扭轉嬰兒潮世代一路向下的出生率。[ii]可是從2000年代末開始，隨著X世代過渡到千禧世代，總生育率（每名女性平均生育數量）劇烈下滑（見圖5.32）。

由於2007年正是金融風暴將起之時，有些專家想當然耳地認為生育率驟降是經濟問題所致。但這種解釋站不住腳：即使在2011年經濟復甦之後，生育率仍持續下降。人口學家指出：總生育率必須達到2.1人，才能完成「人口替代」（replacement）──亦即每名女性平均必須生育2.1個孩子，人口才能維持

ii 可參考圖2.7。譯注

圖5.32 │ 美國總生育率（每名女性生育孩子的推估數量），2000–2021
資料來源：疾病管制中心全國生命統計

穩定（出國和移入人口不計）。然而，美國的總生育率從2007年滑落2.1後再也沒有回升。到2018年，總生育率更創下史上最低紀錄。換句話說，千禧世代生的孩子比美國史上任何一個世代都少。

2020年，生育率再創新低。這可能是延續之前的趨勢，而非因為疫情。因為封城是2020年3月的事，2020年出生的孩子在這之前幾乎都已受孕。雖然生育率在2021年微幅上升，但不足以扭轉之前的下降趨勢。

美國所有種族和族裔的出生率都在下降，其中又以黑人和西裔降幅最大（見圖5.33）。X世代到千禧世代中降低最多的是西裔，從2006到2020年，西裔人口的出生率下降了40%。

這種發展並非過去的千禧世代所期待的。就讀12年級生的千禧世代有95%說自己想要至少一個孩子，半數的人說兩個，四成說三個以上。從千禧世代前段到後段，這樣的想法在高中生中變化不大。成年後也是如此：根據針對成年人的社會概況調查，千禧世代的理想子女人數平均為2.6人──48%說兩個孩子恰恰好，48%說最好有三個以上。但隨著1980年代出生的千禧世代在

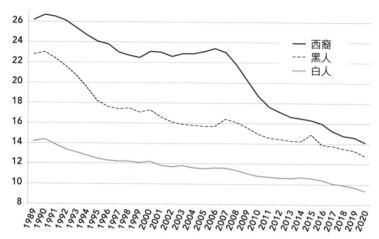

圖 5.33，美國出生率，依種族和族裔比較，1989–2020

資料來源：疾病管制中心全國生命統計

注：出生率依每1,000人計算。

2020年代邁入四字頭，他們的子女遠比年輕時設想的少——至少遠遠不及他們的理想子女人數（我們稍後會探究原因）。

　　千禧世代女性的**生育年齡**也出現巨大變化。到1982年為止，20到24歲的女性生育率仍高於25到29歲的女性。可是在X世代於2000年代初交棒給千禧世代之後，20到24歲的女性生育率便大幅降低。到了2016年（亦即千禧世代22到36歲時），30到34歲的女性生育率（灰色實線）超過了25到29歲（黑色虛線），這是美國有史以來第一次（見圖5.34）。越來越多千禧世代傾向在30到34歲生孩子，而非25到29歲。人生步調放緩，年紀較大才成為新手父母。另外，到2021年，35到44歲女性的生育率為1960年代初以來最高。這些趨勢延續了人生減速策略，為人父母的年齡越來越大，孩子越生越少，往往對子女也越來越小心保護。

　　這種轉變有一部分是因為千禧世代上大學的人更多，擁有四年制大學學位的女性一向生育較晚，常常等到三十出頭才生孩子。但千禧世代還為這股趨勢帶來新的變化——沒有大學學位的女性也開始推遲生育時間。從2007年起

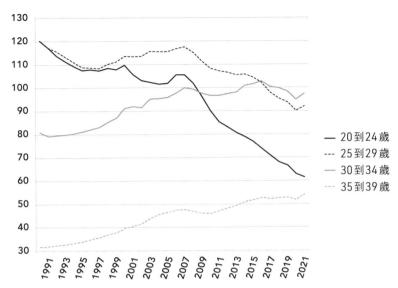

圖 5.34 ｜美國出生率，依年齡層比較，1990-2021

資料來源：疾病管制中心全國生命統計

注：出生率依每 1,000 人計算。

算，沒有大學學位的女性生第一胎的平均年齡增加更多（見圖 5.35）。此外，全體女性生第一胎的平均年齡提高了整整兩年：X 世代平均在 25 歲初為人母，1990 年代初出生的千禧世代平均在 27 歲生第一個孩子。

為什麼千禧世代生育子女較少、生育年齡較大？這和兩個常見原因有關：人生減速和個人主義。晚生和少生都是人生減速策略的重要特色。由於預期壽命變長、養兒育女需要的資源變多，人們傾向更穩定一點再生孩子。從前，人生減速策略在受過大學教育的白人中比較常見，而現在，它突破所有種族、族裔和教育程度的界線，擴大到全體千禧世代。即將讀完大學的千禧世代全職工作者碧安卡·索里亞－亞維拉（Bianca Soria-Avila）說：她的墨西哥裔美國長輩得知她 28 歲了還沒有孩子，十分驚訝。「她們笑著說：『我像你這麼大的時候已經生了四個。』」她說：「我告訴她們我要是有那麼多孩子，就不能做我想做的事了。[30]」

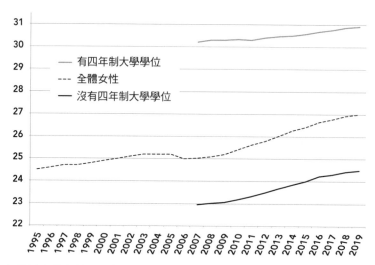

圖5.35 ｜ 美國女性生第一胎的平均年齡，分全體女性、有四年制大學學位
和沒有四年制大學學位三組，1995–2019

資料來源：疾病管制中心全國生命統計

　　另一個關鍵因素是個人主義——把重心放在自己。在全國調查中，當不想
生孩子的青壯年人被問到原因，多數人回答的不是財務問題或氣候變遷，而是
與個人主義有關的答案，例如希望能有更多空閒時間、希望能更獨立自主，或
是直接了當地說這就是他們的選擇：「我就是不想要有小孩。[31]」這是現代人
才有的奢侈：生育控制技術讓生孩子成為一種選擇，個人主義則讓不生孩子的
選擇可以為人接受。在沉默世代年輕的時候，沒有孩子會被當成怪人，但這種
價值觀已不復存。在朱諾・狄亞茲（Junot Díaz）的《你就是這樣失去了她》（*This
Is How You Lose Her*）裡，一名婦人疑惑她的鄰居為什麼沒有孩子。她的青少年兒
子說：「也許她只是不喜歡小孩而已。」「沒人喜歡小孩，」那位媽媽說：「但這
不代表你沒有小孩。」

　　現在，你可以自由選擇要不要生孩子，只不過當前文化講求的是關注自
我，選擇生育反而與大環境的文化訊息扞格。如果你從小到大都被告知要以
自己為先，生育子女當然是難以承受之重。千禧世代的吉娜・塔明寫道：「我

們想要旅行，我們想嘗試很酷的體驗式餐廳。[32]」她說，她這一代的父母「總是從小就告訴我們想做什麼都可以。他們教給我們的觀念，正是他們那些走過經濟大蕭條時代的父母不會教他們的。這是我們有自信去過自己想過的生活的主因。」但隨著最高法院在2022年6月推翻羅訴韋德案，許多州將立法限制墮胎，可以想見的是，個人選擇的信念與法律的衝突將在2020年代逐漸升高。

千禧世代的低生育率成為話題之後，許多趨勢報導都把他們不生孩子的原因歸於經濟困境。但我們之前已經看到，千禧世代的經濟狀況其實相當不錯。「因為窮所以不生」的說法放到個人層次也站不住腳：平均來看，所得較高的家庭其實子女較少，所得偏低的反而子女較多。「收入高」和「孩子少」的關聯長期存在，從2010到2019年，美國就業成長強勁的城市出生率降幅最大，和一般認為不生孩子是因為缺錢或缺工作恰恰相反[33]。最近由三名經濟學家發表的論文指出：經濟因素（如房租和學貸）並非出生率下降的主因，真正的原因是「青壯年人的價值排序已經改變」。換句話說，世代之間的心態已經不同。

事實上，即使家長負擔得起養兒育女，尋找托育服務和支應相關開銷仍是一大難題。有些青壯年人心中雖有理想的子女人數，但最後還是決定少生幾個。根據2018年的民調，打退堂鼓的人有64%說「托育太貴」是他們改變想法的主因[34]。在18到36歲年齡層，九成的人說托育費用對決定生育與否「還算重要」或「非常重要」[35]。由於托育費用上漲的速度已遠遠超過通膨，缺少有薪育嬰假和托育費用高昂，很可能是出生率下降背後的關鍵因素。在性別收入差距縮小的此刻，這個問題更是貨真價實，因為千禧世代家庭的女主人如果離開職場照顧孩子，家中失去的進項會比前幾個世代都多。雖然前面提到的那三名經濟學家發現：托育費用上漲的州並沒有出現出生率大幅下滑的情形[36]——但我認為應該反過來解釋才對：也許正是因為那些地方出生率較高，所以托育需求較多，托育費用才跟著提高。

另一個出生率降低的原因比較複雜：養兒育女變得比以前更費心力。現在到處鼓勵媽媽餵母乳、送孩子去參加精心規劃的活動、要求家長把孩子看得更緊。在沉默世代養育X世代子女時，放小孩子一個人在附近閒晃並沒什麼大不

了，現在你這樣做看看，搞不好鄰居馬上打兒童保護專線檢舉你。隨時盯緊孩子的風氣讓教養更花時間、也更耗神。除此之外，現在大家似乎認為孩子就該加入運動隊伍，或是參加其他活動，有經濟學家說這叫「幼幼瞎忙族」（the rug rat race）[37]。以前只有中上階級家庭採取這種「密集教養」（intensive parenting），但現在不分階級全看得到。和2000年代初比起來，2010年代末的媽媽們每天必須花更多時間照顧孩子[38]。常有人說現在的媽媽陪伴孩子的時間較少，其實剛好相反，她們花了更多的時間在孩子身上——而這讓養兒育女的任務變得更加艱鉅。

有些千禧世代說他們不生小孩是因為氣候變遷或世界動盪，結果成為聳動的新聞標題，例如：「為什麼不生小孩？因為世界末日近了！」千禧世代的吉娜‧塔明和朋友聊了這件事，很多人說這根本是「胡說八道」——畢竟，絕大多數環保問題的罪魁禍首是大企業，不是個人。她反問：「現實世界裡的亞馬遜被濫墾濫伐、發生森林大火，關我那八字沒一撇的孩子什麼事？」在2022年的調查中，不想生孩子的成年人只有28%提到氣候變遷，倒是有54%說到希望人生能更獨立些[39]。

無獨有偶的是，當塔明問媽媽自己該不該生小孩，媽媽也提到世界太不平靜。塔明反駁說：「拜託！你們兄弟姊妹都是奶奶在二戰之後生的，現在和那時比起來又能糟到哪裡去？」她說，操作反向心理或許是說服千禧世代的關鍵：「急著抱孫的嬰兒潮世代聽好了：對千禧世代說我們不該生孩子，保證生育率立刻暴增。不客氣。」

性：性泛濫抑或性貧乏？
特徵：性生活不活躍

前幾個世代的人在二十多歲時恐怕作夢也想不到，千禧世代單身族只要動動手指，就能輕鬆找到一長串的潛在性伴侶。千禧世代不但有線上約會應用程式，讓尋找性伴侶變得易如反掌（至少理論上如此），而且認為婚前性行為傷風敗俗的人越來越少，平均結婚年齡越來越高。

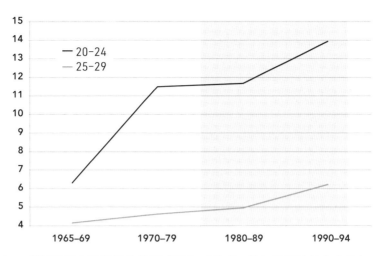

圖 5.36│18歲以後沒有性伴侶的美國青壯年百分率，依年齡層比較和出生年

資料來源：社會概況調查

注：陰影區為千禧世代。前兩個出生年組（1965到1969年組和1970到1979年組）為 X 世代；後兩個出生年組（1980到1989年組和1900到1994年組）為千禧世代。詢問的問題是18歲以後有沒有性伴侶。18歲以後沒有性伴侶的人可能是從未發生性行為，也可能是18歲之前有過性伴侶，之後沒有。

　　這些條件怎麼看都是性氾濫的徵兆，誰知實際發展不是如此。經常被當成 Tinder 世代的千禧世代，在性方面其實比前幾個世代更不活躍。同樣是二十多歲的成人，千禧世代沒有性伴侶的比例是 X 世代的兩倍以上（見圖5.36）。

　　在1990年代出生的美國人裡，20到24歲的成人有七分之一沒有性伴侶。雖然其中大多數人能在25到29歲時補救這點，但這群1990年代出生的人即使到了年近三十，還是落後 X 世代50% 左右——其中十六分之一說他們成年後沒有性生活。

　　千禧世代即使在告別童貞之後，還是未必經常發生性行為。在2010年代，26到40歲的人有十分之一表示過去一年沒有性行為，幾乎是1990年代到2000年代初同齡人的兩倍（見圖5.37）。這種趨勢在疫情爆發前就已經形成了，在2021年的疫情期間依然持續。簡單來說，在這群被大家視為 Tinder 世代的人裡，**沒有性生活的其實不在少數**。一開始的性貧乏變成性枯竭。

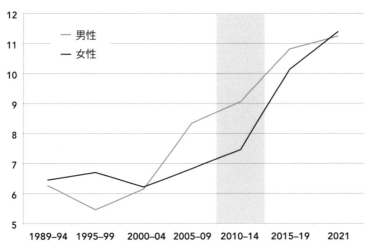

圖 5.37 │ 美國 26 到 40 歲年齡層在過去一年沒有性行為的百分率，依性別比較，
1989–2021

資料來源：社會概況調查

注：陰影區之 26 到 40 歲年齡層主要為千禧世代。由於 2012 年的資料集有明顯編碼錯誤，該年數據予
以排除。已加權。

　　想要性伴侶卻沒有的男性有個專門稱呼：非自願禁欲者（involuntary celi-
bates，簡稱 incels）。這群人有自己的黑話，例如「查德」（Chads）指成功脫單的男
性，「史黛希」（Stacies）指有魅力的女性。有些非自願禁欲者網站公然仇女，大
刺刺地討論「是人就知道女人很幼稚」之類的話題。非自願禁欲者有時不只在
網路上發洩憤怒，還採取暴力行動。例如在 2018 年，有一名 25 歲的男性在多
倫多駕車衝撞民眾，造成十一人死亡；2014 年，22 歲的艾略特‧羅傑（Elliot
Rodger，1991 年生）在加州景島（Isla Vista）槍殺六人。

　　另一方面，在 ThePinkPill.com，一群選擇放棄性生活的女性（有些人自稱
「femcels」）彼此分享了這樣做的原因。她們也很憤怒。有人寫道：「讓我決定
禁欲的原因很多，例如達不到的審美標準（男人搞的），例如系統性厭女（也
是男人搞的，但有些女人也為了男人內化這一套）。我恨男人讓我這麼難找到
真愛，這麼難找到一個把我當人、而非性愛娃娃的男人。」隨著更多年輕男性

從色情片認識性，他們恐怕也更難了解女性對性伴侶的期待是什麼。

性生活乏善可陳的部分原因是人生減速，青壯年人延後與愛情伴侶定下來的時間。平均結婚年齡提高（女性28歲，男性31歲），同居比例卻不增反減，越來越多年輕人不願建立共同生活的關係。為了有性生活，更多人必須主動尋找性伴侶。這對型男靚女來說相對不難，可是對其他人來說不是如此。有人坦率承認事實，把那些外貌不及網美網帥的人稱為「普通人」（normies）。若是在前幾個世代，普通人有機會彼此認識，常常二十出頭就結為連理。可是在晚婚又有Tinder的時代，普通人更愛待在家裡滑手機。從非自願禁欲男和自願禁欲女的網站看來，他們是待在家裡憎恨彼此。

問題部分出在數位科技。數位科技原本是為了連結人群，到頭來卻只連結了一部分的人。約會軟體創造出類似收入不平等的交往關係。就像富者愈富、貧者愈貧，容貌得天獨厚的人輕輕鬆鬆就能靠約會軟體找到伴侶，長相普通或遜於普通的人只能徒呼負負。雖然俊男美女向來享有一定優勢，約會軟體卻把重心完全放在照片——說穿了就是外表。面對面互動很容易看見容貌之外的特質，聰明、幽默、體貼、有魅力的「普通人」可能相當迷人，可是現在卻被掃到一邊。約會軟體越來越像收入不平等的資本主義自由市場，輸家比比皆是，贏家屈指可數。

隨著普通人鎩羽而歸，「查德」和「史黛希」們在新的約會市場中大獲全勝。如果交往關係不平等能帶來什麼世代變化，大概就是擁有大量性伴侶的人越來越多，而實際發展確實如此：在同樣年齡時，有20名以上性伴侶的千禧世代比嬰兒潮世代多了45%（見圖5.38）。所以，不只收入越來越不平等，性生活也是一樣，至少從性伴侶的數量來看是如此。

當然，性伴侶多並不一定代表一年中的性愛頻率變高，何況這些性伴侶只是「炮友」（千禧世代對嬰兒潮世代「一夜情」的新稱呼）。果然，從嬰兒潮世代到X世代、千禧世代，青壯年人的性愛頻率一路下滑：在1990年代初，26到40歲的成年人每年平均性愛次數為80次（每週一到兩次），到2021年，每年只有60次（每週勉強超過一次）。2021年性愛次數低落不只是因為疫情——

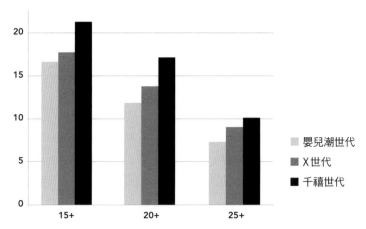

圖 5.38 ｜美國 28 到 36 歲者滿 18 歲以後有 15、20、25 名性伴侶的百分率，依世代比較

資料來源：社會概況調查

注：之所以選擇 28 到 36 歲年齡層，是因為從 1989 年開始詢問這些問題之後的那幾年，嬰兒潮世代為 28 到 36 歲。為了收集不同世代相同年齡時的資料，我們從 1989 到 1994 年取得嬰兒潮世代的數據，從 2002 到 2006 年取得 X 世代的數據，從 2016 到 2021 年取得千禧世代的數據。

下滑趨勢從 2010 年代初便已開始。

性愛頻率降低也不只是因為結婚的人變少——不論已婚或未婚，性愛次數都在下滑。和 2000 年代末的未婚年輕人比起來，2021 年的未婚年輕人性愛次數一年減少 20 次（見圖 5.39，灰線）。這次下滑其實逆轉了之前的上升趨勢：從 1980 年代末到 2000 年代初，未婚年輕成人的性愛次數其實是上升的（也許是因為婚前性行為逐漸擺脫汙名，加上選擇同居的未婚情侶增加）。但隨著青壯年人從 X 世代轉為千禧世代，未婚者的性愛次數也跟著降低。

不只單身情侶的性生活貧乏，已婚年輕成人的性愛頻率也越來越低：2021 年比 2000 年代初少了 20 次（見圖 5.39，黑線）。這種趨勢同樣在疫情前就已經出現，雖然疫情期間已婚夫婦在家共度的時間應該更多，但下滑趨勢仍毫無起色。

所以，千禧世代不論已婚或未婚，性愛次數都不如 X 世代和嬰兒潮世代。為什麼千禧世代普遍在性生活方面不活躍？我們在前面已經看到，有孩子的千

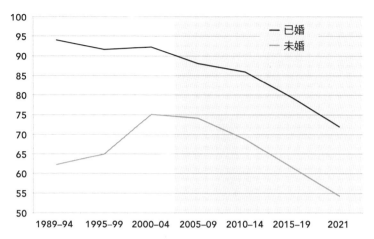

圖5.39 ｜ 美國18到40歲者每年平均性愛次數，依婚姻狀態比較，1989–2021

資料來源：社會概況調查

注：陰影區之18到40歲年齡組主要為千禧世代。

禧世代越來越少，不太容易出現帶孩子太累或小朋友半夜敲門這種事，閨房之樂應該不常受到打擾。金錢壓力應該也不是千禧世代性趣缺缺的原因，畢竟他們的經濟表現相當不錯，何況性愛頻率在經濟繁榮期間反而加速下降。

　　大家對此提出不少理論。有人說現代科技讓晚上十點在家能做的事比以前多，例如上Instagram閒晃或打開Netflix追劇，即使你一時興起有心求歡，你的伴侶也可能正忙著打電動或盯著手機不放。心理學家造了一個新詞叫「phubbing」，意指被沉迷手機（phone）的人冷落（snubbed）。對這種現象最早的研究就是以已婚伴侶為對象，不令人意外的是，說伴侶只顧手機、不顧自己的人對彼此的關係較不滿意——也許「phubbing」之後不太適合滾床單吧。

　　另一種說法是色情影像現在唾手可得。既然只要點幾下手機就有色情影像可看，跟真人求歡似乎風險太高，也太麻煩。但這種解釋很難得到證明，因為色情片看越多的人通常性生活越活躍。

　　也有人從正面角度推測性愛頻率降低的原因：或許千禧世代更在意性愛品質，而非次數。雖然不分男女都有可能重質不重量，但我想這種態度在女性中

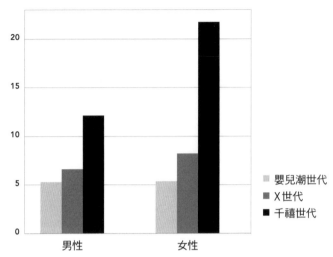

圖5.40 ｜ 美國28到36歲者滿18歲以後至少有一名同性性伴侶的百分率，
　　　　依世代和性別比較

資料來源：社會概況調查

注：之所以選擇28到36歲年齡層，是因為從1989年開始詢問這些問題之後的那幾年，嬰兒潮世代為
28到36歲。為了收集不同世代相同年齡時的資料，我們從1989到1994年取得嬰兒潮世代的數據，從
2002到2006年取得X世代的數據，從2016到2021年取得千禧世代的數據。

還是比較常見。如果的確如此，那麼千禧世代的女性或許變得更願意談自己理
想中的性（也許是別再猴急地匆匆完事，次數不必多，但要更令她們滿意）。
整體來說，千禧世代的性生活貧乏有點原因成謎，但現有證據指向科技和人生
減速，我想這兩個因素至少能提供部分解釋。

　　倒是另一種性愛變得更普遍：同性性愛。拿28到36歲年齡層來說，嬰兒
潮世代有二十分之一的人至少有一名同性性伴侶，千禧世代的同齡女性是五分
之一，千禧世代的同齡男性是八分之一（見圖5.40）。

　　女性的變化尤其大：從嬰兒潮世代到千禧世代，有女性同性性經驗者增為
四倍，有男性同性性經驗者增加一倍。在嬰兒潮世代中，有同性性經驗的男性
和女性比例相當；到了千禧世代，女性有同性性伴侶的比例高出男性一大截。

　　這種變化不是因為年少輕狂喜歡嘗新：同樣是28到36歲的人，千禧世代

（尤其是千禧世代的女性）在28到36歲間擁有同性性伴侶的比例（6%），是同齡嬰兒潮世代（2%）的三倍。換言之，青壯年以後持續享受同性性關係的女性以千禧世代為多。

但是當然了，還是會有LUG（lesbian until graduation，大學畢業前為女同志）和BUG（bisexual until graduation，大學畢業前為雙性戀）。在過去曾有同性性伴侶的千禧世代女性中，約有三分之二在過去一年沒有同性性行為。這可能代表她們年輕時曾有同性性行為，後來出於各種原因沒有了（例如雙性戀和異性建立穩定的關係之後，不再想和女性發生性關係）。雖然LUG和BUG都把時間預設在大學階段，但人不是非讀大學才能有女同志伴侶。事實上，沒有大學學位的千禧世代女性有六分之一擁有女性伴侶，比例高於有四年制大學學位的八分之一。有人說大學校園是女同志的溫床，但這其實是直男的幻想——大學校園外的女同志更多。

千禧世代男性過去一年有同性伴侶的比例雖然也有提高，但增幅不如女性。從28到36歲年齡層來看，過去一年有同性伴侶的嬰兒潮世代男性為二十八分之一，千禧世代男性為二十分之一。男性比女性更傾向持續擁有同性伴侶，在18歲以後有男性伴侶的男同志中，大約有42%在過去一年也有男性伴侶。

性別認同為LGBT的比例同樣隨世代而易（請留意：身分認同為LGBT不等於有同性性行為）。在蓋洛普公司2021年的調查中，千禧世代性別認同為LGBT者為十一分之一，X世代為二十六分之一，嬰兒潮世代為五十分之一。在千禧世代LGBT中，性別認同為雙性戀者大約占半數，亦即差不多占整個世代的二十分之一。隨著同性戀去汙名化，越來越多千禧世代以LGBT的身分生活，發生同性性行為的男女同志也越來越多（關於LGBT身分認同的趨勢，我們將在「Z世代」章中進一步詳述）。

失去信仰
特徵：宗教疏離

「我們從國中開始就一直在聽為什麼婚前性行為不對、為什麼同性性行為

不對，在美國文化裡長大的孩子自然會排斥這些東西。」千禧世代經濟學家梅莉莎・艾德曼（Melissa Adelman）出身天主教家庭、就讀天主教學校，但她說：「我離開天主教有很大一部分的原因是：我覺得自己不能既不接受它的許多核心信條，又繼續作其中的一員。[40]」

在2000年出版的《千禧世代崛起》（Millennials Rising）中，世代研究大師霍伊和史特勞斯預言：千禧世代將比X世代和嬰兒潮世代更親近宗教，其中一部分人還會迎回最偉大的世代所崇尚的價值：尊重規則，嚴守本分。依照霍伊和史特勞斯的世代循環理論，千禧世代對應的就是最偉大的世代。他們認為從1990年代末開始流行高中祈禱會即是明證，也引述一名年輕牧者的說法：那時的青少年喜歡「老派」宗教。

誰知道不過幾年，這套理論開始搖搖欲墜——其實，只要想想千禧世代的個人主義傾向，一定能料到這種說法勝算不高。宗教原本就是要人相信超越自我的事物，也必須在服從特定規則的群體中實踐。集體主義文化通常宗教氣氛濃厚，個人主義文化往往宗教情感淡薄。由於宗教教義多半鼓勵婚前守貞，成長步調放慢對宗教也是一大考驗：當結婚年齡普遍提高到二字頭末、三字頭初，也就是青春期後十五到二十年——要在結婚前守身如玉變得更加困難。

隨著千禧世代在1990年代末陸續成為青少年，這個年齡層參加宗教禮拜的比例立刻驟減（見圖5.41）。從某方面來看，這個變化跌破眾人眼鏡：在叛逆、反宗教、流行人造纖維的1970年代，12年級的嬰兒潮世代有90%參加過宗教禮拜；在憤世嫉俗、流行黑色高領衫的1990年代，有85%的X世代12年級生參加過宗教禮拜。誰也想不到，「殺」了宗教的竟然是2000年代樂觀、自信的千禧世代。從大學新生來看尤其明顯，其中有三分之二從未參加過宗教禮拜。Z世代在下個十年延續了這種趨勢，將近三分之一的青少年從未參加過宗教禮拜。

在2005年出版的《靈魂追求》（Soul Searching）中，聖母大學（University of Notre Dame）教授克里斯提安・史密斯（Christian Smith）訪問了多名千禧世代青少年和青年人，詢問他們的宗教信仰——或是為什麼沒有信仰。他發現許多人

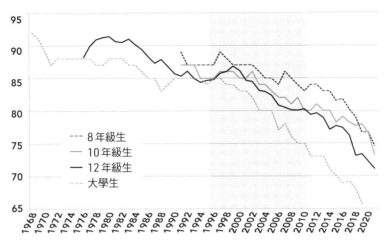

圖5.41｜美國青少年參加過宗教禮拜的百分率，依年級比較，1968–2021

資料來源：監測未來調查與美國大一新生調查

注：陰影區內之8年級到大一生以千禧世代為主。表中之「大學生」指的是四年制大學新生。

在理智上質疑宗教，其中一位說：「太多問題是宗教無法解釋的。」也有人說宗教「對我來說沒那麼好玩」或「有點無聊」。

「千禧世代會更親近宗教」的預言，其實只是一連串站不住腳的理論中的第一個。下一種說法是：等到千禧世代到了二、三十歲，一定會回到宗教[41]。畢竟人到了這個階段往往會安定下來，生兒育女，開始和家人參加宗教禮拜——可是千禧世代偏偏不是如此。拿最近幾年來說，26到40歲（幾乎全是千禧世代）有宗教傾向或曾經參加宗教禮拜的比例屢創新低（見圖5.42）。即使在成家立業階段，千禧世代還是沒有回到宗教。

有個對比強烈地反映出這種變化：2020年，千禧世代沒有宗教傾向的人和信奉基督宗教的人一樣多（見圖5.43）。這和嬰兒潮世代大相徑庭：嬰兒潮世代信奉基督宗教者幾乎是沒有宗教傾向者的三倍。這是十分驚人的世代差異。

天主教耶穌會神父詹姆士・馬丁（James Martin，1960年生）親眼見證這場世代轉變。「二十五年前我聽到的是：『唉，我實在難以接受教會訓導，還待在天主教會幹什麼呢？』現在……年輕人只說一句『我要走了』就離開了。」馬

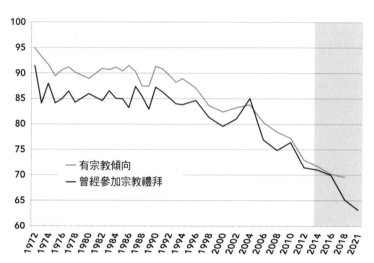

圖 5.42 ｜美國 26 到 40 歲有宗教傾向或曾經參加宗教禮拜的百分率，1972–2021

資料來源：社會概況調查

注：陰影區之 26 到 40 歲年齡組主要為千禧世代。26 到 40 歲年齡層從 2006 年開始出現千禧世代，到 2013 年絕大多數為千禧世代，到 2020 年全部都是千禧世代。由於研究人員對 2021 年宗教傾向部分的樣本代表性有疑慮，圖中沒有畫出這題的 2021 年數據。2021 年「參加宗教禮拜」題的數據似乎較為可靠。

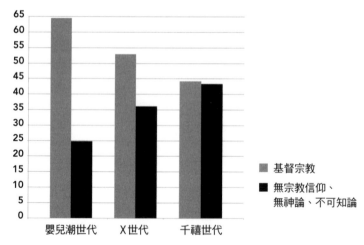

圖 5.43 ｜美國成人信奉基督宗教者和無宗教信仰者的百分率，依世代比較，2020

資料來源：國會選舉合作研究

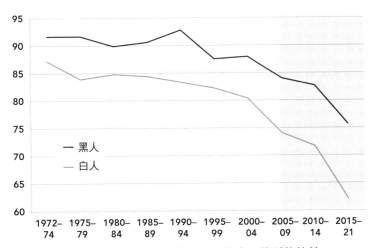

圖5.44｜美國26到40歲者曾經參加宗教禮拜之百分率，依種族比較，1972–2021

資料來源：社會概況調查

注：陰影區之26到40歲年齡層主要為千禧世代。26到40年齡層從2006年開始出現千禧世代，到2013年絕大多數為千禧世代，到2020年全部都是千禧世代。

丁神父說：「對於他們認為不寬容的事，他們也不怎麼寬容[42]。」

　　另一種說法是只有白人離宗教越來越遠，少數族群並沒有這種現象。然而，實際情況似乎不是如此——至少美國黑人不是：千禧世代的黑人也越來越少參加宗教禮拜（見圖5.44）。雖然他們還是比白人踴躍，但趨勢方向是一樣的：下降。

　　當然，千禧世代是出了名地厭惡傳統（畢竟，他們可是成年「殺」了婚姻、早餐「殺」了麥片的世代），這催生出另一種說法：雖然千禧世代表面上對宗教冷淡，可是私底下還是深具宗教情懷。這種說法認為雖然千禧世代因為厭惡傳統，所以參加禮拜的人越來越少，但相信神和向神祈禱的人還是一樣多。也許千禧世代還是一樣虔誠，只是比較喜歡用自己的方式敬拜而已？

　　還是錯（見圖5.45）。在26到40歲年齡層，不論從「會祈禱」、「相信神」、「相信聖經是神的話」哪一方面來看，這樣的人都越來越少。

　　整體來說，不論表面上或私底下，千禧世代對宗教都比前幾個世代的同齡

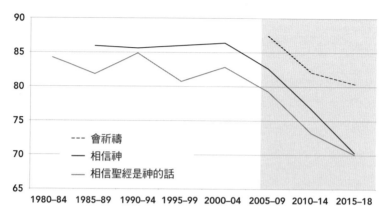

圖 5.45｜美國 26 到 40 歲私下從事宗教活動和抱持宗教信念的百分率，1980–2018

資料來源：社會概況調查

注：陰影區之 26 到 40 歲年齡層主要為千禧世代。26 到 40 歲年齡層從 2006 年開始出現千禧世代，到 2013 年絕大多數為千禧世代，到 2020 年全部都是千禧世代。由於研究人員對這幾道問題在 2021 年的樣本代表性有疑慮，圖中沒有畫出 2021 年的數據。

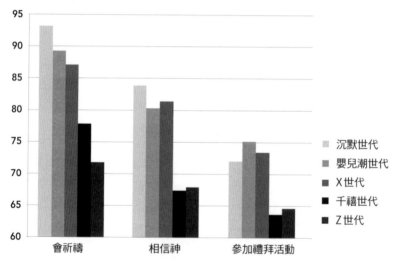

圖 5.46｜美國成人從事宗教活動和抱持宗教信念的百分率，依世代比較，2018

資料來源：社會概況調查

注：由於只觀察一個年度的數據，所以差異可能是因為年紀，也可能是因為世代。截斷縱軸以放大差異。

人冷淡；就算單看2018年的一年數據，也能發現千禧世代對宗教不如前幾個世代熱心（見圖5.46）。2018年數據較令人驚訝之處在於X世代和千禧世代的鴻溝：X世代的宗教態度和嬰兒潮世代、沉默世代相去不遠，但X世代和千禧世代之間卻有明顯落差。即使在成家立業的青壯年時期，千禧世代還是沒有像前幾個世代的同齡人一樣回到宗教，而Z世代現在也走上同一條路。

還有一種說法是千禧世代雖然對宗教興趣缺缺，但關心靈性追求。這種說法同樣經不起考驗：根據社會概況調查，在2018年，26到40歲的人有六成說自己「非常」或「還算」重視靈性，低於2006年時的七成。千禧世代並沒有以靈性追求代替宗教，他們對兩者都不如前人來得熱中。

雖然宗教熱忱逐漸下降，我們不能忘記多數千禧世代仍然相信神、偶爾還是會祈禱、一年至少會參加宗教禮拜一次，但同樣不應忽視的是：不從事這些活動、看法幾乎完全世俗化的人雖然仍是少數，但人數正在增加。隨著許多千禧世代在2020年代邁入40歲，這點不太可能改變。千禧世代是美國史上和宗教最疏離的世代——至少從有統計數據以來是如此，但將來有可能被Z世代超越。

為什麼宗教比較難以打動千禧世代？簡單來說：因為宗教和個人主義不相容，而個人主義是千禧世代最重要的核心價值。個人主義強調以自己為重和走自己的路，宗教則推崇大於自己的事物，要求遵循特定規範。有一名千禧世代說她母寧相信：「不論你有什麼感覺，都是你自己的事。每個人對『神是什麼？』都有自己的想法……大家自行決定對自己來說什麼是對的、什麼是可以接受的。」[43] 另一名千禧世代說他已離開教會，因為「他們不鼓勵我為自己想。宗教規範基本上就是『這是黑，那是白。這個可以，那個不行』。我受不了這一套。」

皮尤研究中心對沒有宗教傾向的美國人做過調查，想知道他們為什麼選擇不信教，結果有六成的人說「我對許多宗教教導存疑」，五成說「我不喜歡教會的社會／政治立場」，四成說「我不喜歡宗教組織」[44]。

不少千禧世代之所以決定和宗教分道揚鑣，是因為許多宗教不接受LGBT族群。根據2012年的調查，18到24歲的年輕人（全部都是千禧世代）有三分

之二認為基督宗教反同，認為教會「好批評」和「偽善」的幾乎一樣多[45]。他們年紀更大以後也沒有改變想法，根據2019年的調查，千禧世代有六成認為有宗教信仰的人比較不寬容[46]。

疏離宗教的速度隨世代遞嬗而加快。有些嬰兒潮世代雖然年輕時信教，但決定不把自己的宗教信念灌輸給千禧世代子女；而從小不曾接觸宗教傳統的人，成年後也很少皈依宗教。有研究發現：和前幾個世代相比，不信教的千禧世代更可能與同樣不信教的人結婚，進一步減少被配偶領入宗教的機會。

千禧世代也比較不相信教育子女不能沒有宗教。嬰兒潮世代有四分之三相信教育良善價值必須靠宗教，但仍然抱持這種想法的千禧世代只有四分之二（一半）。「我自己從小在宗教薰陶下長大，但我慢慢發現別的地方也能提供重要的道德教育，不是非靠宗教不可。」32歲的新手媽媽嫚蒂說道：「而且有時候，我覺得宗教組織不是道德教育的好榜樣。[47]」

雖然很多人認為離開宗教好處多多，但也有人擔心長此以往未必有利。「我們還是需要建立關係、超越自我，成為某種比自己更大的事物的一部分。」千禧世代的克莉絲汀・恩巴（Christine Emba）在《華盛頓郵報》上寫道：「於是我們有些人找上替代品，以更簡便、也不必投入太多的方式獲得信心和一體感，例如占星，例如在瑜伽和自我照顧中淺嘗『靈性』……真正令我憂心的是：如果你真的想建立深厚的關係和尋求團體支持，這些替代品往往比不上千禧世代捨棄的宗教傳統。」

消極冷漠或衝鋒陷陣？千禧世代的政治參與
特徵：成年後轉趨積極

2000年代有不少人對千禧世代寄予厚望，看好這群年輕人在政治上將有一番作為。在《千禧世代大變身》（Millennials Makeover）裡，莫理・溫諾格雷（Morley Winograd）和麥可・黑斯（Michael Hais）預言千禧世代將凝聚國家、革新制度，開創新的時代。在《千禧世代崛起》中，霍伊和史特勞斯也認為千禧世代將是最偉大的世代的翻版，未來將善盡公民責任，積極參與政治，歷史地位

不會輸給那群戰勝二次大戰的先賢。

千禧世代是這樣嗎？至少讀高中時不是。與嬰兒潮世代和X世代的同齡人相比，千禧世代12年級生（1998到2012年）對政治的興趣明顯較低（見〈嬰兒潮世代〉一章的圖3.24），願意加入選舉工作的人只有1970年代末嬰兒潮世代的一半左右，願意為選戰捐款的人也減少了31%。最令人驚訝的是：儘管1970年代投書需要上圖書館查地址、打字、買信封和郵票，2000年代投書只要上網寄電子郵件，願意寫信向官員反映意見的比例卻減少了將近50%。

不過，這種風氣在千禧世代成年後多少有了改變。從2000到2020年，隨著26到40歲年齡層從X世代轉為千禧世代，該年齡層對選舉的興趣在大選年都有增加。然而，從其他年齡層和世代在這段時間也更關心政治來看（見圖5.47），這段時間的政治興趣提高應該是時代因素，而非世代因素。

民眾變得更在意政治的原因可能是局勢不安和意見紛歧：1992年正逢經濟衰退；2004年正與伊拉克和阿富汗作戰；2008年再次遭遇經濟危機；2020年發生疫情。然而，即使2012和2016年沒有這些問題，民眾對政治的興趣依然濃厚。我們不確定原因何在，也許是金融海嘯激起的政治關注在經濟復甦後並未消退，2016年又有川普頻頻引爆話題。隨著黑命貴運動出現（由三名千禧世代起頭，俟後述），2010年代初期到中期還掀起新一波種族覺醒，這可能也是政治興趣普遍提高的原因之一。

政治興趣提高是一回事，千禧世代有去投票嗎？有的。千禧世代年輕人的投票率高於X世代年輕人（見圖5.48，依出生年比較）。雖然千禧世代的投票率還是不如嬰兒潮前段同齡時，但的確扭轉了從嬰兒潮世代後段到X世代的下滑趨勢。在1950年代末出生的嬰兒潮世代之後，千禧世代（1980到1994年生）是第一個讓25到31歲年齡層投票率過半的世代。

另一個衡量各世代政治興趣的標準是民選官員人數。由於千禧世代中年紀最大的也才剛邁入四十，目前只有一名州長（莎拉・哈克比・桑德斯，1982年生，2022年當選阿肯色州第一位女性州長）。第一位進入參議院的千禧世代是喬・奧索夫（1987年生），2021年就職。2023年又有兩名千禧世代成為參議

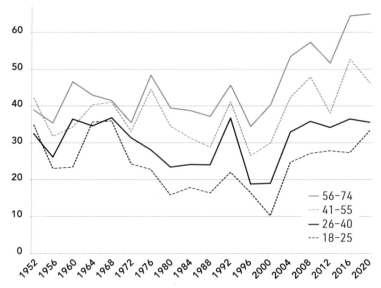

圖5.47｜美國成人對該年選戰「非常關心」的百分率，依年齡層比較，1952-2020

資料來源：全美選舉研究

注：僅比較總統大選年數據。問題原文為：「有些人不太關心選戰，你呢？今年到目前為止，你覺得自己對選戰非常關心、普通關心，還是不太關心？」

員，分別是阿拉巴馬州的凱特・布里特（1982年生），以及俄亥俄州的傑德・凡斯（1984年生）。由於眾議員的年齡往往比參議員和州長輕，我們最好從眾議院衡量千禧世代的政治表現。

那麼，從眾議員人數來看，千禧世代的表現如何？——比X世代好：在2021年有40名眾議員是千禧世代，在2005年X世代同齡時只有24名。換言之，在年紀差不多時，千禧世代比X世代多爭取到67%的眾議院席次（見圖5.49）。千禧世代眾議員近三分之一是女性，四分之一是有色人種。雖然很多人以為這個世代清一色是自由派，但這些新生代眾議員有23名是共和黨，17名是民主黨。

不少千禧世代眾議員擁有高知名度和高影響力，女性尤其如此。以AOC為例，她當過酒保，2018年以黑馬之姿贏得紐約第十四選區民主黨初選。以

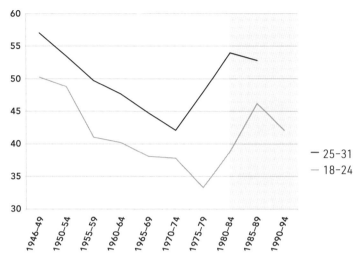

圖5.48 │ 美國年輕人總統選舉投票率，依年齡層和出生年比較

資料來源：美國普查局人口動態調查

注：陰影區為千禧世代。含1964到2020年數據。黑線較早結束，因為出生年更晚的人尚未進入這個年齡層。1946到1994年出生者有18到24歲的完整數據；1946到1989年出生者有18到31歲的完整數據。1964到1972年只有各年齡層的數據，1976年起可取得個別年齡的數據。從1972年選舉開始，投票年齡由21歲下修到18歲。由於18到20歲者投票次數較少，我們對嬰兒潮世代前段的投票率推測可能略有膨脹，但1964到1972年18到24歲年齡層的投票率非常接近。

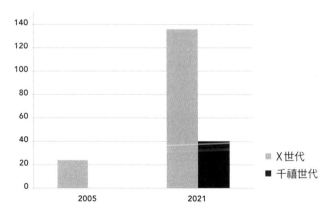

圖5.49 │ 美國眾議員人數，依世代比較，2005年與2021年對比

資料來源：美國國會官網

她為首的年輕眾議員人稱「小隊」，主打學貸減免和全民健保，力挺綠色新政，支持政府對氣候變遷採取行動。「地球正在升溫，我們不能繼續袖手旁觀。」她說：「對年輕人來說，氣候變遷是生死問題，比選舉重要得多。」她也堅信政府應該重新分配財富。為了傳達這個信念，受邀出席大都會藝術博物館慈善晚宴（Met Gala）時，她在晚禮服上印上大大的紅字：「課富人稅」。在個人生活上，AOC也是典型的千禧世代：她和男友同居多年，直到2022年才訂婚——距離他們大學相識已11年。

2015年，當30歲的艾莉絲・斯特凡尼克（1984年生）走上國會大廈階梯，警衛攔下了她，對她說這個入口僅供國會議員使用。於是斯特凡尼克掏出證件：她是貨真價實的國會議員，美國眾議院有史以來最年輕的女性。2021年，她成為眾議院共和黨會議主席。

同樣是2021年，美國參議院迎來它的第一位千禧世代成員：喬治亞州參議員喬・奧索夫。奧索夫在二十多歲時當過眾議員助理，負責外交業務，後來擔任一家紀錄片公司的主管，以國外貪腐問題為報導重心。政治（Politico）新聞網說他是第一個身兼「資深鄉民」和「推特原住民」的參議員——其實他也是第一個謎幻樂團（Imagine Dragons）鐵粉參議員[48]。同為千禧世代的德瑞克・羅伯森（Derek Robertson，1985年生）說，看到奧索夫2010年代初的貼文，他興奮不已：「柯林頓1992年競選時，不是用佛利伍麥克（Fleetwood Mac）的〈Don't Stop〉當競選歌嗎？我的感覺八成和嬰兒潮世代當年知道他這麼幹一樣——親切！親切無比！」在2021年喬治亞州那場選戰中，奧索夫也是四名候選人裡唯一有TikTok帳號的，據信這為他催出不少Z世代選票[49]。「政治菁英過去30年的怠惰，年輕人全都看在眼裡，也已提出嚴厲的批判。」2021年11月，他在聯合國氣候變遷會議上說：「如果我們現在不挺身而出，將來被嚴厲批判的就是我們。」

千禧世代的投票傾向
特徵：傾民主黨自由派和自由黨

AOC、斯特凡尼克、哈克比・桑德斯和奧索夫這樣的政治人物只是千禧

世代政治勢力的冰山一角。在2020年，登記投票的千禧世代有四千一百萬人——高於X世代登記的四千萬人，也開始趕上嬰兒潮世代登記的五千兩百萬人。

在2020年的選舉中，千禧世代比前幾個世代更傾向民主黨自由派。不計中立選民的話，千禧世代有六成支持民主黨，高於嬰兒潮世代的五成。不過，這也代表在傾向兩大黨的選民中，千禧世代有四成支持共和黨——和「千禧世代全是民主黨」的刻板印象對照，這個比例不可謂不高。不過，千禧世代不像前幾個世代那樣挺川普：不論是沉默世代、嬰兒潮世代，還是X世代，認同共和黨的人幾乎全都投給川普，認同共和黨的千禧世代票投川普的明顯較少（見圖5.50）。

各世代傾向保守派的比例差異更大（見圖5.50右側長條）。如果把保守派的比例反過來看，我們可以發現，在2020年，千禧世代認同自由派的比例比嬰兒潮世代多64%。

不過，年紀較長的人往往都比年輕人保守和偏向共和黨，何況這張圖只有2020年的數據，造成差異的因素可能是年齡，也可能是世代。為了進一步釐清，我們不妨參照1980年代以來的資料，看看各世代年輕時的政治傾向。結

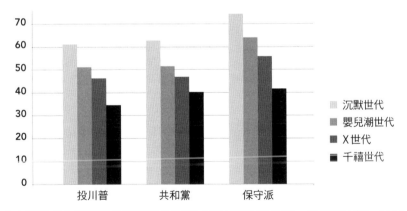

圖5.50｜美國成人票投川普且認同共和黨或保守派的百分率，依世代比較，2020

資料來源：國會選舉合作研究

注：排除不偏向兩大黨和任何一種意識形態者。

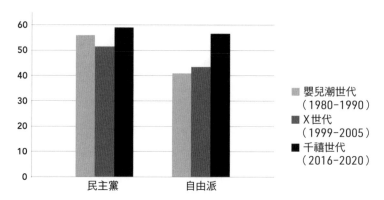

圖 5.51 │美國 26 到 34 歲年齡層認同民主黨和自由派的百分率，依世代／年度比較

資料來源：全美選舉研究

注：據 1980 到 2020 年數據製表。數據取自 26 到 34 歲年齡層全為特定世代之年度。排除不傾向兩大黨和意識形態中立者。

果是一樣的：千禧世代更偏向自由派。同樣是 26 到 34 歲年齡層，千禧世代傾向自由派的比例大幅高過嬰兒潮世代和 X 世代，傾向民主黨的比例也略微超過這兩個世代（見圖 5.51）。

政黨傾向和政治意識形態的世代差異或許看似不大，但隨著選舉越來越以幾個百分點決勝負，這點差異可能足以左右全局。雖然每個世代之中都有不同聲音，但整體世代傾向可能導致世代衝突。

如果再把日益嚴重的政治極化趨勢列入考量，世代衝突更非杞人憂天。從千禧世代對政治事務有記憶以來，共和黨和民主黨幾乎在所有重要議題上針鋒相對。1994 年（千禧世代年紀最大的 14 歲、年紀最小的剛剛出生），共和黨眾議院議長紐特・金瑞契提出「美國有約」（Contract with America）政見，打算實施一連串保守派措施，如削減福利、平衡預算等。從此以後，兩黨惡鬥不休，幾乎每個議題都以所屬政黨決定立場，從柯林頓彈劾案、伊拉克戰爭、阿富汗戰爭，到歐巴馬健保改革、氣候變遷和增稅，無一例外。大法官被提名人以往通常可以得到跨黨派支持，可是從 1990 年代之後，投票開始隨政黨立場而定。社群媒體、網路新聞、有線電視創造出一間又一間迴聲室，人們不僅各說各

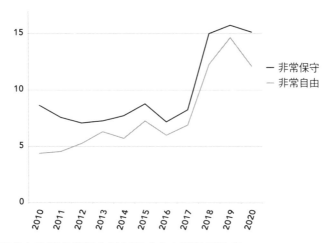

圖 5.52 │美國成人自認非常偏向保守派或自由派的百分率，2010-2020

資料來源：國會選舉合作研究

注：採計中立人士。

話，還各擁事實。

　　政治極化現象最早出現在政治領袖和媒體上，後來傳向一般民眾，2016以後更加嚴重。從 2010 到 2017 年，認為自己不只傾向保守派或自由派、更是「非常保守」或「非常自由」的人的數量大致穩定，可是到 2020 年，自認立場極端的美國人已是 2010 年代初的兩倍以上（見圖 5.52）。

　　美國不只發生政治極化，也出現世代極化。由於年長世代比較偏保守派、年輕世代比較偏自由派，當民眾往政治意識形態光譜的兩端移動，世代之間的差異更加擴大。從 2017 年開始，有越來越多千禧世代和 Z 世代走向極左，也有越來越多沉默世代、嬰兒潮世代、X 世代走向極右。在較為年長的三個世代中，年紀越大的變得越強硬（見圖 5.53）。不論是年輕世代中的極端自由派比例，或是年長世代中的極端保守派比例，從 2017 年起都增加了一倍，在兩組人馬之間製造出龐大的裂痕。

　　隨著公共政治論辯中的世代差異日益明顯，千禧世代自由派和嬰兒潮世代年長者陷入對立。裂痕也逐漸侵入家庭，千禧世代與嬰兒潮世代父母漸行漸

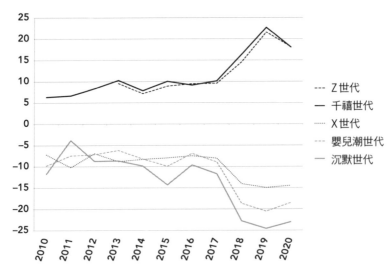

圖 5.53 │ 美國成人自認非常偏自由派（正數）和非常偏保守派（負數）的百分率，
　　　　　依世代比較，2010–2020

資料來源：國會選舉合作研究

注：為凸顯差異，非常偏自由派以正數表示，非常偏保守派以負數表示。未繪出自認非常偏保守派的千
禧世代和Z世代，以及自認非常偏自由派的沉默世代、嬰兒潮世代和X世代。採計中立人士。

遠。許多人發現，在2016年大選結束後，感恩節餐桌上的對話變得劍拔弩張。
到了2020和2021年，隨著防疫規定被政治化，家人間經常無法為該不該聚聚
達成共識。《時代》雜誌訪問到一名嬰兒潮世代，長期支持共和黨的川普選民
琳妮特・維拉諾（Lynette Villano）。她說自己在2018年還有受邀參加感恩節家庭
聚會，後來就沒再受邀，因為別的家人說不想看到她。現在不但兩個孩子疏遠
她，姊妹也不理她。

　　千禧世代的索倫・布里夫尼克（Soren Bliefnick）則是怎麼想也想不透：老爸
老媽在2020年怎麼會投給川普？「我爸媽總說自己愛國、愛憲法等等，可是他
們現在好像完全倒過來。」索倫說：「因為這些事，我覺得和他們距離好遠。
心裡有疙瘩，就不想和他們說話。」另一方面，索倫的媽媽瑪莉同樣百思不得
其解，不曉得孩子們為什麼這麼在意她投給誰：「我們明明也是照我們認為重

要的事去投票，兩個孩子卻都不尊重我們的決定，我實在很傷心。」索倫的爸爸蓋瑞覺得，一切都是從索倫離開家鄉密蘇里州、跑去波士頓上大學開始的。他說，兩個孩子「都走偏了，把美國想得太壞。那些人教他們的東西和我學的完全不一樣。」[50]

蓋瑞把兒子的大學教育和政治立場連在一起，或許不是巧合。在1970和1980年代，受過大學教育的人多半支持共和黨，沒有大學學位的人比較傾向民主黨。到1990和2000年代，政黨傾向變得和教育程度沒什麼關聯。接著，到了2015年左右（也就是許多千禧世代形成政治認同的青年期），政黨傾向和教育程度的關係突然顛倒：沒受過四年大學教育的人越來越傾向共和黨，有受過四年大學教育的人則和共和黨漸行漸遠（見圖5.54）

到2020年，政黨傾向因教育程度差異最大的是千禧世代：無大學學位者傾向共和黨的比例比有大學學位者高15個百分點。相較之下，兩者在X世代中的差距是9個百分點。因此不僅世代之間的政治立場逐漸極化，每個世代之中的政治立場也隨著教育程度極化。

從2019年末開始，「好了啦，老灰啊」這句謾罵蔚為風潮，背後推波助瀾

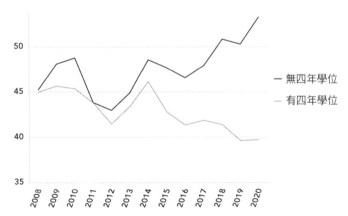

圖5.54 | 美國26歲以上成人自認傾向共和黨的百分率，依教育程度比較，2008-2020

資料來源：國會選舉合作研究

注：不支持兩大黨者不計。「四年學位」指「四年制大學學位」。

的主要是政治立場，而非科技變化。每當千禧世代認為嬰兒潮世代不懂他們的經濟難題、率爾否定政府介入的必要（例如學貸減免），就拿這句話當武器。「好了啦，老灰啊」也是環境議題辯論中常見的反擊，紐西蘭國會議員克蘿伊・史禾碧克（Chlöe Swarbrick，1994年生）曾在氣候變遷的激辯中用它斥責另一方。史禾碧克後來在《衛報》（Guardian）投書說：這個反駁代表的是「幾個世代的集體疲乏，因為我們沒得選擇，只能在無比短暫的時間裡承擔無比龐大的問題」。

環境議題固然是世代之爭的重要戰場，但這個問題的世代差異或許不如你以為的大。在皮尤研究中心2021年的調查中，千禧世代有71%認為「為了留給後人永續的地球，氣候問題應該是我們的第一要務」；在此同時，這樣想的嬰兒潮世代也有57%。千禧世代有28%說自己已經採取行動對抗氣候變遷（例如當志工、捐款、聯絡民選官員等），嬰兒潮世代也有21%的人這樣說[51]。

其他吵得沸沸揚揚的議題又如何呢？整體來說，千禧世代的想法反映的是個人主義氣質：希望大家都能做他們想做的事，在某些議題上站穩自由派立場（例如墮胎合法化和廢除死刑），在另一些議題上採取保守派立場（例如不贊成強化槍枝管制，見圖5.55）。因此，千禧世代的看法其實和自由黨（Libertarians）最接近。該黨一向主張放鬆管制，人民生活不容政府插手。

支持大麻合法化的呼聲越來越高，是近年另一個重大政治變化。我們在嬰兒潮世代那章已經提過，在1960到1970年代嬰兒潮世代開始狂嗑大麻之前，美國極少使用大麻。到X世代青少年被耳提面命「對毒品說不」（而且聽了進去）的1980年代，大麻一度退燒。但千禧世代——嬰兒潮世代的子女——又開始使用大麻，大麻搖身一變，成為治療精神和身體疾病的當紅藥方。隨著民意改變，各州先後開放藥用大麻和娛樂用大麻。在2021年，26到40歲者（全為千禧世代）幾乎有八成認為大麻應該合法；可是在1970年代初，同年齡層（主要為沉默世代）只有兩成認為大麻應該合法。連最早擁抱大麻的嬰兒潮世代，青壯年時（1970年代末到1980年代初）支持大麻合法化的比例也沒有這麼高（見圖5.55黑線）。不過，支持大麻合法化並不是千禧世代獨有的特色，而是時代潮流——2000年後，戰後出生的世代無一例外，全都越來越支持大

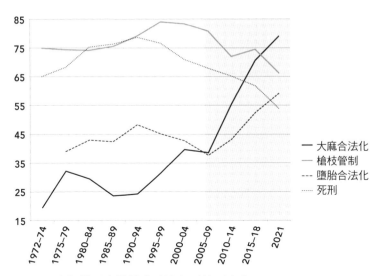

圖 5.55｜美國 26 到 40 歲年齡層支持特定政治主張的百分率，1972–2021

資料來源：社會概況調查

注：陰影區之 26 到 40 歲年齡層主要為千禧世代。26 到 40 歲年齡層從 2006 年開始出現千禧世代，到 2013 年絕大多數為千禧世代，到 2020 年全部都是千禧世代。縱軸數字為同意大麻合法、槍枝管制、墮胎合法、死刑合法的百分率。

麻合法化。到 2010 年代末，除了沉默世代仍態度保留之外，多數嬰兒潮世代、X 世代、千禧世代都已支持大麻合法化。

　　最近幾年，墮胎合法化也已得到三個戰後世代多數支持，但增幅最大的是千禧世代（見圖 5.56）。在聯邦最高法院的羅訴韋德案判決被推翻後，墮胎合法與否將交由州政府決定。由於仍在生育年齡的千禧世代較為支持墮胎合法化，制訂相關規範的卻是年紀較大、幾乎不需要墮胎的世代，這個問題將來有可能演變成激烈的世代戰爭。

#BlackLivesMatter
特徵：種族意識興起

　　喬治・齊默曼（George Zimmerman，1983 年生）是佛州桑福德（Sanford）守

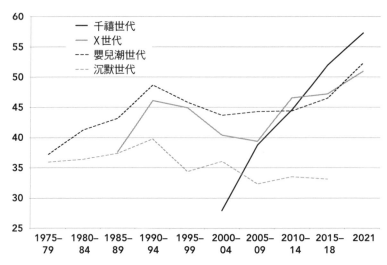

圖 5.56｜美國成人支持墮胎合法化的百分率，依世代比較，1977–2021

資料來源：社會概況調查

注：追蹤各世代隨年紀漸長而起的變化。問題詢問的是因任何理由而墮胎（abortion for any reason），有時稱為病人要求墮胎（abortion on demand）。2021 年回答此題的沉默世代樣本有限，信度不足。

望相助隊隊員，2012 年因涉嫌殺害手無寸鐵的黑人少年特雷翁・馬丁（Trayvon Martin，1995 年生）遭到起訴，2013 年 7 月獲法院宣判無罪。得知判決之後，艾莉希雅・賈薩（Alicia Garza，1981 年生）深感不平，開始在臉書發表一系列貼文，起名「給黑人同胞的情書」。「我始終訝異，黑人的生命在他人眼中竟如此輕賤。」她寫道：「黑人同胞。我愛你們。我愛我們。我們的生命同樣寶貴。」同為社運人的派翠絲・庫勒斯（Patrisse Cullors，1983 年生）在回應時加上主題標籤：「#BlackLivesMatter（黑人生命寶貴）」。賈薩後來說：「我那時還以為是英鎊符號！她後來才對我解釋主題標籤的用途。#BlackLivesMatter 就是這樣開始的。」

　　庫勒斯和賈薩找上另一位社運工作者歐帕爾・托梅蒂（Opal Tometi，1984 年生），托梅蒂除了在社群媒體上宣傳這個主題標籤之外，也用這個運動的名字設立帳號。換言之，黑命貴運動是由三名千禧世代在社群媒體上所發起。

#BlackLivesMatter 一開始傳播有限，六個月在推特上只出現五千多次。接著就到了 2014 年。7 月時，艾瑞克·加納（Eric Garner，1970 年生）在紐約史坦頓島（Staten Island）遭警察鎖喉勒斃，全程被路人用智慧型手機拍下。8 月，麥可·布朗（1996 年生）在密蘇里州弗格森遭警察擊斃。雖然沒人拍下衝突過程，但路人沒有放過布朗暴屍街頭四個小時的畫面。弗格森爆發示威，庫勒斯也召集五百人加入抗議。她寫道：「黑命貴運動承襲的是 1960 年代初跨州自由乘車運動（Freedom Riders）的精神。看著布朗鮮血淋漓、毫無生氣的屍體，我們不禁想起那些被私刑吊死、毫無生氣的黑人屍體。南方種族隔離時代距離我們一點也不遙遠。[52]」在法院宣布不起訴擊斃布朗的警察後，主題標籤 #BlackLivesMatter 蜂擁而出，三星期內出現了 170 萬次。

之後，美國又發生多起引發高度關注的黑人命案：2014 年 11 月，12 歲的塔米爾·萊斯（Tamir Rice，2002 年生）遭克利夫蘭警察槍殺；2015 年 4 月，弗雷迪·格雷（Freddie Gray，1989 年生）在巴爾的摩的警用廂型車中因脊椎受傷而死；2016 年 7 月，費蘭多·卡斯提（Philando Castile，1983 年生）遭明尼蘇達州聖安東尼（St. Anthony）警察擊斃。2016 年，舊金山 49 人隊橄欖球星科林·卡佩尼克（1987 年生）開始在演奏國歌時單膝下跪，他對記者表示：「這面旗子代表的是一個壓迫黑人、也壓迫有色人種的國家，我不打算向它起立致敬。對我來說，這比橄欖球重要得多。在有人暴屍街頭的時候，也有人殺了人卻逍遙法外、休有薪假。要是我視而不見，未免太過自私。[53]」卡佩尼克的行動為種族議題點燃燎原之火，全國陷入對立。

2010 年代中期是分水嶺，黑白種族議題再次成為全國焦點，緊繃情勢為 1990 年代後所未見。記者馬修·伊萊夏斯（Matthew Yglesias，1981 年生）稱這段時間為「大覺醒時代」（The Great Awokening）[54]，雖然這個名稱不無爭議，iii 但不論你支不支持這個標籤，美國文化在 2010 年代中期顯然發生重大轉變。同意種族歧視是社會「一大問題」的美國成人大量增加，從 2011 年 11 月的 28% 躍升為 2015 年 7 月的 50%[55]。在 2020 年 6 月喬治·佛洛伊德（1973 年生）遇害之後，認為種族歧視是嚴重問題的比例增加到 76%。2015 年後，越來越

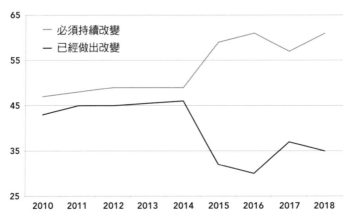

圖 5.57 | 認為國家必須為促進黑白平等持續改變的美國成人比例，
以及認為國家已經做出相應改變的比例，2010–2018

資料來源：皮尤研究中心

注：年度為概數。

多美國人說國家在促進黑白平等上仍須努力（見圖5.57）。

2015年是種族議題的重大轉折點，在此之前，對種族關係滿意和不滿意
的比例已保持穩定超過十年。可是從2014年1月到2015年1月，短短一年之
內，對種族關係表示不滿的美國成人暴增77%（見圖5.58）。與前一個對於未
來進步空間抱持更正面態度的民調不同，圖5.58反映了更悲觀的情緒，認定不
同種族之間的關係已大幅惡化。換言之，種族問題不僅引發更多關注，也造成
更多緊張。每個世代似乎都有這兩股趨勢，但因為千禧世代正值探索政治認同
和社會參與的青年期，受到的衝擊最深。

對種族歧視的看法也起了變化。根據社會概況調查，到2012年為止，美
國黑人只有半數認為歧視是造成黑人工作、收入、住房不如白人的主因。但
情況開始改變，將問題歸咎於歧視的黑人成人隨著時間越來越多：2014年是

iii 伊萊夏斯故意使用「awokening」而非「awakening」。「woke」為非裔美人白話英語（African American
Vernacular English），起於1930年代，原為呼籲非裔美人關心影響自身之公共事務。2010年代意義擴
大，同時被黑命貴運動及左翼運動使用。譯注

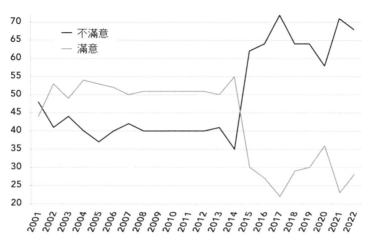

圖 5.58｜美國成人對國內種族關係滿意和不滿意的百分率，2001–2022

資料來源：蓋洛普民調

注：民調於每年1月進行。樣本具美國成人代表性。

57%，2016年是61%，2018年是66%，2021年是83%。

　　不過，不論是黑命貴運動，還是對種族問題日益升高的關注，都不只影響黑人而已。從開始調查以來第一次，種族衝突大幅改變白人的想法，尤其是民主黨白人的想法。在1970年代，儘管學校和居住種族隔離不久以前還是常態，但只有不到一半的白人（包括民主黨在內）認為黑人的困境是歧視造成的；在羅德尼・金恩被毆之後較為關注種族問題的1990年代，民主黨白人對歧視問題的看法沒有改變多少；可是在2010年代中之後，左翼白人出現變化（見圖5.59灰線）；到2021年，認為歧視是黑人工作、收入、居住不平等主因的民主黨白人達82%，幾乎和這樣想的黑人比例（83%）相同（圖5.59未顯示黑人部分）。

　　共和黨白人不一樣：在1990年代，認為歧視是種族不平等主因的比例持續下降，到2021年仍舊不高，讓民主黨和共和黨白人之間的種族立場出現巨大落差。在以前，白人對種族歧視的看法還不至於因政黨之別相差太遠，可是到2010年代，白人對種族議題的立場逐漸隨政黨不同而極化。

　　到了2020年，民主黨白人更出現前所未有的轉變——在某些問題上，他們

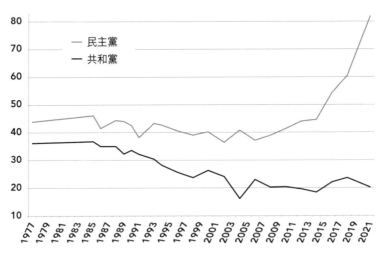

圖 5.59 | 美國白人成人認為黑人的困境是歧視所致的百分率，依政黨傾向比較，
1977–2021

資料來源：社會概況調查

注：問題原文：「黑人的工作、收入、住處通常不如白人，你認為這些差異的主要是歧視造成的嗎？」
縱軸數字為回答「是」的百分率。由於黑人成人樣本數少，不予繪出。

傾向激進自由派的比例和民主黨黑人不相上下：在2012年，50%的民主黨白人
同意「世世代代的奴役和歧視已經讓黑人難以翻身」，八年以後的2020年，同
意這則陳述的民主黨白人增加到78% ——比例和民主黨黑人相當（見圖5.60）。

　　事實上，到2020年，民主黨白人對某些種族議題的態度比民主黨黑人更
偏向自由派。例如對於這則陳述：「愛爾蘭裔、義大利裔、猶太裔和許多少數
族裔都努力打破社會偏見，力爭上游，黑人也應該這樣做，不應要求特殊待
遇」，不表同意的民主黨白人（亦即相信黑人的處境比其他少數族裔艱難、不
可同日而語的民主黨白人）從2012到2020年增加了一倍以上，甚至超過不同
意這則陳述的民主黨黑人比例（見圖5.61）。相較之下，相信黑人處境和其他
少數族裔不同的共和黨白人寥寥無幾，即使到了2020年，認同黑人情況特殊
的共和黨黑人仍只有大約四分之一。在種族立場上，政黨傾向變得比種族身分
更加重要。

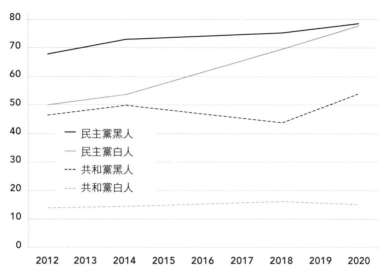

圖5.60 | 美國成人同意黑人的處境讓他們難以翻身的百分率，依種族和政黨傾向比較，
2012–2020

資料來源：國會選舉合作研究

注：問題原文：「世世代代的奴役和歧視已經讓黑人難以翻身。」雖然接受訪問的共和黨黑人已經夠
多（每年至少200人），但因為人數還是遠比其他組少，相關數據應謹慎解讀。問題於 2012、2014、
2018、2020年詢問。

　　民主黨白人幾乎在所有種族平等問題上都往左轉。在2011年，只有四分
之一的民主黨白人同意「過去幾年，黑人得到的比應得的少」[56]，到2020年，
這樣想的民主黨白人變成四分之三。九年之間發生這樣的轉變不可謂不驚人，
可是，為什麼民主黨白人對種族議題的態度變化這麼大，共和黨白人卻鮮有改
變？難道是因為看法不同的民主黨白人紛紛退黨？然而，即使這幾年來問同一
群人同樣的問題，「民主黨白人變化大，共和黨白人變化小」的模式還是存在，
可見黨內立場趨同不是因為持異議者求去。

　　雖然每個世代的民主黨白人都朝極端進步的方向移動，但千禧世代和Z世
代的幅度尤其驚人。以前從來沒有這種世代差異。在2012和2014年，各世代
民主黨白人對種族平等的看法十分接近；可是到2018年，千禧世代已經和其

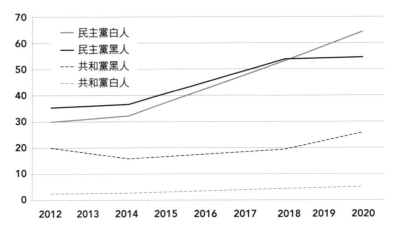

圖 5.61 ｜ 美國成人不同意黑人應該像其他少數族裔一樣自求多福的百分率，
依種族和政黨傾向比較，2012–2020

資料來源：國會選舉合作研究

注：問題原文：「愛爾蘭裔、義大利裔、猶太裔和許多少數族裔都努力打破社會偏見，力爭上游，黑人
也應該這樣做，不應要求特殊待遇。」縱軸數字為不同意（亦即相信黑人狀況特殊）的百分率。雖然接
受訪問的共和黨黑人已經夠多（每年至少200人），但因人數還是遠比其他組少，相關數據應謹慎解讀。
問題於2012、2014、2018、2020年詢問。

他世代拉開距離。到2020年，千禧世代白人和嬰兒潮世代父母的立場已經出
現相當距離，和沉默世代祖父母的想法差異更大——即使一家三代全是民主黨
也不例外（見圖5.62）。因此，種族議題看法分歧不只有時代因素（每一個世
代都受影響），也有世代因素（越年輕的世代變化越大）。

　　和前幾個世代相比，千禧世代和Z世代也更傾向認為黑人（以及女性）目
前面臨許多歧視（見圖5.63）。也就是說：年輕人更傾向認為2020年種族和性
別歧視嚴重——這進一步證明不同世代對種族（和性別）議題存在代溝。

　　到2021年，千禧世代和Z世代有超過三分之一認為美國已積重難返，一
切都該砍掉重練：根據皮尤研究中心2021年的調查，37%的青壯年人同意「美
國大多數法律／制度對特定種族和族群持嚴重偏見，必須全部重訂[57]」。相較
之下，65歲以上者（嬰兒潮世代和沉默世代）只有16%這樣想。

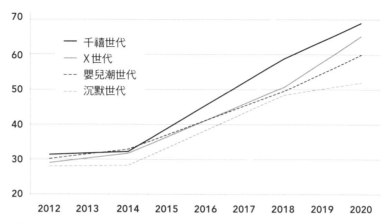

圖 5.62 │ 美國民主黨白人不同意黑人應該像其他少數族裔一樣自求多福的百分率，
依世代比較，2012–2020

資料來源：國會選舉合作研究

注：問題原文：「愛爾蘭裔、義大利裔、猶太裔和許多少數族裔都努力打破社會偏見，力爭上游，黑人
也應該這樣做，不應要求特殊待遇。」縱軸數字為不同意的百分率。問題詢問於 2012、2014、2018、
2020 年。

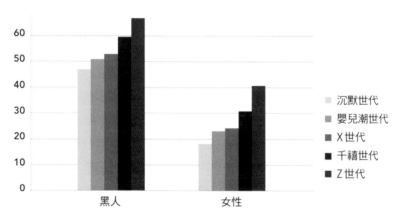

圖 5.63 │ 美國成人相信黑人或女性在今日美國面臨許多歧視的百分率，依世代比較，
2020

資料來源：全美選舉研究

注：問題原文：「您認為以下各組人在今日美國面臨多少歧視？」縱軸數字為回答「許多」或「非常多」
的百分率。

世代差異不只表現在想法，也表現在行動。請看2020年爭取種族正義的遊行，不但抗議者的年齡高度集中在二十多歲（千禧世代和Z世代），種族之多元也令人印象深刻。作家艾爾‧歐法利‧哈欽森（Earl Ofari Hutchinson，1945年生）長居洛杉磯，親身經歷過1960年代和1990年代的種族騷動，但他說2020年情況不一樣。「現在的公民運動有點像聯合國，白人和其他族裔的人都比以前多。」他在2020年6月受訪時說：「現在有但1965年和1992年沒有的新現象是：年輕白人變得一樣憤怒。[58]」

除此之外，還有另一個重大轉變——情感。同種族的人給你的感受通常比不同種族的人溫暖，這種現象叫內團體偏誤（in-group bias），十分常見。當你用0到100的溫度計請人評估自己對白人和黑人的感受（度數越高越溫暖），白人給白人打的分數往往比黑人高。從1972年開始採用這種量尺開始，美國白人

圖 5.64｜美國自由派白人對黑人和白人的感受差異，以度數表示，依世代比較，1972–2020

資料來源：全美選舉研究

注：問卷請受訪者以0到100度衡量他們對特定群體感到溫暖或冷淡。圖中數字為對黑人之評分減去對白人之評分，負數代表對白人感覺比黑人溫暖，正數代表對黑人感覺比白人溫暖。最早記錄這股趨勢的是喬治亞州州立大學的札克‧高柏格（Zach Goldberg），但他並沒有像這張圖一樣區分世代。

一直有這種傾向，連自由派白人都不例外（在圖5.64中以負數表示）。

可是到了2016年，自由派白人（尤其是千禧世代和Z世代）開始說他們對黑人比白人更感溫暖，逆轉了1970年代以來的趨勢。到2020年，千禧世代和Z世代自由派白人對黑人的感受比對同種族的人高16度（在圖5.64中以正數表示）。至於美國黑人（未繪於圖中），他們對自己同胞的感覺幾乎沒變，對白人則變得較冷，從2008年舒適的75度變成2020年的62度，雖然較涼，但尚稱溫和。簡言之，自由派白人對黑人的感覺變暖，黑人對白人的感覺變冷。

仍待回答的問題是：這種趨勢會持續多久？種族關係將來會不會變？換個方式問：目前的發展是不是特例？從人們（尤其是自由派白人）的態度驟變來看，的確不無可能。但因為這種變化已經隨政黨立場極化，風氣改變恐怕需要一些時間。如〈X世代〉一章的圖4.30所示，種族議題已多次成為風暴中心，又回歸平靜。這些風波有時帶來進步與和平，有時造成退步，有時好壞參半。

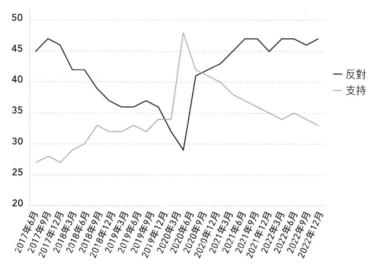

圖5.65｜美國白人中間選民反對或支持黑命貴運動的百分率，2017–2022

資料來源：CIVIQS登記選民調查

注：未繪出回答「既不支持也不反對」和「不確定」者之曲線。黑命貴運動支持率在各黨黑人及民主黨白人之間持續偏高，在共和黨白人間持續偏低。

有跡象顯示 2020 年抗議潮帶來的是退步——至少是回到先前的立場。2020 年 5 月底喬治‧佛洛伊德剛剛遇害時，黑命貴運動一度獲得大量白人中間選民支持，可是在接下來的兩年中，同一群體的支持率逐漸下降（見圖 5.65）。

到 2021 年 9 月，黑命貴運動在白人中間選民間的反對率已重新反彈，回到 2017 年的水準。在種族關係上，2020 年代可能持續這種反反覆覆的態勢，充滿不確定性。

先飛揚，後失落：千禧世代的心理健康
特徵：少時快樂，成年憂鬱

「那時候真好，過得很快樂。」談起 2000 年代的成長經驗，喬（1992 年生）這樣說：「我們幾乎每天都在外面玩……日子平靜多了，不像現在這樣鬧哄哄的。」年紀略長的露希雅‧彼得斯（Lucia Peters，1985 年生）也說小時候過得很開心，給「為什麼我很高興自己成長在 90 年代」列了 21 個理由，包括「成長階段經濟繁榮」、《哈利波特》、《保姆俱樂部》（Baby-Sitters Club）、辣妹合唱團，還有「不必隨時與人『連結』——至少不是透過網路」。

1990 和 2000 年代有許多千禧世代青少年也這樣想。青少年的幸福感在千禧世代大幅提高。和 1990 年代初的 X 世代青少年相比，2010 年代初說自己「非常幸福」的千禧世代青少年比前者多了 32%（見圖 5.66）。

千禧世代中對人生感到滿意的青少年也比之前的世代多（雖然「滿意人生」和幸福感有關，但兩者有別）（見圖 5.67）。青少年從總是一身黑、喜歡頹廢風、哥德風、聽盲瓜樂隊（Blind Melon）的 X 世代，變成穿露肚裝、活力十足地跟著小甜甜布蘭妮跳舞的千禧世代（這種刻板印象雖然粗糙，但或許不無道理）。

正面情緒提高也與個人主義上升一致：一般而言，高自尊的人往往更快樂、也更滿意自己的生活，在青少年和青壯年時尤其如此。自戀也和年輕族群中的快樂感有關——換言之，幸福感增加和自戀提高是一致的，彼此並不牴觸。

千禧世代也比較少出現嚴重的心理健康問題：和 X 世代青少年相比，千禧世代青少年較少表示自己認真考慮自殺，或已經想過特定自殺方式（見圖

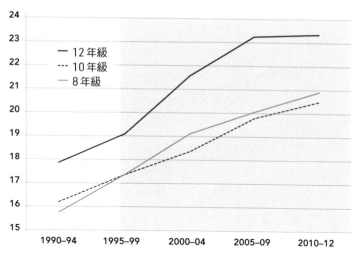

圖 5.66│美國青少年說自己非常幸福的百分率,依年級比較,1990–2012

資料來源:監測未來調查

注:陰影區之青少年主要為千禧世代。從1996到2010年,大多數8到12年級生為千禧世代。

圖 5.67│美國12年級生滿意個人生活與整體人生的百分率,1976–2012

資料來源:監測未來調查

注:陰影區之12年級生主要為千禧世代。從1998到2012年,大多數12年級生為千禧世代。「個人生活」指對朋友、父母、生活品質、休閒活動、樂趣、有從事喜愛活動的時間等之平均滿意度。

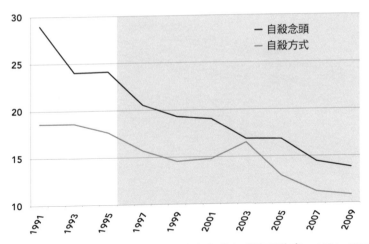

圖5.68│美國高中生認真考慮自殺和想過特定自殺方式的百分率，1991–2011

資料來源：青少年風險行為監測調查

注：陰影區之高中生主要為千禧世代。從1996到2010年，9到12年級生大多為千禧世代。調查時間為春季，受訪者為9、10、11、12年級生。

5.68）。從1991年（高中生均為X世代）到2009年（高中生均為千禧世代），認真考慮自殺的數字將近減半。

自殺率顯示出類似的模式：在1990年代初，15到19歲青少年自殺率一度高得令人憂心，到了2007年（青少年均為千禧世代）則降至低點，與1990年代初相比下降了40%。大致來看，千禧世代的心理健康似乎比X世代好。

但有些趨勢顯示，千禧世代樂觀的外表之下仍有憂鬱的暗流：和X世代的同齡人相比，有更多千禧世代的12年級生說自己有睡眠、記憶、思考問題（很多人不知道這些都是憂鬱症症狀），也有更多千禧世代的大學新生覺得自己快被各種責任壓垮，或是為自己的情緒健康打了低於平均的分數。千禧世代的青少年像鴨子划水——表面平靜，底下卻忙個不停。不過，他們還是調適得比X世代青少年好得多。

然而，千禧世代在成年後出現了變化。到2010年代中期，也就是26到34歲年齡層全部都是千禧世代的時候，這個年齡層的憂鬱症百分率開始上升。相

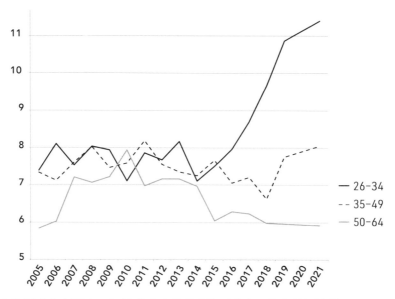

圖 5.69｜美國成人在過去一年罹患重度憂鬱症的百分率，依年齡層比較，2005–2021

資料來源：全國藥物使用與健康調查

注：受訪者必須出現符合重度憂鬱症精神疾病診斷之症狀（亦即症狀嚴重到需要專業治療），才視為罹患憂鬱症。由於年齡是以年齡層記錄，而非以個別年齡記錄，圖中顯示之趨勢無法精確區分世代。不顯示 2020 年數據。

較之下，年紀較長的年齡層的憂鬱症百分率在這段時間反而降低，或相對穩定（見圖 5.69）。在快樂的青春期之後，千禧世代變成一群憂鬱的成人，美夢開始破碎。

由於這項調查只能上溯到 2005 年，很難比較千禧世代和前幾個世代同齡人的差異，我們不妨參考另一項從 1993 年開始的調查，從每月心理健康欠佳日數來觀察世代變化。

結果發現在 2010 年代中期，青壯年每月的心理健康欠佳日數從緩步上升變成急速暴增，創下史上新高。到 2020 年為止，心理健康欠佳日數增加最多的是 25 到 29 歲年齡層，亦即 1990 年代初出生的千禧世代（見圖 5.70）。相較之下，從 2012 到 2020 年，40 歲以上者（X 世代、嬰兒潮世代、沉默世代）的心

圖 5.70 ｜ 美國成人心理健康欠佳日數，依年齡層比較，1993–2021

資料來源：行為風險因子監測系統

注：關於2014年以前心理健康欠佳日數上升的現象，請見沉默世代和嬰兒潮世代兩章。

理健康幾乎沒有變化。度過高度樂觀的童年期和青春期之後，千禧世代到了青壯年時顯然出了什麼事。

　　如我們在第三章中所見，嬰兒潮世代的心理健康問題常常造成絕望死（如自殺和藥物過量），從而影響該世代中年人的死亡率。目前還年輕的千禧世代也有這種現象嗎？

　　有的。2014年後，30到39歲者的死亡率迅速攀升（見圖5.71）。由於增幅太大，2019年30到39歲者（均為千禧世代）的死亡率甚至高於1999年的同齡人（均為X世代）。換句話說，千禧世代壯年人的死亡率遠高於X世代壯年人──別忘了這還是在新冠疫情衝擊美國之前。

　　這樣的發展著實令人詫異，畢竟醫療照顧和安全措施更加進步之後，死亡率應該下降。舉例來說，自1999年起，死於癌症或交通意外的壯年人越來越少。死亡率在癌症和車禍死者變少的情況下不降反升，一定是因為其他死因的人大幅增加。

　　罪魁禍首是誰？是藥物過量、自殺、肝病等「絕望死」。和1999年的25到

2015：30到39歲者大多為千禧世代

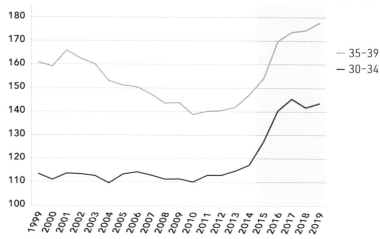

圖5.71│美國死亡率，依年齡層比較，1999–2019
資料來源：全國生命統計系統，取自疾病管制中心之WONDER資料庫
注：死亡率以每10萬人計算。

34歲年齡層（均為X世代）相比，2019年同年齡層（均為千禧世代）的自殺率增加38%，死於肝病者超過一倍，死於藥物過量者（大多為鴉片類藥物）幾乎是六倍之多（見圖5.72）。凱思和迪頓在2015年發現嬰兒潮世代有絕望死趨勢時，絕望死一度成為媒體焦點，誰知到了2019年，連千禧世代都出現這種現象。造成這種情況的部分原因是時代效應，因為死於鴉片類藥物過量的人橫跨了好幾個世代。2019年X世代中年人和2004年的嬰兒潮世代中年人相比，藥物過量死亡率是變高了沒錯——但是只增加一倍，而千禧世代中年人和X世代中年人相比，卻暴增了六倍。

　　參考更長時間的自殺數據之後，也能看出千禧世代成人的心理健康問題的確不小：自殺率一度隨著X世代的出生年下降，可是到出生年從X世代轉為千禧世代的1980年代初，自殺率再度上升（見圖5.73）。到千禧世代末段出生的1990年代初，自殺率打破X世代成人的紀錄，攀上新高。

　　所以，千禧世代在度過正向而快樂的青春期之後，成了更容易憂鬱、也更

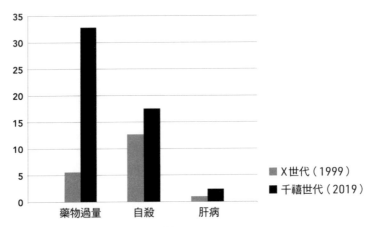

圖 5.72│美國 25 到 34 歲者死亡率，依死因比較，1999 vs. 2019

資料來源：全國生命統計系統，取自疾病管制中心之 WONDER 資料庫

注：死亡率以每 10 萬人計算。1999 年之 25 到 34 歲者生於 1965 到 1974 年（皆為 X 世代出生年）；2019
年之 25 到 34 歲者生於 1985 到 1994 年（皆為千禧世代出生年）。許多藥物過量死亡為鴉片類藥物所致。

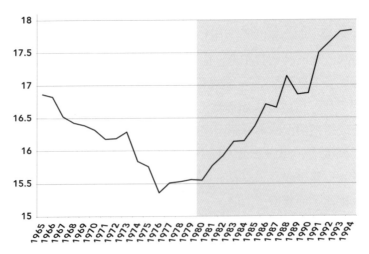

圖 5.73│美國成人自殺率，依出生年比較

資料來源：疾病管制中心 WISQARS 資料庫

注：自殺率以每 10 萬人計算。只列計 20 到 72 歲之自殺者。陰影區為千禧世代。控制年齡因素。統整
1981 到 2020 年數據。

可能絕望死的大人。為什麼千禧世代年少時那麼快樂，成年後卻飽受心理健康問題之苦，甚至發生悲劇？如果我們能釐清千禧世代出現心理問題的原因，或許也能找出解決之道。有幾種理論值得探討。

理論一：川普在2016年當選，2017年就任，讓千禧世代的民主黨支持者深感不快。 如果這個理論沒錯，由於總統選舉和川普意外當選是2016年11月的事，心理健康欠佳日數增加的趨勢應該同步出現。換句話說，最早應該在2016年就觀察得到，但更可能是2017年。然而，情緒問題增加的趨勢從2015年便已開始，距離川普當選還有一年多的時間，情況最嚴重的是25到29歲年齡層（見圖5.70）；絕望死則出現得更早，大約從2014年就已開始。

如果川普是千禧世代心理健康亮紅燈的原因，出現心情欠佳日數增加趨勢的應該主要是不支持川普的州（如加州），在支持川普的州（如德州）應該會下降，或至少保持穩定。但情況不是如此：不論是加州或德州，在這幾年，心理健康欠佳的日數都逐漸增加（見圖5.74）。而且這種趨勢大約在2014或2015年就已出現，同樣是在川普當選之前。

既然藍州和紅州模式類似，而且心理健康欠佳日數都是從2015年開始增加，我們可以排除川普是千禧世代心理危機的主因。

理論二：千禧世代之所以憂鬱，是因為經濟情況不佳。 我們稍早已經看到，千禧世代的經濟情況一點也不差。受過大學教育的更是如此，生活十分寬裕。雖然千禧世代的確有更多大學學貸要付，但一般來說，並不於抵銷四年制大學學位帶來的高薪。整體而言，受過大學教育的千禧世代是同輩裡的勝利組。因此，如果千禧世代的心理危機是經濟困境所致，問題最嚴重的應該是沒有大學學位的人，畢竟他們在財務上落後最多。

然而在千禧世代，心理健康欠佳日數增加更多的反而是有大學學位的人，而非沒有的人（見圖5.75）。雖然無大學學位者的心理問題還是比有大學學位者嚴重，可是到了千禧世代的出生年，教育程度造成的心理健康差距是縮小的。

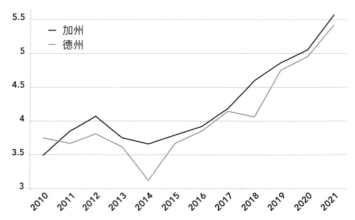

圖 5.74 │ 加州及德州 18 到 39 歲者每月心理健康欠佳日數，2010–2021

資料來源：行為風險因子監測系統

注：加州和德州分別是人口最多的民主黨和共和黨票倉。考慮到城鄉人口、教育程度和經濟條件等種種差異，它們比美國其他藍州或紅州更適合直接比較。

　　這樣的世代變化令人詫異。在沉默世代，教育程度造成的心理健康差距微乎其微；到了嬰兒潮世代，雖然擁有大學學位者的心理健康保持穩定，但沒有大學學位者的心理健康欠佳日數大幅增加，心理健康差距開始擴大；可是到了千禧世代，由於教育程度高的人惡化得更嚴重，差距再次縮小。經濟情況最好的人心理健康欠佳日數卻增加最多，如果財務問題是千禧世代出現心理危機的主因，趨勢不應該是如此。

　　此外，如果經濟窘迫是心理問題惡化的主因，心理健康欠佳日數應該會在金融海嘯期間（2008 到 2011 年左右）大幅增加，但那段時間其實增幅不大（見圖 5.70）。相反地，等到景氣好不容易在 2010 年代中期回春，心理健康問題卻迅速惡化。

理論三：成年生活不如千禧世代預期。有人認為：在高分和各種參與獎的鼓勵之下，許多千禧世代的自我形象受到成人精心呵護，實際成年後大失所望似乎是必然的結果。

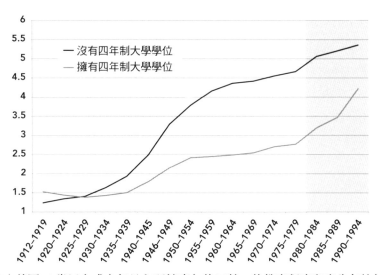

圖 5.75│美國 30 歲以上成人每月心理健康欠佳日數，依教育程度和出生年比較

資料來源：疾病管制中心行為風險因子監測系統

注：陰影區為千禧世代。統整 1993 到 2021 年數據。控制年齡變因。考慮到取得四年制大學學位需要時間，我們以 30 歲以上者為觀察對象。控制年齡變因能消除年齡的影響，保留出生年和時代的影響。

　　這種看法或許不無道理。畢竟，是千禧世代發明「adulting」這個詞，用以形容告別童年的種種失落。在 2013 年一篇爆紅的部落格文章中，提姆・厄本（Tim Urban）說千禧世代之所以鬱鬱寡歡，是因為現實生活不可能滿足他們的期待（在厄本看來，千禧世代的期待就像口吐彩虹的淡紫鬃毛獨角獸）。2020 年，安妮・海倫・彼得森（Anne Helen Petersen，1981 年生）宣布千禧世代是「倦怠世代」（Burnout Generation）。她認為對千禧世代來說，工作不但要棒到可以取悅父母，還要酷到足以羨煞朋友，於是「當千禧世代開始『adulting』，卻發現現實和大人勾勒的夢幻世界完全不一樣……你想會發生什麼事？[59]」吉兒・菲力波維奇同意彼得森的看法，寫道：「在我們從小堅信的夢想和現在經歷的現實之間，有一道深不見底的鴻溝。我們從小以為只要遵守規則、把事做對……就可以得到回報，人生就算沒有無比精采，至少也能過得好、過得穩定、不出意外。結果根本不是這樣。」

受過大學教育的千禧世代之所以心理健康惡化得最嚴重，或許也和對現實失望有關。他們對未來預期最高，所以對成年生活也最不滿意。他們做了每一件該做的事，卻沒有得到每一件以為能夠獲得的東西。

當然，不論是對經濟環境失望，還是對其他際遇失望，失望都不一定會造成心理健康問題，所以我們應該更全面地檢視這個理論。其中一種方式是追蹤各出生年群體（birth cohort group）隨年齡增長的變化：千禧世代是否成年以後都容易出現心理健康問題，無一例外？

對1980年代出生的千禧世代來說，答案似乎是否定的。如圖5.76中的兩條灰線所示：1980年代出生的千禧世代全部成年以後（見圖5.76中第一塊陰影區），心理健康欠佳日數也沒有改變多少。

但1990年代出生的千禧世代（黑線）不一樣，在全部成年後（第二塊陰影

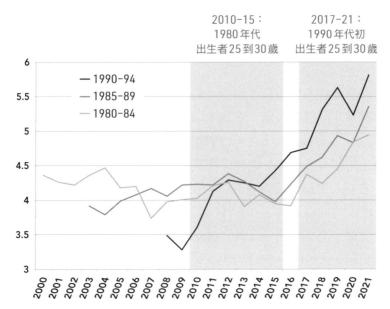

圖5.76 | 美國成人每月心理健康欠佳日數，以出生年群體比較，2000-2021

資料來源：行為風險因子監測系統

注：每個出生年群體包括五個年度中出生的人，每條線代表各群體隨年齡增長而出現的變化。

區）確實更常出現心理問題。這或許不是巧合：這個出生年群體在18歲時對未來預期最高、也最有自信——對成年的幻滅恐怕也最深。

圖5.76還透露出另一個令人訝異的訊息：出生年群體的年紀越輕，心理健康欠佳日數開始增加的時間就越早，較為年輕的兩個群體各比前一個群體早了一年：1980年代前半出生的人，心理健康欠佳的日數在2016年後開始增加，1980年代後半出生的人落在2015年後，1990年代前半出生的人是2014年後。如果心理健康問題是對成年失望造成的，那麼每個出生年群體對成年失望的時間顯然越來越早。

因此，「千禧世代對成年失望」一說的確有證據支持，相關數據還告訴我們：美國從2010年代中期開始出現某種問題，讓1990年後出生的人備受衝擊。那個問題是什麼？我們有幾種猜測。

理論四：國家陷入對立。2011年4月，歐巴馬總統公布自己的長版出生證明，希望能平息所謂「出生地懷疑派」（birther）多年來對他的質疑。談到國家面臨的挑戰，以及這場爭議對他的干擾，歐巴馬有感而發：「如果我們只想彼此攻訐，就不可能好好面對挑戰。如果我們忙著無中生有，對事實視而不見，就不可能克服這些難關。如果我們不斷為雞毛瑣事和跳梁小丑分心，就不可能好好解決問題。[60]」

他的話猶如預言。到2020年，「雞毛瑣事和跳梁小丑」變得無所不在，民主黨和共和黨幾乎毫無交集，連誰贏了2020年選舉、該不該戴口罩、打疫苗等等，都難以建立共識。

政治極化在美國已經不是新鮮事，可是到2010年代中期變本加厲。民主黨和共和黨過去經常意見不同，現在更是勢同水火。有研究請兩黨支持者用「感覺溫度計」為對方評分，0分代表非常冰冷或不喜歡，100分代表非常溫暖或喜歡。從1970到1990年代，美國人對另一黨的感覺大約是45度，雖然偏涼，但尚稱舒適。可是到2010年代，不論是民主黨對共和黨的感覺、或是共和黨對民主黨的感覺，都急速降溫，到2020年更降至20度以下，已經是凍傷

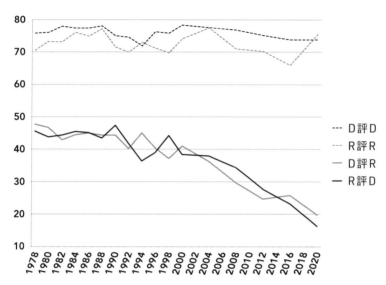

圖5.77｜美國成人對自身政黨和對立政黨的感覺，以度數計，1978–2020

資料來源：全美選舉研究

注：「D」指民主黨，「R」指共和黨。度數為0到100度。排除不偏向兩大黨中任何一黨的中立人士。

等級（見圖5.77）。走向極化不是因為人們變得更喜歡自己的政黨，而是因為更不喜歡對方的政黨（請注意圖5.77下方的兩條線）。

民主黨和共和黨看世界的角度日益分歧，兩者從2014年左右開始在種族議題上走向極端，到了2020年夏天，喬治・佛洛伊德之死將雙方的對立帶上高峰。

雖然抗議群眾一開始是為了譴責警方暴力執法，但訴求隨後變成更廣泛的反黑人種族主義。無論是學校該不該教批判性種族理論，或是某些書該不該禁，都成為2021和2022年政治候選人激辯的話題。

從大約2016年開始，極右派陣營逐漸被網路謠言攻陷，到處散布奇怪的陰謀論。以「披薩門」為例，有人深信民主黨利用華府一間披薩店進行拐賣兒童勾當。結果在2016年12月，真的有一名男子持槍進店，朝牆壁和桌子開槍，聲稱自己是來營救孩子。右翼團體如新納粹和「驕傲男孩」（Proud Boys）獲

得更多關注，2017年甚至在維吉尼亞州夏綠蒂鎮（Charlottesville）舉辦團結右翼集會（Unite the Right Rally），部分參與者高喊：「猶太人不能取代我們。」後來新冠疫情爆發，川普死忠支持者不但質疑疫情是否真的那麼嚴重，有時甚至質疑是否真有疫情，最後連更古怪的說法也照單全收，例如匿名者Q（QAnon）散布的一系列陰謀論。

過度極化，加上對基本事實缺乏共識，對社會造成嚴重影響。2020年9月，有調查詢問兩黨支持者：您同不同意要是另一方當選，我方訴諸暴力情有可原？結果有44%的共和黨和41%的民主黨答「有點同意」，20%的人答「非常同意」。我們都知道後來發生了什麼事：川普支持者在2021年1月6日攻擊國會大廈，試圖用暴力將他留在白宮[61]。

為什麼情況變得這麼壞？原因很多，而社群媒體難辭其咎。在2010年以前，社群媒體主要是貼照片和朋友分享的平台。但臉書隨即加入按「讚」選項，推特率先推出轉推功能，讓社群媒體公司能觀察什麼內容更能吸引人們點擊，而答案往往是能引起憤怒的東西[62]。臉書研究人員在內部備忘錄中寫道：「最常被轉貼的是假訊息、暴力內容、有害內容，數量極其驚人。[63]」線上憤怒製造機就此誕生。

沒過多久，這場文化運動的許多特徵開始浮現。假訊息不費吹灰之力就能傳遍千里，越聳動的新聞傳得越快，不論內容是否為真。隨著社群媒體讓人輕輕鬆鬆就能進行公開羞辱，取消文化大行其道。年輕人開始嚴格監督彼此的言論，不放過任何一個可能造成冒犯的用詞和看法，氣氛之緊繃在幾年前還難以想像。2016年，大學生瑞秋・胡伯納（Rachel Huebner）在《哈佛紅報》（*Harvard Crimson*）上說：「過度重視感受已經讓大學校園變得緊張兮兮，好像你得仔細留意出口的每一個字，免得一不小心冒犯到別人，一點點冒犯都不可以。[64]」

簡言之，美國在2014到2015年已經變得無處不政治──而川普那時根本還沒當選。這種氣氛對每個人都壓力不小，但千禧世代的壓力或許還大於前幾個世代。這一方面是因為他們必須在對立和衝突中形塑政治認同，另一方面是因為他們使用社群媒體的時間更長。千禧世代不但得承受在網路上保持光鮮亮

麗的壓力，也很清楚自己只要講錯一句話——不論在線上或線下——就可能成為眾矢之的。如果出生得越晚、以社群媒體為主要溝通形式的年齡就越早個一到兩年（實際情況很可能就是如此），或許可以解釋為什麼越晚出生的千禧世代越早出現心理危機。之所以最早發生問題的是1990年代初出生的千禧世代，接著是1980年代末出生的，最後才是1980年代初出生的，是因為最後這個出生年群體在二十多歲時相對平靜，政治尚未如此對立，社群媒體也還沒成為主要溝通媒介。每個出生年群體身處有害網路文化的時間越長，出現嚴重心理健康問題的年齡就越輕。

理論五：拋棄婚姻和宗教不利於提升幸福感。什麼事能讓你快樂？大多數人認為是與親友共度美好時光，或是融入某個群體的歸屬感。婚姻和宗教原本是人際互動的兩大泉源，但隨著千禧世代越來越不願意結婚，也越來越不願意加入宗教團體，他們逐漸失去這兩種社交機會。雖然有學者認為現代人會因為志趣相投而形成「都市部落」（urban tribes），但實際上，婚姻和宗教留下的空缺並沒有被友誼填補：根據2019年的調查，表示自己沒有朋友的千禧世代有22%，嬰兒潮世代只有9%[65]。或許因為如此，說自己經常或總是感到寂寞的千禧世代有30%，嬰兒潮世代只有15%。

在千禧世代從小熟悉的個人主義文化裡，個人自由的價值高於婚姻、宗教等社會紐帶。儘管個人主義有許多優點，但也有孤獨、寂寞及隨之而來的鬱悶、憂慮等風險。寂寞難以保持心理健康，人必須在人際關係中尋求快樂和滿足，青壯年後尤其如此。或許正因為這樣，千禧世代才會年少時意氣風發，成年後鬱鬱寡歡。個人主義和自由為年輕人帶來的是快樂，為年長者帶來的是空虛。

在26到29歲年齡層中，已婚者不但比未婚者更不容易憂鬱（見圖5.78），也較為快樂：在社會概況調查中，表示自己「非常幸福」的26到29歲已婚千禧世代有44%，未婚者是23%。

宗教反映的模式也一樣：在26到29歲的千禧世代中，每個月參加宗教禮

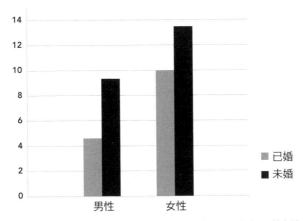

圖 5.78｜美國 26 到 29 歲者過去一年罹患重度憂鬱症的百分率，依婚姻狀態及性別比較

資料來源：全國藥物使用與健康調查，2016-2019

注：為排除新冠疫情之可能效應，不納入 2020 年數據。統整 2016 到 2019 年的 26 到 29 歲者（1987 到 1993 年出生，皆為千禧世代）之數據。

拜一次以上的有 39% 說自己「非常幸福」，沒那麼頻繁的人則是 26%。婚姻和宗教都與快樂高度相關，從千禧世代排斥兩者來看，或許可以理解他們為什麼成年後心理健康不佳。

當然，這些數據沒有告訴我們因果關係——也許步入婚姻和參加宗教禮拜的人本來就比較快樂，而不是婚姻和宗教讓他們快樂。也許兩種解釋都有道理。拋棄建立社會連結的傳統機制，究竟對增進個人幸福有益，抑或有害？這個問題不僅值得千禧世代深思，也值得我們每一個人好好思考。

理論六：科技改變大家評價生活和人際互動的方式。你有沒有想過：為什麼 Instagram 上似乎人人都在度假？

實際上當然不可能，但你偶爾就是會有這種感覺。在網路上，其他人的人生好像永遠比我們精采。推特上的人都剛剛獲得升遷，Instagram 上的照片全部都是俊男美女。對許多人來說，這種比上不足的感覺特別令人沮喪。安妮・海倫・彼得森在談千禧世代倦怠的書中寫道：「最令千禧世代眼紅的其實不是

物品或財富，而是社群媒體上多采多姿的人生經驗——那種讓人想留言『我想要你的人生』的經驗。」

　　雖然我們已經看到「千禧世代經濟窘迫」的說法並非事實，但這些線上憤怒製造機還是不斷煽風點火，到處散播謠言。網路上引發熱議的永遠是壞消息（「千禧世代被嬰兒潮世代害得好慘！」），而不是好消息。舉例來說，《華盛頓郵報》2020年刊出〈千禧世代是美國史上最不幸的一代〉，獲得無數點閱——連那些留言指出結論有誤的人都貢獻了不少瀏覽數。負面新聞和挑起焦慮、憤怒的新聞有市場，可是對心理健康一點好處也沒有。

　　數位變遷也衝擊到螢幕外的世界。請想像現在是星期六晚上，你25歲。你也許會和幾個朋友一起聚餐，然後去酒吧喝兩杯、跳跳舞；或是去朋友家裡向她吐吐苦水，然後兩個人一起出門看電影。

　　如果現在是2005年，也就是第一批千禧世代25歲時，你很可能是用這兩種方式度過週末夜晚。但快轉到2015年，亦即1990年代出生的千禧世代二十出頭時，情況已完全不同。社群媒體當紅，酒吧已經落伍，而「看電影」往往是指窩在沙發上看 Netflix ——一個人看。2018年，娛樂網站 Refinery29 刊出一篇〈取消計畫：為什麼現在窩在家裡更酷〉；同年，《紐約郵報》也刊出報導：〈千禧世代認為出門「太費事」〉。

　　這種說法或許不無誇大，但不純然是感覺。從每天與人親身互動的時間來看，2019年的千禧世代平均比 X 世代同齡人少10分鐘左右（見圖5.79）。換句話說，千禧世代一個星期的社交時間比 X 世代少1小時10分鐘，一個月少5個鐘頭，一年少61個小時——這還是疫情之前。到2021年，千禧世代一年的社交時間幾乎減少90個小時。

　　親身互動對心理健康有益。晚出生的千禧世代太少與人親身互動，出現心理健康問題似乎不令人意外。雖然社群媒體能讓分散各地的人保持連結，但在心理健康方面的效益終究不如親身互動，何況頻繁使用社群媒體（每天三小時以上）與憂鬱密切相關。

　　不過，大多數千禧世代至少年紀夠大，還記得憤怒製造機出現之前的時

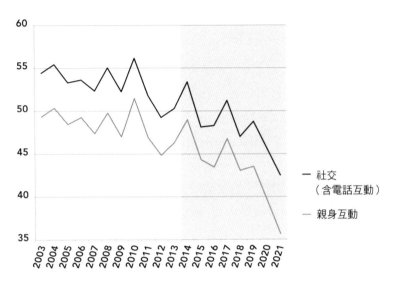

圖5.79│美國27到41歲者每日社交分鐘數，2003-2021

資料來源：美國勞工統計局美國人時間使用調查（American Time Use Survey）

注：陰影區之27到41歲年齡組主要為千禧世代。視為社交的活動清單取自阿奎爾（Aguiar）等（2011）[66]。

光，也還記得社交生活被社群媒體占據之前的日子。數位科技固然形塑了千禧世代的生活方式，卻來不及從他們最早的記憶中界定生活。在iPhone問世的2007年，年紀最大的千禧世代已27歲；到美國半數人口都使用智慧型手機的2012年，年紀最小的千禧世代也已高中畢業。在千禧世代大多仍是青少年的那段時間，最紅的社群媒體是Myspace，而且用不用都無所謂，不像現在幾乎非用社群媒體不可，否則很難聯繫親友、關注世界。千禧世代讀中學時還時常相偕外出，雖然他們的生活方式和心理健康深受線上互動影響，但大多數人還是在網路主宰社交生活前度過成長歲月。

那麼，是哪個世代從青少年期就進入智慧型手機時代？答案是Z世代。

▍插曲：新冠肺炎疫情

　　消息披露的時候，風暴似乎離美國十分遙遠：2020年1月，新型冠狀病毒肆虐中國武漢，官方宣布封城，緊急建立方艙醫院隔離染病者。美國原本希望疫情不會擴散到北美，孰料到了1月15日，華盛頓州一名男士驗出陽性，但疾病管制中心表示公眾的風險「目前仍然不高」，並指出「現階段還不清楚這種病毒容不容易人傳人」[67]。

　　到1月底，病毒顯然開始發動攻勢。美國確診病例在2月慢慢增加，義大利和幾艘郵輪陸續爆發疫情，但美國人繼續正常度日，以為病毒不致入侵家園。

　　無奈事與願違。2020年3月11日，NBA迫於球員陸續染疫，宣布取消剩下的球季。同日，演員湯姆‧漢克公開表示確診。3月13日，總統川普宣布全國進入緊急狀態。

　　一週之內，全國學校、商場紛紛關閉。加州率先在3月19日發布居家令，各州相繼跟進。餐廳關門，會議取消，飯店淨空，失業率之高為經濟大蕭條後所未見。3月15日，《紐約時報》刊出當週請領失業給付的圖表，篇幅占去頭版的三分之二。情況本來可能更糟，畢竟在視訊軟體（如Zoom）的幫助下，孩子們還是能繼續上課，許多員工也能居家上班（但重要職員還是必須進辦公室），可是對最受衝擊的學生（主要是Z世代和兩極世代）來說，一切再也不同，許多孩子甚至完全離開學校。Z世代大學生在從小長大的房間上線上課程，Z世代青年大批失去工作，零售業和服務業尤其嚴重。由於托育中心紛紛關閉，有子女的X世代和千禧世代不得不蠟燭兩頭燒，一邊工作，一邊協助孩子做功課。嬰兒潮世代和沉默世代此時都已年長，重症和死亡的風險更高，只好足不出戶，放棄退休旅遊和探望孫子女。

　　2020年春末，雖然疫情尚未結束，政府已經決定解除居家令，各國也加緊腳步研發疫苗。2021年夏，隨著疫苗廣泛施打，民眾不再需要配戴口罩。孰料戰勝疫情的希望只維持了短短兩個月，病毒便出現Delta變種。同年秋

天，在另一次短暫喘息之後，病毒又出現Omicron變種。2022年冬，疫情爆發兩年以後，確診人數攀上新高。儘管重大活動仍持續舉辦，學校也已恢復上課，但生活並沒有恢復正常。雖然科技在許多方面提供可貴的協助（例如方便送貨到府的應用程式，以及加速生產有效疫苗的生物科技），卻未能改變流連不去的疫情帶來的衝擊。

新冠疫情徹底改變人們的日常生活，它不只是一樁重大事件，更是催化一連串文化變遷和政治論辯的觸媒。疫情加快正在發生的趨勢（例如虛擬互動和嬰兒潮世代退休），讓人們提防彼此（人人都是潛在帶原者）。隨著原本中性的議題（如配戴口罩、接種疫苗）沾上黨派色彩，政治對立也迅速升高。疫情的經驗將持續影響美國人，尤其是染病死亡者的家人（新冠病毒光是在美國就奪去一百多萬人的性命。到2022年末，全球死於新冠肺炎者已將近七百萬人）。往後幾十年，新冠疫情恐怕仍將餘波蕩漾，繼續影響我們的身心健康。

6

Z世代（1995–2012年生）
Generation Z (Born 1995–2012)

「每隔一段時間，都會出現改變一切的革命性產品。」2007年1月9日，蘋果執行長賈伯斯說：「今天，蘋果要重新發明電話。」他做到了：六個月後，蘋果推出第一支iPhone，世界變得再也不同。雖然這場巨變影響每一個人，可是對1995年後出生的後千禧世代尤其如此，因為他們不會知道沒有網路的世界是什麼樣。在iPhone問世，智慧型手機改變社交生活、溝通、娛樂、文化和政治之時，這個世代年紀最大的才12歲。智慧型手機堪稱史上最快被接受的新科技，到2012年，使用智慧型手機的美國人已超過半數。這項科技變革的速度太快，讓1990年代前半和後半出生的人明顯不同。

這個世代最常見的名稱是「Z世代」，因為他們之前的世代一度被稱為「Y世代」——但那個世代（1980到1994年生）現在已固定稱為千禧世代。雖然這讓「Z世代」這個名稱顯得毫無來由，但這個名稱已在2020年代固定下來。我曾建議以「i世代」稱呼他們，因為他們是在智慧型手機時代度過整個青春期的第一代。也有人建議稱他們為「Zoom世代」，因為新冠疫情期間許多人用這個視訊平台上課或上班。

不論你怎麼稱呼他們，重點是他們和前幾個世代不一樣。智慧型手機和社群媒體的普及讓Z世代更常上網互動，較少在「肉身世界」中面對面溝通。年紀較大的Z世代在童年時經歷過嚴重經濟衰退，青春期時雖然景氣復甦、經濟成長，政治卻日趨對立，邁入青年期後又遇上新冠疫情。年紀較小的Z世代似

乎有記憶以來就是川普執政，2020和2021年只能用網路上課。年紀最小的Z世代2012年出生，在2020年3月新冠疫情開始影響美國日常生活的時候，已7到8歲，是記得新冠疫情之前的世界是何模樣的最後一個年齡層。鑑於疫情衝擊之大，以2012年為這個世代的終點或許並不過分。2017年出版《i世代報告》時，我曾建議以1995年為Z世代的起點。雖然幾年以後，皮尤研究中心說他們認為Z世代應以1997年為始，但因為青少年在2011到2013間突然發生重大變化，我還是決定以1995年為起點。

Z世代是美國有史以來種族、族群最多元的世代。和過去的世代相比，Z世代不但有更多黑人、西裔或亞裔，也有更多人的身分認同是多種族。Z世代可能是美國最後一個單一種族過半的世代，性別認同和多元性傾向也獲得前所未有的關注。和過去許多年輕世代一樣，Z世代的許多作風令年長的世代匪夷所思，例如他們喜歡使用父母不熟悉的科技（TikTok、Snapchat）和黑話（「非二元性別」、「泛性戀」），甚至把頭髮染成五顏六色。

Z世代在2020年代開始展露鋒芒。他們顯然摸透了千禧世代，不時在推特上討論千禧世代的古怪之處，例如：「為什麼千禧世代給小孩取名非要用『eigh』結尾？」、「為什麼千禧世代那麼討厭地毯？」、「為什麼千禧世代結婚非要帶狗上陣？」Z世代也不懂千禧世代為什麼老是有些怪癖，例如有名Z世代曾一臉困惑地對我說：「千禧世代只要打開筆電，一定有個頁面是BuzzFeed文章，什麼『把狗狗慶生會辦得驚天動地的13條法則』之類的。」[1]

Z世代還喜歡對半新不舊的流行事物評頭論足，例如他們顯然認為「又哭又笑」的表情符號已經落伍。千禧世代主管潔西卡·費恩（Jessica Fain）曾在工作群組問這件事，結果被Z世代下屬教育了一番：「是的，我只在工作時用那個表情符號以展現專業。H8 2 break it 2 u，阿潔。[2]」「H8 2 break it 2 u」指「hate to break it to you」（我真不忍心告訴你），是千禧世代用掀蓋手機打字時的火星文，Z世代本來根本不必學這種語言，但不知為何他們就是懂，還用這種方式向潔西卡暗示自己對她的世代一清二楚。Z世代愛用的表情符號不是又哭又笑，而是骷髏或棺材，一名觀察家說：「Z世代的幽默是黑色幽默。[3]」

Z世代經常使用性別流動和心理焦慮的詞彙，這些用語充分表露他們的世代特徵。最近有人分析網路上和訪談中的七千萬字，比較16到25歲這段年齡層和年長者的用詞[4]。結果發現：Z世代比較少提「階級」、「地位」、「國族」、「宗教」、「性靈」，比較常談「壓力」、「共鳴」、「性別認同」、「自由」、「真」、「假」、「真誠」、「取消」、「空虛」、「封鎖」、「自己人」、「同溫層」。簡言之，Z世代關心真實，挑戰性別成規，遭遇言論自由問題，也面臨心理健康困境。隨著Z世代在2020年代成為青壯年主力，我們應該多多了解這一代人。

▌Z世代（1995–2012年生）

別名：i世代，Zoom世代
2020年人數：7,590萬人（占美國總人口23.0%）

- - - - - - - - - - - - - - - -

52.9%　白人
15.3%　黑人
23.4%　西裔
6.9%　亞裔、夏威夷原住民及太平洋群島原住民
1.5%　美國原住民

父母：X世代或千禧世代
子女：兩極世代及後兩極世代
孫子女：？？？

最常見的名字　　　　　　　　　　　　　　　　　　*首度進榜

男生	女生
雅各（Jacob）*	艾瑪（Emma）*
伊森（Ethan）*	伊莎貝拉（Isabella）*
麥可	蘇菲亞（Sophia）*
克里斯多福	潔西卡
約書亞	艾希莉
馬修	愛蜜莉
尼可拉斯（Nicholas）*	莎曼莎
安德魯	莎拉

亞歷山大（Alexander）*　　　　漢娜（Hannah）*

威廉　　　　　　　　　　　　　雅利希斯（Alexis）*

傑登（Jayden）*　　　　　　　梅迪森（Madison）*

諾亞（Noah）*　　　　　　　　奧莉維亞（Olivia）*

梅森（Mason）*　　　　　　　　愛碧嘉（Abigail）*

　　　　　　　　　　　　　　　愛娃（Ava）*

知名人士（出生年）

演員、喜劇明星、製片

提摩西・夏勒梅（Timothée Chalamet, 1995）　　詹姆斯・查理（James Charles, 1999）

坎達兒・珍娜（Kendall Jenner, 1995）　　奧莉維亞・潔德（Olivia Jade, 1999）

海莉・史坦菲德（Hailee Steinfeld, 1996）　　艾蒂森・蕾（Addison Rae, 2000）

拉娜・康多（Lana Condor, 1997）　　雅拉・莎希迪（Yara Shahidi, 2000）

傑克・保羅（Jake Paul, 1997）　　喬喬・希瓦（JoJo Siwa, 2003）

凱莉・珍娜（Kylie Jenner, 1997）　　楊昇德（Hudson Yang, 2003）

貝拉・索恩（Bella Thorne, 1997）　　派珀・羅克爾（Piper Rockelle, 2007）

艾莉爾・溫特（Ariel Winter, 1998）　　萊恩・卡吉（Ryan Kaji, 2011）

瑪雅・霍克（Maya Hawke, 1998）

音樂家與藝術家

千黛亞（Zendaya, 1996）　　Lil Pump

卡蜜拉（Camila Cabello, 1997）　　　（本名：加西・賈西亞〔Gazzy Garcia〕, 2000）

XXXTentacion　　怪奇比莉（Billie Eilish, 2001）

　（本名：傑希・昂弗洛伊〔Jahseh Onfroy〕, 1998）　　雅各・賽托斯（Jacob Sartorius, 2002）

納斯小子（Lil Nas X，　　奧莉維亞（Olivia Rodrigo, 2003）

　本名：蒙特洛・希爾〔Montero Hill〕, 1999）

運動員及體壇名人

大坂直美（Naomi Osaka, 1995）　　金善（Chloe Kim, 2000）

西蒙・拜爾斯（Simone Biles, 1997）　　李伊（Suni Lee, 2003）

凱蒂・雷德基（Katie Ledecky, 1997）

記者、作家及新聞人物

特雷翁・馬丁（Trayvon Martin, 1995）　　麥克斯威爾・佛羅斯特（Maxwell Frost, 1997）

亞曼姐・高曼（Amanda Gorman, 1998）　　　　拜倫・川普（Barron Trump, 2006）
大衛・霍格（David Hogg, 2000）

我的性別比你的性別更流動
特徵：性別流動性

　　我在2015和16年為《i世代報告》訪問Z世代時，他們對跨性別認同多半存疑。有人說：「他們只是搞不清楚狀況。」也有人說：「那不是天生的。我覺得這是否認過去的自己，不忠於自己原來的樣子，我不太喜歡這樣。」

　　但2010年代一過，這一代人的想法也大幅改變。在最近一次對青年的調查中，有三分之二說自己過去五年越來越支持跨性別平權。現在的Z世代青少年不但支持跨性別平權，在學校聽見朋友出櫃還會高高興興告訴家人。

　　2018年，15歲的加州中學生山繆・雷・伯恩斯坦（Samuel Rae Bernstein，2002年生）登上TED講台，分享〈跨性別並不可怕〉。伯恩斯坦說他從小被當成女生養，以為自己不可能變成別的樣子。可是13歲時他非常不快樂，痛苦到傷害自己，後來才在網路上得知跨性別的事。他重新認識了自己，也開始覺得完整。「跨性別並不可怕。沒有一種身分認同是可怕、奇怪或可恥的。」他說：「我們應該把重點放在我們多麼相似，而非多麼不同。」

　　Z世代的性別概念更為流動。性別認同不但可以是跨性別、可以是不同於出生性別的性別，也可以既非男亦非女。最後一種通常稱為「非二元性別」（nonbinary），有時簡稱「N.B.」，縮寫成「enby」。除了「非二元性別」以外，還有「性別流動」（gender fluid）、「性別酷兒」（gender queer）、「半男生」（demiboy）、「半女生」（demigirl）和許多術語。Z世代有一整套性別術語，不但他們的X世代父母不懂（即便他們的父母是千禧世代，也未必了解），幾年以前大多數人也不懂。這套術語包括「順性別」（cisgender，簡稱「順」〔cis〕，指身體和性別認同一致的人，亦即非跨性別者）、「出生指定性別為男」（AMAB, assigned male at birth）、「出生指定性別為女」（AFAB, assigned female at birth）等等，用意在強調性別只是別人指定的，可以改變。除此之外還有「無性別」（agender），指根本

不認為自己有性別的人。Z世代正因堅信性別多元，認為表明自己的代詞（如「她」、「他」、「他們」）很重要，畢竟大家未必知道每個人偏好哪種代詞。Z世代的伊芙解釋：如果人人表明代詞，「非順性別的人或朋友就更容易順勢講出自己的代詞，不必第一個講。[5]」

Z世代也更願意在外表上挑戰性別成規。到20世紀下半葉，社會已經相對接受女性穿著傳統上的男裝（例如褲子），但男性穿女裝還是經常招來嚴厲批評。Z世代開始改變這種風氣：2010年代末，威爾·史密斯的兒子傑登（Jaden，1988年生）穿裙裝參加活動，一時成為媒體焦點。歌手哈利·史泰爾斯（Harry Styles）也有類似經驗。史泰爾斯1994年生，是所謂「千禧Z世代」（Zennial）。他以性別流動的穿搭風格受到關注，為《浮華世界》拍攝照片時一身洋裝，還配上耳環、蕾絲和大膽圖案。從YouTuber轉當拳擊手的羅根·保羅（Logan Paul，1995年生）雖然不以感性細膩聞名，卻也對史泰爾斯的作風大加讚賞。聽到一名男性友人說史泰爾斯穿裙子「不像男人」，羅根反問：「對你來說怎麼樣才『像個男人』？『像個男人』不就是對自己的膚色和模樣感到自在，不在乎別人怎麼看你的穿著嗎？」

不只Z世代名人這樣想。2020年末到2021年初，Z世代是唯一過半數相信性別不只兩種的世代。值得注意的是：最遲到2020年上半年，這種立場即使在Z世代中仍是少數，短短六個月內出現這樣的逆轉，著實令人吃驚（見圖6.1）。相較之下，前幾個世代只有一小部分人改變想法。

新的性別立場是個人主義提升的必然結果，這可以從兩個方面來談：首先，前幾個世代對種族和LGB的態度是「尊重差異」和「做自己」，而Z世代繼承了這樣的態度，並用在性別認同上──既然每個人都是獨立個體，性別認同就是個人選擇，而選擇或許不該只有兩種。其次，Z世代重新詮釋後1960年代性別平權革命的個人主義，主張一個人的機會和人生選擇不應受限於出生性別，例如男人應該也能在家帶孩子，女人應該也能當律師或醫師。畢竟，我們應該將每一個人視為獨立個體而不只是男性或女性的一員，不該預設別人應該按某種方式行動。Z世代不僅擁抱個人主義，還提高標準：人應該能決定自己

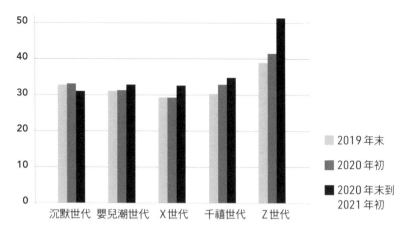

圖6.1｜相信性別不只兩種的美國成人百分率，依世代比較，2019–2021

資料來源：民主基金會〈全國概況〉

注：縱軸數字為不同意「只有男、女兩種性別」之百分率。「2019年末」調查時間為7月18日至12月26日；「2020年初」調查時間為1月2日到6月25日；「2020年末到2021年初」調查時間為2020年7月2日到2021年1月12日。

認同哪種性別，甚至完全拋棄二元性別的觀念。

　　奧黛莉・梅森－海德（Audrey Mason-Hyde，2005年生）出生指定性別為女性，但喜歡穿男裝、打領結[6]。接受訪問時，奧黛莉說用陰性代詞稱呼她沒關係，但不喜歡被說成男生或女生。奧黛莉有一陣子以為自己是所謂「男人婆」，卻又覺得自己不盡然如此。12歲時，奧黛莉上TED暢談非二元性別的心情：「對我來說，性別就像光譜。我的性別認同和外表是我自己的事，和別人怎麼看沒關係。可是這個世界太執著於用性別看人，我們不知如何是好。」後來在另一個訪問中，她說：「現在我知道自己是非二元性別，我對這個身分很自在，不再想當女生或男生，那就是不適合我。」

　　我們直到近期還不清楚跨性別或非二元性別有多普遍，也不曉得這兩種認同的人在數量上有沒有世代差異。我們幾乎不知道有多少人的認同落在二元性別之外（通常稱為「非二元性別」，包括性別認同為性別流動、性別酷兒或非二元性別。這些個體常常偏好以代詞「他們」自稱，但並非全都如此），問及

以上跨性別認同的研究屈指可數，且規模往往小到不具信度，跨性別樣本更少之又少（根據這些研究，跨性別人口還不到1%）。如果想推算得更準確，我們必須取得更多樣本，最好有幾十萬，不然至少也要好幾萬。如果還想進一步推算每個世代的跨性別比例，更不可能僅僅依賴少數樣本。

現在，我們總算有符合上述條件的數據：從2021年7月開始，美國普查局家庭脈動調查為性別提供四個選項：「男性」、「女性」、「跨性別」和「以上皆非」，用最後一項篩選非二元性別者顯然不錯（雖然遠非完美）。這次調查有超過一百萬名受訪者，規模足以做出準確推算。雖然跨性別和非二元性別並不一樣，前者是轉換性別群體，後者是跳脫兩性框架，但因為兩者都把焦點放在性別流動，也出現在同一個問題中，所以本節一併討論。

Z世代和其他世代的差距十分懸殊：Z世代青年跨性別或非二元性別的比例明顯較高。在一千個嬰兒潮世代中，性別認同為跨性別的只有一個（0.1%），Z世代青年是他們的二十多倍──一千個裡有二十三個（2.30%）（見圖6.2）。依此推算，美國今日跨性別青年的數量超過波士頓人口。

至於非二元性別，嬰兒潮世代具有這種性別認同的不到1%，Z世代青年

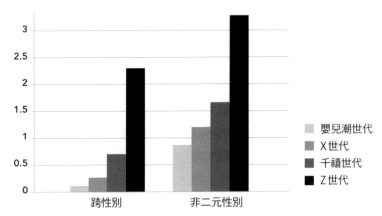

圖6.2｜美國成人自陳為跨性別及非二元性別的百分率，依世代比較，2021–2022

資料來源：美國普查局〈家庭脈動調查〉

注：調查時間為2021年7月21日至2022年10月17日，受訪者1,050,222人。

則超過3%。如果再加上超過2%的跨性別者，在2021年到2022年，十八個青年裡就有一個人的性別認同既非男亦非女。以美國18到26歲年齡層有三千九百萬人推算，美國跨性別和非二元性別青年的人數約兩百萬人，比美國第五大城鳳凰城的人口還多。

青少年的情況又如何？根據疾病管制中心青少年風險行為監測調查（YRBSS）對超過十萬名高中生的調查，在2017年，14到18歲年齡層有1.8%是跨性別——每五十五個人裡就有一個。換句話說，在2010年代末，美國14到18歲者大約有四十萬人是跨性別[7]。

另一份調查顯示：跨性別青少年的百分率可能比1.8還高出不少，提問更細時尤其明顯。2018年秋，有團隊在匹茲堡訪問超過三千名公立高中生，同時詢問受訪者的出生性別和目前認同的性別，結果性別認同為跨性別者占6.3%——每十六個人裡有一個。如果再加上2.9%的非二元性別者，青少年裡總共有9.2%不是順性別——十一個人裡就有一個[8]。雖然目前還沒有更新的數據，但跨性別和非二元性別的青少年在2020年代可能更多。

照辛辛那提九年級生希薇亞‧切賽克（Sylvia Chesak，2007年生）2022年的說法，她的同學大約有三分之一在過去兩年改變代詞[9]。她說：「我這個年齡的人對性別認同／性傾向很開放，常主動問別人的代詞。」愛蜜莉雅‧布萊克尼（Amelia Blackney，2008年生）出生指定性別為女，12歲開始認同非二元性別，現在使用的自稱代詞是「他們」。「他們」13歲時說：「我不覺得自己像女生，但也從不覺得自己像男生，我得在兩者之間找到中間點……選擇自己的代詞以後感覺好多了，現在我做決定時，可以游移在不同性別之間。」

洛杉磯媽媽陳珍妮有一對5歲的雙胞胎。有一天，她在Instagram上發了一張全家福卡片，談到其中一個孩子：「向各位介紹克拉克（原名克萊兒）。克拉克選擇使用代詞他們／他，希望大家知道他是我的孩子／兒子，也是非二元性別者。」陳珍妮說她為雙胞胎讀了一本《做自己真好：一起談談性別認同》，結果克拉克指著非二元性別那段說：「我的感覺就是這樣。我不覺得自己是男生或女生。」陳珍妮在貼文中說：「我們尊重克拉克的選擇，讓克拉克剪短頭髮、

換上喜歡的衣服。看著克拉克臉上的喜悅和光彩，我知道我們做對了。[10]」

有的孩子雖然不是非二元性別，言談中還是會碰觸到這個話題。有一位媽媽在推特上說：「我6歲大的兒子因為家裡全是女生（連狗都是），很不高興，要我給他買隻『公狗或非二元性別的狗』。」另一位媽媽回覆：「我家小鬼是因為我用『他』叫狗而鬧脾氣：『他搞不好是非二元性別啊！只是沒辦法跟我們講而已！』」

談到跨性別或非二元性別認同，Z世代和其他世代還有另一項重大差異：大多數嬰兒潮世代和X世代跨性別者的出生指定性別為男，亦即年少時被看做男性，後來才自認是女性。但Z世代不是如此，大多數跨性別者出生指定性別為女（見圖6.3）。

在非二元性別族群中也能看見同樣的世代差異：出生指定性別為女的比例大幅提高（見圖6.4）。在嬰兒潮世代、X世代和千禧世代的非二元性別族群中，出生指定性別為男或女的比例幾乎相等；可是在Z世代青年非二元性別族群中，出生指定性別為女的占三分之二。因此，不論是跨性別或非二元性別族群，世代差異最大的都是出生指定性別為女這個群體。

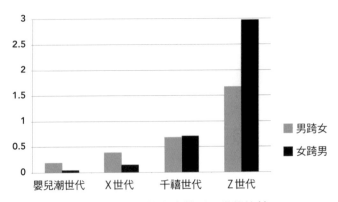

圖6.3｜美國成人自陳為跨性別的百分比，依出生性別及世代比較，2021–2022

資料來源：美國普查局〈家庭脈動調查〉

注：調查時間為2021年7月21日至2022年10月17日。「男跨女」、「女跨男」的稱呼方式已逐漸過時，現在多半改稱「跨性別女性」和「跨性別男性」。此處保留問卷原始用語。

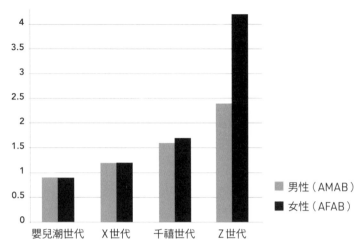

圖 6.4 | 美國成人性別認同為非二元性別的百分率，依出生性別及世代比較，
2021–2022

資料來源：美國普查局〈家庭脈動調查〉

注：調查時間為2021年7月21日至2022年10月17日。AMAB指「出生指定性別為男」，AFAB指「出生指定性別為女」。

　　跨性別和非二元性別認同比例提高是新的現象？或者單純是因為年輕人的性別認同比年長者更流動？家庭脈動調查是在 2021 到 2022 年進行，時間相對較短，所以造成這種差異的確實有可能是年齡，而非世代。也許五到七年以前，亦即多數青年人是千禧世代而非 Z 世代的那段時間，這個年齡層的跨性別或非二元性別認同比例和現在一樣高。

　　如果想釐清這種差異到底是年齡還是世代造成的，我們必須查考調查性別認同多年的研究，而且樣本數最好夠大。疾病管制中心的行為風險因子監測系統從 2014 年就開始運作，每年調查約二十萬名美國成人，目前已累積訪問一百七十萬人次，而且問卷涵蓋跨性別認同問題，極具參考價值。

　　變化十分驚人：從 2014 到 2021 年，青年人自陳為跨性別的比例提高四倍。年紀較長的年齡層變化不大，跨性別比例從 2014 到 2021 年幾乎沒變，青年人的跨性別比例卻是較高年齡層的四倍（見圖6.5）。

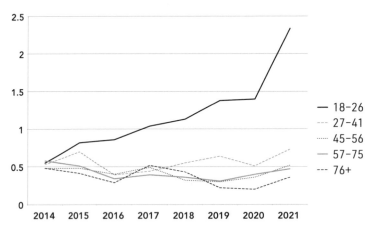

圖6.5│美國成人自陳為跨性別的百分率，依年齡層比較，2014-2021

資料來源：行為風險因子監測系統

注：問卷題目是：「你認為自己是跨性別嗎？」選項有「是」和「否」。答覆「不知道／不確定」或「拒絕回答」者視為缺失資料。以各世代在2021那年的年齡來訂定年齡層（例如Z世代成人在2021那年為18到26歲）。

　　隨著18到26歲年齡層從千禧世代轉為Z世代，跨性別者暴增六十八萬，從2014年的二十二萬人增加到2021年的九十萬人。七年之內，跨性別青年增加的人數相當於拉斯維加斯。這無疑是世代巨變，不能用「年紀較輕的人性別認同更流動」一筆帶過。

　　從2020到2021年跨性別人數激增來看，這場變化正在加速。家庭脈動調查也證實了這一點：從2021年下半到2022年下半，短短一年之內，2000年代出生的青年跨性別者增加48%，非二元性別者增加60%（見圖6.6）。到2022年下半年，18到22歲中性別認同為跨性別者超過3%，非二元性別者將近5%，兩者相加共8%，相當於每十三個人裡就有一個是跨性別或非二元性別。以大學每班平均二十六人計，在2022年秋天開學時，每班有兩名傳統年齡的學生是跨性別或非二元性別。

　　2014到2021年跨性別青年大幅增加的趨勢幾乎只出現在女跨男和非常規性別者（gender nonconforming people），男跨女沒什麼變化（見圖6.7）。2014年

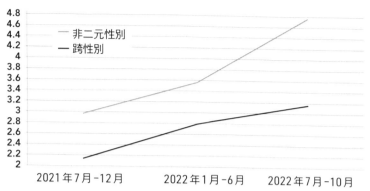

圖 6.6 ｜美國 2000 到 2004 年出生之青年人性別認同為非二元性別或跨性別的百分率，
2021-2022

資料來源：美國普查局〈家庭脈動調查〉

注：調查時間為 2021 年 7 月 21 日至 2022 年 10 月 17 日。受訪者年齡 18 到 22 歲。

後，非常規性別者增加十倍，女跨男超過四倍，2020 到 2021 年速度甚至加快。
最晚到 2016 年為止，男跨女青年仍多於女跨男，可是到 2021 年，女跨男青年
已是男跨女的兩倍。這種變化十分驚人，因為不論在醫界還是流行文化界，
過去對於跨性別的討論一直偏重男跨女，例如 1950 年代是克莉絲汀・約根森
（Christine Jorgensen）引起熱議，2010 年代是凱特琳・詹納成為話題人物[11]。但
現在，大家更常聽到女跨男，例如 2020 年出櫃的跨性別男演員艾略特・佩吉
（1987 年生）。「雖然我現在打從心底高興……但也感到恐懼。」他寫道：「我恐
懼的是那些攻擊、仇恨、『玩笑』和暴力。」

　　如果這些世代差異是真實的，應該會反映在行為上，實際上也的確如
此。有研究發現，前往跨性別門診求助的人變多。以北加州凱瑟醫院（Kaiser
Permanente Northern California）小兒跨性別門診為例，從 2015 年上半年到 2018 年
上半年，尋求治療的未成年人從三十人增加到一百五十四人，短短三年增加五
倍[12]。在這些年裡，有四分之三的病人出生指定性別是女性，與調查數據不
謀而合。這些年少病人多半會接受心理治療，青春期病人可能還會進一步尋求
荷爾蒙或手術治療。這幾年所動的手術中，有 80% 是乳房切除術。

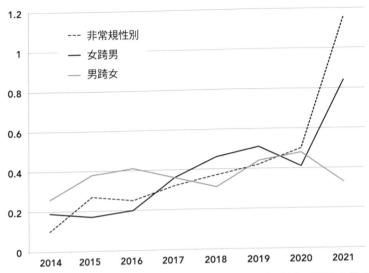

圖 6.7 │ 美國18到26歲年齡層中性別認同為非常規性別、女跨男、男跨女的百分率，2014–2021

資料來源：行為風險因子監測系統

注：在受訪者自陳性別認同為跨性別時，訪談者會進一步問：「您認為自己是男跨女、女跨男，還是非常規性別？」「男跨女」、「女跨男」的稱呼方式已逐漸過時，現在多半改稱「跨性別女性」和「跨性別男性」。此處保留問卷原始用語。

　　為什麼Z世代有這麼多跨性別，出生指定性別是女性的跨性別者又特別多？目前還沒有明確的答案，只有幾種理論。會不會是因為Z世代比前幾個世代更熟悉「跨性別」這個詞？問題是，即使年紀較長的順性別不清楚何謂「跨性別」，性別認同不同於出生證書所列性別的年長者應該也會知道。

　　也有人說，現在之所以有更多人出櫃表示自己是跨性別，是因為社會越來越接受跨性別認同。然而，如果光是社會接受度提高就能鼓勵更多人出櫃，前幾個世代的跨性別人數應該也會漸漸提高，但實際情況並不是這樣。也許年紀較長的族群對跨性別還是不太能接受，以致他們比較不願出櫃？不無可能，但最近一項調查六九五名跨性別者的研究顯示：嬰兒潮世代、X世代和千禧世代跨性別者對自身性別認同的態度，其實不像Z世代那麼負面 [13]。雖然大家常

常以為年紀越大的跨性別者越容易感受汙名，但實際情形正好相反。你也許想問：前幾個世代的跨性別者這麼少，會不會是因為許多年紀較長的跨性別者選擇不出櫃？畢竟他們已經按照出生指定性別的標準活了一輩子，也許不願公開跨性別認同。這當然有可能，但27歲以上選擇不出櫃的跨性別者必須非常、非常多，才可能讓這項世代差異這麼懸殊。

另外，有些年紀較長的跨性別者其實廣受關注，理論上應該能鼓勵年紀較大的跨性別者出櫃。例如以《勁爆女子監獄》成名的拉薇安·考克斯（Laverne Cox，1972年生），2014年登上《時代》雜誌時剛滿42歲，封面標題是「跨性別引爆點：美國的下一道民權前線」。嬰兒潮世代的凱特琳·詹納（1949年生）也是好例子，雖然她直到2015年65歲時才宣布轉換性別，但一般認為，這個舉動讓大眾更了解也更接受跨性別者。然而，如果社會接受度變高能鼓勵跨性別者出櫃，所有類型的跨性別者應該會同步增加，而不是某些類型暴增，某些類型不變。因此，接受度變高無法解釋為何女跨男和非常規性別大幅攀升，男跨女卻沒什麼變化。

也許因為Z世代有網路資源，更能趁早了解跨性別是怎麼回事，所以跨性別者比其他世代多？相較之下，網路資訊對年紀較大的人就沒那麼重要，因為他們早已形成性別認同。這種說法有漏洞——跨性別者在網路上尋找彼此已有幾十年。有研究發現：早在1980年代末，跨性別青少年（當時是X世代）就會上網路留言板交流；在1990年代末，這個族群的青少年（當時是千禧世代）也常在留言板貼文[14]。

也許線上對話品質不一樣了？也許和年紀較大的人愛用的臉書相比，跨性別討論在年輕人愛用的TikTok、Instagram上更為友善？如果確實如此，那麼這些平台對非常規性別和女跨男的討論應該尤其正向，畢竟變化最大的跨性別類型是這兩種。但值得注意的是，跨性別者目前還是面臨大量偏見、霸凌和暴力，即使線上對話品質有所改善，也不代表跨性別者已經全面得到支持。

有人猜測跨性別者增加的地方大多是自由派、挺民主黨的都會區，還有人說只有這些地區有這種趨勢。HBO主持人比爾·馬赫（Bill Maher）就講過：「如

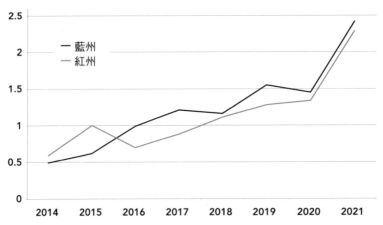

圖6.8│美國18到26歲自陳為跨性別的百分率，依受訪者居住州之政黨傾向比較，2014–2021

資料來源：行為風險因子監測系統

注：2016年總統大選選舉人票歸共和黨參選人唐納·川普的州算紅州，選舉人票歸民主黨參選人希拉蕊·柯林頓的州算藍州。

果你認識（洛杉磯）典型的那種高收入、非常自由派的人，參加過他們的聚餐，八成見過一對對父母湊在一起聊跨性別的事，因為每家都有跨性別子女。你想這種事會發生在俄亥俄州揚斯鎮（Youngstown）嗎？[15]」馬赫的意思是：跨性別年輕人增加是藍州的現象，紅州看不到，至少不怎麼明顯。

但數據呈現的是另一回事：從2014到2021年，不論是德州、俄亥俄州、懷俄明州等紅州，還是加州、紐約州、奧勒岡州等藍州，跨性別青年增加的速度幾乎一模一樣（見圖6.8）。

城鄉差異也不大。按2021到2022年的家庭脈動調查，跨性別Z世代的占比在鄉村地區是2.2%，在城市／郊區是1.9%，幾乎相同。自由派大都市（如紐約、洛杉磯、波士頓、舊金山）的跨性別青年比例和美國其他地區也相去無幾。

因此，跨性別者增加似乎是全國現象，而非地方現象，馬赫等人的臆測不攻自破。總之，對於為什麼青年人變得這麼快又這麼多，還有為什麼出生指定

性別為女性的這個群體變化最大，目前還沒有簡單、可驗證的答案。但不論原因何在，性別文化顯然已經改變，而Z世代身處這場巨變的最前線。

為了推進跨性別平權，Z世代也開始發起政治運動。2021年，16歲的史黛菈・基廷（Stella Keating）寫下歷史，成為第一位在參議院作證的跨性別青少年。她支持《平等法案》（Equality Act）禁止基於性別認同的歧視，一開始就說：「我叫史黛菈・基廷，代詞是『她』。能在這裡發言是我一生的榮幸。」接著，她談到各州法律參差不齊對她造成的困擾：「我現在高二，開始思考上大學的事。但我總是不禁要想：我們國家只有不到一半的州為我提供法律保障。如果我想上的大學剛好在沒有相關立法的州，我還能得到保障嗎？現在還有很多州會只因為你是跨性別就拒絕治療你，就把你趕出去。這種情況怎麼可能是對的？怎麼可能符合美國精神？」在基廷眼裡，Z世代是為跨性別者奮鬥的一代。「我這一代要打造人人都有歸屬感的國家。」她說：「每一個年輕人……不論是什麼樣子，不論愛的是誰，都應該能對自己的未來充滿期盼。」基廷是「性別酷計畫」（GenderCool Project）的創辦人之一，這個計畫的宗旨讓更多人看見跨性別和非二元性別青少年的多采多姿，協助大眾「了解跨性別和非二元性別青少年就和其他孩子一樣」。

隨著性別認同成為新的焦點，人們開始反思自己的代詞。在電郵簽名檔、Zoom姓名標籤和社群媒體個人簡介上，越來越常看到「代詞：他」之類的注記。有些非二元性別者偏好無性別意味的代詞，如「他們」。歌手黛咪・洛瓦特2021年宣布自己的代詞是「他們」，2022年又說「她」或「他們」都可以，因為「在性別、性傾向、音樂和創意上，我就是這麼流動的人[16]」。2016年，在《飢餓遊戲》第一集飾演小芸的雅蔓德拉・史坦柏（Amandla Stenberg）出櫃，坦言自己是非二元性別。她說：「你希望性別是什麼樣子，性別就是什麼樣子……今日社會設定的性別框架其實不存在。」雅蔓德拉說自己可以接受女性代詞，但還是比較喜歡用「他們」。演員艾略特・佩吉則是「他們」和「他」都用。

在Z世代年輕人靈活穿梭代詞森林時，嬰兒潮世代、X世代和千禧世代還忙著消化這些新觀念，難以適應用複數代詞稱呼個人。在前幾個世代眼裡快得

令人目不暇給的文化變遷，Z世代不費吹灰之力便輕鬆內化。對他們來說，這些事本來就是這樣。

我是LGB：性傾向和擁有同性性伴侶的趨勢
特徵：女同志、男同志、雙性戀都變得更多

　　1950年代，性學家阿弗瑞德・金賽（Alfred Kinsey）推估美國約有10%的人不是異性戀。此後，許多研究者和社運人士都引用這個數字。2011年，全國公共電台訪問兩名人口學者，想知道20世紀美國LGB（女同志、男同志、雙性戀）的人口規模。兩名專家表示LGB的實際人數遠比金賽估計的少，大約3%到4%。全國公共電台這樣為報導下標：「LGBT占美國人口10%？人口學家公布答案：錯」。

　　然而，兩位人口學家恐怕也沒答對，至少對Z世代來說是如此。以今日美國青年人而言，推估LGB人口占10%其實不是高估，而是低估。2021年，16.1%的青年人（六分之一）自認不是異性戀，這數字是七年前的兩倍以上（見

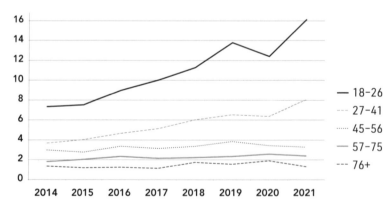

圖6.9 ｜ 美國成人自陳為女同志、男同志或雙性戀的百分率，依年齡層比較，
　　　　2014–2021

資料來源：行為風險因子監測系統

注：縱軸數字為自陳性傾向為女同志、男同志、雙性戀，而非異性戀的百分率。回答「其他」或「以上皆非」者予以排除。以各世代在2021那年的年齡來界定年齡層。

圖6.9）。在同一段時間，壯年人（主要是千禧世代）的LGB比率也多出一倍。不過，42歲以上（包括X世代、嬰兒潮世代、沉默世代）的LGB百分率幾乎不動。

為什麼LGB突然大量增加？

既然LGB包括女同志、男同志、雙性戀三個不同群體，人數增加可能是因為其中一個或兩個增加，或者三個全部增加。剛好這份調查有問到每一名受訪者的性傾向，所以可以看出哪個群體增加最多。

答案是：這種變化幾乎完全是雙性戀（尤其是雙性戀女性）增加造成的。青年男同志和女同志的百分率只微幅上升，可是從2015到2021年，短短六年之內，年輕雙性戀女性增加超過一倍（見圖6.10）。在2021年，幾乎五名青年女性中就有一名是雙性戀。此外，自陳為雙性戀的男性也增加一倍。

加進2022年的調查結果後，數字甚至變得更高。在2021到2022年的家庭脈動調查中，有23%的Z世代女性自陳是雙性戀。這個數字是千禧世代女性的

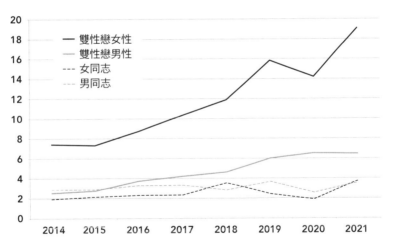

圖6.10 ｜ 美國18到26歲者自陳為女同志、男同志或雙性戀的百分率，依性別比較，2014–2021

資料來源：行為風險因子監測系統

注：回答「其他」或「以上皆非」者予以排除。

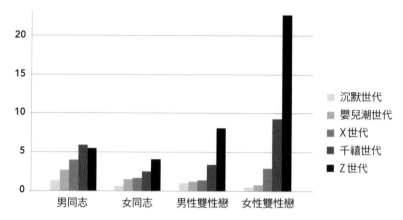

圖6.11│美國成人自陳為女同志、男同志或雙性戀的百分率,依世代和性別比較,2021–2022

資料來源:美國普查局〈家庭脈動調查〉

注:調查時間為2021年7月21日至2022年10月17日。排除回答「不知道」的跨性別和非二元性別者,回答「其他」者計入總數,但不繪入。

兩倍、X世代的八倍,更是沉默世代和嬰兒潮世代的三十二倍,著實驚人(見圖6.11)。換言之,每十個Z世代女性幾乎就有三個不是異性戀,但每一百個沉默世代女性只有一‧四個不是異性戀,相差大約二十倍。

男同志的世代差異也不小:Z世代自陳為男同志的數量是沉默世代的三倍(但千禧世代的男同志反而比Z世代還多)。Z世代的雙性戀男性也大幅增加,是沉默世代的八倍以上。整體而言,Z世代年輕男性不是異性戀的比例超過八分之一。

WhenICameOut.com有不少LGBT出櫃的故事,各種年齡層都有。「我對爸媽出櫃前根本沒想過要出櫃。」一名男同志寫道:「其實是我爸主動開口問我,我本來想把話題帶開,但他窮追不捨,五分鐘後我終於承認。我爸媽態度輕鬆,像是『沒什麼大不了的啊,你之前怎麼不告訴我們?我們是你爸媽,無論如何我們都愛你』。」然而,不是每個人都獲得支持。有個15歲的女同志說:「我是在爺爺奶奶家出櫃的。那時我奶奶一直在囉唆『同性戀會下地獄』什麼

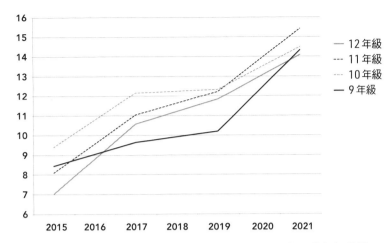

圖6.12│美國高中生自陳為女同志、男同志或雙性戀的百分率，依年級比較，2015–2021

資料來源：青少年風險行為監測調查

注：9年級生多半14到15歲，10年級生多半15到16歲，11年級生多半16到17歲，12年級生多半17到18歲。縱軸數字為自陳性傾向為女同志、男同志、雙性戀，而非異性戀的百分率。排除回答「不確定」、「其他」、「不知道這是什麼意思」者。2021年數據出自青春期行為與經驗調查（Adolescent Behaviors and Experiences），由疾病管制中心在2021年初到年中執行，替代疫情期間的YRBSS調查。

的，我起身就走。我爸問我要去哪裡，我說：『當然是去地獄啊。』」

　　青少年的情況又是如何？前幾十年因為LGB普遍面臨汙名和霸凌，青少年較少在中學時出櫃，大多會等到大學或更晚才公開非異性戀身分，至少會等到17至18歲。但現在不是如此，據疾病管制中心青少年風險行為監測調查對高中生的調查，短短六年之內，青少年中女同志、男同志、雙性戀的比例幾乎翻倍（見圖6.12）。到2021年，每七名高中新生就有一名不是異性戀。

　　已經出櫃的9年級生有這麼多，可見許多青少年是在國中出櫃[i] ——有時候不怎麼引起注意，至少同學似乎已司空見慣。如8年級生葛蕾絲（14歲）所說：「在我的學校，聽到有人出櫃說自己是LGB，大家的反應差不多是：『喔，酷。先不說這個了，你覺得我們上次看的影片怎麼樣？』」

i　美國學制國中兩年，高中四年，9年級為高中第一年。譯注

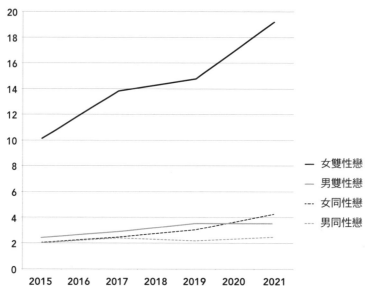

圖6.13 | 美國中學生自陳為女同志、男同志或雙性戀的百分率，依性別比較，
2015–2021

資料來源：青少年風險行為監測調查

注：排除回答「不確定」、「其他」、「不知道這是什麼意思」者。2021年數據出自青春期行為與經驗調查，由疾病管制中心在2021年年初到年中執行，替代疫情期間的YRBSS調查。

　　青少年LGB增加的趨勢和青年人類似，都是以雙性戀女性為主。2015年，十分之一的中學女生是雙性戀，到2021年則將近五分之一（見圖6.13）。

　　WhenICameOut.com上有許多故事出自青少年。「我對我最好的朋友出櫃了。因為我不想讓爸媽知道，所以我是（從線上遊戲）傳訊息告訴她的。」一名13歲的雙性戀女生寫道：「她後來傳訊息給我，說：『哇！超為你高興！完全支持！』這是兩天前的事，我從沒感覺這麼好過。」另一個19歲的男生是16歲出櫃的。在海爾希（Halsey）的演場會上，當海爾希要現場的LGBTQ+大聲喊出來，這個男生喊了。「我哥跟他女朋友一臉震驚。問我真的是LGBTQ嗎？我說我是男同志。結果我哥對我說的第一句話是……『我一直想要個男同志兄弟。』但他女友後來不理我了。」這個男生自嘲地說自己的性傾向是「該死的

男同志」。這個網站還有不少青少年說對父母出櫃之後，父母說他們的性傾向是「暫時的」。

以後性傾向調查除了男同志、女同志、雙性戀之外，或許還需要列出其他選項。例如許多Z世代現在會用「泛性戀」（pansexual）這個詞，有時縮寫成「泛」（pan），指一個人受所有性別同等吸引。如果你不是Z世代，也許會納悶這和雙性戀有什麼不一樣。因為許多Z世代相信性別不只兩種，所以「泛性戀」範圍比「雙性戀」更廣，除了男性、女性以外，還會受到非二元性別和其他性別變體吸引。在WhenICameOut.com上，有個12歲的女生向10歲妹妹出櫃，說自己是泛性戀：「我先對她解釋什麼是LGBTQ+，再對她說我是泛。她楞楞地盯著我看了令人煎熬的10秒，然後聳聳肩說沒關係⋯⋯她有時會對電視裡的男同志角色評頭論足，每次我聽她說了什麼沒禮貌的話，我就把她的**一隻襪子藏起來**。」

心理認同是如此，實際行為又如何？相關調查也問到同性性伴侶的問題，結果發現行為上的變化就和認同變化一樣驚人。有至少一名女性性伴侶的年輕女性幾乎是1990年代初的五倍，有至少一名男性性伴侶的男性也增加一倍以上（見圖6.14）。

與同性發生性行為的比例之所以增加這麼多，主要是因為兼有男性和女性性伴侶的女性大幅增加。在2015到2021年，性生活活躍的女性近四分之一曾與男性和女性發生性行為，只與女性發生性行為的只有1.4%。性行為的趨勢和性傾向一致：雙性戀增幅驚人，男同志和女同志變化不大。

有同性性伴侶的青少年也變得更多。依據疾病管制中心2021年的青少年研究，在已有性經驗的中學男女生中，有同性性伴侶的中學女生達四分之一，男生則是十分之一。有趣的是，性生活活躍的學生年齡越輕，越可能有同性性伴侶：性生活活躍的9年級女生33%有同性性伴侶，性生活活躍的12年級女生則是19%。原因可能是越年輕的學生越願意和同性探索性的世界，也可能是世代差異逐漸加速。

值得探究的是：為什麼女性在這麼短的時間裡性傾向改變這麼大？男性

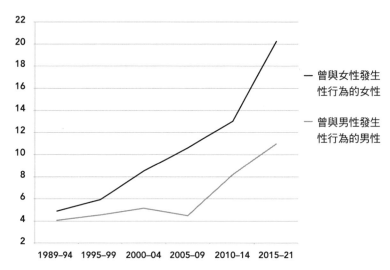

圖6.14 │ 美國18到25歲年齡層18歲以後曾與至少一名同性性伴侶發生性行為
　　　　的百分率，1989–2021

資料來源：社會概況調查

注：2017年後之18到25歲者大多為Z世代。

卻沒有類似現象？社會心理學家羅伊·鮑梅斯特（Roy Baumeister）在2003年的論文中提過，女性的情欲可塑性（erotic plasticity）較大。也就是說，女性比男性更容易隨文化和環境而改變性行為。舉例來說，男性的性傾向不太受到教育影響，但受過教育的女性更容易成為雙性戀或女同志。由於情欲可塑性的緣故，當文化越來越接受LGB關係，女性的性傾向變化最大。

　　這種變化背後可能還有其他因素。首先，Z世代男生很小就開始接觸色情，某些調查推測平均9歲。部分專家認為這種發展嚴重影響Z世代的性關係。社會學家莉莎·韋德（Lisa Wade）寫《美式約炮》（American Hookup）時做過大量訪談，發現美國大學校園的新性愛標準是「性熱情冷」。之所以會有這種現象，或許是因為色情片裡的性就是如此。少年和年輕男性往往透過色情片學習性愛，而色情片總是以男性為中心。也許是因為年輕直男滿腦子色情片性愛，根本不懂怎麼讓女性獲得性歡愉，所以少女和年輕女性轉而跟同性上床？

色情片可能還造成另一種扭曲：讓雙性戀變得很酷（隨觀點不同，也有人說色情片讓雙性戀變成性癖）。由於女女性愛在色情片中不算少見，而且經常急轉直下，變成兩女一男3P，年輕男性可能還滿喜歡雙性戀女性的概念。不過，目前還不清楚色情片和女雙性戀大增有沒有關係，也不確定社會接受度增加是不是主要或唯一的原因。

性衰退
特徵：性生活不活躍

啊，青春何其美好，無限的精力，強健的身體，正是縱情享受床笫之歡的時候。何況21世紀好處多多：有Tinder幫你輕鬆找炮友、大多數人不再把婚前性行為當禁忌、避孕藥唾手可得、電子通訊方便即時，而且生育平均年齡提高，代表沒有孩子打攪你辦事。Z世代青年的性生活應該無比精彩才對。

但實際上並非如此。事實上，Z世代的性生活遠遠不如X世代和千禧世代年輕時活躍。依據社會概況調查，18到25歲的Z世代男性過去一年沒有性生活的高達十分之三，是千禧世代男性同齡時的兩倍（見圖6.15）。同齡Z世代女性過去一年沒有性生活的是四分之一，千禧世代女性同齡時則是七分之一。這種變化並非新冠疫情所致：在疫情爆發之前的2018年，Z世代青年沒有性生活的比例幾乎相同。也許你聽過「性衰退」這種說法？對Z世代來說，情況已近乎性蕭條。

在某些案例中，沒有性生活是有意的選擇，甚至是性傾向。這種性傾向叫「無性戀」（asexual），有時簡稱「ace」。在最近一份對全國大學生的調查中，問卷提供了男同志、女同志、雙性戀、泛性戀、疑性戀（questioning）等八個選項。儘管已經有這麼多選項，有幾百名學生還是手寫填上問卷沒有的答案：無性戀。2020年秋，主動填寫無性戀的學生超過1%——考慮到原本根本沒有這個選項，無性戀的實際比例應該遠遠超過這個數字。「有男生開玩笑問我喜歡哪一種性？我說：『什麼都不喜歡，因為我是無性戀。』」一名19歲的年輕人在網路留言板寫道：「這是我第一次大聲說出自己的性傾向。」

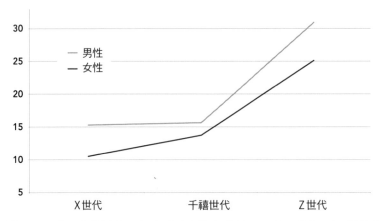

圖 6.15｜美國 18 到 25 歲者過去一年未曾發生性行為的百分率，依性別及世代比較

資料來源：社會概況調查

注：統整 1989 到 2021 年數據。以一系列固定選項，詢問受訪者過去 12 個月「大約多常」發生性行為。縱軸數字為回答「完全沒有」的百分率。

　　也有年輕人把色情片和自慰當成真實性愛的替代品。2018 年，凱特・朱利安（Kate Julian）為《大西洋》月刊寫了一篇談性衰退的報導，其中一名 24 歲的男性受訪者說：「網路很容易能滿足基本社交和性需求，讓人沒什麼動機去『肉身』世界追逐這些東西。不過，網路帶來的滿足只剛好能解決衝動而已……如果沒有網路，我會更常出門，更常做愛嗎？就我這個年紀的很多人來說，我想答案應該是肯定的。」心理健康問題可能是性衰退的另一個原因：現在罹患憂鬱症的年輕人更多（我們稍後會進一步討論），而憂鬱症經常降低性慾。

　　另外，藉搭訕認識性伴侶已經過時——現在搭訕還帶有一點跟騷的意味。2001 年朱利安和丈夫還不認識，可是在同一棟大樓上班，有一天丈夫在電梯向她搭訕，兩人才越走越近。朱利安對別人提到這段往事的時候，好幾名女性直呼現在根本無法想像，還有人說要是遇到不認識的男性在電梯搭話，自己恐怕只會警鈴大作：「怪人！離我遠點。」在智慧型手機的時代，我們看似可以選擇和誰互動，只追蹤想追蹤的人，只回覆想回覆的貼文，其他全部視而不見。這種作風滲入實際互動之後，我們很容易關上心房，不想和陌生人交談。

不用說，這種氣氛讓人很難找到愛情伴侶。

　　尖酸刻薄、充滿取消文化的網路互動也毫無助益。夏恩20歲，賓州大學大三生，經常上Reddit愛情版爬文，看女生鉅細靡遺地數落男友約會時犯了什麼錯。夏恩還是處男，但遲遲不願上約會軟體註冊。「我的很多焦慮都和網路上公開、直白的發言有關。[17]」他說：「那讓我發現有好多事得小心翼翼，你犯了錯，別人未必會放過你。」他說得沒錯，網路上許多殘酷、負面的言語在面對面時根本不會說出口。

　　現在，行為合宜的界線顯然和以前不一樣。最近有Z世代在推特上說：「為了上床和別人交朋友是玩弄對方，很怪。」另一個人回覆：「不只怪，根本是獵食。裝作想和別人上床而去交朋友是獵食行為。」另一個應該不是Z世代的用戶只回了一句話：「你各位Z世代搞得我好緊張啊！」

　　有性經驗的青年人變少的另一個原因，是他們變得比過去年輕。這不是說他們年齡變小，而是指他們在成年的路上走得更慢。

慢慢來
特徵：成長慢

　　我問19歲的璜為什麼不趕快考駕照，他說：「我爸媽沒『催』我去考。」

　　如果你是X世代或嬰兒潮世代，你大概會多看幾次確認自己沒有看錯。畢竟沒多久以前還是青少年急著考駕照，而勸他們慢慢來通常是父母。

　　現在不再這樣了。Z世代青少年不但不急著考駕照，也不急著做其他與獨立和成年有關的事情。身為17到18歲的12年級生，他們喝酒、約會、打工的比例都比前幾個世代的青少年低（見圖6.16），有性經驗的比例也比以前低：在X世代還是青少年的1991年，有過性經驗的12年級生占67%；到Z世代是青少年的2021年，只有47%。

　　不投入成人活動似乎不是因為父母管得嚴。和X世代同齡時相比，Z世代青少年較少和父母起衝突，也較少逃家。Z世代似乎樂於慢慢長大。

　　不只17、18歲的人拖延獨立，13、14歲的Z世代也比較少投入成人活動。

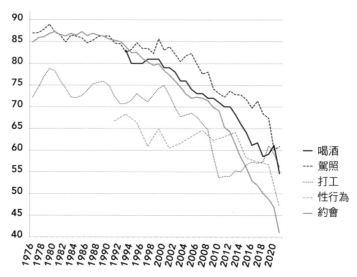

圖 6.16｜美國 12 年級生投入成人活動的百分率，1976–2021

資料來源：監測未來調查、青少年風險行為監測調查

注：2020 年資料收集時間為 2020 年 2 月到 3 月上旬，當時學校尚未因新冠疫情關閉。2021 年關於性行為的資料取自青春期行為與經驗調查（由疾病管制中心在 2021 年年初到年中執行），代替疫情期間的 YRBSS 調查。2013 年後大多數 12 年級生是 Z 世代。

在 1990 年代，X 世代 8 年級生有半數以上約過會、喝過酒、打過工，可是到 2021 年，Z 世代 8 年級生大約只有四分之一做過這些事（見圖 6.17）。再看看 9 年級下學期已有性經驗的百分率：X 世代是將近 40%，千禧世代的 2009 年仍超過 30%，Z 世代的 2021 年下降一半以上，不到 15%。在許多方面，現在的 18 歲就像前幾個世代的 14 歲。舉例來說，現在只有大約一半的 12 年級生約過會，和 1990 年代初 8 年級生約過會的比例相差不多。

　　Z 世代不只延長青春期，也延長童年期，放慢從事成年活動的腳步。

　　這顯然是人生減速策略。事實上，美國前五個世代已經逐漸採取這種策略。科技延長了人類壽命，再加上人類也因科技而需要接受更多教育才能達成經濟獨立，因此父母開始少生孩子，讓子女慢慢長大。由於人生減速策略只是為了適應特定時空，這些變化不完全是壞的，也不完全是好的。這些發展並

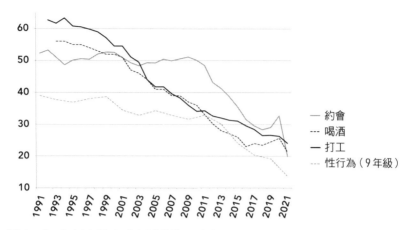

圖6.17 | 美國8或9年級生投入成人活動的百分率，1991–2021

資料來源：監測未來調查、青少年風險行為監測調查

注：2020年資料收集時間為2020年2月到3月上旬，當時學校尚未因新冠疫情關閉。9年級生性經驗的數據取自青春期行為與經驗調查（由疾病管制中心在2021年年初到年中執行），代替疫情期間的YRBSS調查。2009年後大多數8年級生是Z世代。

不代表青少年變得更負責或更不負責、更成熟或更不成熟，只代表青少年的成長速度正在趨緩。許多父母一方面樂見子女比較不可能喝酒或發生性行為，另一方面也開始擔心他們不學習如何獨立。Z世代一方面知道自己錯過了一些樂子，另一方面也不解前幾個世代究竟是怎麼回事，怎麼那麼小就做了這麼多大人的事？我和一名Z世代提過，在1990年代，不少X世代8年級就喝過酒。她說：「我覺得老人有時滿恐怖的。」

　　（如果你在想，現在的青少年是不是因為有了大麻，所以比較少喝酒，請看以下數據：依據全國藥物使用與健康調查，在1995和2019年，12到17歲過去一年使用大麻的百分率幾乎一模一樣，都是14%。不過，青壯年使用大麻的百分率的確增加了。自2008年以來，21到29歲的大麻使用者增加48%；在2019年，這個年齡層有三分之一使用過大麻。30到34歲過去一年使用大麻的百分率翻倍，從12%增至24%。所以，雖然吸食和／或服用大麻的人口上升，但增加的主要是千禧世代和Z世代青年，不是Z世代青少年。這種趨勢和娛樂

用大麻合法化更有關係。另外，即使是現在，也要21歲以上才能使用大麻，因此，青少年成長步調趨緩和大麻使用者增加無關。）

事實上，前幾個世代已陸陸續續採取人生減速策略。嬰兒潮世代雖然早年採取人生加速策略，在兒童期和青少年期就已十分獨立，但也藉由晚生育延長青壯年期。X世代雖然早早偷嘗禁果，更多人十多歲就懷孕，衝向青春期的速度也比嬰兒潮世代更快，可是在縮短童年之後，也放慢完全步入成年的腳步，較晚成家立業。至於千禧世代和Z世代，尤其是Z世代，則是整個人生始終如一，從童年到完全成年都放慢腳步。童年延長到過去屬於青春期的年齡，青春期延長到過去屬於青壯年的年齡，青壯年一樣不斷延長，受教育的時間越來越久，生兒育女的時間越來越晚。

學齡兒童以前可以在家附近閒逛，放學後自己走路回家，現在則是幾乎隨時都有大人在一旁看著。X世代小時候經常騎腳踏車在鎮上闖蕩，為人父母之後卻不願給子女同樣的自由。想讓孩子獨立的家長不是沒有，但往往很快踢到新文化標準的鐵板，有時甚至不被法律允許。

2018年伊利諾州威爾梅特（Wilmette）發生這樣一件事：8歲的桃樂絲・懷登（Dorothy Widen）帶著愛犬棉花糖出門，在自家附近遛狗，結果鄰居打電話報警。雖然警方沒有採取法律行動，但伊利諾州兒童與家庭服務部決定介入，所幸後來撤回調查。不過，這恐怕不是最後一次──伊利諾州法律規定，讓14歲以下兒童獨處即構成「兒少疏忽」[18]。不算太久以前，13歲就能當保母打工，照顧年紀更小的孩子，而現在，社會似乎普遍認為13歲的人自己都需要保母。我們的人生減速策略已經減到這種地步。

▌再等等吧：結婚生子
▌特徵：推遲成年

「當時沒人看好。沒人為你高興，沒人支持你。」幾年前以19歲之齡結婚的一位女性說：「雖然現在大家覺得我們是『天作之合』，但以前那種人人都為新人開心、慶賀的場面，我們是真的錯過了。[19]」

這段告白在幾個世代以前聽來一定讓人訝異，畢竟在1960年代初，有半數女性的初婚年齡是20歲。而現在，19歲結婚簡直離經叛道，大多數人會忙不迭地勸你打消主意，連21歲前建立穩定關係都會讓一些人搖頭。在西北大學開「婚姻101」課程的亞歷珊卓・所羅門（Alexandra Solomon）說，學生認為愛情是功成名就之後的事[20]。她寫道：「不斷有學生告訴我，他們會努力不在大學談戀愛，覺得感情會打亂他們的計畫。」

　　也許只有頂尖大學如此，大多數年輕人不是這樣？畢竟，依據史特勞斯和霍伊的世代循環理論，Z世代應該要很像第二章談過的沉默世代，也就是1950年代到1960年代初的那群青壯年人，總是年紀輕輕結婚，婚後不久就生下孩子。霍伊在2015年講過：「（Z世代）和沉默世代的相似處顯而易見。[21]」

　　然而，Z世代一路採取人生減速策略進入青年期，推遲結婚生子。從沉默世代到Z世代，二十出頭的人變化頗大：在1960年，二十出頭的女性有七成已婚，到2020年只有一成；同樣是在1960年，二十出頭的男性已婚者將近一半，現在只有十四分之一（見圖6.18）。

　　目前已有跡象顯示，Z世代可能不僅推遲婚姻和親密關係，而是根本無意

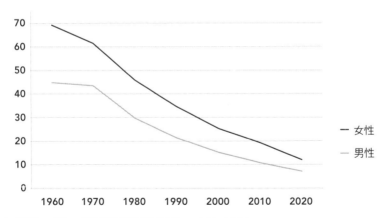

圖6.18│美國20到24歲已婚者的百分率，1960–2020

資料來源：美國普查局人口動態調查

注：含已婚、分居及夫妻暫時分隔兩地。

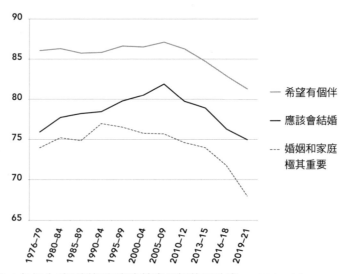

圖 6.19│美國12年級生重視婚姻和家庭特定目標的百分率，1976–2021

資料來源：監測未來調查

注：2020年資料收集時間為2020年2月到3月上旬，當時學校尚未因新冠疫情關閉。「應該會結婚」含已婚者。2013年後，大多數12年級生是Z世代。

進入。我們可以從各世代12年級生對婚姻的態度看出端倪：對於最終是否會步入婚姻的提問，雖然千禧世代答「是」的比例高於嬰兒潮世代，可是到Z世代再度降低。被問到婚姻和家庭是否極其重要的時候，Z世代正面肯定的比例同樣下滑（見圖6.19）。Z世代不只對婚姻較為冷淡，連希望人生大多數時候至少有個伴的比例都偏低。雖然這些變動並不劇烈，大多數Z世代也還是希望有伴侶或結婚，可是在Z世代之前的四十年，渴望成年關係的比例始終維持穩定或上升。從這種趨勢轉而下降來看，Z世代質疑穩定關係的人顯然變多。

隨著人生減速策略滲透每個人生階段，Z世代生兒育女的步調也跟著改變。X世代延後婚姻，但生育時程沒有延後多少，當上媽媽的平均年齡比平均結婚年齡還低。Z世代則是**既**推遲婚姻，**也**推遲生育。隨著15到24歲年齡層在2010年代從千禧世代轉為Z世代，這個群體的生育率持續下降（見圖6.20）。到2020年，青少女和二十出頭女性的生育率跌到谷底，不僅是1990年

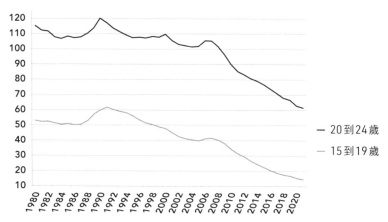

圖 6.20│美國青少女和女青年的生育率，依年齡層比較，1980–2021

資料來源：疾病管制中心生命統計報告（Vital Statistics Reports）

注：生育率依該年齡層每1,000名女性計算。到2012年，大多數15到19歲者為Z世代；到2017年，大多數20到24歲者為Z世代。

該年齡層為X世代時的一半，更是1918年有紀錄以來最低。2021年，青少女的生育率不到1990年代初的四分之一。

　　總之，Z世代結婚生子的時間比先前任何一個世代都晚。Z世代慢慢進入成年，把人生步調放得更緩，而且根本不打算結婚生子的人似乎更多，和沉默世代相去甚遠。

不可以這樣講！
特徵：限制言論

　　多利安・艾伯特（Dorian Abbot）是芝加哥大學地球物理學家。收到麻省理工學院約翰・卡爾森講座（John Carlson Lecture）邀請時，艾伯特深感榮幸，興沖沖地準備分享他的氣候變遷研究，還有人類移民外星的可能性。

　　誰知道沒過多久就出現反對聲浪。艾伯特一向主張錄取學生應該只看表現，不應採取優惠性差別待遇或傳承錄取（legacy admissions）[ii]，曾為此投書，也

---

ii　優先錄取校友及捐款者子女。譯注

拍過幾支影片[22]。雖然那些投書、影片和他的地球物理學研究無關，也和他的演講內容無關，但有一群麻省理工學生和校友十分不滿，上推特呼籲校方取消邀請，同時表示邀艾伯特演講「不可接受」、「令人憤怒」，與系所在 DEI（diversity, equity, and inclusion，多元、平等、包容）上的努力背道而馳。幾天後，麻省理工取消艾伯特的演講。

言論自由爭議不是新鮮事，幾十年來，年長世代和年輕世代已多次為此陷入對立，這次耐人尋味的是雙方政治和世代立場互換。在以前，挺言論自由的常常是年輕世代和自由派，反言論自由的往往是年長世代和保守派。1950 年代和 1960 年代初，萊尼・布魯斯（Lenny Bruce）等脫口秀明星經常口無遮攔，對宗教嬉笑怒罵，屢屢引起爭議。1960 年代中，柏克萊大學學生想為民權運動組織擺攤，而校方則想禁止政治討論進入校園，以嬰兒潮世代和沉默世代為主的學生因而發起言論自由運動。1970 年代，向來被視為自由派的美國公民自由聯盟甘冒不韙，支持新納粹在伊利諾州斯科基（Skokie）猶太村遊行的權利。自由派通常支持言論自由，捍衛自我表達，即使言論有時有害亦然。保守派往往傾向限制可能造成校園和社會混亂的言論。

但進入 2010 年代後情況改變，自由派年輕人開始提出相反的訴求，呼籲管制言論。在 1980 年代，X 世代大學新生只有四分之一認為應該禁邀極端講者，可是到 2019 年，這樣想的 Z 世代大學新生超過一半（見圖 6.21）。同樣是 2019 年，認為校方應該限制種族或性別歧視言論的學生占四分之三。我們在 X 世代那章已經看到，這樣的發展讓言論自由的代溝越來越深。

學生不是說說而已。遭到抵制的講者不是邀請遭取消，就是在鼓譟聲中結束演講。據個人權利和表達基金會（FIRE，Foundation for Individual Rights and Expression，無黨無派，提倡校園言論自由）統計，2019 年學生發起四十次取消邀請行動，比 2010 年的十七次多出許多。有的老師因為講了學生認為冒犯的話，遭到停職或開除。2015 年，一名耶魯教授寫了一封意有所指的電郵給學生，建議他們自行決定什麼樣的萬聖節裝扮會造成冒犯，結果她的丈夫被一群憤怒的學生圍堵。2021 年，費城一家小型學院的數學教授成為眾矢之的，因

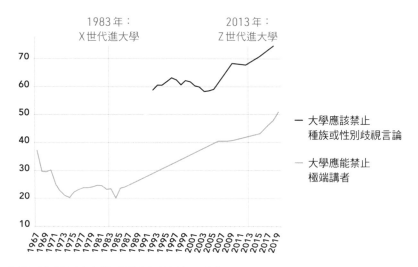

圖 6.21 | 美國大學新生認為應管制言論的百分率，1967–2019

資料來源：美國大一新生調查

為他在推特上匿名反對政府就奴隸制進行賠償[23]。雖然後續調查認定此舉並無不當，他還是遭到解聘。

　　2010 年代中期的美國並不把這些風波當一回事，認為只有菁英學校的少數學生會這樣做。但沒過多久，大專院校開始普遍認同有些言論不該出現，換言之，有些觀點不該被聽見。長年主持《鑽石求千金》（The Bachelor）的克里斯·哈里森（Chris Harrison，1971 年生）被迫退出節目，因為他為一名大學期間參加過戰前主題派對[iii]的參賽者辯護，引來批評。2021 年，Netflix 的年輕員工認定戴夫·查普爾（1973 年生）的喜劇節目歧視跨性別，不滿公司執意播出，集體罷工。

　　這些只是孤立事件，或者反映出大規模的輿論變化？六十年來，社會概況調查定期詢問美國成人是否容忍爭議言論，問卷假設有人抱持某種不受歡迎的主張，問受訪者該不該准許他們在社區演講、在地方大學教書，還有地方圖書

iii　戰前主題派對（antebellum-themed party）模仿南北戰爭前南方白人的裝束，被認為有種族主義色彩。除此之外，當時舉辦派對的大學兄弟會與三K黨有歷史源淵。譯注

館該不該收錄他們的著作。其中一題詢問的是鼓吹放棄選舉、實施戒嚴的言論自由，簡稱軍國主義觀點；兩題詢問共產黨和反宗教者的言論自由，統稱為左派觀點；還有一題詢問深信黑人基因低劣者的言論自由，通常稱為種族主義觀點。這些觀點都不受歡迎，也都有爭議性。

從1970年代到2000年代初，願意容忍這三種觀點的百分率同時上升，例如容忍反宗教者的百分率從1976年的56%，提高到2002年的71%；容忍種族主義者的百分率也從1976年的55%，提高到2002年的61%。但在這之後，三種觀點的容忍百分率開始分歧。支持左派人士和軍國主義者言論自由的百分率持續上升，支持種族主義者言論自由的百分率卻一路降至2021年的48%。

支持不同爭議觀點的言論自由百分率出現分歧，至少有部分原因是世代差異。從最偉大的世代到Z世代，支持共產黨、反宗教者、軍國主義者言論自由的百分率一代一代提高，但支持種族主義者言論自由的趨勢卻是另一番光景，在嬰兒潮世代到達頂峰，接著開始下降，在Z世代降至最低（見圖6.22）。

最令人驚訝的是，不同政治意識型態陣營容忍爭議言論的立場互換。在沉默世代和嬰兒潮世代，自由派對種族主義者言論自由的支持率略高於保守派，

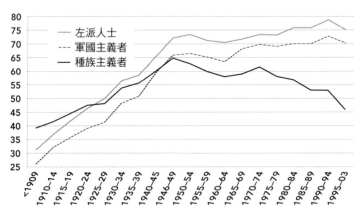

圖6.22 | 美國成人對特定爭議團體言論自由的支持率，依出生年比較

資料來源：社會概況調查

注：統整1972到2021年數據。控制年份變因以凸顯世代的影響。共產黨和反宗教者統稱左派人士。

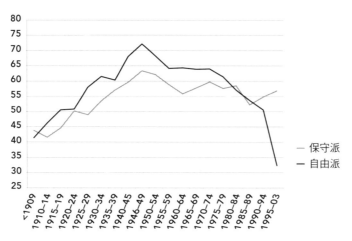

圖 6.23｜美國成人對種族主義者言論自由的支持率，依政治意識型態和出生年比較

資料來源：社會概況調查

注：統整 1972 到 2021 年數據。控制年份變因以凸顯世代的影響。

可是到千禧世代出生的年代，自由派的支持率開始下降；在 1990 年代出生的那些人當中，自由派的支持率破天荒降到比保守派還低；到 Z 世代時，自由派的支持率更雪崩式下滑（見圖 6.23）。以前是自由派更願意支持種族主義者的言論自由，現在更挺種族主義者言論自由的卻是保守派。可是從嬰兒潮世代到 Z 世代，自由派始終穩定支持共產黨和軍國主義者的言論自由，對反宗教者的支持率甚至上升。因此，自由派對言論自由的支持其實隨議題而定。大衛・高柏格（David Goldberger）在 1970 年代曾代表 ACLU 為新納粹的言論自由辯護，對於這樣的發展，這位沉默世代律師感慨地說：「自由派正在拋棄第一修正案。[24]」

政治學家丹尼斯・莊（Dennis Chong）和同事還發現另一件事：言論自由支持率隨世代遞減的現象，在受過大學教育的群體中更為明顯，沒受過大學教育的人變化反而沒那麼大[25]。這又是一次世代立場互換：在嬰兒潮世代和 X 世代，更支持種族主義者言論自由的是受過大學教育的人，而不是沒受過大學教育的人。這種世代差異與「限制言論之風起於大學」之說不謀而合。

言論自由相關議題已經造成嚴重世代分歧。有民調顯示，40% 的千禧世

代和 Z 世代贊同政府要能夠防止民眾發表冒犯言論,但這樣想的 X 世代只有 27%[26]。

連 ACLU 守護言論自由的決心都出現動搖。ACLU 過去一貫捍衛演員的言論自由,不論是左派抑或右派言論。可是在 2017、2018 和 2019 年的年度報告,ACLU 隻字不提「第一修正案」和「言論自由」。聯盟裡的一名年輕律師還在推特發文說,只要能讓某本他們反對的書不再流通,「我 100% 願意赴湯蹈火」,與 ACLU 過去反對禁書的立場南轅北轍。現在連聯盟內部都未必鼓勵暢所欲言。ACLU 千禧世代律師亞歷杭多・奧古斯丁・歐提斯(Alejandro Agustin Ortiz)說:「有時候會出現一言堂的氣氛。在質疑同儕普遍奉行的信念之前,你會猶豫。[27]」

現在有些人不僅支持打壓種族主義和性別歧視的言論,也審查政治言論,甚至演變成取消文化,讓觀點不同的人失去工作。根據 2020 年的一次調查,對於私下資助拜登競選的公司主管,有兩成的美國人認為應該開除;對於私下資助川普競選的公司主管,則是有三成的美國人認為應該開除。這裡也有世代差異,年輕人中支持開除的較多(見圖 6.24)。隨著政治立場越來越泛道德化

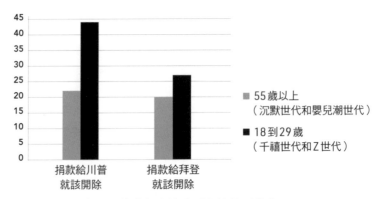

圖 6.24 | 美國成人支持開除私下資助川普或拜登的公司主管的百分率,
依年齡／世代比較,2020

資料來源:卡托研究所(Cato Institute)2020 年夏季全國調查,YouGov 執行。

注:調查於 2020 年 7 月 1-6 日進行,以 2,000 名美國成人為樣本。

和情緒化，容忍不同意見的風氣漸漸消失，而千禧世代和Z世代就站在最前線。

這份調查也顯示，62%的美國人同意「最近的政治氣氛讓我不想講出自己的想法，因為別人可能會覺得我冒犯人」，其中55%是青年人。三分之一的受雇成年人擔心要是透露自己的政治意見，會失去工作或工作機會，而且會這樣擔心的青年人（44%）比中老年人（27%）多。Z世代和較為年輕的千禧世代正邁入新的世界，一個更希望別人因為政治立場而被開除，也更擔心自己因為政治立場而失去工作的世界。

保持安全
特徵：關切身體與情緒安全

2015年，哥倫比亞大學學生投書校內報紙，指控人文課堂的讀物含有「觸發和冒犯內容」[28]。投書者表示學生「在課堂上必須感到安全」，但奧維德《變形記》這樣的讀物會破壞安全感。同樣是那一年，威廉斯學院（Williams College）邀了一名爭議人物演講，學生抗議這種講者光是出現都會對他們造成「情緒傷害」。2022年，愛荷華州德雷克大學（Drake University）學生議會一反常態，拒絕正式承認右派團體美國轉捩點（Turning Point USA）校園分會[29]。一名學生代表說：「這個組織讓學校裡的人不舒服，開始擔心自己的安全，所以我無法支持。」對Z世代來說，有些言論不只令人厭惡，還會造成傷害。

在2018年出版的《為什麼我們製造出玻璃心世代？》中，路加諾夫和海德特提到2010年代中期的現象：「設立言論規則和拒邀講者的理由逐漸變得醫療化（medicalized）。學生說，某些類型的演講會妨礙他們**正常發揮**——連某些書籍和課程的內容都會造成這種惡果……現在浮現的新現象是預設學生很脆弱。[30]」這種發展與X世代和嬰兒潮世代的價值觀扞格不入，畢竟X世代一向以強韌自豪，嬰兒潮世代仍多半認為言論自由是每一個人的權利。不論在校園或社會，言論自由之爭經常把嬰兒潮世代和X世代推向一邊，Z世代和千禧世代推向另一邊——一方支持表達自由，一方堅持保護人們免於聽見冒犯性觀點。

相關討論大多圍繞著安全，這不是巧合。「安全」的焦點一開始是身體安

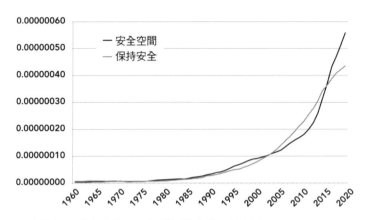

圖 6.25 ｜美國書籍提及「安全空間」和「保持安全」的頻率，1960–2019

資料來源：Google 圖書資料庫

注：縱軸數字代表各詞語在該年出版的所有書籍中所占的百分率

全，現在延伸到情緒安全，甚至擴大到免於不舒服的安全。這種趨勢源於重視兒童身體安全：在人生減速策略下，父母往往只生一到兩個小孩，小心保護，這讓兒童安全越來越受關注。美國文化在 1995 年後變得非常重視安全——正好是第一批 Z 世代出生的年代。從 1995 到 2019 年，美國出版書籍提及「保持安全」的次數增加四倍以上，側重情緒層面的詞語「安全空間」同樣增幅驚人（見圖 6.25）。從 2000 年代開始，安全焦慮如野火燎原，從校方禁止學生帶非處方藥（如阿斯匹靈），到容許 9 歲兒童使用智慧型手機，理由都是安全考量。

在前幾個世代，青少年和青年人對身體安全的忠告經常嗤之以鼻，有什麼事做了再說。青少年從以前就喜歡開快車、打架、享受冒險。故事背景設定在 1976 年的《年少輕狂》中，一群嬰兒潮世代小伙子以破壞為樂，揮球棒打爛信箱，扔保齡球砸破車子的擋風玻璃，直到屋主提長槍追出來才罷手。

Z 世代不一樣，不僅無意挑戰大人對安全和保護的執著，還樂於接受。和以前比起來，現在會說「危險才刺激」、「有時喜歡冒險」的青少年少多了（見圖 6.26）。

他們的行為證明了這一點：和前幾個世代的青少年相比，Z 世代青少年喝

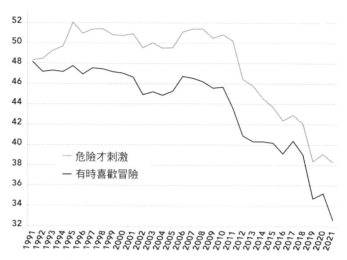

圖 6.26｜美國 8 到 10 年級生喜歡做危險的事或冒險的百分率，1991–2021

資料來源：監測未來調查

注：2010 年後，8 到 10 年級生大多為 Z 世代。

酒的少，打架的少，車禍的也少。Z 世代把「安全」從防止身體傷害擴張到防止情緒傷害，強調所謂「情緒安全」，亦即不被言語或經驗激怒或冒犯。「安全代表照顧好你的身體需求，以及情緒需求。」一名 20 歲的年輕人告訴我：「人可能嚴重傷害自己的情緒，造成的危害甚至比身體傷害更大。」問題是，維護情緒安全實在不容易。「我認為沒有人能保證情緒安全。」另一名 19 歲的年輕人對我說：「你可以隨時提防別人傷害你的身體，但別人對你說的話，你很難不去聽。」換句話說，每一次社交互動都有受傷風險。

言語會傷人甚至構成暴力，這樣的想法是近年許多校園爭議的關鍵。保護人們不受情緒傷害是許多新發明的核心宗旨，以「安全空間」為例，學生現在會為不贊同講者觀點的同學準備場地。Google 圖書資料庫證明安全空間的概念確實很新，1990 年代才出現，2012 年以後才迅速普及（見圖 6.25）。

2010 年代的另一個新發明是「觸發警告」。學生要求，若讀物、影片或事件可能引起不安，就該加上觸發警告，告知「內容描述了謀殺、死亡、家人反

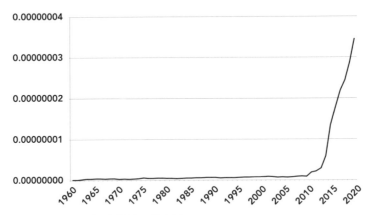

圖 6.27｜美國書籍使用「觸發警告」的頻率，1960–2019

資料來源：Google 圖書資料庫

注：縱軸數字代表「觸發警告」在該年出版的所有書籍中所占的百分率。

目、綁架」——某間大學就為羅伯·路易斯·史蒂文森（Robert Louis Stevenson）的《綁架》加上這段警告[31]。

為什麼要這樣做？因為「對學生來說，教室一定要是安全空間」，天普大學學生茱莉雅·梅洛拉（Julia Merola）在 2021 年寫道：「老師確保學生在課堂上自在舒服的方法之一，是教授露骨內容之前提出觸發警告。[32]」雖然目前還不確定這種作法到底有沒有用，但有些心理學研究發現觸發警告其實對學生無益，不論在情緒上或其他方面都是如此。

不論是好是壞，觸發警告都是非常新的概念。2012 年以前的 Google 圖書資料庫幾乎找不到這個詞，但之後迅速暴增（見圖 6.27）

我們可以從 2010 年代的發展清楚看到：源自校園的事不會留在校園。Z 世代年輕人畢業後，不但不會放下對情緒安全和安全空間的重視，還會把這些觀念帶進成年生活和職場。不久以後，很可能有人要求職場設置安全空間，為敏感資料加上觸發警告。

我快死了：種族歧視與司法不公
特徵：種族意識高漲

晚上七點剛過，溫度開始轉涼，17歲的特雷翁・馬丁（1995年生）從便利店買完冰茶和糖果，邊往回走邊打電話給女友。兩人聊天的時候，少年發現後面有人跟蹤，和那個男人發生扭打。馬丁在過程中彈身亡。

這是2012年2月的事，開槍的喬治・齊默曼是守望相助隊隊員。在法庭上，齊默曼宣稱自己是自衛，並在2013年獲判無罪。這項判決促使三名千禧世代女性掀起黑命貴運動（見〈千禧世代〉一章）。

七年後，17歲的姐內菈・佛瑞澤（Darnella Frazier，2003年生）帶表妹去雜貨店買東西，目擊警察把一個人壓在地上，她立刻拿出手機錄影。[33]「他好像知道……自己完了。」她後來說：「他好害怕、好痛苦。」那個人叫喬治・佛洛伊德（1973年生），被明尼亞波里斯警察德瑞克・蕭文（Derek Chauvin）跪壓頸部九分鐘後，不幸喪命。「媽媽，我快死了。」佛洛伊德一度說道。佛瑞澤當晚將影片貼到臉書，立刻引起轟動，世界各地爆發一連串抗議，持續了好幾個月。佛瑞澤後來獲頒普立茲特別獎。

Z世代是那年夏天一系列抗議的主力。有民調發現41%的抗議者是18到29歲，50到64歲者只占15%[34]。每份調查推估的人數皆不同，從一千五百萬到兩千六百萬都有，還有研究認為參加抗議的美國人達十分之一。無論如何，2020年6月初的這場抗爭規模之大，在美國史上前所未見[35]。

從某些人所說的「大覺醒時代」（2015年左右）開始，美國青少年的政治態度和青壯年一樣起了變化，變得更關心種族關係和不平等問題（關於這段時間美國青壯年的變化，請見〈千禧世代〉一章）。更多青少年表示矯正社會和經濟不平等很重要，也有更多人有意捐款給扶助少數族群的機構。懷有這兩種想法的比例在2021年創下歷史新高，超越1990年代的高峰（見圖6.28）。和成年人一樣，青少年對種族議題的關注也是因麥可・布朗（1996年生）之死而變高。當時是2014年，距2017年川普就職還有三年，離喬治・佛洛伊德遇害也還有

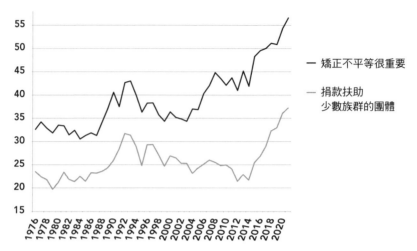

圖 6.28 ｜ 美國 12 年級生支持矯正不平等或捐款給少數族群扶助團體的百分率，
1976–2021

資料來源：監測未來調查

注：問卷題目：（1）「對你來說，以下目標有多重要？選項『致力矯正社會與經濟不平等』縱軸數字為回答「十分重要」和「極其重要」的百分率；（2）「如果你將來起碼有中等收入，會不會捐款給以下團體？選項『少數族群團體』（如美國全國有色人種協進會、南方基督教領袖會議等）」縱軸數字為回答「可能會」、「一定會」、「已捐款」的百分率；2020 年資料收集時間為 2020 年 2 月到 3 月上旬，當時學校尚未因新冠疫情關閉，喬治・佛洛伊德也尚未在明尼亞波里斯遇害。2013 年後，12 年級生大多數是 Z 世代。

五年。

　　這次種族衝突主要起於種族歧視和司法不公，抗議潮有時是因警察殺害黑人而起，有時是因無法將殺害黑人的平民定罪而起，前者如艾瑞克・加納案、布倫娜・泰勒案、塔米爾・萊斯案、費蘭多・卡斯提案，後者如特雷翁・馬丁案和阿莫德・亞伯里（Ahmaud Arbery）案。[iv] 不過，因警方暴力和司法不公而起的種族和政治對立，其實是相對晚近的發展，至少在青少年中是如此。在 1970 年代和 1980 年代，雖然黑人青少年對警方的不滿比白人青少年還高，但差距不大。到 1990 年代初，可能因為羅德尼・金恩被毆的影片擴散（參〈X 世

iv　2020 年 2 月 23 日，黑人青年阿莫德・亞伯里在跑步時遭三名白人射殺，凶手表示當時以為亞伯里行竊逃逸，但警方查無實據。譯注

**圖6.29│美國12年級生不滿警方和執法的百分率，依種族和政黨傾向比較，
1976–2021**

資料來源：監測未來調查

注：2020年資料收集時間為2020年2月到3月上旬，當時學校尚未因新冠疫情關閉，喬治‧佛洛伊德也
尚未在明尼亞波里遇害。共和黨黑人樣本過少，無法單獨分析。2013年後，12年級生大多數是Z世代。

代〉一章），不同種族對警方不滿的程度才出現顯著差距。

　　到2015年，對警方的看法也隨黨派立場出現些許差異，民主黨白人對警
方變得更為不滿。到2021年，民主黨白人青少年甚至比黑人青少年更不滿警
方。可是在2015年之後的同一段時間，共和黨白人青少年對警方的不滿降低。
到2020年代，政黨立場已經比種族更能預測青少年對警方的看法（見圖6.29）。

　　2015年後，民主黨白人不只變得更厭惡警察而已。我們在千禧世代那一
章已經看到，民主黨白人成人明顯變得更可能指責種族歧視，更認定黑人得到
的比應得的少。對民主黨白人青少年來說，這種變化也擴展到交友意向。想和
不同種族交朋友的民主黨白人青少年多出不少，共和黨白人青少年則否（見圖
6.30）。從各種方面來看，2015年後看法出現變化的是民主黨白人，而非共和
黨白人。

　　和成年人的趨勢一樣，Z世代青少年的數據告訴我們：從大約2015年開

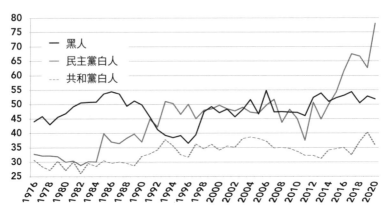

圖6.30│美國12年級生表示「非常希望」和不同種族交朋友的百分率，
**　　　依種族和政黨傾向比較，1976–2020**

資料來源：監測未來調查

注：問卷題目：「你對結交不同種族的好友有什麼想法？」選項有「完全不能接受」、「還算能接受」、「可以接受」、「非常希望」。2020年資料收集時間為2020年2月到3月上旬，當時學校尚未因新冠疫情關閉，喬治‧佛洛伊德也尚未在明尼亞波里斯遇害。2021年沒問這題。共和黨黑人樣本過少，無法單獨分析。2013年後，大多數12年級生是Z世代。

始，對種族議題的看法出現根本變化。種族以1990年代中以來未曾有過的熱度成為焦點議題。但這一次，對種族關係、種族歧視、警察暴力改觀的不只是黑人，還有民主黨白人。在1990年代，民主黨和共和黨並沒有為種族議題激烈交鋒，現在卻為此勢同水火。由於這段時間是Z世代形成政治認同的關鍵階段（這一代年紀最大的在2015年也只有20歲），因種族議題而起的政治極化對他們影響最深，而且他們也已做好準備，要改變美國關於種族的對話。

Z世代的心理健康狀態令人憂心
特徵：沮喪，不滿

　　大坂直美（1997年生）知道自己狀態不佳。

　　這名頂尖網球選手表示，面對媒體讓她感到「排山倒海的焦慮」，所以她決定「練習照顧自己」，不出席2021年5月法國公開賽的賽後記者會[36]。遭罰

15,000美元後，她決定退賽。

　　兩個月後，賽前最被看好的體操選手西蒙・拜爾斯（1997年生）跳馬時在空中無法感知自己的身體位置，決定退出奧運團體決賽，舉世愕然。她對記者說：「我得把驕傲擺到一邊。」她對記者說：「我得做對我來說正確的事，關注自己的心理健康，不犧牲身心安適。」[37]

　　Z世代不以開口談論自己的心理健康為恥，比較令人擔心的是：這一代人之所以更常談到這個話題，是因為他們更為痛苦。

　　2012年後，青少年和青年人心理健康和幸福感的所有指標都往後退。在2017年出版的《i世代報告》中，我記錄到青少年間浮現這種趨勢的最初跡象，而現在情況更糟：不僅青少年的心理健康持續惡化，隨著更多Z世代步入二字頭，青年人也逐漸出現心理健康問題。

　　這些趨勢規模大、範圍廣、方向一致，令人觸目驚心。其中大多牽涉心理學家稱為「內化行為障礙」（internalizing disorder）的問題，例如憂鬱、焦慮等等。即使這些情緒還沒嚴重到構成障礙症，但經常感到不快樂、對生活不滿、對自己失望，還是不好受。因為憂鬱的感覺不只影響情緒，也影響認知，讓人變得悲觀、消極。

　　這些感受的前兆是寂寞，感到自己和別人隔絕。與他人緊密連結對心理健康很重要，對年輕人來說尤其如此，但Z世代青少年明顯比前幾個世代的同齡人寂寞：從大約2012年以後，表示自己感到寂寞和遭到排擠的青少年大幅增加。從1990年代初開始，青少年的寂寞問題原本緩緩減輕，至少保持穩定，但在2012年後迅速惡化（見圖6.31）

　　青少年對自己和生活也更不滿意，這代表的是自信降低。2012年後，12年級生對自己和生活不滿的比例驟然升高，短短八年就增加一倍，相較之下，前四十年的數字幾乎沒什麼變化（見圖6.32）。這個時間點很怪，因為從2012年到2020年初，美國的經濟一年比一年好。隨著經濟改善，青少年理應對生活更加滿意才對。

　　青年人也開始對生活不滿：在青年人大多是千禧世代的2008到2016年，

圖 6.31 │ 美國 8 年級、10 年級、12 年級生感到被排擠或寂寞的百分率，1991–2021

資料來源：監測未來調查

注：2020 年資料收集時間為 2020 年 2 月到 3 月上旬，當時學校尚未因新冠疫情關閉。

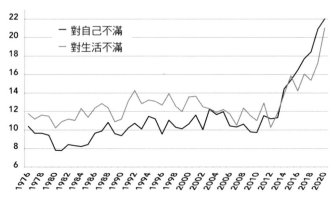

圖 6.32 │ 美國 12 年級生對自己和生活不滿的百分率，1976–2020

資料來源：監測未來調查

注：2020 年資料收集時間為 2020 年 2 月到 3 月上旬，當時學校尚未因新冠疫情關閉。問卷題目：「以下問題想知道的是你對生活的幾個面向有多滿意，或多不滿意……你對……自己有多滿意？對最近的生活有多滿意？」選項從「非常不滿意」（1）、「普通」（4）到「非常滿意」（7）共七個程度。縱軸數字為選擇（1）到（3）的百分率。

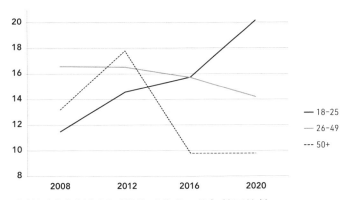

圖 6.33 │ 美國成人對生活不滿的百分率，依年齡層比較，2008–2020

資料來源：全美選舉研究

注：問卷題目：「整體而言，你對最近的生活有多滿意？是極為滿意？非常滿意？普通滿意？勉強滿意？還是完全不滿意？」縱軸數字為選擇「不滿意」和「勉強滿意」的百分率。

對生活不滿的比例緩緩增加；在18到25歲年齡層全部變成Z世代的2016到2020年，對生活不滿的比例急速上升。同樣是2012年後，壯年人對生活不滿的比例沒什麼變化，中老年人甚至大幅下降，相形之下，年輕人不滿的比例上升之快，更加令人詫異（見圖6.33）。

　　青少年也開始出現憂鬱和自我懷疑的跡象。大致從2012年開始，同意「我什麼也做不好」、「我是個沒用的人」的青少年越來越多，同意「我和別人一樣快樂」的越來越少，這都是憂鬱和低自尊的典型徵候（見圖6.34）。同樣地，這些數字也是直到近年才猛然激增，過去幾十年變化不大。

　　我們可以從歌手怪奇比莉的歌詞看見Z世代的絕望。她14歲那年在SoundCloud上傳一首歌，從此一炮而紅：「今天，我滿腦子都是死……我想淹死，我想自我了斷。」怪奇比莉比別人更早掌握這個世代的脈動，接受蓋爾·金（Gayle King）訪問時，她說：「電台的人一開始都不想播我的歌，因為太過悲傷，他們覺得無法引起共鳴，沒想到那種心情大家都懂……鼓勵『要快樂』、『愛自己』什麼的是很重要，問題是很多人一點也不喜歡自己。」她說得沒錯，至少她的世代的確如此：13到18歲年齡層的自尊心在前幾個世代節節上升，

圖 6.34│美國 8 年級、10 年級、12 年級生出現特定憂鬱徵候的百分率，1991–2021

資料來源：監測未來調查

注：2020 年資料收集時間為 2020 年 2 月到 3 月上旬，當時學校尚未因新冠疫情關閉。

2012 年後卻隨著 Z 世代急速下墜。

　　歌手奧莉維亞（2003 年生）也唱出她這一代的低落心情（以及人生減速策略）：「我好沒安全感，我想／我還沒喝過酒就會死去。」她承認不知如何保護自己，很焦慮，但誰也幫不了她，如果再有人要她享受青春，她只能哭泣。「我一點也不酷，一點也不聰明。」她在歌中坦承：「我連路邊停車都不會。」

　　到目前為止，這些念頭都只代表心情低落，雖然令人憂心，但並不表示一定患上使人衰弱的精神疾病。也許 Z 世代只是情緒普遍低落，不是臨床上的憂鬱症？若想追根究柢，我們可以參考全美藥物使用與健康調查（以下簡稱 NSDUH）。NSDUH 是聯邦出資的大型研究，對隱私和守密設有嚴格門檻，而且評估憂鬱時用的是診斷心理健康問題的黃金標準——美國精神醫學會《精神疾病診斷與統計手冊》的重度憂鬱症標準，包括至少兩週每天都心情鬱悶、失眠、疲倦、對生活的興趣明顯降低等等。

　　結果是：從 2011 到 2021 年，憂鬱達臨床程度的青少年及青年增加超過一倍（見圖 6.35）。由此可見，年輕人的確存在心理健康危機，而且早在新冠疫

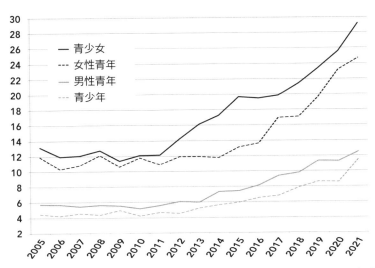

圖6.35 美國過去一年憂鬱達臨床程度的青少年和青年百分率，依性別和年齡比較，2005–2021

資料來源：全國藥物使用與健康

注：12到17歲為青少年，18到25歲為青年。

情之前就已爆發。雖然有人以為憂鬱症數字居高不下是疫情造成的，但實際上不是如此——憂鬱症數字早在2019年就已高得驚人，接下來幾年還持續攀升。到2021年，憂鬱達臨床程度的青少女近30%，青少年近12%。

這種趨勢令人不安，也帶來許多問題。有人猜測：憂鬱症比例升高，會不會是因為心理健康專業人士越來越傾向過度診斷？或者是因為現在的年輕人更願意向醫師或心理師求助？我們可以馬上排除這兩種解釋，因為到目前為止，我們參考的資料集都是具有全國代表性的人口橫斷研究，而不只調查曾向醫師或心理師求助的人。

有人說年輕人比年長者更容易寂寞或憂鬱，但這種趨勢也不能用年齡因素解釋，因為這些資料集調查的是不同時代的同齡人。憂鬱症比例上升也不可能是因為時代——如果是時代所造成，所有年齡和世代都會出現同樣的趨勢。但圖6.33顯示：到2020年為止，26歲以上的人對生活並沒有比以前不滿。另

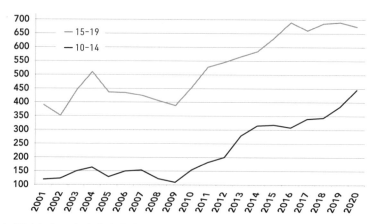

圖6.36│美國女童及青少女自傷急診入院率，依年齡層比較，2001-2020

資料來源：疾病管制中心WISQARS致命傷害報告

注：自傷急診入院率以每10萬人計算。「自傷」指無自殺意圖之故意自我傷害。自傷與憂鬱症高度相關。最常見的自傷行為是割破皮膚。

外如〈千禧世代〉一章圖5.70所示，40歲以上的憂鬱症比例在這段時間沒有上升。所以，心理健康問題增加一定是世代因素所致。

也許這種潮流是因為Z世代比較坦率？雖然調查都是匿名和保密的，但Z世代或許比其他世代更願意吐露心理健康問題。有人說也許Z世代青少年「對講出自己不OK很OK」，憂鬱症比例增加只是因為心理健康問題汙名降低，讓大家更願意坦言問題。如果是這樣，和心理健康有關的行為應該不會有變化。畢竟行為比較能客觀評量，和受訪者願不願意自我揭露無關。

然而，行為**的確**也出現變化。舉例來說，因故意自傷而送急診的青少女和女童變多，其中又以10到14歲女童增幅最大，百分率變成四倍（見圖6.36）。

另一份研究發現：從2010到2018年，試圖服毒（如非處方藥物）自殺的13到15歲女生增加一倍以上[38]。另外，從2008到2015年，因企圖自殺而送入急診的青少年（含男生和女生）變成兩倍。[39]和自傷一樣，企圖自殺也經常是重度憂鬱症所致。

不論是自傷行為增加，還是企圖自殺案例上升，都和受訪者願不願意坦言

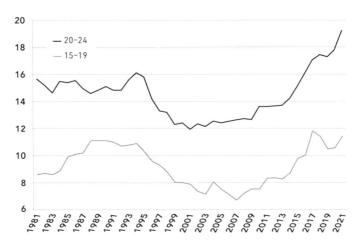

圖6.37 │ 美國青少年和青年自殺率，依年齡層比較，1981–2021

資料來源：疾病管制中心WISQARS致命傷害報告

注：自殺率以每10萬人計算。2021年為初步數據。

情緒困擾無關，但這兩種趨勢都和憂鬱的年輕人越來越多一致。這強烈顯示飽受情緒之苦的青少年的確變多。

最令人難過的是，年輕人的自殺率在2007年後急速上升，甚至超過1990年代初的幾次高峰。從2007到2019年，青少年自殺率幾乎翻倍，二十出頭的年輕人自殺率也一下子增加41%（見圖6.37）。和憂鬱人數增加的趨勢一樣，自殺率同樣是在疫情之前就已上升。

更令人震驚的是：10到14歲的自殺率整體來看膨脹成三倍，女生更增加將近四倍——別忘了這個年紀的孩子大多還是小學生或國中生（見圖6.38）。

讓我們仔細想想：從2007到2019年，短短十二年間，自行結束生命的青少年增加一倍，死於自己之手的4到9年級生增為三倍。這樣的增幅不容小覷。如果自殺率到2019年為止都一直維持2007年的水準，美國10到14歲年齡層會多出二八七三人，足以坐滿二十架國內線班機，15到19歲多出六三四七人（四十四架飛機），20到24歲多出八四五七人（五十九架飛機）。這十二年來，美國總共額外失去一七六七七名年輕人，平均一年超過一千三百名，

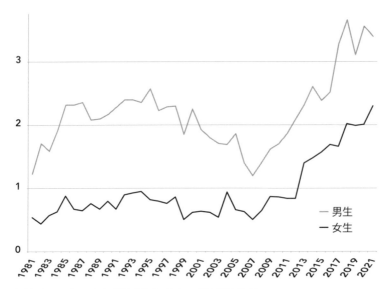

圖 6.38│美國 10 到 14 歲年齡層的自殺率，依性別比較，1981–2021

資料來源：疾病管制中心 WISQARS 致命傷害報告

注：自殺率以每 10 萬人計算。

足以坐滿九架客機。試想，如果每年都有九架載滿 10 到 24 歲年輕人的飛機墜毀，而且每一次都無人生還，我們絕不可能在查明原因之前容許飛機續飛。可是在 2007 年以後，美國就是讓自殺額外奪去這麼多性命。

　　這樣的悲劇結果無法用受訪者更願意自我揭露解釋，無法用心理汙名降低解釋，也無法用年輕人更願意求助解釋。事實上，如果有更多年輕人為心理健康問題求助，在獲得需要的協助之後，自殺率應該會下降才對，但實際上自殺率是往上升，這代表遭受憂鬱和其他心理之苦的青少年真的變多了。

　　青少年和青年心理健康問題的增長是大幅度、持續且普遍的。年輕人的行為就是明證：自傷的人變多，自殺的人也變多。

　　青少年的生活顯然在 2012 年左右發生問題，沒過多久，青年人也開始不對勁。接下來要問的是：那時究竟出了什麼問題？

Z世代的心理健康出了什麼問題？
特徵：網路交流增加

2010年代初，年輕人心理健康開始出現惡化趨勢的時候，我對原因為何並無頭緒。2012年前後似乎沒什麼事足以掀起十年波瀾，反倒是遭受金融海嘯衝擊的經濟終於復甦。按照傳統世代理論的思路，景氣回春這般大事應該能減少憂鬱，豈料恰恰相反。青少年的心理健康變化猶如謎團。

後來我看到皮尤研究中心的民調，答案開始露出眉目。那份民調將美國的智慧型手機持有率繪成圖表，從2007年iPhone問世開始，一路記錄到持有率在2012年底、2013年初跨過50%。差不多也是在那段時間，青少年從選擇性使用社群媒體變成幾乎非用不可：根據監測未來調查大型研究，在2009年，天天使用社群媒體的青少年只有一半左右，到2012年變成四分之三。

在造成青少年憂鬱、自傷、自殺上升的種種可能原因中，我認為嫌疑最大的是新科技產品。我在2017年出版的《i世代報告》中第一次提出這個論點，一開始有些爭議。《大西洋》月刊的摘文這樣下標：「智慧型手機毀了一整代人？」但幾年過後，我還是沒看到更可疑的嫌犯。從千禧世代到Z世代，年輕人的心理健康和行為改變得這麼多又這麼快，不可能只是偶然，在我看來，問題出在有史以來普及最快的科技產品。

我之所以判斷年輕人心理健康惡化的原因是科技，尤其是社群媒體，主要是基於四個證據：（1）時間點；（2）對日常生活的影響；（3）團體效應；（4）對女生影響較大。我在2010年代中期寫《i世代報告》的時候，只看得到冰山一角，後來，其他證據一一浮現。

有一件事必須說明：我**無意**宣稱青少年憂鬱案例**全**是數位媒體的錯。導致青少年憂鬱的原因很多，可能是遺傳、貧窮、創傷，也可能是歧視或霸凌。另外，社群媒體重度使用者並非人人憂鬱，只有其中一部分如此。如德瑞克·湯普森在《大西洋》月刊中所說：「社群媒體不像老鼠藥那樣只要吃到幾乎一定中毒，反而比較像酒，是輕度成癮物質，能炒熱場面，但也會讓一小部分人產

生依賴和憂鬱。[40]」人很複雜，心理健康問題的原因很多。我想解釋的不是所有憂鬱案例，而是2012年後增加的超額案例。如果想判定某個因素是造成這些超額案例的原因，那個因素必須從2012年就已出現變化，而且變化方式足以導致憂鬱案例增加。這個標準能讓我們先排除幾個因素，包括遺傳和貧窮，因為遺傳不可能變得這麼快，兒童貧窮問題在這段期間也有所改善。

　　以現有的資料，我們有時很難區分哪些影響是來自智慧型手機，哪些又是來自社群媒體、打電玩、看影片和所有網路媒體，因此以下討論我主要使用「數位媒體」（digital media）這個統稱。至於哪些類型的數位媒體可能需要對憂鬱症上升負更大責任，我們將在第四小節討論。

1. 時間點。青少年憂鬱案例和數位媒體使用率同步上升：不論是網路、社群媒體或智慧型手機持有率，都在憂鬱症上升時變高。反映經濟問題的失業率則不然，方向剛好相反，這表示失業不是憂鬱症增加的原因（見圖6.39）

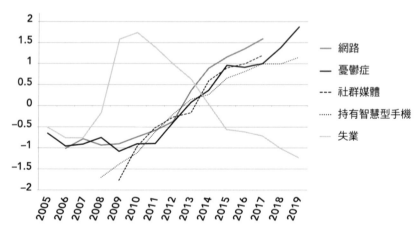

圖 6.39 ｜美國青少女憂鬱症率與可能原因，2005–2019

資料來源：監測未來調查，NSDUH，皮尤研究中心，美國勞工統計局

注：為了用同一張圖呈現，數字已標準化。「網路使用」調查對象為8到10年級生，「重度憂鬱症」調查對象為12到17歲女生，「社群媒體使用」調查對象為8到10年級生，「智慧型手機持有」調查對象為美國成人。青少年智慧型手機持有的相關數據難以取得（特別是隨著時間推移，更難取得）。

年齡層的變化模式也符合。青少年是最早接受這些新科技的族群，也使用得最徹底，如果新科技的確造成憂鬱症增加，青少年應該是最早發生這種現象的群體，再來是青年人，接著是壯年人。實際情況正是如此。我們在千禧世代那一章看到，從大約 2015 年開始，成年人年齡層越大，出現心理健康問題的時間就越晚。[v]

當然，光是這樣還不能證明新科技造成憂鬱症增加，畢竟同時出現變化並不代表兩者有直接關聯。《謬誤相關》（Spurious Correlations）這本好書裡有不少例子，例如尼可拉斯・凱吉的電影和游泳池溺水經常同時發生。時間點的作用主要是排除而非納入某些可能性——另外容我提醒，時間點只是我的第一個證據。

時間點能讓我們先排除掉幾個可能因素。首先，憂鬱症增加顯然和經濟或就業無關，因為青少年憂鬱上升時美國經濟正在改善，失業率也往下降。如果憂鬱上升的原因是憂心校園槍擊案，這種趨勢應該從 1990 年代末開始，在 2000 年代中期加速，因為那段時間發生了好幾起備受關注的校園槍擊案，但青少年憂鬱比例在那段時間尚稱穩定，到 2012 年後才往上升（見圖 6.34 憂鬱徵候的變化）。如果憂鬱上升的原因是環境問題，這種趨勢應該在 1990 年代初就浮現，因為那段時間對環境問題的關注度最高（見 X 世代章），但實際上不是如此。鴉片類藥物濫用的時間點雖然相符[vi]，但那場危機影響的主要是中老年人，不是青少年，而且只限於美國部分地區，不像青少年憂鬱上升那樣遍及全國各地。有人說負面情緒是因川普當選總統而起，但時間點不符：憂鬱上升的現象早在川普當選前四年就已出現（不過，川普因素可以部分解釋這種趨勢在 2017 年後持續上升）。憂鬱上升應該也不是因為學業壓力（例如作業太多、太過在意能否錄取心儀的學校等），因為美國青少年花在作業上的時間沒變，甚至更少，而且連不打算升學的 12 年級生也有憂鬱上升的現象。

如果數位媒體盛行可以解釋青少年為什麼憂鬱上升，其他也在同一段時間

---

v 見圖 5.76。譯注

vi 自 1990 年代末到 2010 年代，由於藥廠過度渲染鴉片類藥物的好處，加上部分醫師濫開處方，造成數十萬名病患成癮，甚至死亡。譯注

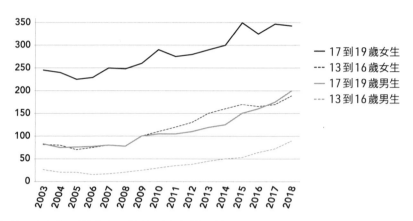

圖 6.40｜英國青少年憂鬱症率，依性別和年齡比較，2003–2018[41]

資料來源：齊布斯基（Cybulski）等（2021）

注：發生率依 Cybulski 等人的數據估計，並不精確。發生率為每年每萬人之發病風險。

採用智慧型手機和社群媒體的國家，應該也會出現類似的變化模式。事實上，不贊同「數位媒體和憂鬱上升有直接關聯」的人經常以此提出批判：如果問題出在智慧型手機或社群媒體，其他國家的證據又在哪裡？

證據沒過多久就一一浮現。在英國、加拿大、澳洲，青少年自傷、焦慮、憂鬱的案例大幅增加。以英國為例，13 到 16 歲的憂鬱症率增加超過一倍，其中又以 2010 年後增加最快（見圖 6.40）。這項證據也再一次排除美國獨有的幾個可能原因，例如憂心校園槍擊案、川普加劇極化等。

這四個英語系國家的青少年和青年還有另一個共同點：說自己不快樂的比率越來越高。在 1990 和 2000 年代，15 到 25 歲說自己不快樂的人非常少，但比率在 2010 年後逐漸上升，到 2017 至 2020 年，加拿大、美國、澳洲年輕人中不快樂的百分率超過 20%，紐西蘭年輕人不快樂的占 15%。換個方式來看，和 2000 年代末相比，2017 到 2020 年不快樂的加拿大年輕人增加六倍，不快樂的美國年輕人增加七倍，不快樂的澳洲年輕人增加三倍，不快樂的紐西蘭年輕人增加十四倍（見圖 6.41）。這段時間相對不長，增幅卻十分驚人。這些數據也再次證明美國不是孤例，還有其他國家的年輕人在 2010 年後越來越不快樂。

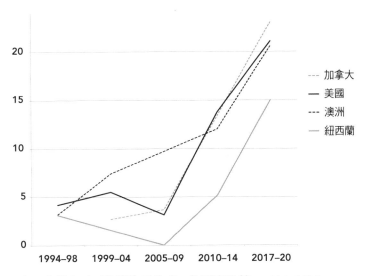

圖 6.41 | 15 到 25 歲說自己不快樂的百分率，依國家比較，1994–2020

資料來源：世界價值觀調查

注：問題：「整體而言，你認為自己非常快樂、還算快樂、不太快樂，還是一點也不快樂？」縱軸數字為答覆「不太快樂」和「一點也不快樂」的百分率。最近幾次調查在英國和愛爾蘭沒有詢問這個問題。

　　不過，我們到目前為止看到的只有英語系國家的數據，如果能從不同文化和語言的國家那裡取得心理健康趨勢的證據，一定更為周全。挪威在 1990 年代到 2010 年代末做過一次大型研究，分三個時間點調查青少年的焦慮和憂鬱徵候，結果發現他們心理健康惡化的速度令人心驚，女生尤其嚴重，高度焦慮或憂鬱的百分率增加一倍（見圖 6.42）。

　　別的國家又如何？從 2002 年起，WHO 的學齡兒童健康行為調查（Health Behaviour in School-aged Children）已經在五十個國家執行（大多為歐洲國家），訪問超過六十萬名 13 到 15 歲的青少年。該計畫的目的之一是衡量青少年的心理困擾，包括緊張、易怒、睡眠障礙等等。

　　從 2002 到 2010 年，有嚴重心理困擾的青少年百分率大致不變，甚至下降，可是在 2010 到 2018 年卻大幅上升，女生的增幅尤其驚人（見圖 6.43 瑞典和荷蘭的例子）。從 2010 到 2018 年，四十個國家中有三十八國的青少年心理健

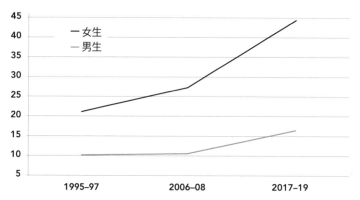

圖 6.42│挪威13到19歲心理健康欠佳的百分率，依性別比較，1995–2019[42]

資料來源：挪威，HUNT研究中心

注：焦慮和憂鬱以霍普金斯症狀清單-5（Hopkins Symptoms Checklist-5）評估。調查具有全國代表性。分析取自Krokstad（2022）。

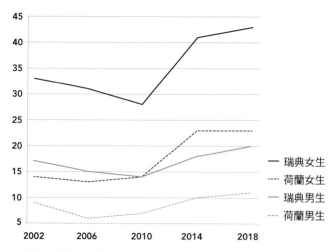

圖 6.43│瑞典和荷蘭13到15歲出現嚴重心理困擾的百分率，依國家和性別比較，2002–2018[43]

資料來源：WHO歐洲區域辦公室，學齡兒童健康行為調查

注：詢問受訪者過去六個月情緒低落、暴躁易怒、緊張、難以入睡的頻率。「嚴重心理困擾」指分數在所有國家、所有年度、所有樣本中百分位數80以上者。數據由荷蘭烏特勒支大學馬傑・波爾（Maartje Boer）分析。

康惡化，重度心理困擾的百分率向上攀升。縱觀全部國家，女生出現嚴重心理困擾的百分率從2010年的26%增加到2018年的34%。

雖然WHO這份調查已經提供豐富資訊，但若能擴大範圍比較世界各地更多國家，一定更好。符合這種條件的青少年心理健康資料並不好找，但有一個資料集已十分接近：國際學生能力評量計畫（Program for International Student Assessment，以下簡稱PISA）。PISA從2000年起調查學生在學校的寂寞程度，在三十七個國家訪問超過一百萬名15到16歲的學生，想知道他們是否同意「我在學校覺得寂寞」、「我在學校覺得格格不入，局促不安」等陳述。

結果呢？全世界每個地區的青少年在學校都感到更加寂寞，三十七個國家裡有三十六國是如此。這種趨勢主要在2012年後出現，和美國青少年寂寞和憂鬱上升的模式一模一樣。極度寂寞的青少年百分率在歐洲、拉美、英語系國家增加一倍，在亞洲國家增加65%（見圖6.44）。南韓是唯一一個寂寞青少

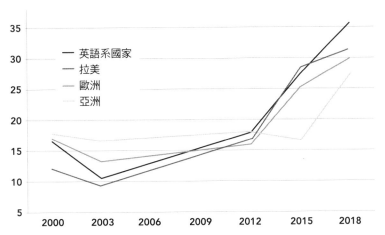

圖6.44 ｜ 極度寂寞的15歲青少年百分率，依全球地區比較，2000–2018

資料來源：經濟合作暨發展組織（Organisation for Economic Cooperation and Development），PISA

注：校園寂寞量表的六個問題是：「我覺得自己不是學校的一分子（或在學校被排擠）」、「我在學校很容易交到朋友」（反向計分）、「我在學校覺得格格不入，局促不安」、「別的學生似乎喜歡我」（反向計分）、「我在學校覺得寂寞」。回答選項有「非常不同意」、「不同意」、「非常同意」、「同意」，分數從1分到4分，得分越高代表越寂寞。高度寂寞為1至4分的評分中得分為2.22分及以上者。

年沒有增加的國家，在奧地利、澳洲、比利時、巴西、保加利亞、加拿大、智利、捷克、丹麥、芬蘭、法國、德國、希臘、香港、匈牙利、冰島、印尼、愛爾蘭、義大利、日本、拉脫維亞、盧森堡、墨西哥、荷蘭、紐西蘭、挪威、秘魯、波蘭、俄羅斯、西班牙、瑞典、瑞士、泰國、英國、美國，青少年都變得更加寂寞。

不僅如此，各國寂寞上升的趨勢全部都和青少年上網時間高度相關，也和青少年智慧型手機持有率密切相關，可是與失業率、收入不平等、國民生產毛額、家庭規模統統無關[44]。隨著智慧型手機持有率提高，在學校感到寂寞的青少年越來越多，持有率上升到75%以上時更為明顯。

看過世界各地的數據之後，我們更能確定造成青少年憂鬱上升的是數位媒體，而不是其他美國獨有的因素。隨著全世界開始使用智慧型手機，世界各地的青少年也變得更加寂寞，心理困擾更多，模式和美國驚人地相似。

2. 對日常生活的影響。我之所以認為數位媒體是憂鬱上升的頭號嫌犯，還有另一個原因：數位媒體徹底改變了日常生活。嬰兒潮世代和大多數X世代成員在年輕時，只能靠親身見面或打電話與人交流，可是對Z世代來說，數位通信才是常態。Z世代的社交不是看電影或參加派對，而是Snapchat、Instagram和TikTok。到2020年初，將近半數的8年級生每天使用社群媒體三小時以上。據常識媒體（Common Sense Media）調查，在2021年，青少年平均每天使用螢幕媒體八個半小時。

隨著數位通信成為主流，面對面的聚會逐漸消失。青少年從2000年代開始越來越少碰面，更少一起廝混，更少一起買東西，更少開車兜風，更少參加派對，而且這種趨勢在2010年代進一步加劇。到新冠疫情爆發之前的2020年初，與1990年代8和10年級的X世代相比，Z世代同齡人每週和朋友出門的時間大約少了一天（見圖6.45）。

這樣的變化不容小覷。和1980年代的X世代相比，現在想升大學的高中生更少和朋友相處，**每天少一個小時左右**，但原因不是他們花更多時間讀書或參

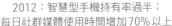

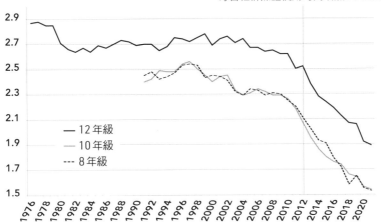

圖 6.45｜美國青少年每週和朋友出門的時間，依年級比較，1976–2021

資料來源：監測未來調查

注：2020 年資料收集時間為 2020 年 2 月到 3 月上旬，當時學校尚未因新冠疫情關閉。

加課外活動（不論是 2010 年代或 1980 年代，12 年級生花在這些事情上的時間都差不多），而是——照我在疫情前向 17 歲的高中生凱文打聽來的說法，「我這一代對親身相處沒什麼興趣，大家不怎麼碰面，只要待在家裡傳訊息就夠了。」

　　和 2012 年的同齡人相比，2019 年的青少年和青年每天少 25 分鐘與人面對面往來（見圖 6.46）。換句話說，在疫情爆發之前，Z 世代年輕人就已每週少三小時、每月少十三小時、每年少一五二小時與人相伴，但原因不是年輕人上班上課時間變長——和 2000 年代中期相比，2010 年代年輕人上班上課的時間其實還稍短一點。

　　青少年睡得也比以前少。12 到 17 歲的青少年每晚應該睡九個小時左右，少於七小時就是嚴重睡眠不足。青少年從 1990 年代起就逐漸睡眠不足，但尚稱穩定，可是到智慧型手機和社群媒體普及的 2012 年，睡眠不足的比例快速上升。到 2021 年，嚴重睡眠不足的青少年到達半數。青少年把熬夜稱作 vamping，作息如同吸血鬼（vampire）。在父母以為子女已經就寢的時間，這群

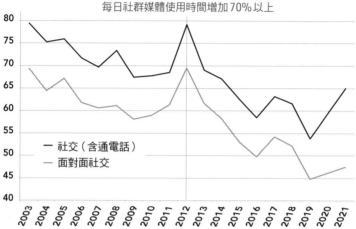

圖 6.46 | 美國 15 到 25 歲年齡層每日社交分鐘數，2003–2021

資料來源：美國人時間使用調查，美國勞工統計局

注：社交只含面對面互動；通電話含社交通話。不含電子通信。視為社交之活動表取自 Aguiar et al.（2011）。

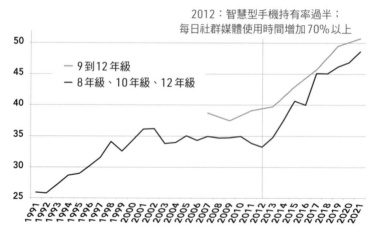

圖 6.47 | 美國青少年大多數晚上睡眠不足 7 小時的百分率，依年級比較，1991–2021

資料來源：年輕人行為監測系統（Youth Behavior Surveillance System）（9 到 12 年級）及監測未來調查（8 年級、10 年級、12 年級）

注：2020 年資料收集時間為 2020 年 2 月到 3 月上旬，當時學校尚未因新冠疫情關閉。

青少年其實捧著手機熬夜，甚至徹夜不眠。大多數年輕人晚上睡覺前最後見到的是手機，早上起床最先查看的也是手機，睡覺時手機就擺在伸手可及之處。放下手機睡覺很難，夜裡忍著不看也很難。

由此可知，青少年的課後時光在2012年後出現重大改變，花更多時間在數位媒體，但更少親身互動，也睡得更少。由於大多數中學允許學生在校內使用手機，這項新科技也改變了他們的校園經驗。和這段時間的其他趨勢相比，我想不出還有別的變化對青少年和青年有更全面的影響。

為什麼這對心理健康很重要？因為睡眠不足和較少與人親身互動的人更容易憂鬱，這正是青少年和青年的**集體**情況。

社群媒體使用時間和憂鬱直接相關。英國對14和15歲的青少年做過一次大型研究，結果十分值得我們參考。報告說：重度使用社群媒體的女生憂慮的比例是非使用者的三倍，男生則是兩倍（見圖6.48）。至於為什麼社群媒體使用時間與憂鬱有關，這份研究發現三個原因：青少年使用社群媒體越久，不僅睡眠品質更不好，更可能在網路上被霸凌，也更容易有身體意象問題。

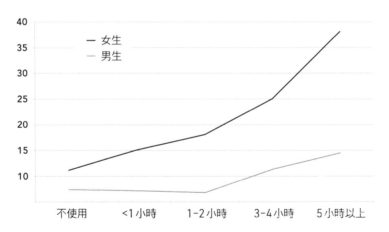

圖 6.48│英國青少年達臨床標準嚴重憂鬱的百分率，依性別及每日社群媒體使用時數比較[45]

資料來源：英國千禧年世代研究（具全國代表性）

注：憂鬱以13題心情與感受問卷（Mood and Feelings Questionnaire）衡量。受測青少年為14歲或15歲。控制變因包括先前的情緒困擾程度及其他干擾因素。原始分析見凱利等（2019）。

當然，也有可能是憂鬱的青少年更常使用社群媒體，而非使用社群媒體造成憂鬱。雖然這兩種解釋都有可能，但已有實驗證實使用社群媒體是因，憂鬱是果，減少使用社群媒體對你有益。有實驗請一組大學生降低社群媒體使用時間，每天只用半個小時，另一組學生則維持原本的使用時數。三週後，減少使用社群媒體的那組比較快樂，較不憂鬱[46]。

原因何在？我們現在已經獲得不少資訊。2021年，臉書前員工法蘭希絲・郝根（Frances Haugen，1984年生）向《華爾街日報》爆料，將公司一大批內參資料公諸於世。在資料中，青少年明確表示使用社群媒體經常造成負面情緒。許多人說社群媒體加劇社會比較，大家更常和別人相比，覺得自己總是不如別人，Instagram這類應用軟體的效果尤其強烈（Instagram為現在稱為Meta的臉書所有）。一份深度內部研究說，青少年的情緒可能出現螺旋式下降，「在許多方面都像悲傷階段」。這份研究還發現青少女尤其容易自我質疑，不解為何自己的身材和生活不如應用軟體上看到的那樣完美，從而失去自信，患得患失，變得憤怒，最後選擇退縮。一名青少女說：「我早上得強迫自己不看Instagram，因為它對我的情緒影響太大了。」

另一份以焦點團體法研究青少年的內部文件說，「青少年認為自己焦慮提高、憂鬱上升是Instagram的錯。這是他們自發的反應，未經提示，但和其他年齡層看法一致。」正如一名青少女所說：「我這一代之所以這麼迷惘，比父母那一輩更焦慮也更憂鬱，是因為我們得和社群媒體打交道。每個人都覺得自己必須完美無缺。」有人以為青少年自欺欺人，不願將自己的嚴重憂鬱歸咎於智慧型手機和社群媒體，可是在全國最大社群媒體公司所做的研究裡，幾乎每一個青少年都已識破憂鬱上升的元凶。

3. 團體效應。智慧型手機和社群媒體不只影響個人，也影響團體。智慧型手機是通信工具，社群媒體是社交工具，都不是個人單獨使用的科技。智慧型手機已經改寫全世界的人際互動模式，當大多數人擁有智慧型手機、使用社群媒體，每一個人都會受到影響，即使你不使用這些科技亦然。當每一個人都盯著

手機，你很難開啟話題。當線上溝通蔚為風潮，朋友更難相聚。

對Z世代來說尤其如此，因為他們絕大多數同輩都在使用這些科技。拿16歲的蘇菲亞來說，雖然她選擇不使用社群媒體，因此不會看到身材完美的網紅天天享樂，不會看到朋友的派對照片發現自己沒有受到邀請，也有更多時間獲得充足的睡眠。然而，她也覺得和同儕有了隔閡，畢竟朋友和同學全都在社群媒體上，只有她不在。我常聽見青少年說類似的事，好像他們用不用社群媒體都不對。即使蘇菲亞想依1988年的老派作風找朋友出去玩，但朋友都黏在社群媒體，誰會跟她去？

等這群青少年上了大學，情況還是沒變。「Z世代孤立得不可思議。」最近，一名加拿大大學生這樣寫道：「學校簡直不像個社群，但原因也不難找。我提早進教室的時候，常常看到班上三十多個同學各自坐在座位滑手機，一聲不吭，好像不敢說話，也不想讓同學聽見自己說了什麼。這種氣氛讓大家越來越孤立，漸漸失去自我認同和自信。為什麼我知道？因為這是我的親身經歷。[47]」社會學家雪莉·特克（Sherry Turkle）講過，有智慧型手機的生活是「永遠不在當下的生活」。

思考團體層次的趨勢也有助於我們回答先前的問題：究竟是使用數位媒體導致憂鬱，還是憂鬱讓人沉迷數位媒體？在個體層次，也許兩種解釋都說得通。可是在團體層次，我想更有可能是數位媒體流行在先，青少年憂鬱上升在後。畢竟，如果想從團體層次證明是憂鬱上升造成數位媒體流行，你得先說明是哪種目前完全不明的因素造成憂鬱上升，進而導致青少年開始買智慧型手機、使用社群媒體。這似乎不太可能成立。

4. 對女生影響較大。 在這段時間，女生心理健康惡化的情況常常比男生嚴重。以自殺率為例，從2007到2019年，15到19歲女生的自殺率變成兩倍，男生則大約增加一半。臨床程度的憂鬱率雖然無分男女都變成兩倍，但因為女生原本的憂鬱率比較高，所以同樣是翻倍，對女生來說是增加14個百分點，對男生來說是增加5個百分點。此外，不論在美國或世界其他地方，寂寞上升的問題

也是女生比男生嚴重。

　　既然男女生都有憂鬱上升的現象，但女生比較嚴重，造成憂鬱上升的原因應該同樣對男生、女生會造成影響，可是對女生影響較大。數位媒體完全符合這些特點。舉例來說，雖然男生、女生都會在社群媒體上與人比較，但女生更容易拿網路上的完美身材和自己相比，也更常被別人評頭論足。「在社群媒體上你怎麼樣都不對。」臉書研究人員訪談的一名青少女說：「你前凸後翹，有人說你胸部太大；你瘦瘦的，有人嫌你太骨感；你肉肉的，有人說你太肥。反正你要有胸有屁股，又瘦又漂亮，沒完沒了。最後你只覺得自己一無是處，怎麼看怎麼不順眼。我要是想得到那種身材，非得動手術不可。」Instagram基本上就是給女生和年輕女子發照片、讓別人評頭論足的地方。

　　除了身體意象之外，女生的社交特質也讓她們更容易受社群媒體影響。女生比男生更在意言語和緊密友誼，也比男生更在意自己受不受歡迎。對青少女來說，受不受歡迎一直很重要，而這件事現在成了數字：有多少人追蹤你？你的貼文得到幾個讚？女生花在社群媒體上的時間也比男生多：2021年，每天

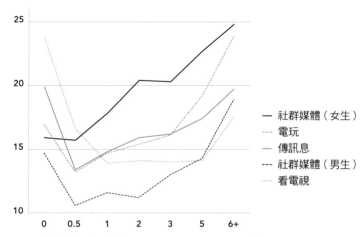

圖6.49│美國8到10年級生不快樂的百分率，依每天使用特定數位媒體時數比較

資料來源：監測未來調查

注：控制變因包括種族、性別、年籍、母親教育程度等。

上社群媒體五個小時以上的10年級女生占35%，男生是20%。

　　女生的心理健康惡化得特別嚴重，可能還有另一個原因：她們用社群媒體的時間較多，而社群媒體比其他數位媒體更容易造成不快樂和憂鬱（見圖6.49）。

　　看電視和不快樂關係不深，至於男生較為沉迷的電玩，只要一天不超過五個鐘頭，影響也不大。可是對女生來說，只要一天使用社群媒體超過一個小時，就會開始感到不快樂。英國也有兩份青少年研究證明，社群媒體和上網憂鬱和自傷行為關係最深，女生尤其如此，打電動和看電視或影片倒是影響不大[48]。

　　換言之，同樣是盯著螢幕，不同數位媒體造成的影響並不一樣。社群媒體及上網與自傷及憂鬱關係最深，對女生的傷害也較為明顯，打電動和看電視或影片對心理健康的影響則沒那麼大。所以，如果造成青少年和青年心理健康大幅惡化的是數位媒體，我們也有心降低令人難以接受的高憂鬱率、高自傷率、高自殺率，最有效的辦法或許是針對社群媒體提出解決方案。

　　年輕社運人士已經發起運動，鼓勵年輕人放棄社群媒體或節制使用。其中一位是華盛頓大學學生艾瑪・蘭布克（Emma Lembke，2003年生），她發起的運動叫「登出」（Log Off）。蘭布克12歲加入Instagram，每天有六個小時在那裡「隨便亂滑，對所有不切實際的身材標準照單全收，接著是飲食失調。[49]」她說：「這種惡性循環不斷重複⋯⋯上Instagram，對自己越來越不滿意，但Instagram好像有種奇怪的力量，我好像沒辦法不看。」蘭布克說她的目標是喚起更多討論，讓大眾更加關注社群媒體和心理健康，並呼籲建立更多規範，讓青少年在這個平台上更加安全。「登出」希望能讓青少年「更自在地說出自身經驗，協助立法者認識Z世代觀點，了解我們對科技的需求、對隱私的顧慮、對心理健康的擔憂」。

▌習慣不健康
▌特徵：身體健康者較少

　　沒多久以前，還經常能看到孩童和青少年在社區公園打籃球，放學走路

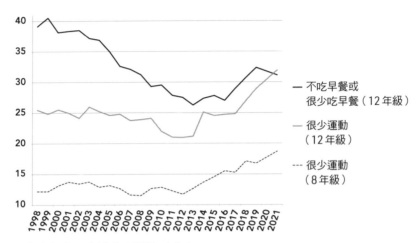

圖 6.50｜美國青少年有不良健康習慣的百分率，1998–2021

資料來源：監測未來調查

注：由於 2020 年樣本不足，不納入這些問題的數據。

回家，騎腳踏車串門子。而現在，他們一下課就坐上爸媽的車，到家後直奔房間，開始打電動或看 TikTok。

　　我們不只為數位時代付出心理的代價，也付出身體的代價。大約從 2012 年開始，也就是從智慧型手機普及那一年開始，表示自己很少運動的青少年開始增加，到 2019 年，8 年級生和 12 年級生的數字雙雙攀上歷史新高（見圖 6.50）。在此之前，很少吃早餐的青少年比例已下滑二十年，此時也開始上升。除了這些變化之外，還有另一股不利身心健康的趨勢——正如我們前面看到的，睡眠不足的青少年也在增加。

　　也許是因為缺少運動，別的習慣也不健康，從 2012 到 2019 年，青少年和青年體重過重的比例大幅上升（見圖 6.51）。到 2016 年，過重的美國青年超過一半。在 2014 年，四分之一的青年人不只過重，甚至到達臨床定義的肥胖，更想不到的是短短五年後，2019 年的比例攀升至三分之一。

　　這些數字無疑是正確的，因為這是疾病管制中心執行的調查，開健檢車四處測量身高體重，比直接請受訪者回答準確得多（畢竟，被問到體重的時候，

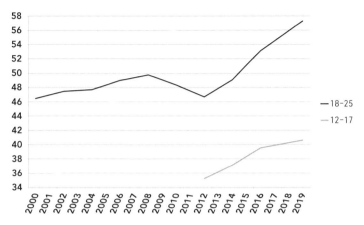

圖6.51｜美國青少年和青年過重或肥胖的百分率，依年齡層比較，2000–2019

資料來源：疾病管制中心全國健康與營養調查

注：身高體重由訓練有素的健康技術人員在行動檢查站測量。18歲以上成人BMI 25以上者視為過重（含BMI超過30的肥胖者）。青少年之BMI標準依性別與年齡生長曲線而定，按BMI值判定為體重不足、體重正常、體重過重。

誰不想少報幾磅呢？）。這不是Z世代獨有的問題，這段時間過重和肥胖的中老年人也不斷增加。但看到肥胖的年輕人竟然這麼多，還是令人心驚。

　　造成這種趨勢的可不可能是飲食習慣不良，而非運動和活動量減少？然而，現在的青少年和青年其實比過去更重視飲食健康。問問可口可樂公司就知道了，這些年來含糖飲料的銷量已大幅下滑。有研究發現，這段時間吃不健康食物的青少年和成人明顯減少[50]。學校營養午餐也改進很多：在2004年，在學校吃到不健康食物的兒童和青少年有56%，到2018年則是24%，其中又以2010年以後減少最多。換句話說，在年輕人食物品質提高的同一段時間，過重的人反而變多。這表示體重增加的主因不在飲食，而在別的因素。缺乏運動或許是頭號元凶，就算只是比較少在住家附近走動，也可能導致體重上升。少動的趨勢和憂鬱症增加可能也有關係，因為憂鬱症常讓人不想動，進而影響體重。

　　圖6.51的數據是疫情前取得的，在疫情盛行的2020到2021年，兒童和青少年待在家中上網的時間甚至更長。毫不令人意外的是，疫情讓體重問題更加

嚴重。幾份研究顯示，從 2020 年 3 月到同年 11 月，兒童和青少年的身體質量指數（BMI）加速上升。從南加州某個病歷資料庫來看，到 2020 年末，12 到 15 歲有 43.4% 過重或肥胖[51]。

在青少年和青年的健康亮起紅燈的同時，也出現了一些較為正面的發展，在保護安全和防止傷害方面尤其值得一提：鬥毆和遭到殺害的青少年變少，出車禍的青少年也變少。對 Z 世代來說，「肉身」世界的危險逐漸淡去，取而代之的是少動、不出門、沉溺螢幕所帶來的問題，快速失去的是心理和身體健康。現在造成 Z 世代喪命或受傷的不是意外或暴力，而是自殺、憂鬱、自傷，以及缺乏活動導致的健康危機。

▍一切都在崩壞
特徵：悲觀

我推著行李走進會議室，在後頭坐下，身體還沒適應時差。台上那位年輕人 21 歲，來自一家全員都是 Z 世代的顧問公司，正鉅細靡遺地向大家介紹自身世代的特色。我聽得津津有味，但有句話令我訝異：「我們已經知道世界弱肉強食，環境無比艱困，一切糟到不能再糟。」

對前幾個世代來說，這樣講實在匪夷所思。當時是 2020 年 1 月，經濟蓬勃，失業率降至史上新低，新冠疫情也尚未侵襲美國。世界的確還有一些重大問題有待解決，例如氣候變遷，但 Z 世代在 2020 年初的處境真的比剛畢業就遇上金融海嘯的千禧世代更糟？比剛成年就經歷 1990 年代暴力犯罪潮的 X 世代更糟？比隨時會被徵兵送往越南戰場的嬰兒潮世代更糟？

看見年輕人憂鬱上升，又聽見這位年輕顧問說出這樣的話，我不禁開始思考感受的威力：Z 世代是因為環境艱困所以憂鬱，還是因為憂鬱所以認為環境艱困？畢竟，憂鬱症會讓人用負面眼光看世界。

早在新冠疫情爆發之前，就已經有越來越多青少年同意「只要想到過去發生的種種慘事，我很難對世界抱持多少希望」，以及「看到世界的局面，我常懷疑人生是否真的有意義」，同意的比例比過去五十年任何時候都高。Z 世代

圖 6.52 ｜ 美國 12 年級生同意悲觀的世界表述的百分率，1976–2021

資料來源：監測未來調查

注：2020 年資料收集時間為 2020 年 2 月到 3 月上旬，當時學校尚未因新冠疫情關閉。2013 年後，大多數 12 年級生是 Z 世代。

對世界感到悲觀，而且毫不諱言（見圖6.52）。

　　這些變化反映的是感受的力量，而非事件本身的力量。青少年有時固然會因為全國重大事件而變得悲觀（例如1992年洛城暴動，以及2007到2009年的金融海嘯），但有些時候大事未必導致悲觀，例如2002年春季是911恐怖攻擊事件後的第一次調查，青少年悲觀的比例卻是史上新低。另外，如果經濟衰退是悲觀的主因，2012年經濟回春之後，悲觀的比例應該會降低才對，但實際上反而上升。

　　Z世代對自己的前途也比較不樂觀。從嬰兒潮世代到X世代，青少年對將來學歷、工作、物質生活的預期快速提高，到千禧世代還是很高，可是到Z世代填問卷時卻開始下降（見圖6.53）。Z世代較少人預期將來會從事專業工作，較少人預期會取得研究所或專業學位，也較少人預期所得會超過父母——儘管這段時間的所得中位數其實是上升的。Z世代對自己的未來也不如千禧世代確定。「Z世代無疑是虛無主義者。」一名年輕人在Reddit寫道：「我覺得這是這

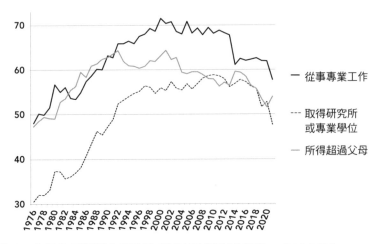

圖 6.53｜美國12年級生預期將來能夠達成特定目標的百分率，1976–2021

資料來源：監測未來調查

注：專業工作含沒有博士學位的專業工作、有博士學位或相當於博士學位的專業工作，以及管理或行政職務。2013年後，大多數12年級生是Z世代。

麼多人有心理健康問題的原因。我們99%的人抱持的態度是『哈哈，人生毫無意義，但別擔心，我好得很』——其實一點也不好。[52]」杭特・凱米（Hunter Kaimi）2022年拍了一段TikTok影片，向前幾個世代說明Z世代的經濟處境，他說：「你們有福氣生在充滿希望和機會的年代，我們沒那麼好運。[53]」個人主義的發展通常會帶動自信，但Z世代日益擴大的自我懷疑已經抵銷這股力量，千禧世代青年過度膨脹的樂觀已不復見。

　　年輕人以負面眼光看待世界，對政治和社會都不是好事。要讓民主可長可久，公民必須相信國家制度是公平的，肯定國家運作方式是合理的——這都是正面、樂觀的信念。如果開國故事激勵人心，也有助於民主存續。

　　可是在年輕人之間，這三種信念都已搖搖欲墜。首先，青年人越來越不相信「美國是公平社會，人人都能成功」。十個Z世代有六個不同意這句陳述，換句話說，Z世代有超過半數認為社會不公。也許是因為這樣，Z世代有四分之三認為一切應該砍掉重練，政府的「基本設計和結構」必須做出「重大改變」

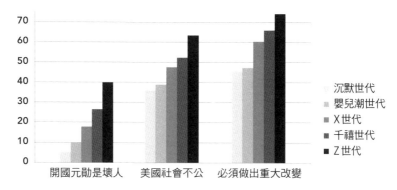

圖6.54 │ 美國成人同意負面國家陳述的百分率，依世代比較，2020

資料來源：民主基金會選民調查

注：問題原文：「整體而言，您認為美國開國元勛應該被視為壞人還是英雄？」；「請思考美國政府的基本設計與架構，以下哪種說法更符合您的觀點？『為跟上時代，目前的設計和結構必須做出重大改變』或『這些設計和結構很適合美國，不需要做出重大改變』。」；「美國是公平社會，人人都能成功」（圖中為不同意的百分率）。

（見圖6.54）。在他們看來，舊的做事方式再也沒用。

最令人詫異的是，Z世代有四成認為美國開國元勛「應該被視為壞人」，而非「英雄」。不知道從什麼時候開始，不少青年人開始認為美國開國元勛是壞人，而不是好人。相較之下，沉默世代和嬰兒潮世代這樣想的都不到一成，為Z世代的四分之一到八分之一，代溝十分龐大。

有人說Z世代之所以悲觀，是因為環境的確變得更惡劣，但上述事實證明這種說法站不住腳：Z世代不只負面看待當前世界，也負面看待兩百五十年前的世界。他們想必對自己的國家深深不以為然，否則怎麼可能有四成的人認定開國元勛是故事裡的反派？

在2021年7月的民調中，18到24歲年齡層（皆為Z世代）只有36%說自己對身為美國人「非常自豪」或「極為自豪」，65歲以上者（嬰兒潮世代和沉默世代）則有86%以身為美國人為傲。哈佛大學甘迺迪政府學院民調中心主任約翰・德拉・伏爾佩（John Della Volpe）在2022年出版《奮鬥：Z世代如何以恐懼與熱情拯救美國》（*Fight: How Gen Z Is Channeling Their Fear and Passion to Save*

America）。在寫書過程中，德拉・伏爾佩訪問了幾百名年輕人，他發現，在2010年代中期請千禧世代年輕人形容美國，得到的答案多半是「多元」、「自由」、「豐饒之國」等等，但沒過幾年，Z世代的回覆已大異其趣，變成「反烏托邦」、「破碎」、「血肉模糊」[54]。德拉・伏爾佩問Z世代有沒有以身為美國人為傲的時刻，「他們不是一臉茫然，就是隨便舉幾場運動比賽，例如美國足球隊在2017年的友誼賽終於擊敗迦納。」

年輕人對資本主義的態度也變得更負面[55]。在以前，年輕人對資本主義的看法一度比中老年人正面，但隨著Z世代在2012年後邁入成年，雙方立場對調。到2021年，正面看待資本主義的美國青年只稍稍過半，相較之下，正面看待資本主義的中老年人將近三分之二（見圖6.55）

有Z世代年輕選民對德拉・伏爾佩說，Z世代對資本主義的定義是「讓小孩長大工作，工作到精神出問題，然後說這叫正常」。另一名16歲的俄亥俄州青少年說：「學校制度是建立在一個基礎上：在資本主義社會取得成功。管你快不快樂，只要能為大人物工作、幫他們賺大錢就好，最後還要你花自己的錢買他們的東西。」

Z世代也沒有完全說錯，美國政府和資本主義自由市場的確遠遠稱不上完

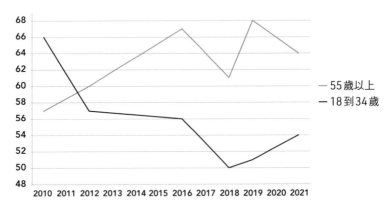

圖 6.55 │ 美國成人對資本主義持正面看法的百分率，依年齡層比較，2010–2021

資料來源：蓋洛普民調及德拉・伏爾佩（2022）

美。但這些並不是新的問題，拿收入不平等來說，它是在1980到2000年間嚴重惡化，不是2000到2020年才出現的。

那麼，為什麼悲觀情緒不斷升高？可能和科技有一些關係。現在，大家多半以社群媒體和網路為第一個消息來源，負面新聞點閱率高，正面新聞乏人問津。另外，網路討論因為不必面對面，很容易擦槍走火，讓對話變得負面又有攻擊性。對方不在眼前，人們比較容易表現得惡毒或沒耐心。

推特就是個好例子，負面貼文人人都有許多意見，正面貼文通常沒什麼反應，整個網站有時像是超大型抱怨機器。Z世代偏好的社群媒體TikTok以歌舞居多，似乎比較正面一點，然而內容常常充滿黑色幽默。我看過一段影片，一名年輕男子寫了首動聽的歌曲，切切叮嚀保護環境人人有責，但沒過多久你會發現他其實在反諷：「別把兩百四十萬桶原油倒進墨西哥灣！」最後，這段影片和許多TikTok一樣驟然結束，只聽見男子高喊：「金屬吸管萬歲！」他想傳達什麼？對啦，人人都能為環保出一張嘴，但破壞環境的是大公司，我們做再多有什麼用？

青少年和青年憂鬱升高的現象，或許也能解釋為何他們的想法如此負面。憂鬱不只和情緒有關，也和思考有關。認知行為治療認為憂鬱症經常牽涉認知扭曲，長期以來一直是最普遍、也最有效的治療方式。有的認知扭曲和一個人如何看待社會有關，例如負面過濾（negative filtering）和貶抑正面（discounting positives）。前者是凡事只看不好的一面，對好的一面視而不見，例如「世上沒一件好事」；後者是認為正面的事不重要，例如「如果體制不公，自由也沒什麼意義」。認知扭曲不但讓更多年輕人陷入憂鬱（光是這個後果就已令人憂心），也讓更多人負面看待社會，進而萌生改造社會的念頭。這股衝動固然可能帶來正面改變，但也可能讓人著手修理根本沒壞的東西。憂鬱的時候，世上很多東西看起來都像壞的。

憂鬱造成的另一種認知扭曲是二元思考，亦即以非黑即白的方式看待人或事，例如日常生活中「每個人都好粗暴」這樣的念頭。在社會層次，二元思考會讓人覺得「這個國家一無是處」，只因為少數缺點就想改變一切——這和多

數Z世代的想法非常類似，對他們來說，美國政府就該大刀闊斧全面改造。另外，「不挺我們就是反對我們」、「做錯過一件事就是壞人」也是二元思考，用這種方式看人會帶來後果，例如取消文化和政治極化——兩者都是Z世代的特徵。

在可見的未來，美國、甚至世界各國領導者最大的挑戰將是：如何說服年輕人相信自己的國家並不壞？如果他們做不到，年輕人或許會想推翻一切，重新開始。這種事有個名稱：革命。

外在環境對我不利
特徵：覺得遭到歧視，凡事由不得自己

1968年12月以前，不論是《紐約時報》或其他報紙，徵才廣告都依性別隔成兩欄：「徵才－男性」和「徵才－女性」。這種作法在今天看來很不可思議。沒有一家報紙、雜誌或網站會把徵才廣告按性別分類。大家理所當然認為女性想應徵什麼工作都可以，同樣地，男性想應徵什麼工作也都可以。雖然性別歧視並未完全消失，但大多數人同意現在已經不如1970年代嚴重。

正因如此，我們接下來要談的趨勢著實令人費解：和1970年代相比，近幾年來相信女性遭到歧視的青少女變得更多。事實上，Z世代女生相信有性別歧視的比例是史上最高（見圖6.56），過半數認為女性在成為領袖、企業主管和取得頂尖專業工作上遭受歧視，近半數認為自己將來也會受到歧視，難以取得心儀的工作。越來越多美國女生相信性別歧視無所不在。

也許這多少反映出事實？也許性別歧視始終一樣嚴重，只是1970年代的女生沒有察覺？也許性騷擾嚴重到讓女性無法追求最好的職務？只要上網看看新聞，你會覺得這些說法似乎不無道理。如果想確認是否屬實，我們需要衡量性別歧視的方法。其中一種是看看現在有多少女性從事備受敬重的工作，例如醫師和律師。

在1960年代，新進醫師和律師只有一小部分是女性，到1970和1980年代，隨著更多女性進入醫界和法界，這種情況才快速改變（見圖6.57）。既然如此，覺得專業領域有性別歧視的人應該會減少才對？——實際上卻不是這

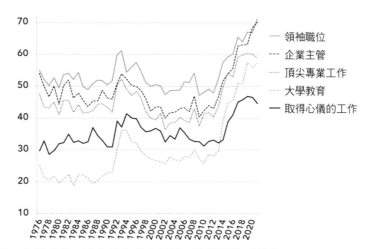

圖6.56│美國12年級女生同意女性在特定領域面臨歧視的百分率，1976–2021

資料來源：監測未來調查

注：「取得心儀的工作」詢問青少女是否認為自己的性別「將阻礙你取得你想從事的工作」。前四題之百分率含回答「同意」和「非常同意」者；「大學教育」題亦包含回答「有點同意」者；「取得心儀的工作」題含「有點同意」和「非常同意」者。全部題目皆排除回答「不知道」者。

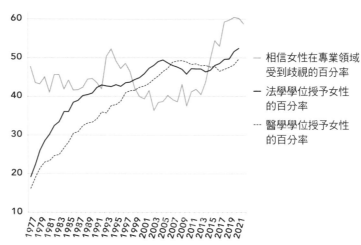

圖6.57│美國12年級女生相信女性在專業領域受到歧視的百分率，以及醫學和法學學位授予女性的百分率，1976–2021

資料來源：監測未來調查與《教育統計彙編》

樣。更奇怪的是，從2012到2019年，相信這些領域有性別歧視的青少女暴增50%，取得醫學和法學學位的女性占比則穩定維持在50%左右——換句話說，和男性是平等的。

　　雖然女性在進入醫界或法界之後，一定多少會遇上性別歧視，但情況不太可能像Z世代感覺的那般嚴重，至少不至於在2012到2019年之間增加50%。

　　在大學教育方面，能否獲得大學教育究竟是真的有性別歧視，或者只是感覺有性別歧視？這個問題甚至更容易量化。從2012到2019年，相信女性在獲得大學教育上遭到歧視的青少女增加一倍。可是在2019年，大學學位有超過一半是頒給女性（六成），男性只占四成。如果真的有性別歧視，男女比例應該反過來才對。從1982年起，大學學位已有半數以上是授予女性，此後女性占比亦穩定上升。然而隨著越來越多女性取得學士學位，卻有越來越多青少女相信學界有性別歧視，不利於她們獲得大學教育（見圖6.58）。在此同時，男生相信女生在大學教育上遭到歧視的比例也越來越高，從2012年的18%增加到2019年的30%。雖然大學校園還是有性別歧視、性騷擾、性侵等問題，但

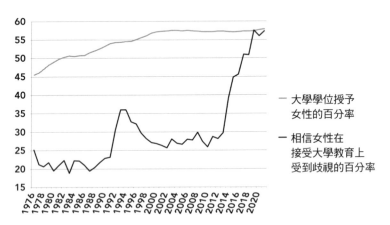

大學學位授予女性的百分率

相信女性在接受大學教育上受到歧視的百分率

圖6.58 ｜ 美國12年級女生相信女性在接受大學教育上受到歧視的百分率，以及四年制大學學位授予女性的百分率，1976–2021

資料來源：監測未來調查及《教育統計彙編》

注：此題2020年數據不足。

問卷問的是女性在<u>獲得</u>大學教育上是否遭到歧視，實情是獲得大學教育的女性越來越多。

為什麼 Z 世代青少年的認知和實際情況落差這麼大？回顧過去的變化模式，或許能為我們帶來一些啟發。1990 年代由於性平事件頻傳，相信有性別歧視的比例一度驟升。1991 年，安妮塔・希爾在聽證會上指控克拉倫斯・托馬斯性騷擾，性別議題就此廣受各方關注。接下來是好幾件誹謗職業婦女的官司，同樣引起高度關注。1995 年辛普森受審，檢察官瑪西雅・克拉克莫名其妙成為熱議話題，媒體對她的髮型和托育選擇異常執迷，許多評論頗有厭女之嫌。近年也有類似趨勢：2010 年代末 #MeToo 運動爆發之後，社會開始關注性騷擾和性侵犯議題。由此可見，每當性別歧視成為關注焦點，青少年都會發現更多性別歧視。

然而，近年相信社會上有性別歧視的比例之所以呈上升趨勢，恐怕不只是因為相關新聞頻傳。如果這種趨勢只是新聞事件造成的，它的增幅似乎遠遠超乎眾人預期，至少遠遠超過 1990 年代的增幅。另一方面，這種趨勢早在 2012 年左右就已浮現，遠在 2017 年底爆發 #MeToo 新聞之前。

因此，顯然還有別的原因。可能原因之一是對性別歧視的義憤引起網路關注。結果呢？美國社會顯然讓青少女認定世界對她們並不友善，也容不下女性成功。憂鬱的認知扭曲也會讓人產生「全世界與我為敵」的想法。

這種想法已經帶有失敗主義色彩，不只是認定社會上有歧視而已。Z 世代青少年也更傾向同意「像我這樣的人沒什麼機會成功」、「每當我努力追求成功，一定會被什麼人或什麼事阻礙」。以前是男生比較會這樣想，現在是青少女略多（見圖6.59）。

這些趨勢也互相影響。覺得女性在尋求大學教育上遭到歧視的青少女，同意「像我這種人沒什麼機會成功」的百分率是 22%，幾乎是不覺得有性別歧視者（12%）的兩倍。「覺得有歧視」和「認為努力也沒用」之間，只有一步之遙。

認定外在環境對自己不利的想法，在心理學中稱為「外制握信念」（external locus of control）。如果你抱持的是「內制握信念」（internal locus of control），代表你

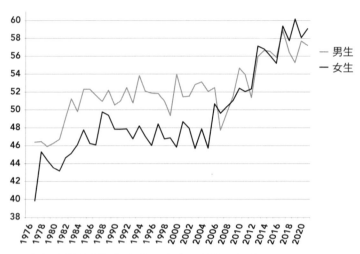

圖6.59 | 美國12年級生持外制握信念的百分率，依性別比較，1977–2021

資料來源：監測未來調查

注：陳述：「每當我努力追求成功，一定會被什麼人或什麼事阻礙。」縱軸數字為回答「普通」、「非常同意」、「同意」的百分率。雖然部分受訪者已年滿18歲，但因習慣上還是會以「男生」或「女生」稱呼高中生，所以圖表中仍使用「男生」或「女生」。

相信人生是由自己掌握。外制握信念則相反，代表你認為自己怎麼做都沒有幫助，因為結果全是由運氣或有力人士決定的。雖然遺憾的是，世事有時的確如此，但這是失敗主義的世界觀——偏偏在Z世代中相當常見。

這種現象不容輕忽，因為以制握信念預測人生結果向來十分準確。持內制握信念的人，行為健康（如運動、健康飲食）的可能性高出40%，而且不容易焦慮和憂鬱。有權威研究發現：內制握信念比其他變因更能預測有色人種兒童的學業表現[56]。現在一定有某種因素讓年輕人認定自己必定會失敗，不相信自己可以成功（內制握信念）。

原因之一可能是個人主義發展越盛。如果滿意自己是頭等大事，當然應該避開威脅個人價值的一切。失敗了別怪自己——要怪就怪外在因素。其次，Z世代之所以更為相信許多事情超乎自己掌控，可能是因為他們更容易憂鬱：外制握信念和憂鬱有關，相信自己對眼下的處境無能為力，是憂鬱導致的另一種

認知扭曲。

第三個可能原因比較有爭議：有人說我們的文化價值已徹底改變，社會學家布萊迪‧坎貝爾（Bradley Campbell）和傑森‧曼寧（Jason Manning）就是這樣想的。坎貝爾和曼寧認為，不久以前，美國流行的還是「尊嚴文化」（dignity culture），大家對自己的價值有信心，不在意別人怎麼看待自己。但美國文化近年已走向「受害者文化」（victimhood culture），許多人「設法把自己描繪成應該獲得協助的受害者」[57]。他們認為，在新文化裡，遭受輕慢的受害者反而是有地位的，如果是在社群媒體上遭到輕慢，更是如此。現在有個新詞叫「哭霸」（crybully），指那種喜歡利用自己感受到的輕慢博取注意的人。哭霸既脆弱又好鬥，經常攻擊別人。據評論家羅傑‧金伯爾（Roger Kimball）研究，哭霸是2000年代末出現的，從此以後，「自憐的慰藉添上了一股攻擊的快感」[58]。

少數人的行為足以毀掉大多數人的事，世事經常如此。真正的歧視從未消失，我們應該持續揭露並加以阻止。可是在某些歧視減少的時候，青少年卻相信它們日益猖狂。這可能讓人妄自菲薄，當有人指出真正的問題時，這人的力量也可能因此變弱了。有的年輕人相信全世界與自己為敵，再努力也沒用，有這種心態不失敗也難。在下個十年，扭轉這種想法將是我們最大的挑戰之一。

抗拒妥協
特徵：政治極化

2014年，布萊德‧雷德福（Brad Ledford）和麥迪遜‧科索恩（Madison Cawthorn）去佛州度完春假，開車回家。不料，布萊德開車時打瞌睡，車子撞上護欄。科索恩半身癱瘓，必須終身坐輪椅。

六年後，科索恩（1995年生）決定在家鄉北卡羅來納州參選。2021年1月3日，他成為美國眾議院的第一位Z世代議員[59]。

科索恩不是典型的Z世代：他是保守派共和黨員，25歲結婚（但26歲離婚，後來又因為失言不斷、官司纏身，連任失敗）。但他和許多同輩還是有一個共同點：或許是因為學校從2000年代開始不再重視手寫字，科索恩的簽名

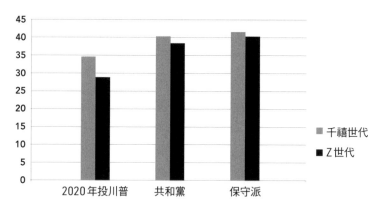

圖6.60 ｜ 美國青壯年人票投川普的百分率，以及傾向共和黨和保守派的百分率，
依世代比較，2020

資料來源：國會選舉合作研究

注：共和黨支持率含傾向共和黨的中立選民，排除不傾向兩大黨任何一黨的中立選民；保守派支持率排
除中間派。

像小學三年級生。

　　也許和你以為的不一樣，科索恩的政治立場在他的世代其實不算罕見。排
除兩大黨都不支持的中立選民之後，2020年有38%的Z世代支持共和黨，62%
支持民主黨，比率和千禧世代非常相近。換句話說，儘管Z世代比千禧世代年
輕（2020年時Z世代18到25歲，千禧世代26到40歲），兩個世代的政黨傾向
和意識型態非常接近。Z世代較為不同之處是總統投票：不僅投給川普的人比
千禧世代少，川普的得票率更明顯低於共和黨支持率。（見圖6.60）。川普在Z
世代得票率低也和Z世代的中立選民有關：Z世代的中立選民只有四分之一投
川普，千禧世代的中立選民投川普的占三分之一。

　　2020年總統選舉後，許多分析師將拜登勝選歸功於年輕選民投票率高，
而且多半希望民主黨候選人擊敗川普。「這讓我知道參與投票多麼重要。」賓
州大學學生奧黛莉・許（Audrey Hsu，2001年生）說：「我非把川普趕下台不
可。」這種現象在大學城尤其明顯，有分析顯示，在大學生人數眾多的郡縣，
2020年拜登的得票率比川普高8個百分點，相較之下，2016年希拉蕊・柯林

頓的得票率只比川普高3個百分點[60]。

　　川普失去年輕選票的部分原因可能是種族立場。在這個議題上，保守派陣營內存在明顯的世代差異。對於「美國白人因為膚色而享有一定優勢」（有時稱為「白人特權」），X世代或嬰兒潮世代保守派白人只有八分之一同意，Z世代保守派白人則是三分之一同意，比例明顯更高。對於「世世代代的奴役和歧視已經讓黑人難以翻身」，嬰兒潮世代保守派白人只有十分之一同意，Z世代保守派白人則是三分之一同意。換句話說，Z世代保守派比前幾個世代的保守派更相信美國有種族偏見。相較之下，自由派白人在種族議題上幾乎沒有世代差異。不分世代，自由派白人大多相信白人特權是存在的，歧視讓黑人難以翻身。

　　Z世代也和前幾個世代一樣走向政治極化。我們過去以為十七、八歲的人不致成見太深，然而現在有大量高中生支持極端政治觀點。越來越多12年級生說自己「非常保守」（請注意，不只是「保守」而已），更令人意外的是，Z世代12年級生自認非常保守的比例，竟是1980年代末雷根時代X世代同齡人的兩倍之多（見圖6.61）。雖然自認「非常自由」或「激進」的比例也在提高，

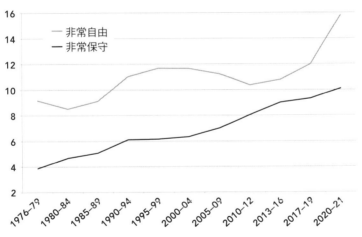

圖6.61｜美國12年級生認同極端政治意識型態的百分率，1976–2021

資料來源：監測未來調查

注：「非常自由」含「非常自由」和「激進」。2013年後，大多數12年級生是Z世代。

但增幅較為緩和。在嬰兒潮世代、X世代和千禧世代，也就是圖中1976到2012年的區域，自認「非常自由」的12年級生明顯多於「非常保守」；到了Z世代，「非常自由」和「非常保守」的比例逐漸接近，幾乎相等。雖然自認「非常保守」的科索恩是他這一代的少數，但現在立場和他一樣的年輕人已經比過去多。在大家普遍以為年輕人（尤其是Z世代）等於自由派的現在，看到他們當中有這麼多極右派，著實令人驚訝。

在打算繼續讀大學的學生中，趨勢同樣走向極端，不過是往左走。自述政治信念屬「極左」的大學新生比例，自1980年代前期至今已增為三倍，自2013年至今也幾乎翻倍，在後一段時間，大學新生從大多為千禧世代變成大多為Z世代。儘管嬰兒潮世代和1970年代初皆以激進聞名，但Z世代大學生自認為極左派的比例，竟然超過1970年代初的嬰兒潮世代。雖然大學新生自認為「極右派」的比例也增加一倍，但增幅較為緩和，2000年代千禧世代的比例和2010年代的Z世代相去不遠（見圖6.62）。整體而言，Z世代和前幾個世代一樣逐漸走向政治極端，只不過腳步比前人快得多。至於這種趨勢的長期影

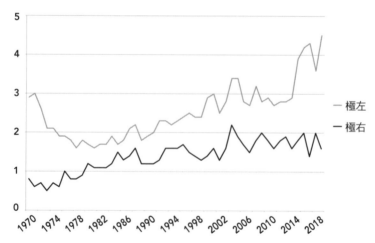

圖6.62｜美國大學新生認同極端政治意識型態的百分率，1970–2019

資料來源：美國大一新生調查

注：2013年後，大多數大學新生是Z世代。

響，目前仍不得而知。

光看數字的話，大學新生中認同極左派的人確實不多，在2019年是4.5%，大約二十二分之一。但這是全部大學的平均數字，在非宗教大學中認同極左派的百分率是5.4%，約十八分之一；在小型文理學院和常春藤盟校可能高出更多，而這些學校總是有大量畢業生進入專業領域或頂尖企業。此外，即使極左派的學生只占二十二分之一，集合起來還是有幾百人，甚至幾千人。這樣的人數提出抗議已綽綽有餘，足以讓自由派關切的議題更受關注，像氣候變遷、校園多元包容等等。這樣的人數也足以形成聲浪，讓演講者被取消邀請、教師被開除，逼校方改變政策。

因此，政治意識型態越來越隨教育程度而異，大學裡有較多極左派出沒，高中生則是極右派較為常見，而許多高中生並不打算一畢業就上大學。這種模式已經隨著Z世代進入青年期：根據國會選舉合作研究，在22到25歲的Z世代中，有四年制大學學位的70%為自由派（排除中間派），沒有大學學位的則是56%，差異顯而易見。因此，Z世代成年後不但政治立場更加極端化，也更可能理所當然地認為社會階級決定了政治理念，其中又以教育程度更具決定性。

Z世代從首次集體參選就反映出極化特色。2023年1月，麥克斯威爾‧佛羅斯特（1997年生）當選佛州眾議員。如果依照皮尤研究中心的劃分標準，以1997年為Z世代之始，佛羅斯特就是第一個Z世代眾議員。「雖然民主黨一上談判桌通常就代表準備妥協，但我們不是如此。」他說：「我這一代從小經歷許多創傷和騷動，也看過許多人受盡挫折。我想正因如此，我這一代的想法不太一樣。」佛羅斯特參選之前便已積極參與街頭運動，曾領導以年輕人為主的「為我們的生命遊行」（March for Our Lives），鼓吹槍枝管制。

雖然保守主義往往重視維護現狀，但Z世代候選人即使以保守派自居，也強調改變。「有的候選人口口聲聲進步，卻不過是體制的應聲蟲。我要對抗的正是這個體制。[61]」卡洛林‧李威特（Karoline Leavitt，1997年生）2022年獲共和黨提名，角逐新罕布夏州眾議員，但最後落敗。她說：「對我這一代選民來說，美國夢已遙不可及。」據保守派民調專家克莉絲敦‧索提斯‧安德森（Kristen

Soltis Anderson）觀察，政治氣氛從歐巴馬時期就起了變化，當時投入選戰的年輕人還是千禧世代。安德森說：「以前的態度是『我要找機會和不同陣營合作，以促成改變』，現在是『我要摧毀體制，因為這套制度讓另一方繼續得勢』。」照全國公共電台的說法，Z世代候選人「競逐國會席次，抗拒讓步妥協」[62]。

不再政治冷漠
特徵：積極參與政治，投票率高

2018年2月14日，佛州派克蘭（Parkland）道格拉斯中學（Marjory Stoneman Douglas High School）傳出槍響，十四名學生和三名教職員不幸喪生。事發後幾天，學生除了悼念死去的朋友之外，也決定採取政治行動。

「今天到場的每一個人，原本可以默默在家悲傷。」幾天後，艾瑪‧龔薩雷茲（Emma González，1999年生，現改名X‧龔薩雷茲，代詞「他們」）在大批群眾前說：「但我們選擇一起站在這裡。因為，如果我們的政府和總統只懂得表示哀悼，那麼受害者就必須站出來，推動我們想要看到的改變。」他們說：「看看參眾兩院那些政客，一邊接受全國步槍協會的獻金，一邊說這種事他們防止不了，這叫屁話。」[63] 龔薩雷茲和同學不斷呼籲加強槍枝管制，最後終於讓佛州將擁槍年齡從18歲提高到21歲——要是這條法律早點修訂，也許可以防止派克蘭槍擊案發生。vii

派克蘭學生的積極行動，只是Z世代政治興趣萌芽的跡象之一。九個月後，2018年11月，期中選舉青年投票率為1972年以來最高。在2020年的總統選舉中，青年投票率達48%，高於同年齡層自1976年以來每次總統選舉的投票率（見圖6.63）。這種發展值得注意，因為在這兩個選舉年，18到24歲年齡層已大多是Z世代，而非千禧世代。換句話說，這兩次選舉的首投族主要是Z世代，而非千禧世代。統計顯示2022年期中選舉仍有這種趨勢，青年投票率非常高。

從X世代還年輕的1980年代起，每到選舉年，各組織總想盡辦法動員青

---

vii 槍擊案兇手尼可拉斯‧克魯茲（Nikolas Cruz）犯案時20歲。譯注

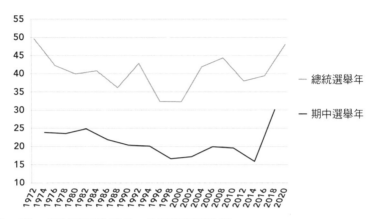

圖 6.63│美國 18 到 24 歲年齡層投票率，依選舉類型比較，1972–2020

資料來源：美國普查局人口動態調查

注：由於無法取得早年美國公民投票率，本圖顯示的是總人口投票率。

年人投票，但效果不彰，青年投票率始終低得令人尷尬，期中選舉尤其如此。Z 世代以引人注目的方式終結這種局面。Z 世代對國家觀感不佳不是好事，但這也有項優點：熱心參與政治。Z 世代渴望聲音被聽到。隨著羅訴韋德案在 2022 年被推翻，美國在墮胎上勢將更加對立，年輕選民或許也將更積極發聲。

儘管政治極化令人憂心，卻也帶來一線希望：選舉重新獲得重視。2016 年讓美國人充分了解選舉為何重要，選民不論支持或反對川普，都踴躍投票，年輕人也不落人後。之後爆發的新冠疫情更是刻骨銘心的提醒，讓人明白政策可以對日常生活造成多大的影響。Z 世代年輕人和 1990 年代的 X 世代不同，也和 2000 年代初的千禧世代不一樣，他們相信世界必須改變。雖然外制握信念似乎讓這一代人變得冷漠，但許多人已經憤怒到採取行動，雖然他們有時認為行動也無濟於事。

2020 年，17 歲的莉莉・曼德爾（Lily Mandel）說：「你們或許從小就以為體制對你們有利。好，讓我們直說吧——你們被洗腦了。」20 歲的社區大學學生貝琪・華森（Betsy Watson）深有同感：「Z 世代的優點是沒有噤聲，反而成為改變的一代。」華森在學校建立社團「人民挺平等、接納、合作、同理」（PEACE，

People for Equality, Acceptance, Cooperation, & Empathy）。對她來說，最重要的價值是「全體平等和人性尊嚴」。

傳播學教授傑森・德爾・岡迪歐（Jason Del Gandio）著有《激進者的修辭》（*Rhetoric for Radicals*），大膽預言Z世代最後會像1960年代的嬰兒潮世代社運人。岡迪歐指出，1960年代和現在都是政治極化的時代，「在要求社會變革上，Z世代也將展現同樣的鬥志」。不過，嬰兒潮世代和Z世代有一個關鍵差異：嬰兒潮世代的社會運動常常是由白人男性領導。「而現在，我看到許多年輕社運人非常強調多元，總希望能呈現各種聲音。這帶來『交織性』（intersectionality）和『盟友』等概念，是1960年代看不到的。[64]」岡迪歐說。

社群媒體在Z世代社會運動中具有重要作用。儘管社群媒體有種種壞處，卻也讓觀點相近的人很快就找到彼此，把過去很可能被掩蓋的惡行公諸於世，例如喬治・佛洛伊德之死。剛剛提到的年輕社運家莉莉・曼德爾也認為，社群媒體是Z世代關注社會變革的重要因素。「我們能快速分享想法，激盪出新的對話。」她說：「如果你沒有加入對話，沒有持續接收新的資訊，你很容易被過去的傳統綁住。」曼德爾認為，因為現在資訊流通得非常快，所以Z世代相信社會的改變也該一樣快。

Z世代的政治熱情能延續到下個十年嗎？雖然誰也說不準，但已有跡象顯示頗有可能。和青年投票率低的1990年代末相比，現在關心社會議題和政府事務的12年級生越來越多。由於憂鬱往往讓人退縮，高憂鬱率的世代積極參與政治似乎違反直覺，但Z世代也有不快樂和不滿——這兩種和憂鬱相似但較為溫和的情緒也可以引發政治動盪。在憤怒和失望的推波助瀾下，Z世代對世界和生活的怨懟可能成為燎原之火，掀起新一代的青年社會運動。Z世代的力量尚未完全發揮，前幾個世代低估了他們的危險。

左派情緒低迷
特徵：自由派鬱鬱寡歡

研究生札克・高柏格埋首數據，想從皮尤研究中心2020年的資料看出一

些眉目，結果真的發現了一個有趣的現象：在曾獲醫師告知自己有心理健康問題的人當中，自由派白人明顯較多。自由派白人年輕女性的比例更是驚人，有超過一半曾被醫師告知自己有心理健康問題，是保守派白人年輕女性的兩倍之多。高柏格在推特上公布發現，並加上警語：「我寫這個不是為了挖苦自由派白人，也不是為了嘲笑他們不成比例的精神疾病率（各位也不應該這樣做）。」

高柏格言之諄諄，右翼媒體聽之藐藐。保守派播客幸災樂禍，為播報這則新聞的節目下標「半數是瘋子」[65]。另一家右翼媒體刊出圖文並茂的報導，為相關數據搭配自由派哭泣的圖片[66]，還有一家宣稱自由派或許樂於鼓勵「無助感和受害感」[67]。在《魯賓報告》（*The Rubin Report*）中，主持人戴夫・魯賓（Dave Rubin）說這表示研究證實「自由派女人瘋上加瘋」[68]。

當然，也有人說這些資料不能這樣詮釋。首先，問卷問的是受訪者是否曾被醫生或健康專業人士診斷出心理健康問題，自由派之所以比例較高，可能是因為自由派（尤其是自由派白人年輕女性）比保守派更願意尋求心理健康治療。然而，其他匿名調查的結果也相去不遠，同樣顯示自由派比保守派更焦慮也更不快樂。因此，美國人的心理健康似乎的確隨政治觀點而有差異，在年輕人中尤其如此。

我還有一個問題：這種心理健康差異是從以前一直都有，還是新的現象？既然年輕人從2012年起越來越鬱鬱寡歡，我們應該確認這種趨勢是不是真的和政治觀點不同有關。

除了問政治觀點，也同時問心理健康和快樂的研究並不多，監測未來調查對12年級生的調查是其中之一。到大約2011年為止，監測未來調查的結果和許多研究的發現差不多：自由派略比保守派不快樂。但在此之後，兩個群體的差距開始拉大。自由派不快樂的程度遽增，保守派不快樂的程度上升得較緩（見圖6.64）。由此可見，青少年不快樂的程度主要是自由派拉高的。

不過，不快樂和有心理健康問題終究不能混為一談。如果想討論心理健康問題，比較貼切的作法應該是詢問憂鬱徵候，例如覺得自己沒用、並不享受生活。參考相關資料之後，我們再次發現自由派一直略比保守派憂鬱，而且兩者

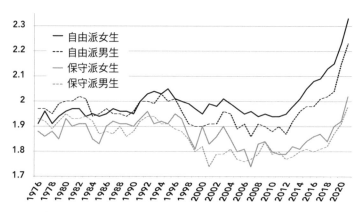

圖 6.64│美國 12 年級生不快樂的程度，依性別及政治意識型態比較，1976–2021

資料來源：監測未來調查

注：問題：「整體而言，你最近有多快樂？」計分方式：1 分＝非常快樂；2 分＝還算快樂；3 分＝不太快樂，縱軸數字為平均得分。雖然部分受訪者已年滿 18 歲，但因習慣上還是會以「男生」或「女生」稱呼高中生，所以圖表中仍使用「男生」或「女生」。2020 年資料收集時間為 2020 年 2 月到 3 月上旬，當時學校尚未因新冠疫情關閉，該年樣本較少。

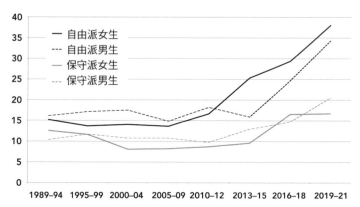

圖 6.65│美國 12 年級生憂鬱徵候得分高的百分率，依性別及政治意識型態比較，1989–2021

資料來源：監測未來調查

注：以六道 1-5 分的題目衡量憂鬱徵候，縱軸數字為平均 3 分以上（普通到同意）的百分率。雖然部分受訪者已年滿 18 歲，但因習慣上還是會以「男生」或「女生」稱呼高中生，所以圖表中仍使用「男生」或「女生」。2020 年資料收集時間為 2020 年 2 月到 3 月上旬，當時學校尚未因新冠疫情關閉，該年樣本較少。

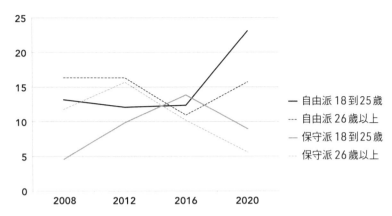

圖 6.66│美國成人對生活不滿的百分率，依年齡層與政治意識型態比較，2008–2020
資料來源：全美選舉研究
注：詢問問題：「整體而言，你對最近的生活有多滿意？是極為滿意？十分滿意？普通滿意？不太滿意？
還是很不滿意？」縱軸數字為回答「很不滿意」或「不太滿意」的百分率。樣本數不足以依性別比較。

的差距同樣在 2010 年代初以後擴大（見圖 6.65）。雖然自由派和保守派青少年
憂鬱的百分率雙雙翻倍，但自由派增加的百分點（原始數值）較多。到 2019 至
2021 年，自由派青少年的憂鬱百分率幾乎是保守派青少年的兩倍。

　　只有青少年有這種趨勢嗎？並非如此。在 2016 到 2020 年之間，自由派
成人對生活越來越不滿；可是在同一段時間，保守派的不滿卻往下降（見圖
6.66）。

　　為什麼自由派年輕人近年來比保守派年輕人更憂鬱、更不滿、更不快樂？
有幾種可能。

1. 川普執政。自由派不快樂是因為川普執政嗎？不太可能，因為青少年憂鬱
和不快樂增加的趨勢出現得更早，在歐巴馬第二任期間就已開始，到 2016 年
川普當選之前方向已定。高柏格也發現，2021 年 2 月川普卸任之後，自由派的
心理健康問題還是遠比保守派嚴重。

　　此外，如果自由派越來越不快樂的原因只有政治，那麼更不快樂的應該主

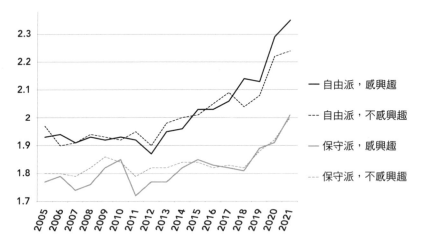

圖 6.67 | 12年級生不快樂程度，依政治意識型態以及對政府與時事感不感興趣比較，
2005-2021

資料來源：監測未來調查

注：詢問對政府感不感興趣的問題：「有人經常想政府都在做什麼，也有人沒那麼感興趣。你對政府和
時事多感興趣呢？」答「感興趣」和「非常感興趣」者視為感興趣，答「毫無興趣」、「不太有興趣」、「普
通」者視為不感興趣。詢問快樂程度的問題：「整體而言，你最近有多快樂？」計分方式：1分=非常快
樂；2分=還算快樂；3分=不太快樂，縱軸數字為平均得分。

要是關心政治與政府的人。但實際上不是如此：自由派不論對政府運作感不感
興趣，在2012年後都越來越不快樂（見圖6.67）。

2. 自由派比較願意承認問題。自由派不快樂的增幅較大，也許因為他們比
較願意承認自己不快樂或憂鬱？但這些都是匿名調查，受訪者沒有隱私顧慮。
另外，即使自由派確實比較願意承認問題，自由派和保守派之間的差距應該長
期不變，而不是一開始不大，到2010年代才拉開。

3. 時事。左派也許會說，看到警方對待黑人的方式，還有全球氣候變遷越來
越嚴重，自由派當然不快樂，甚至憂鬱。右派或許也有話說：自由派老是隨自
由派媒體起舞，只看負面新聞，久而久之當然變得過度敏感，只懂得在根本很

少發生的事情上鑽牛角尖（所謂「自由派愛哭」論證）。

　　這兩種理論都不完全符合數據呈現的事實。首先，保守派的憂鬱和不快樂也增加了，只是增幅不如自由派而已。第二，時間點不對：不快樂是在2012年左右開始上升，當時還沒有黑命貴運動。舉國關注環境問題的時間則更早，遠在憂鬱和不快樂陡升之前（但若有人主張環保焦慮此時到達臨界點，以致憂鬱和不快樂大幅上升，倒是說得過去）。整體來看，導致不快樂升高的，不太可能是特定政治或社會事件。

4. 科技與社交生活。憂鬱徵候量表問的不是你對政治問題的感受，而是你對自己的感受，例如是否同意「我覺得自己什麼事都做不好」，或「我覺得自己的人生沒什麼用」。換言之，量表問的是你怎麼看自己的人生，而不是你多麼憂國憂民。

　　認為憂國憂民讓人寂寞，就更加離譜了。如果關心時事和寂寞有關，自由派因種族和社會公義而團結起來，結果應該更不寂寞，而非更寂寞。但實際上，自由派和保守派青少年在2012年後都更加寂寞，而且同樣是自由派青少年增幅更大，自由派女生尤其嚴重（見圖6.68）。簡言之，寂寞的趨勢與憂鬱及不快樂的趨勢幾乎一模一樣。

　　寂寞升高，顯示了心理健康惡化是社交因素所致。雖然自由派和保守派青少年都有這種問題，但自由派較為嚴重。因此，問題很可能出在青少年怎麼利用社交時間。

　　我們之前已經看到，年輕人花在網路上的時間越來越多，親身相處的時間越來越少，這可能是憂鬱、不快樂和寂寞上升的原因之一。如果自由派青少年比保守派青少年更常上社群媒體，更少面對面社交，或許可以解釋自由派青少年的心理健康問題為何較為嚴重。

　　事實似乎確實如此：在2018到2021年，社群媒體重度使用者中，自由派女生比保守派女生多，自由派男生同樣比保守派男生多（見圖6.69）

　　此外，自由派面對面互動（例如和朋友出門）減少的情形也比保守派嚴重

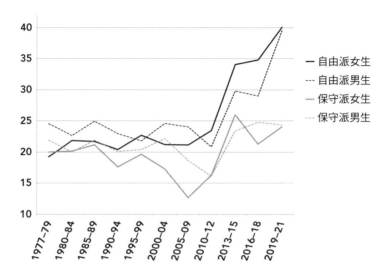

圖 6.68 │ 美國 12 年級生極度寂寞的百分率，依性別及政治意識型態比較，1977–2021

資料來源：監測未來調查

注：以六道 1-5 分的題目衡量寂寞程度，縱軸數字為平均 3 分以上的百分率。雖然部分受訪者已年滿 18 歲，但因習慣上還是會以「男生」或「女生」稱呼高中生，所以圖表中仍使用「男生」或「女生」。2020 年資料收集時間為 2020 年 2 月到 3 月上旬，當時學校尚未因新冠疫情關閉，該年樣本較少。

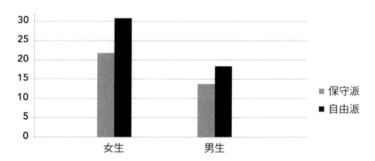

**圖 6.69 │ 美國 12 年級生每天使用社群媒體五小時以上的百分率，
依政治意識型態和性別比較**

資料來源：監測未來調查

注：統整 2018 到 2021 年資料。以六道 1-5 分的題目衡量寂寞程度，縱軸數字為平均 3 分以上的百分率。雖然部分受訪者已年滿 18 歲，但因習慣上還是會以「男生」或「女生」稱呼高中生，所以圖表中仍使用「男生」或「女生」。

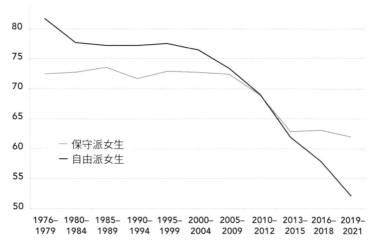

圖 6.70 ｜ 美國 12 年級女生每週和朋友出門兩次以上的百分率，依政治意識型態比較，
1976–2021

資料來源：監測未來調查

注：2020 年資料收集時間為 2020 年 2 月到 3 月上旬，當時學校尚未因新冠疫情關閉，該年樣本較少。
雖然部分受訪者已年滿 18 歲，但因習慣上還是會以「女生」稱呼女高中生，所以圖表中仍使用「女生」。

（見圖 6.70 女生的例子）。從 1970 年代到 2000 年代的四十年間，自由派女生都
比保守派更常和朋友出門，可是在 2010 年後，更常出門的變成保守派女生。
其他面對面的社交活動也出現類似趨勢，不論是和朋友出門，或是和朋友一起
參加派對（未繪製圖表），自由派和保守派的差異都日益擴大。

這些人際互動趨勢幾乎完美反映心理健康變化：雖然自由派和保守派都在
改變，但自由派變化更大。自由派青少年的社交生活越來越朝網路挪移，越來
越少親身互動；保守派青少年的社交生活則仍類似 2010 年代初，使用社群媒
體的時間比自由派少，和朋友出門的時間比自由派多。

為什麼自由派青少年開始花更多時間上網、更少時間親身互動？自由派
原本就比保守派更能適應社會變化，因此，自由派青少年和家長或許也更快接
受科技帶來的變化。自由派青少年更容易迷上新的網路通訊方式，也更樂意以
電子通信取代面對面的人際互動。此外，自由派青少年比較可能出身自由派家

庭，而自由派家長或許更願意給子女較多時間上網，不擔心他們變得比較少出門。自由派家長也許認為大勢就是如此，改變勢不可擋。保守派家長也許比較難接受新的社交方式，於是更嚴格管制子女使用新科技的時間，對子女和朋友出門則較為寬鬆。

自由派憂鬱上升的問題之所以比保守派嚴重，也可能與青少年在社群媒體上接觸的內容有關。雖然從憂鬱升高的時間點看來，政治事件本身並非肇因（見前述第三點），但社群媒體上討論政治事件的方式或許必須負部分責任。

不論自由派或保守派青少年，2010年代接觸的網路政治討論都日趨負面。不同的是保守派更滿意現況，自由派更期待改變。自由派青少年一在網路看到種種不公不義（例如性侵、氣候變遷、警方過度執法、種族主義、跨性別歧視），往往認為這些事應該改變，便隨手分享出去，而這些事情如果讓世界顯得糟糕可怕，分享出去可能會引起更多憂鬱。雖然我難以確認，但自由派青少年可能接觸到更多令人憂心的資訊。如果在社群媒體上討論這些議題卻與親友產生嫌隙，這群青少年只怕要更加寂寞。

不論是快速分享資訊，或是為這些資訊與人起爭執，在社群媒體流行後都更常發生。如果是2005年，當自由派青少年想找人討論警方過度執法、氣候變遷或同性戀歧視，對話很可能是當面進行，比較不至於擦槍走火，畢竟見面三分情。可是2010年代不一樣，網路獎勵憤怒，助長負面態度，不斷煽動政治情緒。因此，讓自由派青少年更加憂鬱和寂寞的，或許不是政治對話本身，而是進行這些對話的場合和方式。

新冠疫情期間的心理健康
特徵：受疫情影響

2020年3月爆發新冠疫情，受影響最深的就是Z世代青年。大學生上課突然改成線上，有人自嘲：「我們現在都上Zoom大學。」許多服務業員工失業。有些畢業生用Zoom面試工作，然後發現自己過了一年還沒有和同事打過照面。青年人沒辦法出門找朋友，社交生活大受影響。

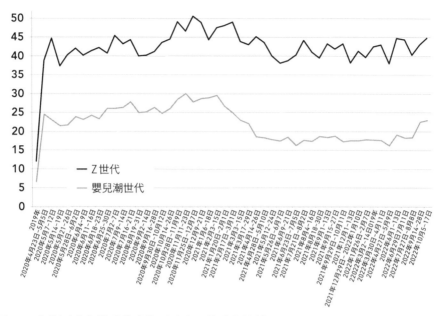

圖 6.71｜美國成人嚴重焦慮的百分率，依世代比較，2019–2022

資料來源：國民健康訪問調查（2019）及美國普查局家庭脈動調查（2020-2022）

注：焦慮程度以廣泛性焦慮量表（GAD-2）評估。該量表詢問兩個問題：「在過去七天，你多常受到以下問題困擾……緊張、焦慮或煩躁？……無法停止或控制憂慮？」選項包括「完全沒有」（0分）、「幾天」（1分）、「一半以上的天數」（2分）及「幾乎每天」（3分）。總分最高6分，最低0分，3分以上為焦慮篩檢陽性，建議請心理健康專業人員進一步評估。雖然國民健康訪問調查為面訪，家庭脈動調查為線上填答（因此可能影響回應），但兩份調查在人口統計上都有全國代表性。

　　不令人意外的是，許多人的心理健康亮起紅燈。在2019年，Z世代青年人（18到26歲）有嚴重焦慮症狀的只有一成，到2020年4月末暴增至四成，後來更隨著新冠疫情肆虐居高不下，到2020年12月初，已有整整一半的青年人陷入嚴重焦慮（見圖6.71）。即使到2022年10月疫情趨緩，還是有四成的青年人感到焦慮。雖然Z世代從小受到智慧型手機影響，2010年代初就已出現心理健康危機，但疫情讓情況雪上加霜，至少在焦慮方面是如此。嬰兒潮世代（2020到2022年56到76歲）不一樣，雖然2020年焦慮暴增，可是到2021年便已稍微恢復。

兒童和青少年的生活也陷入混亂，課程改成線上教學，活動取消。家長和老師最想知道的是：教育中斷、社會停擺，對孩子的心理健康有沒有造成不良影響？可惜合適的資料非常難找。在某些民調中，家長表示孩子問題變多，但那些民調沒有疫情前的數據對照，所以反映的只是家長對變化的感覺。另外，雖然根據疾病管制中心的報告，在2021年送往急診的兒童病例中，與心理健康有關的比例比疫情前高，但因為兒童在疫情期間比較少運動，也比較少乘車，所以這個結果可能是因為外傷案例變少，而非心理健康問題變多。

　　嚴謹一點的作法，應該是收集疫情前和疫情期間兒童心理健康的數據，再加以比較。幸運的是，美國普查局的國民健康訪問調查就是這樣做的。在疫情前和疫情期間，調查人員以同一套問題詢問兒童的心理健康狀況。

　　那麼，孩子情況如何？2020年初，當病毒傳播開來，也開始封城，年輕一輩的確明顯變得更焦慮也更憂鬱，青少年尤其嚴重（見圖6.72，對照2019年和2020年1到3月）。但接下來的變化出乎眾人意料：在2020年春末夏初（2020

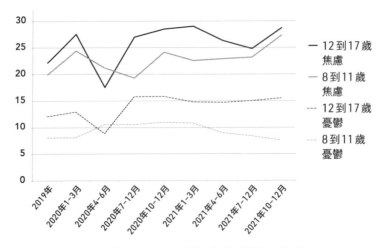

圖 6.72│美國兒童和青少年至少每月一次顯得焦慮或憂鬱的百分率，2019–2021

資料來源：國民健康訪問調查

注：由家長回答子女看起來多常「焦慮、緊張、煩惱」，以及看起來多常「悲傷或憂鬱」。縱軸數字為至少每月（含每月、每週、每天）一次顯得焦慮或憂鬱的百分率。

年4到6月），青少年的焦慮和憂鬱狀況居然下降。

這樣的結果看似令人意外，但無獨有偶，我和同事在2020年春末所做的獨立研究也得到相同的結果。我們那時請青少年自述憂鬱和不快樂的情況，再與2018年在人口統計上類似的樣本進行比較。結果發現：2020年春的青少年的確較不憂鬱[69]。

為什麼會這樣？首先，2020年的青少年睡眠較為充足。每晚規律睡七個小時以上的青少年在2018年只有55%，在2020年春則是85%。隨著大多數學校因疫情而關閉，青少年不必早起通勤，許多學生可以睡得較久。由於睡眠不足的青少年比較容易憂鬱，在疫情初期的驚慌失措之後，睡眠時間變長或許有助於減輕這場巨變的負面衝擊。在疫情開始的頭幾個月，青少年或許也頗珍惜這難得的休息機會，樂於放慢速度，暫時擺脫日復一日的課程和活動。

另外，青少年在這段期間與家人相處的時間變多。三分之二的青少年說家人在疫情期間變得更親，超過半數表示和家人說話的時間比疫情前多。青少年使用科技的方式也變得比較有益心理健康：在2020年春，青少年上社群媒體和傳訊息的時間比2018年少，使用FaceTime等視訊程式的時間變多。視訊是即時進行，或許有助於減少孤立感，比較容易造成焦慮的社群媒體在這段期間較受冷落。

快轉到2020年秋，隔離的新鮮感已經消失。有的孩子回到學校上課，有的可以每週到校幾天，有的繼續接受線上教學。疫苗尚未問世，新冠案例急速上升，2020年總統選舉引起龐大爭議。到2020年秋，出現憂鬱和焦慮症狀的兒童和青少年再次超過2019年，而這一次，上升趨勢將持續到2021年底（見圖6.72）。不幸中的大幸是，有些人預言兒少心理健康在疫情期間將大幅惡化，但實際上沒有那麼嚴重。不過，這些數據的確顯示兒童心理健康問題持續擴大，青少年更是如此。

新冠疫情形塑了Z世代的世界觀，也將影響他們一輩子。一再看到學校關閉、活動取消，這個世代或許將更具彈性。2021年的大離職潮為Z世代釋出大量工作機會，或許對他們未來幾年的財務有所裨益。但未來並非一片光明：在

2020年以前，Z世代已經比前幾個世代更焦慮也更憂鬱，疫情或許讓他們的心理更加脆弱，也讓他們對國家和周遭世界的觀感更加負面。Z世代是獨特的一代，他們的悲觀和千禧世代的樂觀恰成鮮明對比；他們成長緩慢又備受保護，和X世代的成長過程大相逕庭。然而，現在已經可以看出Z世代和嬰兒潮世代有類似之處：當他們認定體制已不合時宜，他們絕不怯於改變。

大多數Z世代會記得新冠疫情之前的世界，也會記得2020年3月那場翻天覆地的巨變，但他們2013年後出生的弟弟妹妹不會。我稱這新的一代為兩極世代，在下一章，讓我們談談形塑他們的將是哪些力量。

7 兩極世代（2013–2029年生）
Polars (Born 2013–2029)

　　2020年冬，第一批兩極世代正就讀大班或一年級下學期，開始學閱讀、加法、減法，也漸漸適應排隊下課和吃午餐的節奏。

　　接著，新冠疫情爆發。3月中旬，學校改成線上教學，Zoom的畫面裡是努力吸引學生專心的老師，筆電和平板這頭是一個個5到7歲躁動不安的孩子。幼稚園和日托中心把小朋友送回家，父母也開始在家上班。接下來兩年，儘管學校重新開放，生活也在一定程度上恢復常態，但孩子將來回想這段日子，腦海裡冒出的恐怕只有口罩、疫苗，以及一連串令人害怕的住院和死亡新聞。大多數兩極世代不會記得疫情前的世界是什麼樣子。

　　事實上，兩極世代在疫情爆發之前就已身處獨特的時代。「兩極世代」之名來自這段時間的兩個面向：首先是政治極化，美國從2010年代便陷入對立，在疫情期間更越陷越深；其次是南北兩極冰冠融化，成為全球暖化的象徵。兩極世代恐怕大部分人生都擺脫不了這兩個問題。另一方面，也有人建議以希臘字母A（alpha）為名，稱這個世代為「阿法世代」。理由是在Z世代之後，如果還想以字母為世代命名，我們別無選擇，只能回到第一個字母。

　　以2013年為這個世代的第一個出生年是基於三個原因：（1）科技：美國智慧型手機持有率在2012年末、2013年初跨過50%；（2）黑命貴運動：黑命貴運動起於2013年，在第一批兩極世代進幼稚園前獲得廣大支持；（3）新冠疫情：2020年3月時未滿7歲的人，對疫情之前的時光只有模糊印象。至於兩

極世代的最後出生年是哪一年？目前誰也說不準，畢竟這得視未來一、二十年的重要大事和科技發展而定。但如果這個世代的時間長度和前三個世代差不多，最後一批兩極世代應該出生在2028、2029或2030年。既然2029年是平均值，也是2020年代的最後一年，我想以2029為界，應該算有根有據。

兩極世代和科技關係特殊。正如X世代成長在1960年代文化變革全部完成之後，兩極世代也成長在智慧型手機和社群媒體革命之後。第一批兩極世代出生時，多數美國人已擁有智慧型手機，天天使用社群媒體逐漸成為常態。雖然iPad等平板電腦當時才問世兩年半，但已隨處可見。Instagram、Twitter、Snapchat、Uber也都存在。對兩極世代來說，世上有這些東西是理所當然。

據美國普查局推測，兩極世代將是非白人占多數的第一代。在2020年，美國非西裔白人占全國人口50.7%，勉強過半。但隨著2020年代正值生育年齡的非白人女性越來越多，50.7%的占比將逐漸下降。兩極世代也將是多種族人口最多的世代，據2020年人口普查，從2010到2020年，美國多種族人口從九百萬人增加到三千三百八十萬人，相差將近四倍。

兩極世代有些成員已全國聞名，例如小雅利希斯・奧林匹亞・歐漢尼安（Alexis Olympia Ohanian Jr.，2017年生），兩名千禧世代之女，母親是網球選手小威廉絲（1981年生），父親是Reddit共同創辦人老雅利希斯・歐漢尼安（Alexis Ohanian Sr.，1983年生）。這個女孩光是名字就已突破性別成規：她的名字部分取自父親，所以有個「junior」。[i]此外，奧林匹亞是跨種族混血兒，剛好可以代表美國非白人占多數的第一代。她在Instagram上有超過五十萬人追蹤，她的玩偶「凱凱」的追蹤人數也不分軒輊。奧林匹亞不會記得新冠疫情之前的世界，不會記得沒有智慧型手機的世界，也不會記得黑命貴運動之前的世界。

到2020年代中期為止，年紀最大的兩極世代仍未小學畢業，所以這個年齡層的調查數據還很稀少。未來一、二十年的歷史尚未發生，我們還不知道哪些科技、事件、文化力量會影響這個世代。兩極世代生在美國情勢不明之時，我們只能期盼他們能克服未來的挑戰。

i　一般只有男生會以父親為名，稱為「junior」。Alexis和Leslie一樣屬中性名，但以女性居多。譯注

兩極世代（2013–2029年生）

別名：阿法世代

2020年人數：3,140萬人，占美國總人口9.5%（未定）

50.7%　白人

25.7%　西裔

15.3%　黑人

6.8%　亞裔、夏威夷原住民及太平洋群島原住民

1.5%　美國原住民

父母：X世代，千禧世代，Z世代

子女與孫子女：未知

最常見的名字　　　　　　　　　　　　　　　　　　　　　*首度進榜

男生	女生
諾亞	奧莉維亞
連恩（Liam）*	蘇菲亞
梅森	艾瑪
威廉	伊莎貝拉
詹姆斯	艾娃
以利亞（Elijah）*	夏綠蒂（Charlotte）*
奧利佛（Oliver）*	
羅根（Logan）*	
雅各	

知名人士（出生年）

卡門・鮑德溫（Carmen Baldwin, 2013）

KD Da Kid（2013）

愛莉克斯和艾娃・麥克盧爾
　（Alexis and Ava McClure, 2013）

索拉琪・歐提茲（Solage Ortiz, 2014）

凱森・邁勒（Kayson Myler, 2014）

DJ Prince（2015）

帕克・伊格（Parker Yeager, 2015）

阿薩德・卡利（Asahd Khaled, 2016）

哈文・加薩（Haven Garza, 2016）

艾樂・麥可布隆（Elle McBroom, 2016）

艾瑪和凱特・卡吉（Emma and Kate Kaji, 2016）

小雅利希斯・奧林匹亞・歐漢尼安
　（Alexis Olympia Ohanian Jr., 2017）

好消息

如果只看地方新聞那些駭人聽聞的報導，大多數人或許以為現在的孩子危機重重，很容易受到傷害，甚至被殺。謝天謝地，實情正好相反：和X世代或千禧世代小時候比起來，現在9歲以下兒童因車禍、謀殺、溺水、中毒等傷害而死的案例，比以前少了很多（見圖7.1）。不論是兒童安全座椅和安全帶的規定、藥品安全蓋的設計，還是游泳池安全措施的強化，都已發揮作用，讓Z世代和兩極世代兒童生活在更安全的世界。

如果是嚴重到需要送急診但不致命的傷，情況改善更多。急診就醫率自2011年起懸崖式下降，換言之，和2000年代的千禧世代及Z世代前半的兒童比起來，2010年代的兩極世代和Z世代後半安全得多（見圖7.2）。

整體而言，兒童在身體方面比過去任何時候都安全。家長、學校、托育中心、立法機關努力防止兒童受傷，成效卓著。不過，傷害減低的原因並不都是正面的：部分原因可能是孩童比較不常出門玩耍，把時間都花在電子設備上。

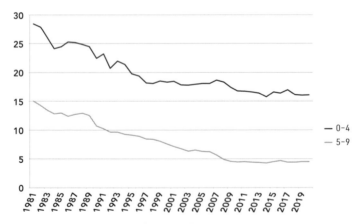

圖7.1 | 美國兒童事故傷害死亡率，依年齡層比較，1981–2020

資料來源：疾病管制中心WISQARS

注：事故傷害死亡率為各年齡層每10萬名兒童在當年死於事故傷害的人數。事故傷害死亡含中毒、燒傷、溺水、車禍、他殺、自殺、墜樓及其他故意或非故意原因所造成之傷害。

運動較少，就比較不可能受傷。

孩子不但身體更安全，家庭財務狀況也更加安穩。雖然2020年有疫情破壞經濟，但該年的兒童貧窮率仍是1970年代以來最低。2019年在貧窮線以下

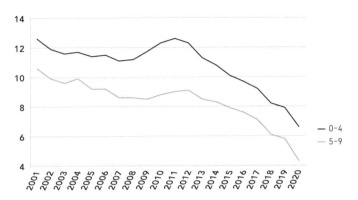

圖7.2｜美國兒童非致命事故傷害急診就醫率，依年齡層比較，2001–2020

資料來源：疾病管制中心WISQARS

注：急診就醫率為各年齡層每100名兒童在當年至急診就醫的人數。非致命事故傷害含中毒、燒傷、溺水、車禍、槍擊、墜樓及其他故意或非故意原因所造成之傷害。

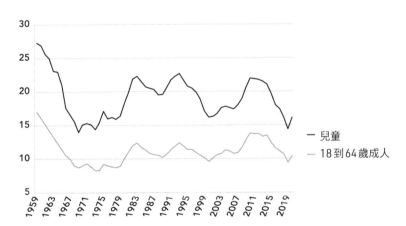

圖7.3｜美國兒童與成人在貧窮線下的百分率，依年齡層比較，1959–2020

資料來源：美國普查局人口動態調查

注：貧窮線由美國普查局依公式界定，公式中之收入依通貨膨脹和家庭規模調整。

的兒童也接近史上最低。換言之，兩極世代和Z世代的貧困兒童比千禧世代和X世代少（見圖7.3）。即使在2020年，64歲以下成人貧窮率仍在歷史低點（64歲以下成人幾乎涵蓋所有18歲以下未成年人的家長）；2019年成人貧窮率更是1979年以來最低。

年紀較長的兩極世代，父母大多數是千禧世代。正如我們在前面看到的，千禧世代的經濟表現十分不錯。從2019年來看，千禧世代的擁房率幾乎和X世代同齡時一樣。千禧世代生得少也生得晚，這兩個特點都增加了孩子可以使用的資源。這群千禧世代家長雖然在2022年遭遇通膨打擊，但因為許多產業缺工，還是享有加薪的回報。總之，兩極世代雖然小小年紀就遇上經濟災難，或許仍是美國幾十年來童年經濟條件最好的一代。

▌隨時不離平板

小朋友喜歡手機和平板。看到爸爸媽媽都用，小孩子也躍躍欲試。炫麗的色彩和移動的圖像之於孩子，就像貓草之於貓。只要去公共場所繞個一圈，你一定會看到不少緊盯螢幕、渾然忘我的孩子。

幼兒用品店現在也販售裝在嬰兒車上的支架，可以放家長的手機，也可以在嬰兒面前放台平板。根據2015年的調查，高達四分之三的兒童擁有自己的平板[2]。隨著家長在疫情期間遭遇龐大的育兒挑戰，這個比例現在一定更高。到了8歲，五分之一的孩子擁有自己的智慧型手機；到了11歲，擁有智慧型手機的孩子超過一半[3]。在2021年，8到12歲的兒童每天平均花五個半小時盯著螢幕，幾乎和待在學校的時間一樣長，也比2015年每天多出一小時[4]。大多數小朋友說他們最喜歡的數位媒體是線上影片。

兒童常用螢幕娛樂取代其他娛樂，被捨棄的往往是身體活動。小孩子使用科技產品的時間越來越長，運動量則越來越少。從2012到2019年，幼稚園和小學兒童每週身體活動少於四天的比例翻倍。短短七年之內竟然發生這麼劇烈的變化，實在難以置信（見圖7.4）。到2019年，運動量低於年齡所需的幼稚園生將近五分之一，小學生超過四分之一。幼稚園和小學兒童每週身體活動日數

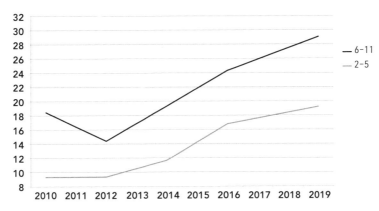

圖 7.4｜美國兒童每週身體活動日數少於四天的百分率，依年齡層比較，2010–2019

資料來源：疾病管制中心全國健康與營養調查

少於四天的比例翻倍。

當然，可能還有別的原因造成這種趨勢。有的小學減少下課時間，可是這不會影響幼稚園兒童，何況回答孩童活動情形的是父母，他們觀察的應該是課後時間。原因也不太可能是生活狀況，畢竟2019年幼童家長的年齡比2012年的幼童家長稍大，代表家庭生活更穩定。此外，正如我們在千禧世代那一章看到的，這段時間的住宅自有率也相當穩定。所以，運動量減少最可能的原因應該還是和電子設備有關。越來越多小孩喜歡在家裡打電動和看平板，願意出門活動的越來越少。

或許正因如此，體重過重的兒童越來越多，其中又以幼稚園生更為嚴重，情況十分令人憂心（見圖7.5）。根據疾病管制中心的全國健康與營養調查（National Health and Nutrition Examination Survey，簡稱NHANES），從2012到2019年，2到5歲體重過重的百分率驟升26%。NHANES的信度相當高，因為身高體重是在健康檢查中測量的，不是由兒童或家長回報。體重不健康的兒童確實越來越多，原因固然可能是飲食，但也可能是越來越多孩童運動量不足。

疫情讓體重問題雪上加霜：孩子關在家中足不出戶，沒有營養午餐，也沒有下課時間，盯著螢幕的時間倒是比以前長，結果就是體重增加。據疾病管

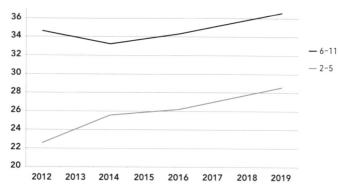

圖 7.5│美國兒童體重過重的百分率，依年齡層比較，2012–2019

資料來源：疾病管制中心全國健康與營養調查

注：身高體重由健康檢查測定。

制中心對病歷的分析，與疫情之前幾年相比，2020年3到11月的BMI增加率
比過去高一倍[5]（BMI指身體質量指數，是衡量體重是否健康的標準）。等到
NHANES下一次評估兒童體重，過重的兒童也許又會增加不少。

　　這是關於兒童健康的兩個真相：兩極世代兒童一方面延續Z世代青少年和
青年的趨勢，比以前更不容易受傷；另一方面也比過去更少運動，變得過重。

　　使用科技產品不僅有害兩極世代的身體健康，也危及心理健康。開始使用
社群媒體的年齡似乎越來越小，於是，總是伴隨社群媒體而來的社交壓力和成
人議題，也提早出現了。2022年春有一份針對兒童和青少年的調查，發現五、
六年級生（10到12歲）有七成使用過社群媒體，其中許多人沒有取得父母同
意[6]。在父母明確禁止使用社群媒體的未成年人中，仍有四成使用過這些平台
（未成年人註冊帳號並不需要取得家長同意。雖然使用社群媒體的年齡限制是
13歲以上，但顯然沒有嚴格執行）。

　　雖然使用社群媒體未必有害無益，但兒童和青少年很容易透過這個管道接
觸有害內容。康乃狄克州參議員理查·布魯門塔（Richard Blumenthal）的助理親
自實測，在Instagram上開了一個13歲女生的帳號，接著追蹤幾個「不難找到」
的極端節食帳號[7]。結果才過一天，平台就推薦了好幾個鼓勵飲食失調和自我

傷害的頁面。如果兩極世代延續Z世代的趨勢，小小年紀就陷入社群媒體的漩渦，將來恐怕也免不了Z世代的另一個趨勢，出現更多憂鬱、自傷的兒童和青少年。

疫情期間的兒童心理健康

2020年春，隨著新冠疫情讓世界停擺，孩子也改成線上上課，關在家裡，停止正常活動。線上教學似乎明顯成效不彰，幾份研究發現學生學業表現降低，許多老師也說有的學生根本不參加線上課程。

與心理健康有關的數據比較難找，疫情期間兒童心理健康的資料更是難尋。所幸國民健康訪問調查也涵蓋兒童心理健康問題，分別在2019和2020年以同樣的題目詢問家長，例如孩子多常顯得「焦慮、緊張、煩惱」（焦慮症症狀），或是多常露出「悲傷或憂鬱」（憂鬱症症狀）。由於我們現在想探討的是兩極世代，而這個世代在2020年是5到7歲，所以接下來會把焦點放在這個年齡層。

疫情爆發後的六個月，至少每月出現焦慮跡象的5到7歲兒童雖然比2019年多，但增幅不高，憂鬱率也只略微上升。也許是因為父母也開始在家上班，孩子雖然想念學校，但也享受到更多家庭時光，所以心理健康問題不算嚴重。

可是到2020年末，孩子出現緊繃跡象。在2020年的最後三個月，5到7歲的兒童有四分之一至少每月出現焦慮跡象，比2019年增加51%；八分之一的孩子出現憂鬱跡象，是2019年的一倍多（見圖7.6）。好消息是：到了2021年末，孩子焦慮和憂鬱的程度回到2019年的水準。隨著許多學校重新開放，孩子也恢復正常。

到2022年，年紀最長的兩極世代過去四分之一的人生都必須遵守防疫規定。在要求配戴口罩的州和城市，直到2022年3月口罩令解除之前，2015年後出生的兩極世代從來不曾不戴口罩上學。至於2020年3月以後才出生的兩極世代，過去的人生則全在新冠疫情時代中度過。

不過，這並不代表他們是被詛咒的一代。這本書以沉默世代為始，那一代

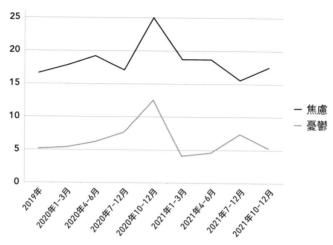

圖7.6｜美國5到7歲兒童至少每月顯得焦慮或憂鬱的百分率，2019–2021

資料來源：國民健康訪問調查

注：由家長回答子女看起來多常「焦慮、緊張、煩惱」，以及看起來多常「悲傷或憂鬱」。縱軸數字為至少每月（含每月、每週、每天）顯得焦慮或憂鬱的百分率。

人雖然同樣出生率低，同樣一出生就面臨大難（經濟大蕭條和二次大戰），卻開創出穩定而豐富的人生，建立了家庭，在民權和女權運動上也有長足進展。或許生於亂世也能讓兩極世代更為堅強，為帶領國家迎向更好的時代做好準備。

我們一路從沉默世代談到兩極世代，看著每一代人的行為和生活方式隨科技進步而變；看著美國從自由受限、風氣保守、角色僵化的集體主義社會，轉變成崇尚個人主義和自由做自己的社會；也看著社會習尚從青少年獨立自主、二十出頭就結婚的人生加速模式，轉變成延長童年、推遲成年責任的人生減速模式。我們從心理強韌性的年齡層（沉默世代）出發——即使這群人在疫情肆虐時也承受最高風險，一路走到成長於智慧型手機時代、目前陷入心理健康危機的年輕人（Z世代）。認識每個世代的婚姻、工作、感受、思考、生活、投票傾向之後，接下來要探討的是這些趨勢在未來將如何發展，還有隨著世代更迭，這幾代人在經濟上、政治上、社會上的差異將如何產生深遠影響。

8

未來
The Future

　　1962年，兒童卡通節目《傑森一家》（*The Jetsons*）首播，描述幾十年後四口之家的生活。劇中出現不少新奇玩意，充滿當時對2020年代的想像，有視訊電話（答對了）、機器人幫手（答對一部分）和飛行車（錯）。雖然《傑森一家》的製作群創造力豐富，預測到一系列未來科技，但他們終究沒料到女主人珍·傑森將來也會出門上班。編劇理解科技的力量一定會直接影響日常生活，卻沒發現科技也將間接改變態度和行為，而後一種轉變造成的衝擊恐怕比機器人幫手更大。

　　正如《傑森一家》的編劇所發現的，預測未來何其困難。雖然某些軌跡已十分清晰，但其他則否。不過，我們既然對各個世代已有一定認識，也見識到文化變遷影響多麼廣泛，對往後幾年的發展應該能看得稍微更為清楚，也更能推測這些變動將如何影響人口、工作、政治和其他面向。

▌工作的未來

　　《紐約時報》近來宣稱：「現在是37歲的人怕23歲的下屬。[1]」換句話說，千禧世代不再是準備大展身手的年輕員工，反而成為必須了解年輕員工的主管。怎麼樣才「酷」現在是Z世代年輕人說了算。

　　2020年代是職場世代更迭的轉捩點，隨著Z世代大量攻占基層職位，千禧世代邁入40歲，X世代進入四字頭末、五字頭初，嬰兒潮世代則都已五字頭

末以上。到2020年代，1940年代末、1950年代初出生的嬰兒潮世代已年過七十，在掌舵數十餘年之後終於湧現退休潮。到2030年，所有的嬰兒潮世代都將66歲以上，X世代和千禧世代也將成為主要接班梯隊。拜人生減速策略和科技之賜，嬰兒潮世代儘管年長，仍然健康老去，主導政界和商界的時間比過去的世代長，但這種情況顯然會在2020年代改變。

我們已經能從世代和文化變遷中看出七種趨勢。在往後幾年，這些趨勢將持續形塑商業和投資的面貌。

1. 遠距工作。儘管新冠疫情帶來種種挑戰，卻也讓許多美國人省下大量通勤時間。對有子女的X世代和千禧世代來說，意外獲得的工作彈性和家庭時間都令人珍惜。Z世代適應得更快，畢竟他們本來就凡事靠網路，對這種便利早就習以為常。

居家上班似乎不會隨著疫情結束消失。不分產業來看，2019年大約只有5%的全職員工居家上班，2020年衝上62%，到2022年8月固定在31%。資訊、科技、財經等領域則是50%。有經濟學家說這是「勞動市場幾十年來最大的震撼，光是美國，每週就能省下大約2億小時的通勤時間，60億哩的通勤距離。[2]」

在過去，進公司上班是預設的常態，現在居家上班可能成為新常態。如果沒有非進公司處理不可的事，就不必多跑一趟。每週有一天在家工作可能會變成每週在家工作四天，在辦公室一天——或一天也沒有。在2020年代，居家上班或將成為公司和員工反覆溝通的熱門議題。

領導階層的世代換血更有利於促成這種變化。X世代的老闆進入職場時正值電腦革命，比嬰兒潮世代更願意讓員工在家上班，至少同意部分時間在家上班。千禧世代也差不多。根據2021年的一次調查，55%的千禧世代認為既然遠距工作成績也不錯，不必堅持一定要進辦公室。另一方面，儘管嬰兒潮世代在新冠疫情下健康風險更高，卻只有36%這樣想。

整體而言，世代之間對工作的看法已明顯改變。以前上班代表的是「屁股

坐在位子上」（"butt in chair," BIC），不論工作成效好或不好，都得在辦公室裡待到老闆下班。現在看重的逐漸不是花費多少時間，而是成果和彈性。

這種改變行不行得通還有得爭。雖然大多數雇主仍要求員工全職工作，但什麼是「全職」已有不同聲音。千禧世代的蓋比・甘迺迪（Gabe Kennedy）開了一家草本補給品公司，有一次面試一名Z世代應徵者，對方問達成當日業績之後能不能提早下班，甘迺迪說上班時間朝九晚五。甘迺迪說：「前幾個世代把打卡當理所當然，心態像是『反正我一步一步照著規矩來，遲早會拿到退休金和退休禮物』。千禧世代則是『雖然還是要在辦公室非上班不可，但我總能休息時打打乒乓球，喝喝氮氣咖啡。』新一代呢，他們是『哇靠，我在社群媒體發文就能養活自己了，你管我要寫什麼、什麼時候發？』」[3] 工作彈性可能指的是中間休息一大段時間，也可能代表晚上才開工。彈性是Z世代找工作的關鍵考慮之一。

對年紀較輕的千禧世代和Z世代來說，科技進步代表許多白領工作可以改成遠距上班，從寫作、開會到合作，無不如此。Z世代對在家上網要用數據機的時代幾乎沒印象，從高中和大學就開始用筆電寫報告，哪裡方便又舒服就在哪裡做事。對這群什麼地方都能工作的人來說，上班一定得待在辦公室一整天的規定很奇怪。但也有不少人認為，不一起上班沒辦法和同事建立革命情感，也失去許多腦力激盪的機會，前幾個世代這樣想的人特別多。另外，從零售到醫療，其實還有不少工作很難或無法遠距上班。

Z世代在Zoom上度過大半養成階段，喜歡選擇和彈性。「我其實滿喜歡去辦公室的，感覺比較有人味。」琴賽・史蒂芬森（Ginsey Stephenson，1999年生）說：「但我不懂怎麼有人想天天都進辦公室。[4]」大學剛畢業的山姆・普迪（Sam Purdy）也說自己不想天天「縮在小隔間」：「你知道，我們並不以工作為優先，對進辦公室這種事滿排斥。[5]」2021年疫情緩和後，大衛・格羅斯（David Gross，1981年生）通知廣告公司員工準備回辦公室上全天班，員工陷入全然沉默，終於有年輕人發問：「這是強制性的嗎？[6]」在疫情期間居家上班後，許多人一想到又得天天穿正式服裝通勤上班、每週五天在辦公室裡待滿八

個小時，就已幹勁全失。

通勤上班似乎也不太安全。即使在疫情降溫之後，人們也難以回到2019年那種對生病漫不在乎的態度，對新冠肺炎是如此，對流感亦然。Z世代在2020年以前就已非常謹慎，而且可能一輩子都會如此。這也對如何看待病假和彈性有所影響：Z世代希望能自行判斷舒不舒服或安不安全，再決定要不要來公司。以前公司往往要求員工無論如何都要出席，否則予以處罰，但那樣的時代大概結束了。主管越來越需要斟酌情況，在病假需求和出席需求之間取得平衡。不過，雖然有的工作可以遠距辦公，但服務業、製造業、醫療業該怎麼回應這個問題，目前還看不到答案。

居家上班的轉變也會影響投資到和都市規劃。當越來越多人能夠遠離市中心生活和工作，我們會需要更好的手機和寬頻服務。當然，網路也需要更加穩定。在接下來十年，許多辦公大樓將門可羅雀，逐漸被拆除或改建成住宅。隨著工廠、倉庫紛紛被改裝成時髦小型公寓，隔間辦公大樓也將被聯棟住宅和社區管理大樓取代。仰賴通勤族光顧的餐廳和商店在市中心將大受打擊，鬧區風光不再。建商會開始在平面圖中繪入居家辦公室，或許一家一間，也可能一家兩間。

居住地區可能也會開始挪移，大都市不再受到青睞，郊外和鄉間變得炙手可熱──至少喜歡清靜的人會搬去那裡。「住處離公司近」漸漸不是選屋考量。溫暖而風景優美的地區房地產會上漲，較冷又沒那麼優美的地點或許會需求下降。在《大西洋》月刊作者德瑞克・湯普森看來，數位通勤是下一波工業革命，將使工作地點和居住地點有史以來第一次脫鉤[7]。未來沒有辦公室，也處處都是辦公室。

2. 安全空間與言論。2013年前後，隨著Z世代陸續進入大學，前幾個世代對他們的某些要求深感詫異。例如在敏感資料前加上觸發警告，或是設置「安全空間」，以便在倍感壓力時有地方可以喘息。職場可能很快也會出現類似呼聲。不久以後，有些工作場所可能也會另闢「安全空間」，準備安樂椅、靜心

音樂和輕鬆的影片，讓員工在情緒不佳或壓力大時能去那裡沉澱心情。其實許多公司已經備有休息室，鼓勵員工偶爾放鬆一下，但再過幾年，休息室或許會明確改稱安全空間或放鬆室。在此同時，X世代和千禧世代用來提振士氣的團體活動將逐漸落伍（如桌上足球台），取而代之的是Z世代偏好的個人活動（如冥想、瑜伽、按摩）。即使是大多數時間居家上班的公司，可能也免不了這種趨勢，因為在年輕員工面對面溝通經驗減少之後，親自出席會議帶來的壓力只會更大。

由於線上溝通越來越多，用字遣詞也越來越被嚴格檢視。千禧世代和Z世代受到冒犯不會默不作聲，而且常常是向上級檢舉，不是直接和言語不當的人溝通。X世代和嬰兒潮世代不分主管、教職員或員工，許多都已為此受過教訓。隨著千禧世代和Z世代逐漸成為職場主力，這種事只會增加，不會減少。如何讓團隊成員能暢所欲言又彼此尊重，同時避免有人遭到「取消」，將是管理階層的艱鉅任務。

3. Z世代與千禧世代不同。 過去幾年，招募基礎人才的機構已經看見勞動人口出現變化，從大多數是千禧世代，變成大多數是Z世代。到2020年代，隨著Z世代進入二字頭末、三字頭初，專業要求更高的領域（如法界、醫界、學術界、管理界）也將開始看到這種轉變。這代表職場主力從樂觀轉悲觀，從自信轉懷疑，從自以為是變成不安全感。千禧世代不好應付，是因為深信自己理應得到讚賞，Z世代不好應付，則是因為他們需要讚美才能安心。管理階層才剛剛摸透千禧世代的脾氣，現在又得開始摸索Z世代的性格。

Z世代在工作上從不掩飾私底下的個性。這不只是因為科技模糊了公私的界線，也是因為個人主義鼓勵隨時展現真性情。雖然這聽起來不錯，但也可能讓人拙於處理專業情境。在需要更多規則和指示方面，Z世代和千禧世代很有共同點。Z世代在「不讓任何孩子落後」的教育政策下成長，從小各種活動都有大人規劃，一路走在人生減速的軌道，獨立自主的經驗較少。所以，和Z世代互動的時候，請把你希望他們怎麼做講得越清楚越好。

圖8.1 ｜ 美國12年級生預期工作是生活的重心和願意加班的百分率，1976–2021

資料來源：監測未來調查

注：「工作是生活的重心」之百分率為回答「同意」和「非常同意」者；「願意加班」之百分率為回答「同意」者。

　　好消息是Z世代高度務實，也了解努力工作的重要：同樣是12年級生，Z世代比千禧世代更願意加班，也更傾向以工作為生活重心（見圖8.1）。雖然敬業程度並未回到1970或1980年代的水準，但明顯回升。至少在金融海嘯經濟回春之後，青少年一度更願意工作為重，敬業精神直到2021年受疫情衝擊才再次下降。

　　2022年「安靜離職」（quiet quitting）一詞流行之後，大眾對Z世代敬業精神的觀感進一步降低。「安靜離職」指工作時只做到最低限度，能混則混，是Z世代喜愛的TikTok上常見的主題，例如有個女生在TikTok上對老闆宣告：「本日目標是500通電話！？老娘只打50通，多了不幹。[8]」雖然因為失業率低加上勞工短缺，年輕員工現在的確更有本錢拿翹，但有人指出，最早引起大眾注意上班打混的其實不是Z世代，而是1990年代的「懶鬼」X世代。將這種作風表現得最徹底的是1999年的電影《上班一條蟲》（Office Space），主角以上班摸魚為職志，老闆要他週末加班，他老兄跑去釣魚，兩名顧問馬上挖苦說這正是晉升管理層必備的特質。事實上，連「安靜離職」這個詞都是X世代發明的：有

個叫布萊恩・克里利（Bryan Creely）的 X 世代拍影片說，職場已經出現「翻天覆地的變化」，不再「沒完沒了地工作、工作、再工作……你也是安靜離職一族嗎？[9]」在疫情過後，Z 世代和其他世代是否還會繼續安靜離職之風，依然有待觀察。

對於工作，Z 世代其他優先看重的面向或許會令你驚訝。有人說年輕人喜歡有趣、能交朋友的工作。但 Z 世代其實並**不**比前幾個世代更偏好有趣的工作，也更不在乎工作能不能交到朋友。事實上，這種趨勢從前幾個世代就已出現，Z 世代只是繼續延續而已（見圖 8.2）。

Z 世代之所以不太在乎能不能在職場上交朋友，可能是因為在網路上已經有自己的交友圈。社群媒體讓遠距交友比過去容易得多，即使遠遠分隔兩地，朋友之間還是能經常保持聯繫。另一方面，Z 世代也不像前幾個世代那麼熱中地位高的工作。但這種看淡名望的趨勢其實從千禧世代就已開始，也不是由 Z 世代首開先河（未製圖）。

不過，Z 世代在工作上比前幾個世代更看重兩件事：我的工作能不能幫助他人？對社會有沒有價值？（見圖 8.2）這反映的是人生目標的變化：近幾年來，越來越多大學新生表示幫助處境艱困的人很重要。同理心回來了，Z 世代希望知道自己能讓世界有所不同，包括在工作上亦是。在 2020 年代接下來的時間，新冠疫情餘波和政治參與提高應該會持續發揮推力，促使更多年輕人投入醫學、護理、治療、公衛、臨床心理學等領域。職場上也會有越來越多年輕員工發聲，詢問公司能如何幫助別人、回饋社會。

4. 一切泛政治化。沒有多久以前，學校和公司的正式信件都是公事公辦，只交代和日常運作本身有關的資訊，其餘一概不談。可是從 2010 年代中期開始，隨著大學生越來越常要求校方為校外事務表態，甚至道歉，這項標準開始改變。不只私立名門大學如此，公立大學也出現同樣的潮流，我任教的加州大學聖地牙哥分校（以下簡稱 SDSU）就是校務軌跡改變的現成例子。2016 年 4 月，因為有校外組織在校園裡貼傳單，點名指控部分師生是「巴勒斯坦恐怖分子同

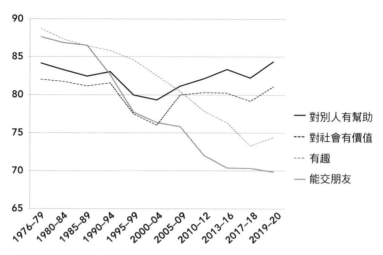

圖8.2｜美國12年級生看重特定工作特質的百分率，1976–2020

資料來源：監測未來調查

注：「讓你有機會直接幫助別人的工作」、「對社會有價值的工作」、「讓你有機會交朋友的工作」三項之百分率為回答「重要」和「非常重要」者；「有趣的工作」之百分率為回答「非常重要」者。2021年沒問這幾道問題。2013年後，大多數12年級生是Z世代。

路人」，學生群情激憤。校長寄出電郵表示傳單的確不該指名道姓，但言論自由也是基本權利。學生立刻發動抗議，拉起「SDSU認為我們是恐怖分子」的布條，包圍警車，不讓校長離開長達兩個小時之久。毫不令人意外的是，校長不到一年就另謀出路，到別的大學任職。

SDSU新任校長阿德拉・德拉托雷（Adela de la Torre）改弦易轍，開始不只在電郵裡討論校園事務，也對全國大事發表看法。2021年11月，媒體鋪天蓋地都是威斯康辛州凱爾・黎頓豪斯（Kyle Rittenhouse）受審的新聞[i]，以及喬治亞州阿莫德・亞伯里兒殺案審判的報導，德拉托雷寫信對全校師生說：「這類受到高度矚目的審判可能⋯⋯造成我們社群特定成員承受高度的壓力，尤其是對平時就常遭受無理偏見和微侵犯[ii]的人更是如此⋯⋯最近幾年的確充滿挑戰，

i　2020年8月25日，17歲的黎頓豪斯在反警示威中持槍掃射，造成示威者兩死二傷。譯注
ii　亦稱為「微歧視」。編注。

有時甚至是毀滅性的挑戰。我們在疫情期間已經遭遇莫大損失，而那些損失已不成比例地衝擊許多有色族群。此外，這個星期圍繞審判的許多論述只再次凸顯一個事實：系統性的種族主義仍持續威脅我們社會的結構。」

這是新的常態，可是對Ｚ世代學生來說，這也是唯一的常態。Ｚ世代已習慣看到領導者對敏感政治議題表達看法，對系統性種族主義發布強硬聲明。這個世代幾乎不記得陷入嚴重政治對立以前的美國。一切泛政治化，政治不只限於選舉和辯論，道德和價值觀也都和政治有關。這是一種的感覺，四處瀰漫「我們」與「他們」的對立，而你非選邊站不可。Ｚ世代在大學已經見慣新的大發議論模式，如今，不論是身為員工或消費者，都開始認為商場上也該如此。

不論公司的本業是什麼，都將面臨更多員工要求政治表態的壓力。2020年6月，全美各地為喬治・佛洛伊德之死爆發抗議活動，千禧世代波麗・羅德里格斯（Polly Rodriguez）的公司雖然賣的是按摩棒，卻也馬上有年輕員工要她表態，說明公司會為支持抗議做些什麼[10]。2022年3月，佛羅里達州推出有爭議性的法案，打算禁止在幼稚園到3年級之間教授性別認同或性傾向。這部法案馬上被稱作「禁說同志法」，在同月稍後通過。迪士尼執行長鮑伯・查佩克（Bob Chapek，1960年生）原本只想遠離爭端，對員工說公司不會公開表示立場，也強調即便企業表態，「對改變結果或人心沒什麼效果」。豈料員工立刻反撲：迪士尼皮克斯工作室的員工發表公開信，表達對公司不公開反對該法案的決定感到「失望、受傷、恐懼和憤怒」，其他員工也在社群媒體上發文批判公司。五天後查佩克公開致歉，宣布公司將暫停所有對佛州的政治獻金。佛州的共和黨州長榮恩・迪尚特也立刻回應，取消迪士尼樂園的特別稅區地位。正如《洛杉磯時報》報導所說：「公司的教訓：忽視員工的痛苦後果慘重。[11]」問題是，公司採取行動之後，政治後果也一樣慘重。

一般來說，以前的公司唯恐得罪顧客，往往不願對政治議題表態，現在卻經常被年輕員工要求表明立場。同樣值得注意的還有《洛杉磯時報》用了「痛苦」一詞來描述員工的處境，這種用法是向千禧世代和Ｚ世代的社運人士學的，他們有時會把言論等同於身體傷害（這個案例中的「痛苦」則是因不發表

言論而起）。如果公司選擇讓員工滿意，可能會得罪部分顧客，這種矛盾該如何化解，仍有待觀察。不過，這種趨勢應該會繼續下去。

5. 心理健康。隨著年輕人越來越憂鬱，公司處理員工心理健康問題的方式也必須升級。年輕員工會想知道：公司的醫療保險給不給付心理健康治療費用？公司是否准許員工為心理健康問題請假，就和身體患病時一樣？

雖然業界目前對於「心理健康假」仍持觀望態度，但這種情況不會持續太久。儘管Z世代普遍低自尊，但他們知道怎麼為心理健康需求發聲，也決心掃除心理健康問題的一切汙名。作主管的應該要有心理準備，年輕員工會更常談到自己的壓力，甚至診斷。

隨著生活和工作的界線日益模糊，心理健康又擁有極受重視的地位，主管越來越需要關心員工的整體生活，而不只是工作。「二十年前和員工一對一面談的時候，對話是：『你做完X、Y、Z了嗎？還沒？那你什麼時候做完？』」在金融公司擔任人資主管的高譚・師利瓦師塔瓦（Gautam Srivastava）說：「現在則是：『最近過得怎樣？爸媽需要照顧嗎？』話題比以前廣得多。」不論是Z世代的心理健康經驗，或是持續升高的個人主義，都讓這一代人比前幾個世代更少把生活和工作劃分開來。蔡菁芳（音譯：Linda Jingfang Cai）在LinkedIn上說：「我們看到的是，這群年輕員工要求雇主將他們當成整全的人來關心。」[12]

談到公司福利時，許多Z世代會特別提到健康。山姆・佛茲（Sam Folz，2000年生）在第一資本（Capital One）任職，對公司提供無限心理健康假讚不絕口[13]。肯尼・柯倫（Kenny Colon，1999年生）說自己選擇公司的標準之一是健康政策，例如他現在實習的安永會計師事務所（Ernst & Young）就提供員工一千元的津貼，好讓員工購買床墊等健康用品。

在工作上，Z世代最在意的核心問題是壓力。根據2020年對13到25歲的大型調查，對未來工作感到高度壓力的有三分之二，擔心以後能不能找到好工作的高達一半，只有17%對將來可以獲得好的工作感到樂觀。在千禧世代過度膨脹的樂觀之後，Z世代變得焦慮、緊張，充滿不確定感。

隨著越來越多Ｚ世代進入職場，主管必須幫助他們將焦慮化為生產力，而非坐視不理。我認為最好的建議是：有壓力時盡量不要分心，設法面對問題，取得些許進展。與其浪費時間做一些焦慮時特別想做的事（例如上網、上社群媒體），面對問題其實更能減輕壓力。這是一場專注力之戰。

6. 扁平化。「早啊，麥可。」荷西進辦公室時說。請問：荷西打招呼的對象是誰？是他的老闆，還是員工？

在現下的社會，這是道陷阱題：麥可可能是荷西的老闆，也可能是荷西的員工。但沒有多久以前答案其實顯而易見：麥可是荷西的員工，起碼是同事，因為沒有員工會直呼老闆「麥可」，只會稱呼「史密斯先生」。在差不多1990年以前，員工幾乎不會和老闆以名相稱。

個人主義讓各個領域的權威結構扁平化，主管和員工的界線逐漸消失，彼此之間的關係變得較輕鬆而不那麼正式。現在的主管大多不是高高在上、發號施令，而是和員工組成團隊，一起工作。上司怎麼說下屬就怎麼做的時代早就過了。

Ｚ世代有時甚至懷疑需不需要領導者，而且多年來一直如此。2016年史丹佛大學學生舉行抗議，事前建立了一份Google文件，讓團體裡的每一個人都能增添或編輯訴求[14]。沒有人主導，也沒有選出領導者。由千禧世代發動的黑命貴運動也是如此，整個運動去中心化，沒有特定的全國領袖。

現在還不清楚這種扁平化趨勢能影響職場多少，畢竟職場結構較為傳統，通常會由領導者設定目標。雖然Ｚ世代和之前的千禧世代一樣不願盲從命令，但兩者的原因並不相同：千禧世代不盲從命令是因為自信，是因為勇於挑戰權威，也期待自己幾年後能當上主管；Ｚ世代沒有這種睥睨一切的資格感，但打從心底相信人人平等，都應受到相同的對待。這種信念偏好扁平式的領導結構，充分給予員工自主權，不預設老闆一定懂得更多。在Ｚ世代看來，不論是使用科技用品的經驗，或是對新性別文化的認識，前幾個世代往往所知有限。公司結構或許必須更加朝團體導向調適，上對下的領導方式可能也必須改變。

許多公司已開始鼓勵員工參與形塑公司文化和目標，而不只是聽命行事。舉例來說，有的公司已設立員工會議，可以向管理層提出建言。

　　個人主義和年輕員工逐漸占上風的例子之一，是公司的服儀規定開始改變。直到近年，家得寶、UPS、迪士尼等企業仍要求員工遮掩刺青，不得蓄鬍。但隨著刺青和蓄鬍逐漸成為表現自我的方式（在千禧世代和Z世代之中尤其如此），相關政策必須放寬。舉例來說，UPS現在准許留山羊鬍和八字鬍，只要「合乎專業形象」（businesslike）即可。UPS總裁克里斯多福・巴雷特（Christopher Bartlett）說，新政策「能為我們的員工創造更現代的工作環境，讓他們在職場上展現真正的自我」[15]。迪士尼向來視遊樂園員工為「演出人員」，原本一直禁止刺青，但現在准了。總裁喬許・達馬洛（Josh D'Amaro）解釋：這樣做是為了「跟上今日職場的腳步……讓我們的演出人員更能在工作時展現自己的個性，以及文化」。以後會有越來越多員工要求取消有礙表現自我的規定，尤其是妨礙表現自我的服儀規定。

7. 未來是屬於非二元性別的。「你應該能想穿什麼就穿什麼，想什麼時候穿就什麼時候穿。」服裝設計皮耶・戴維斯（Pierre Davis）說。戴維斯是服裝品牌No Sesso的創辦人，No Sesso是義大利文「無性／性別」的意思，宗旨在設計性感、但不限於單一性別的服飾，讓任何性別認同的人都能穿得自在。戴維斯創立No Sesso的部分原因是她是跨性別女，總是找不到自己喜歡的衣服[16]。

　　目前性別認同為非二元性別或跨性別的青年人約十八分之一，在18到22歲年齡層中則是十三分之一，這樣看來，無性別服飾應該會越來越流行。由於引領時尚的通常是青年人，性別模糊產業的成長空間應該不小。在職場上，性別友善廁所會更加普遍，性別欄除了「男」、「女」之外還會加上「非二元性別」，大家也會普遍了解Z世代對性別另有想法。在Z世代眼裡，X世代和嬰兒潮世代對性別認同往往無知得無可救藥，不論這種看法公不公允，想彌補與Z世代之間的鴻溝，起碼得認識一些新性別術語，如「跨性別」、「順性別」、「非二元性別」、「出生指定性別為女」等等。

隨著性別成為新焦點，人稱代詞也成為新焦點。雖然自動報上代詞在大學校園已十分普遍，可是在職場上還沒形成風氣。最近有個X世代翻閱應徵者的履歷，看著看著發現其中一位在名字底下標注代詞，心頭一驚：「這代表這傢伙什麼都泛政治化，他來上班我得皮繃緊一點嗎？」

這種態度很快就會改變。職場也會漸漸習慣自報代詞。隨著Z世代成為新進員工主力，他們會懇請（也可能要求）其他人這樣做。Z世代認為只要每個人都自報代詞，跨性別或非二元性別者自報代詞就不會那麼尷尬。自報代詞在電郵簽名檔和Zoom姓名標籤上已相當普遍，在口語對話中可能也會很快成為習慣。有專家建議：「除了問別人『貴姓大名？』之外，你也可以多問一句『你的代詞是？』我們不能只因為別人穿裙子或打橄欖球，就以為對方一定是某個代詞或性別認同。[17]」

我認為自報代詞會成為常態還有另一個原因：這樣做切合實際。在多元文化世界，名字未必看得出性別，何況現在越來越流行中性名字。隨著電子通訊越來越多，當面溝通越來越少，辨識性別的視覺線索常常付之闕如。這些趨勢在在點出明示性別認同的實用性。我相信不用多久，人資主管再看到應徵者在履歷上注明自己的代詞，連眉頭都不會皺一下。

最好不要忽視自報代詞的趨勢，以為那只是自由派大學的玩意兒。雖然這種風氣的確起於大學，但恐怕不會止於校園。大學生會畢業、進入職場，影響未來的工作場所。從近年經驗來看，忽視大學流行的風潮往往適得其反。如果2010年以後的變化有告訴我們什麼，那就是起於校園的風潮不久也會衝擊文化其他角落，從高度重視多元包容到取消文化，無不如此。

對許多人來說，最大的調整莫過於以「他們」指涉個人（常常是非二元性別者），畢竟這個代詞原本只指複數個人。不過，大多數人其實都遇過以「他們」指涉個人的情況。「我的店經理說他還是不習慣改用『他們』。雖然他願意這樣做，也不想冒犯人，但他腦子就是轉不過來。」Z世代的艾樂－李（Elle-Lee）在推特上說：「所以我跟他說送披薩的例子：如果你打電話叫披薩，但等了半天就是沒送來，你也不曉得送披薩的是男是女，你會說什麼？一定會說『他們

他×的把我的披薩送到哪裡了？』對吧？他秒懂，呵呵。」

家庭的未來

看到美國出生率急速下降，人口學家萊曼・史東（Lyman Stone）決定把相關數據總結成一個問題：從2008到2019年，如果生育率維持不變，而非一直下降，美國可以多出多少新生兒？[18]

答案是580萬。史東指出，這個數字相當於美國一年半沒有一個孩子出生。580萬比挪威全國人口還多，而且還沒算進2020到2021年更低的出生率。我們怎麼落到這步田地？

千禧世代的出生率。直到2008年，美國總生育率仍有2.1，亦即每個女性可能生兩個小孩，足以達成人口替代。但數字在2009年下滑到替代水準以下，並持續降低。到2020年，總生育率降至1.64，是有紀錄以來最低（見〈千禧世代〉一章圖5.32）。當出生率低於人口替代水準，國家裡的老人會漸漸多於年輕人。

出生率不只代表生多少小孩而已，也會影響現在和未來的人口結構，乃至各種面向如產品行銷、公共政策、經濟展望等等。只要能推測未來十年的出生率，就能看出國家未來的重要輪廓。在2020年代，我們要問的關鍵問題是：出生率能大幅回升嗎？

答案簡單明瞭，只有兩個字：不能。

我們怎麼知道不能？又為什麼不能？

先回答第一個問題：我們是怎麼知道的？在2020年代，年紀較大的千禧世代陸續邁入四字頭，離開主要生育年齡。許多專家曾經以為千禧世代不是不想生小孩，只是想等到年紀較大再生。但隨著出生率在2010年代末到2020年代初持續降低，這個理論不攻自破。那麼，較晚出生的千禧世代可能扭轉趨勢嗎？看起來不太可能：根據皮尤研究中心2021年的調查，在18到49歲沒有子女的人裡，有44%認為自己以後也不會有小孩，從2018年的37%又再次往上躍升。[19]

剛才提到的人口學家史東在參照歷史數據後，也推測千禧世代會有更多女性沒有子女，生育率「追」不上前幾個世代三字頭末、四字頭初的女性。據史東估計，1990年代初出生的千禧世代會有四分之一沒有子女，相較之下，1970年代初出生的X世代是七分之一，千禧世代沒有子女的比例明顯較高[20]。布魯金斯研究所（Brookings Institution）的分析也得到相同結論：和1970到80年代出生的美國人相比，1990年出生的美國人子女較少[21]。由此看來，千禧世代不太可能把出生率拉回。

Z世代的出生率。那麼，Z世代可能扭轉出生率嗎？2020年代的二字頭青年大多是Z世代，他們的想法是預測未來一、二十年出生率的最佳參考。既然我們有截至2021年的十七、八歲年輕人的調查數據，我們便可據此推測接下來可能的發展。

曾經有將近四十年的時間，表示自己想要有小孩的高中生比例不是增加、就是持平。接著，就在Z世代開始占據這個年齡層的2010年代初，比例開始下降（見圖8.3），而且降得最劇烈的是女生——就出生率而言這不是好兆頭，畢竟女性的生育意願通常最具預測性。

年輕人之所以變得不想要孩子，部分原因可能是Z世代較為憂鬱。憂鬱的人負面看待世界，不知樂觀為何物。然而生孩子是樂觀的行為，代表你對自己照顧孩子的能力樂觀，起碼對孩子即將居住的世界合理地樂觀。Z世代明顯不如千禧世代同齡時樂觀，而千禧世代的出生率已經比過去低。如果千禧世代不生小孩，Z世代似乎不太可扭轉趨勢。「我不知道世界二、三、四十年後會是什麼樣子。」艾爾·強森（El Johnson，1988年生）最近對美聯社說。強森打算去動結紮手術，醫生說現在這樣選擇的人越來越普遍[22]。

不過，既然問卷問的是「你多想要有小孩」，作答者的意願可能因為憂心經濟、感情關係、世界問題而降低。可不可能Z世代還是想要有小孩，只是擔心養不起或找不到伴侶？在理想情況下，如果沒有這些障礙，也許Z世代想要有小孩的比例還是一樣高？

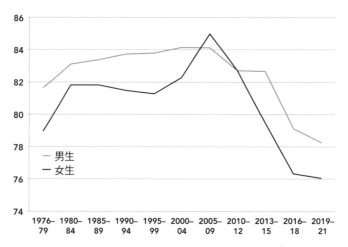

圖 8.3│美國 12 年級生表示自己想要有小孩的百分率，1976–2021

資料來源：監測未來調查

注：問題：「你多想要有小孩？」選項從「非常想」到「非常不想」。縱軸數字為選擇「非常想」和「很想」的百分率。排除選擇「已有小孩」者。2013 年後，大多數 12 年級生是 Z 世代。

　　然而並非如此。年輕人在理想情況下想生養的子女數原本極為穩定，持續維持了將近四十年之久，可是從 Z 世代開始下滑，降低最多的是女生（見圖 8.4）。雖然絕大多數 12 年級生還是至少想要一個孩子，但因為從嬰兒潮世代到 X 世代、千禧世代，12 年級生至少想要一個孩子的比例幾乎沒有變過，這種變化還是值得注意。

　　我們換個方式解讀這份數據：直到 2010 到 2012 年，一個孩子也不想要的年輕女子只有二十六分之一，可是到 2019 到 2021 年變成十二分之一，是過去的兩倍。雖然數字差距不大，不想要小孩的女生也仍是少數，可是在本應樂觀的青春年華，不想要小孩的 12 年級女生卻越來越多，還是值得我們深思。

　　這種轉變不只出現在高中生身上。從 2006 至 2010 年這個時間區段開始，到 2013 至 2017 年，不想要小孩的成人暴增 24%，這麼短的時間裡出現這般增幅著實驚人[23]。在羅訴韋德案判決被推翻之後，有些州開始採行嚴格的墮胎法律，雖然這對出生率會造成什麼影響仍有待觀察，但其他種種跡象顯示：出

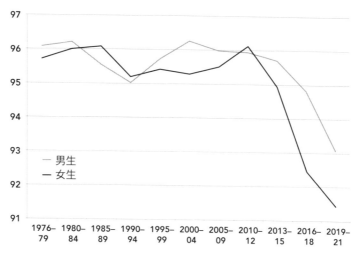

圖 8.4│美國 12 年級生如果情況理想，自己至少想要一個孩子的百分率，1976-2021

資料來源：監測未來調查

注：問題：「考慮各種因素後，如果你想要幾個孩子就能有幾個，你希望有幾個孩子？」選項從零到六個以上。縱軸數字為選擇一個以上孩子的百分率。排除選擇「不知道」者。2013 年後，大多數 12 年級生是 Z 世代。

生率會持續下降。

　　以上是我們知道的事實，接下來要討論的是**為什麼**出生率會持續降低。這和促成世代變遷的三大主因有關：科技讓人可以節育，生不生小孩成為個人選擇；個人主義不重視家庭和傳統，選擇生小孩的人越來越少；人生減速策略讓人選擇晚生和少生。這三種因素讓我判斷出生率會持續降低，或是維持在低點。這三股力量也導致單身和已婚人士的性生活不活躍，而性生活不活躍通常意味著低生育率。另一方面，出生率降低還有一個非自願因素，而造成那個因素的也很可能是科技：從 1970 年代開始，或許因為環境中的化學物質干擾荷爾蒙分泌，男性精子數大幅下降[24]。

　　我們當然希望科技也能反過頭來扭轉這種趨勢。舉例來說，雖然許多人因為人生減速策略和個人主義而較晚成家，但凍卵、人工受孕等人工生殖技術可以延長生育年齡，或許有助於提高日益下滑的出生率？然而，人工生殖技術固

然能為少數人完成為人父母的心願，但不可能對出生率產生多大影響。對40歲以上的女性來說，人工受孕不但成功率非常低，而且費用昂貴（一次至少兩萬美元，往往需要三到四次才能成功），醫療保險通常也不給付。如果女性選擇年輕時凍卵以供日後之用，這種方法是比人工受孕有希望。但凍卵一樣需要龐大費用和及早規劃，成功懷上孩子的機率也仍在未定之天。最重要的是，除非人們想要孩子，否則生殖科技一點幫助也沒有。可是想要孩子的偏偏不多。

新冠疫情也暴露出美國的托育制度何其脆弱，不但讓許多人打消生更多孩子的主意，恐怕也讓不少人認定養兒育女在今日社會太過困難。許多人談到為什麼不想要孩子時會提到財務問題，有時候也透露出個人主義考量。丹妮·琳恩·墨菲（Dannie Lynn Murphy，1994年生）28歲時說：「我難以想像自己會買房子，更別說有孩子了。我覺得主要原因是錢。與其砸五十萬美元養孩子，不如把錢花在遊山玩水。[25]」在2022年的民調中，青年人不想生小孩最常見的原因是「個人獨立」，第二個就是財務問題（氣候變遷是第七個）[26]。

生育意願低落還有別的因素。如果生育被當成個人選擇，而非社會責任或義務，沒有孩子的人會更難容忍幼兒無可避免地為公共場所帶來的不便。作家史蒂芬妮·莫瑞（Stephanie Murray）還是新手媽媽時，有一次正準備帶孩子搭飛機，卻有一個年輕男子對她說：「我每次在飛機上看到嬰兒，總會覺得：『你幹嘛來這裡啊？』」另一個朋友也說：「小孩子太吵了。」莫瑞有感而發：美國之所以「不是養兒育女的好地方」，對小孩出現在公共場所的態度是一大原因。她說，如果「有小孩是個人選擇，那麼就是個人問題」，只要小孩子不會對其他人造成困擾，你愛生幾個都沒關係。問題是這根本不可能——不論家長多麼稱職，嬰幼兒一定會製造噪音，隨之而來的就是旁人的不滿。所以，莫瑞說她不確定該不該懷第二胎，畢竟「給父母一些帶孩子的空間，需要我們每一個人容忍小孩子造成的不便，但我們社會願意這樣做的人越來越少」。莫瑞感慨，這是再多育兒補貼也做不到的事。[27]

出生率降低的意義。要是出生率持續降低或低落，對美國會造成什麼影響？這

部分取決於移民政策，如果有更多年輕家庭移民進來，或許可以抵銷低出生率。但即使成功，美國的人口組成還是會變，只不過改變的就比較不是年齡結構，而是文化和族裔結構。然而，因為川普政策和防疫規定的關係，2010年代中期後移民明顯減少。2020年代必須加速因應，才能力挽狂瀾。

想知道低出生率的未來是如何，日本是前車之鑑。日本的出生率從1970年代中期開始就低於替代水準，在1980年代經濟狂飆之後，1990年代陷入通貨膨脹和經濟衰退，後來被稱為「失落的十年」。日本再也沒有重回1980年代的榮景，隨著人口老化、生產力下降、消費減低，日本經濟預計將一年比一年萎縮。

更大的問題是退休照顧，日本沒有足夠的勞動人口能支持越來越多的退休人口。美國將來可能也會面臨類似危機，社會保險屆時恐怕岌岌可危。在2005年，美國平均3.3名勞動人口支持一名退休人口，社會安全局當時預測2040年的比例將是2.1比一，社會安全信託基金有破產之虞。到了2021年，社會安全局表示由於退休人口提高、勞動人口減少，信託基金在2033年就會用罄[28]。這表示到時只能用勞動人口的錢支付退休年金，差不多只有預計金額的76%[29]。

出生率下降不只影響財政。孩子變少代表手足變少，許多人很可能在沒有親人陪伴下步入晚年，成為獨居老人。在這個方面，日本的經驗同樣值得借鏡。許多老人獨自生活，沒什麼人探訪。《紐約時報》報導過一位91歲的伊藤千惠子（音譯：Chieko Ito）。伊藤一家在1960年住進現在的公寓，但除了千惠子以外，其他人都已過世，現在只剩她一個人孤伶伶地生活。那篇報導標題直白：「日本面臨孤獨死的一代」。伊藤女士已拜託鄰居不時看看她家窗戶，要是發現窗簾一整天都沒拉開，就向當地政府通知她的死訊[30]。

隨著有子女的人越來越少，更多人視寵物為家中的一分子，而且幾乎當孩子一般疼愛，而不只是動物。從2010年代中期開始，越來越多報導顯示許多人以寵物代替孩子，千禧世代尤其如此。根據調查，沒有孩子的千禧世代女性有七成把狗或貓當成子女[31]。沒有多久以前，大家都說自己是寵物的主人，

沒有人自稱寵物的媽媽、爸爸或家長，但現在已是常態。在 Google 圖書資料庫中，美國圖書直到 1995 年才出現「毛家長」這個詞，可是在 2004 年以前仍很少使用，從 2012 到 2019 年才暴增三倍。把狗或貓當孩子的「毛孩」一詞也是如此，儘管直到 1997 年才首次出現在美國圖書中，從 2012 到 2019 年卻增加四倍。

商機和組織也會隨著出生率下降而調整。少子化將使學校和大學面臨招生問題，兒童用品的需求也會萎縮。25 年後，租屋的需求會率先下降；再過幾年，透天厝的需求也會減少。由於居家辦公的人變多，人們可能還是想住相對較大的房子，只不過房間裡擺的會是環形燈和辦公桌，而不是雙人床和橄欖球獎盃。

由於年輕人是發明之母，年輕人變少可能讓創業和革新雙雙減少，公司也會面臨新血不足的窘境。不過，出生率低可能也有一些優點：子女變少以後，父母能為每一個孩子投入更多時間和金錢。人口減少應該也代表環境壓力減少、資源競爭降低──當然，前提是還有夠多的生力軍創造資源。

如果先把這些優點擱在一邊，單純思考如何增加出生率，我們該怎麼做？有的專家把焦點放在托育補助和扶養子女扣除額，因為千禧世代雖然經濟表現亮眼，但這項成就幾乎完全歸功於千禧世代女性收入提高，以致有心生育的異性戀夫婦備感壓力。所以專家認為，減輕育兒負擔或許能增加出生率。但經濟學家深入分析後發現：財務考量並非出生率下降的主因[32]。因此，以財務為施力點的政策是否奏效，不免令人懷疑。

或許我們也該考慮非典型策略。生育子女需要樂觀，也需要重視群體，可是我們的社會崇尚個人主義，又有氣候變遷、收入不平等、政治不穩定等種種問題，既不看重群體，又讓人難以樂觀。不過，雖然這些難題不易解決，但生育子女不只和世界現狀有關。以 20 世紀為例，在經濟大蕭條和二次大戰期間，人們仍然不斷生育；在許多人認為核戰一觸即發的 1950 和 60 年代，生育率甚至打破紀錄。

生育與否往往反映我們如何看待世界。若能改變文化，將大家關注的焦

點從短期的個人福祉轉移到長期的家庭和群體福祉，應該可以增加出生率。若能採取措施降低網路負面情緒、鼓勵面對面人際互動、強化心理健康照顧，或許也能間接提高出生率。出生率降低和憂鬱、不滿暴增同時出現，應該不是巧合。如果能找回心理健康，應該也能拉回出生率。

政治的未來

由於美國陷入嚴重政治對立，選舉以些微差距決定勝負的情況越來越常見。因此，不論對選戰、政黨、民調專家、記者或關心政治的公民來說，了解選民特質變得越來越重要，而世代特質是這張拼圖的關鍵部分。另一方面，許多美國人憂心民主的未來，民主的許多挑戰也因世代和文化趨勢而起。

政黨傾向：年齡因素或世代因素？ 影響政治立場更深的究竟是年齡（你年紀多大），還是世代（你什麼時候出生），一直是政治學家爭論不休的問題。有人說人的年紀越大就越保守，俗話說：「25歲不是自由派，你沒心肝；35歲不是保守派，你沒腦袋。」也有人說政治觀點和你什麼時候出生更有關係，政治信念隨每個世代的人生經驗而易。

如果政治立場主要受年齡影響，選民的行為很容易預測：年紀越大越傾向保守派。雖然這種現象的確存在，但我們在前幾章已經看到：世代在形塑政治立場上也具有關鍵作用，有的世代不論什麼年齡都比較傾向民主黨，有的世代不論什麼年齡都比較傾向共和黨。

最近有政治學家和統計學家攜手合作，一起分析世代之間政治觀點的差異，結果發現：一個人14到24歲時在任的總統受不受支持，會強烈影響他們一生的政治傾向。過了人格養成階段之後，政治傾向便相對穩定。換言之，從一個世代青少年期到青年期在任總統的支持率，就可以預測這一代人未來的政治傾向。總統支持率高，這一代人就更傾向其所屬政黨，支持率低則反之。舉例來說，因為雷根兩任任期支持率高，成長在1980年代的X世代不僅當時較傾向共和黨，此後也一直更傾向共和黨。

從這個角度來看，年紀較輕的千禧世代和年紀較長的Z世代，將來可能發展出什麼樣的投票模式呢？由於川普總統支持率低，2016到2020年成年的選民（也就是1990年代初到2000年代初出生的美國人）應該會傾向民主黨。已有初步跡象顯示確實如此：從2018到2019年，大學新生自述為極左派或自由派的比例暴增10%。

這為往後十年的世代政治衝突設下了基本框架，一邊是偏向保守派的嬰兒潮世代和X世代，另一邊是2005年後成年、較支持民主黨的Z世代和千禧世代。為什麼以2005年為界？因為共和黨小布希的支持率從那年開始下降，民主黨歐巴馬的支持率相對較高，共和黨川普的支持率則是有紀錄以來最低的之一。到2020年代中為止，1985年以前和1985以後出生者的政治分歧將更加擴大，主因不是年齡，而是世代差異。千禧世代和Z世代即使年過四十，還是會比X世代同齡時更傾向民主黨。另一方面，由於這些年輕世代的種族、族裔更多元，可以想見他們會更傾向民主黨，因此，美國人口支持民主黨的比例應該會逐年提高（雖然這項分析因為中立選民增加而更形複雜，但大多數的中立選民還是會傾向其中一黨。此外，拜登的低支持率可能也會逐漸發酵，讓較晚出生的Z世代傾向排斥民主黨）。

其他因素也在發揮作用。千禧世代和Z世代在年紀漸長之後，可能不會像前幾個世代一樣漸趨保守。最近有研究發現，不論是為人父母，或是關注照顧兒童的議題，都會讓一個人趨於保守，變得更在意安全、穩定和家庭價值。這份研究的作者群指出：年紀較大的人之所以較為保守，多半是因為成為父母[33]。既然從出生率和生育意願雙雙降低看來，有孩子的人會越來越少，我們可以推測將來保守派會越來越少，自由派會越來越多，在宗教、墮胎、性傾向等社會議題上尤其如此。為人父母者較少的社會，很可能是遠離傳統、急於改變的社會。

不過，這些趨勢能否將更多民主黨人送進政府，仍取決於其他因素，例如投票率和不公平的選區劃分。Z世代到目前為止投票率相當高，的確有可能掀起民主黨浪潮。但隨著X世代邁入傳統上位居要津、高投票率的年齡，共和黨

很可能繼續掌權十年左右。這種趨勢加上共和黨在選舉人團和參議院的先天優勢，很可能將更多共和黨和保守派推上領導者的位子。然而在此同時，多數人口卻是民主黨和自由派，這不僅為更多街頭抗議和示威活動埋下伏筆，也讓政治領袖和廣大民眾之間更加脫節。

這種情況不免讓人隱隱感到1960年代將捲土重來：社會再次分成「保守派老人」和「自由派年輕人」兩個陣營，彼此各說各話，陷入對立。然而，Z世代的世界觀和1960年代嬰兒潮世代的自由主義並不一樣。雖然兩個世代的確有類似之處（例如Z世代年輕人對政治、抗議、改變制度同樣熱情，也和嬰兒潮世代一樣樂於助人，不像X世代和千禧世代那樣獨善其身），可是對嬰兒潮世代和X世代來說，Z世代的行為似乎過於保守——喝過酒的不多、有過性經驗的不多，和父母同住的時間倒是更長。不過，認為工作穩定和賺大錢很重要的Z世代也不少，比例甚至高過X世代。

為信念而戰的同時，Z世代仍然高度重視安全和追求意義。因此，他們在政治上更關注安全議題和經濟政策，前者如槍枝管制和氣候變遷，後者如減免大學學貸或建立由政府出資的醫療保險。Z世代也關注種族、種族平權及跨性別和非二元性別權利。經過2020年抗議潮和疫情的磨練，這群年輕人可能很快就會推動政治變革，試圖改變美國。

如果變革出自左派陣營，非常可能是由女性領導。在自由派，未來是女性的；在保守派，未來是男性的。雖然女性一向比男性更偏向自由派和民主黨，但雙方的分歧近年來更加擴大（見圖8.5）。

如果這種趨勢在Z世代年長後依然不變，民主黨的議程將逐漸受女性影響，共和黨的議程將逐漸受男性影響。由於兩性在價值觀、溝通方式、立法優先性上原本就有差異，這些趨勢可能為兩黨之間帶來更多誤解和分歧。

共和黨的理念變得和過去不一樣。想哈一管或當同志嗎？共和黨年輕人覺得不賴。

不算太久以前，共和黨保守派不但反對大麻合法化，更嚴厲譴責同性婚

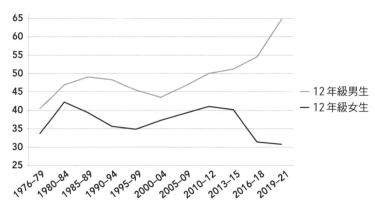

圖 8.5 │ 美國 12 年級生傾向保守派的百分率，依性別比較，1976-2021

資料來源：監測未來調查

注：排除中間派。2013 年後，12 年級生大多為 Z 世代。

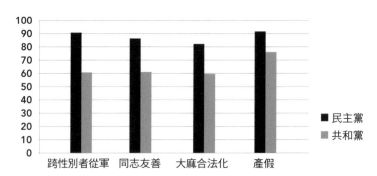

圖 8.6 │ 美國 18 到 25 歲對社會議題持進步立場的百分率，依政黨傾向比較

資料來源：民主基金會〈全國概況〉，2019-2020

姻。但現在，共和黨許多人已改變想法，年輕人尤其如此。這種觀念將形塑共和黨未來的樣貌，也可能讓這些議題逐漸失去優先性。近年來，共和黨 Z 世代多數支持跨性別者從軍、同志友善、大麻合法化，也支持要求公司提供 12 週有薪產假（見圖 8.6）。在 2010 年代大多數時間，大家根本難以想像共和黨會多數支持大麻合法化，或是跨性別者從軍，即使對共和黨年輕人也不抱這樣的期待。但這些年輕人現在確實如此，對許多社會議題的態度開放得驚人。

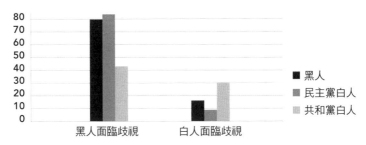

圖 8.7│ 美國 18 到 25 歲者認為黑人或白人面臨「極多」或「許多」歧視的百分率，
依政黨傾向和種族比較

資料來源：民主基金會〈全國概況〉，2019-2020

注：由於共和黨黑人樣本不足，黑人年輕人無法依政黨傾向分開比較。

　　共和黨和民主黨年輕人分歧最大的社會議題是種族。事實上，對於黑人是否面臨龐大歧視的問題，同意的民主黨年輕白人還略多於兩大黨的年輕黑人。相較之下，共和黨年輕白人有六成反對這種說法，贊同的是少數（見圖 8.7）。反過來看，對於白人是否面臨龐大歧視的問題，同意的共和黨年輕白人是民主黨年輕白人的三倍，共和黨年輕白人有三成，民主黨年輕白人只有一成。

　　這種看法也反映在雙方偏好的媒體：偏右的新聞來源常說種族問題不重要或不應放大檢視，種族主義不是大問題；偏左的新聞來源則說種族問題非常重要，種族歧視已隨系統性的種族主義滲入美國社會。我們在千禧世代一章已經看到：在 2015 年以後，圍繞種族問題的見解已更加分歧。這種分歧將形塑兩黨的未來，民主黨持續以種族為焦點，而共和黨則想把焦點轉移到其他地方。

　　共和黨年輕人對政府干預的部分立場和保守派一致（例如反對大部分槍枝管制立法），這不足為奇。比較讓人意外的是，共和黨年輕人也支持某些大型政府計畫，例如減免公立大學學貸、投資綠色科技協助環保等等。同樣令人吃驚的是，雖然政府單一支付醫療保險通常被視為民主黨、甚至社會主義者的政見，但支持的共和黨年輕人竟然高達四成（見圖 8.8）。這或許代表政黨傾向對 Z 世代來說更像是個人認同，而不是全面擁抱該政黨的特定理念。

　　整體而言，和前幾個世代的共和黨支持者相比，現在的共和黨年輕人認

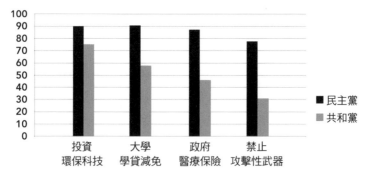

圖8.8 | 美國18到25歲者支持政府計畫或規範的百分率，依政黨傾向比較

資料來源：民主基金會〈全國概況〉，2019-2020

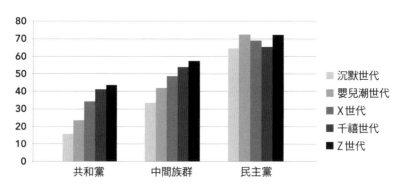

圖8.9 | 美國成人贊成政府擴大、提供更多服務的百分率，依世代和政黨傾向比較

資料來源：民主基金會〈全國概況〉，2019-2020

注：問題為：「雖然你未必完全同意以下陳述，但你認為哪一個更接近你的想法？我贊成政府擴大、提供更多服務；我贊成縮小政府、提供較少服務。」

為政府應該扮演更大的角色。對於「我贊成政府擴大，提供更多服務」這句陳述，千禧世代和Z世代的共和黨有超過四成同意，比嬰兒潮世代和沉默世代的共和黨高出許多（見圖8.9）。對一個推崇雷根的政黨來說，這樣的結果令人咋舌。雷根曾說：「英文裡最恐怖的九個字是：『我是政府派來幫忙的（I'm from the government, and I'm here to help）。』」在雷根時代，共和黨一心刪減政府計畫，現在卻有不少共黨年輕人認為這不是好主意。雖然尚未過半，但已人數可觀。

民主黨絕大多數支持大政府，而且在不同世代中的差異不大。至於中立選民，千禧世代和Z世代都比前幾個世代更支持大政府。由於共和黨和中立選民的年輕世代都希望政府提供更多服務，將來可能政府擴大，稅率提高。

隨著越來越多千禧世代和Z世代獲得投票權和投入選舉，共和黨的立場會漸漸變得和過去不一樣。雖然他們應該會繼續反對墮胎和槍枝管制，可是在其他社會議題上會變得更為進步，也可能在政府角色上和民主黨取得共識，同意政府應該在某些領域承擔更多責任，例如環保、大學學貸、醫療保險等等。

未來會陷入兩極對立？ 政治逐漸極化，兩黨在國會陷入僵局。爭議越來越多，手段日益粗暴。以前需要為這些事操心的主要是政治人物，現在連一般民眾都為此爭得水火不容。

數據顯示這種現象短期內不會改變。即使是最年輕的選民，理念不同的人不只在社會上不相往來，在地理上也各據一方。舉例來說，都市與鄉村居民的政治理念漸行漸遠。住在小鎮或大城一度對政治意識型態的關係影響不大，可是從2010年開始，雙方的分歧越來越大（見圖8.10）。共和黨過去是鄉紳的政

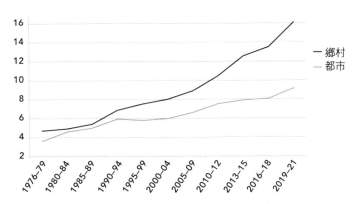

圖8.10 ｜ 美國12年級生自認非常保守的百分率，依居住地比較，1976–2021

資料來源：監測未來調查

注：都市＝位於美國普查局定義之標準都會統計區的中學；鄉村＝位於標準都會統計區外的中學。2013年後，大多數12年級生是Z世代。

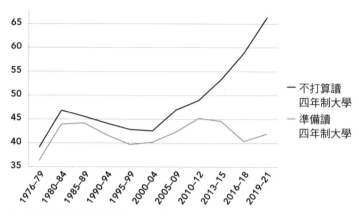

圖8.11 | 美國12年級生自認為保守派的百分率，依升學規劃比較，1976–2021

資料來源：監測未來調查

注：排除中間派。2013年後，大多數12年級生是Z世代。

黨，現在變成鄉村的政黨。

　　教育程度造成政治分歧是更晚近的現象，甚至連升學規劃不同都會產生差異。在有意上四年制大學和不準備馬上升學的12年級生之間，政治理念一度差異不大。可是在2013年後，隨著18歲年齡層從千禧世代變成Z世代，情況開始改變。到2010年代末，不打算升學的12年級生自述為保守派的比例明顯高於準備升學的12年級生（見圖8.11）。換言之，政治分歧之所以越來越大，不能單單歸因於大學生在四年校園生活中耳濡目染，變得越來越傾向自由派——在最近幾年，教育程度的政治分歧從高中就開始出現。

　　因此，住在東西岸大城、被大學畢業生圍繞的人，可以合理假設認識的人大多是民主黨自由派；住在內陸鄉村地區、身邊沒幾個大學畢業生的人，也可以合理假設認識的人大多是共和黨保守派。這是許多大企業變得更願意政治表態的原因之一：這些公司的主管往往有大學學位，總部通常位於大都市，幾乎所有員工的立場都是一樣的。他們未必了解的是有多少顧客另有主張。

　　政治理念不同的人不但在空間上分開，資訊來源也不一樣，保守派和共和黨偏好福斯新聞台，自由派和民主黨信任MSNBC。當社群媒體成為新聞與資

訊主要來源時，情況就更為嚴重。如今不同的政治陣營不但各執一詞，也各擁真相，對新冠疫情、對疫苗、對誰贏了2020年總統選舉，莫不如此。

疫苗或許是態度和行為快速政治化最清楚的例子。以前反疫苗者多半是自由派、吃有機食物的嬉皮，可是在共和黨普遍懷疑疫情之後，新冠疫苗也連帶成為箭靶。到2021年末，是否接種新冠疫苗已然成為推測政黨傾向的最佳指標，準確度超過種族、性別、居住地、教育或其他人口統計變數。到2021年11月，共和黨成人沒接種疫苗的比例是民主黨的三倍。[34]

不僅如此，到2021年底，共和黨對新冠疫苗的疑慮顯然擴大到其他疫苗，連接種流感疫苗的意願都大幅下降。這無疑是新的現象：至少到2020年2月為止，共和黨和民主黨接種流感疫苗的比例仍大致相等（見圖8.12），但僅僅21個月後，兩黨接種疫苗的比例已出現落差。

新冠疫情開始時，部分專家相信：為了對抗病毒這個共同敵人，美國會團結一致。沒想到實際發展恰恰相反，疫情進一步加速已經出現的政治極化趨勢。這種發展部分是因為流行病的性質：人人都是病毒的潛在宿主，彼此之間常有利益衝突。例如餐廳老闆希望如常做生意，醫護人員希望嚴加管制，以免

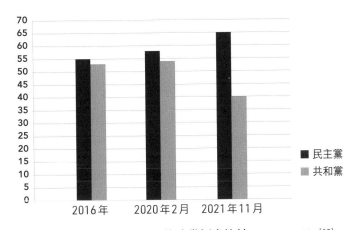

圖8.12 | 美國成人接種流感疫苗的百分率，依政黨傾向比較，2016–2021[35]

資料來源：凱瑟家庭基金會（Kaiser Family Foundation），AP-NORC中心，普林斯頓調查研究協會（Princeton Survey Research Associates）

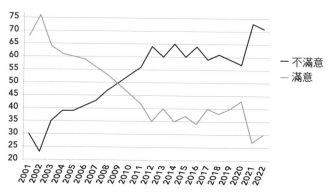

圖 8.13 │美國成人不滿意與滿意政府的百分率，2001–2022

資料來源：蓋洛普民調

注：調查於每年1月進行。詢問受訪者對「我們的政府制度及其運作方式」滿不滿意。

病人過多影響醫療量能；家長希望子女去學校上學，老師不想增加染疫風險。雖然國家漸漸從疫情中恢復，但還有別的議題讓民主黨和共和黨勢同水火。能不能回到左右兩派對基本事實尚有共識的年代，依然有待觀察。

此外，還有另一個問題：民眾普遍對政府官員不滿。川普在總統任內的支持率是有紀錄以來的倒數前幾名。拜登到2022年也不遑多讓，支持率幾乎一樣低。這代表我們已經進入新的時代，對總統的不滿意度居高不下，不分黨派都是如此。民眾不只對總統不滿，對整個政府也日益不滿。從2000年代末金融海嘯之後，不滿意度開始高過滿意度，即使在經濟改善之後仍未恢復。憤世嫉俗和不信任政府的趨勢從X世代開始，現在擴大到大多數成人，疫情爆發後又進一步惡化（見圖8.13）。

於是，在2020年代的美國，不但大多數成人對政府高度不滿，Z世代對美國及其歷史又持負面觀感。這種環境可能造成更多政治騷動，讓美國陷入動盪。從這些趨勢來看，憂心美國民主岌岌可危並非杞人憂天。

科技與規範。2021年10月，參議院聽證會難得出現近年已十分罕見的場面：跨黨派合作。

這場聽證會由參議員瑪莎·布萊克本（Marsha Blackburn，共和黨，田納西州）和理查·布魯門塔（民主黨，康乃狄克州）召開，目的是聽取臉書數據工程師法蘭希絲·郝根的證言。在此之前，郝根已向《華爾街日報》爆料大量文件，作證表示臉書經常把獲益放在安全之上。郝根說，臉書在 2020 年總統選舉後對錯假資訊的內容放寬審查，可能為 2021 年 1 月 6 日的國會大廈攻擊事件推波助瀾。郝根也提到，因為負面情緒能讓人在臉書上流連更久，讓公司能投放更多廣告和收集、販售更多用戶個資，因此臉書不吝於藉憤怒和負面情緒謀利。郝根作證時說：「人就是喜歡能引起情緒反應的事，怒火越旺，互動和消費也越多。」[36]

社群媒體不只埋下政治對立而已。就像我們在 Z 世代章中看到的，社群媒體和青少年憂鬱增加也有關係。連臉書自己的研究都證明 Instagram 對青少女有負面影響。舉例來說，青少女有三分之一表示 Instagram 讓她們產生身體意象問題，將自身世代的高憂鬱率歸咎於社群媒體的也所在多有。

我們在書中不斷看到數位科技是雙面刃。用 X 世代的方式來說：讓智慧型手機時代如此美好的是科技，讓智慧型手機時代如此糟糕的也是科技；網路最棒的地方是讓我們可以取得無限資訊，最差的地方也是讓我們可以取得無限資訊。

由於對不公不義的義憤特別容易在網路上蔓延，不少人以為許多問題無法解決、美國社會徹底不公，年輕世代尤其如此。舉例來說，儘管沒有證據，但許多人深信年輕世代「薪資停滯」（見〈千禧世代〉一章）；雖然獲頒大學學位的女性比男性多，還是有人認為女性在尋求大學教育時會面臨性別歧視（見〈Z 世代〉一章）。

2022 年，社會心理學家海德特在《大西洋》月刊上撰文，將社群媒體上的極化和憤怒追溯到 2010 年代初，亦即臉書和推特引入「讚」、「分享」、「轉推」按鈕之時[37]。由於引發怒火的貼文最常被分享（如果針對的是同溫層外的人，更是如此），社群媒體變得充滿敵意。社群媒體的本意是拉近彼此的距離，結果卻製造出更多隔閡。為推特開發「轉推」按鈕的克里斯·魏瑟瑞爾（Chris

Wetherell）後來說，看到推特暴民屢屢發動網路霸凌，他實在後悔開發這個按鈕，「我們像是把裝滿子彈的武器交給4歲小孩」[38]。

不論是憂鬱、取消文化、錯假資訊、政治極化，或是對民主的威脅，現在許多不健康的現象背後，很可能都有這些負面情緒和憤怒煽風點火。年輕人在社群媒體上和別人比較，弄得自己意氣消沉；有人不斷滑手機看負面新聞，讓心情越來越低落；取消的要求幾乎總是起於社群媒體；錯假資訊滿天飛；刻毒和憤怒的貼文傳得飛快，不僅激化政治對立，也四處散播謠言（指控拜登陣營作票的「停止竊國」運動和疫苗錯假訊息，都是如此），有時甚至在現實世界中造成暴力事件，例如2021年1月6日國會大廈遭受攻擊。正如許多世代趨勢都能追溯到科技，許多分裂我們的導火線也能追溯到社群媒體。也許社群媒體不是唯一的原因，但無疑是關鍵因素。

到目前為止，網路大致來說沒有受到嚴格限制，社群媒體受到的規範更少。由於按照聯邦《通訊端正法》（Communications Decency Act）第230條，不可因為用戶貼文不當而提告內容供應商（如Meta），以致有心規範網路平台的人往往無從施力。不過，我們或許可以用「平台設計不良」提告社群媒體公司，或是用別的方式說服他們改弦易轍，讓社會變得更好。

規範社群媒體以存其優點、去其缺陷，是2020年代最重要的任務之一，我們正面臨以下挑戰：

● **降低負面影響**。有的社群媒體做過實驗，在用戶發文羞辱或攻擊別人之前傳訊請他們三思。這種作法或許能減少部分負面行為，但無法遏止憤怒貼文快速傳播。後者問題更大，社群媒體公司或許必須修改演算法，才能讓負面貼文不那麼顯眼（例如不讓這類貼文出現在用戶河道頂端）。影片平台如YouTube也必須改變推薦內容，讓用戶不致像現在這樣越看越極端。不過，因為網路商業模式都是點閱越多、利潤越高，社群媒體和影片平台應該不會自願這樣做。

另一種打擊負面內容的辦法，是要求用戶在建立社群媒體帳號時驗證身分，或是在朋友／追蹤者達到一定人數時（亦即用戶更有影響力時）驗證身

分。驗證身分可以防止匿名發文，應能減少網路言論的攻擊性，因為這樣一來，每個人都必須為自己的發言負責。現在太多人因為在網路上可以匿名，動不動就說出絕不會當面對別人講的話。折衷辦法是容許使用假名，但仍須證明身分，以便在言論過激時（例如暴力威脅）可以究責。

● **打擊錯假資訊**。網路錯假資訊對民主有害，但因為有利可圖，一直防不勝防。錯假資訊難以規範還有另一個原因：是非對錯有時會隨時間改變。新冠疫情期間的口罩建議是活生生的例子，聯邦政府一開始反對戴口罩，後來鼓勵戴任何一種口罩，再後來因為布口罩對Omicron變種效果不佳，又建議不要戴布口罩。儘管判定何為錯假資訊是一大挑戰，加以消除又是一道難關，但若能找出規範之道，對治社群媒體上最惡劣的那些錯假資訊和陰謀論，將大大有助於將國家拉回正軌。

● **保護兒童**。依照1998年《兒童網路隱私保護法》（Children's Online Privacy Protection Act, COPPA）的規定，未滿13歲的兒童不可使用社群媒體。然而年齡規定很少切實執行，小孩子只要謊報生日或勾選「我已滿13歲」，就能登入申請帳號，從頭到尾都不需要繳交證明。2021年，8到12歲的兒童有將近四成使用過社群媒體[39]，許多沒有事先獲得家長許可[40]。社群媒體公司也欠缺嚴格執行規定的動機，因為用戶越多越賺錢，從顧客年幼時就擄獲他們更是典型的行銷策略。《華爾街日報》證實臉書內部有一份報告，裡頭是引誘小孩子一起玩時跑去上網的各種辦法。這顯然是要求規範的好機會，我們應該要求使用社群媒體必須提交年齡證明，至少應該取得家長許可。

　　目前的年齡限制或許過低。13歲沒什麼特別，以13歲為門檻並不是依據心理或兒童發展標準。相反地，許多人說國中是最尷尬、也最多霸凌的年紀，實在不必讓社群媒體在這種時候加進來添亂。另一方面，使用社群媒體固然和憂鬱有關，可是對年紀較小的青少年又比對年紀較大的青少年嚴重。自2012年起，自傷和自殺增加最多的是10到14歲年齡層。這些證據在在指出：我們

應該把社群媒體最低使用年齡提高到16歲、甚至18歲，等青少年更成熟、也更能應付社群媒體的壓力之後，再讓他們使用。畢竟社群媒體平台是設計給成年人、而非青少年的。

也許還有別的方法能讓社群媒體對未成年人更安全，例如限制17歲以下用戶白天的使用時間，或是限制18歲以下用戶晚上的使用時間，以免妨礙睡眠。青少年或許偶爾需要半夜用手機，但我們很難想像，他們為什麼需要在晚上11點到清晨5點之間上社群媒體？

社群媒體需要規範，這或許是民主黨和共和黨少數能夠達成的共識。我們民主體制的健全和孩子們的身心健康，或許端賴於此。

┃ 種族的未來

美國每幾十年就會出現一次種族衝突。在1990年代，先是毆打羅德尼・金恩的警察獲無罪開釋，接著又發生挑動種族敏感神經的辛普森審判。到2000年代，美國選出黑人總統，有人預言種族主義的時代已然結束——可惜不是。在歐巴馬第二任內，由於手無寸鐵的黑人屢遭警方槍殺，黑命貴運動興起，自由派和保守派對種族議題的看法在2014年後急速分歧。白人民族主義重振旗鼓，公開遊行，例如在2017年，他們大大方方舉著火炬、南方邦聯旗、納粹旗，在維吉尼亞州夏綠蒂鎮招搖過市。到2020年，美國又一次經歷種族衝突的陣痛，到處都是為喬治・佛洛伊德之死舉行的抗議。多元、平等、包容成為教育和商業的重中之重，受重視的盛況前所未見。在2020年代剩下的時間，種族關係應該會沿著這條路繼續走，我們或將走向令人驚訝的方向。

年輕人的態度反映出這幾十年種族關係的起伏。在嬰兒潮世代的1970年代，表示自己和別的種族相處愉快的黑人12年級生不在少數，比例高於白人12年級生。到辛普森受審的1990年代，表示自己和別的種族相處愉快的黑人學生變少，到2000年代才重新回升。到2010年代，黑人學生的跨種族經驗再次下滑，白人學生則回升（見圖8.14）。川普和黑命貴運動爆發文化衝突的那些年，似乎讓黑人的跨種族正面經驗變少，白人的正面經驗變多。

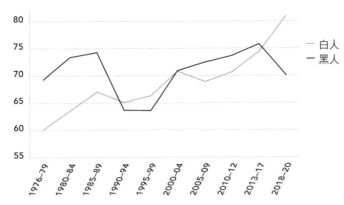

圖8.14 │ 美國12年級生表示自己和其他種族的互動經驗多半不錯的百分率，
　　　　依種族比較，1976–2020

資料來源：監測未來調查

注：詢問問題：「整體而言，你和其他種族的互動經驗如何？」縱軸數字為選擇「非常不錯」和「大多不錯」的百分率。2021年沒有詢問這題。

　　2015年後由於種族氣氛緊繃，開始有人要求讓不同種族各享獨立空間。2017年，哈佛為黑人畢業生舉辦獨立畢業典禮。畢業生杜溫‧品達（Duwain Pinder）致詞時說：「這一路上，別人不斷質疑我們的能力和合法性，但我們熬過來了，終於走到這裡。」另一方面，布蘭登‧泰瑞（Brandon Terry）教授直接把畢業和那幾年的大事連結起來，對這群2017年的畢業生說：「諸位進大學之前的幾個星期，冷血殺害特雷翁‧馬丁的喬治‧齊默曼獲得無罪開釋。當麥可‧布朗像索福克里斯筆下的人物一樣慘死，曝屍烈日之下，你們是和他一樣年紀的青少年。你們的世界被諸如此類的死亡刻下無法抹去的傷痕，而你們許多人鼓起勇氣，加入幾十年來最大的抗議運動之一，努力為這些悲劇爭取一絲正義。[41]」

　　哈佛這場畢業典禮不是特例。有調查指出，到2019年，有72%的大學提供種族隔離畢業典禮[42]。這種作法常常是回應學生要求，因為他們希望能有地方和自己種族的人一起慶祝。此外，有46%的大學舉辦種族隔離新生入學指導，還有43%的大學提供實質上種族隔離的宿舍。

　　2020年夏，紐約大學有兩名黑人學生提出請願，希望能住在依種族隔離

的宿舍。[43] 兩名學生要求的不是黑人「主題」宿舍，黑人主題宿舍是以黑人文化為中心，但不分種族，誰想住進來都可以，這種形式的宿舍從1990年代在大學校園就很常見。請願學生要的是「各樓層完全由黑人學生和黑人樓長組成」，校方拒絕。這件事上了新聞。

不同世代之間看法差異不小，沉默世代和嬰兒潮世代尤其愕然，畢竟他們對分隔又不平等的種族隔離時代記憶猶新。千禧世代和Z世代不同（Z世代尤其如此），這群年輕人不時感到種族融合的缺點，想恢復種族隔離的舊觀——雖然這次是自願的，但還是令他們的長輩震驚不已。上一代打從骨子裡不懂這群年輕人在想什麼，彼得·伍德（Peter Wood，1953年生）寫道：「第一次聽到常春藤盟校舉辦種族隔離畢業典禮時，我完全傻眼。我這一代的美國人從小相信這不只是法律問題，更是道德問題，以前是，現在也是。不管是政府下令隔離，還是私校決定隔離，隔離就是不對。」[44]

事實上，這類訴求常常提到種族主義。「我們認為與另一名黑人學生同住有其價值，我們需要能最大程度自由表達自己的安全空間。在教室和宿舍，黑人學生太常背負教育無知同儕種族主義的重擔。」紐約大學那兩名希望宿舍種族隔離的學生寫道：「被賦予這種責任令人心力交瘁，而且對紐約大學的黑人社群無疑是不公平的。黑人學生不應被迫負起解釋文化特色（如髮型習俗）的任務，不應在自己家中還要宣導自己也是人。」

也許年輕世代能走出自己的路，形塑一個既能一起生活、又將歧視減到最低的社會。現在這場種族衝突從大約2015年開始，到2020年到達高峰，在2020年代應該可以化解，而千禧世代和Z世代都將扮演重要角色。

許多公司和教育機構都已致力實踐多元、平等、包容（以下簡稱DEI），不少組織也已聘雇全職職員監督DEI。大型教科書出版社要求對所有新書進行DEI審查。許多公司強制員工接受DEI訓練。

不過，有些有趣的社會心理學研究發現：培養包容最好的辦法，並不是像許多DEI訓練那樣一一指出人們的偏見，而是告訴大家包容才是常態。索哈德·穆拉（Sohad Murrar）帶領的研究團隊做了一連串實驗，在大學部分教室

張貼海報，宣傳學校有93%的學生贊同「我們威斯康辛大學麥迪遜分校擁抱多元，歡迎各種背景的人加入我們」[45]。換言之，告訴大家絕大多數人是包容的。其他教室則不貼海報。結果發現：和沒見過海報的人相比，見過海報的人後來正面看待多元的比例較高。另外，根據在那些教室上課的黑人和西裔學生回報，那些課堂的同學待他們較好。穆拉因此提出與現行作法相悖的結論：「告訴大家他們的同儕經常做出歧視行為，有可能創造出更不包容、而非更包容的氣氛。」為什麼？因為如此一來，歧視似乎才是常態。換句話說，若想增進包容，與其著墨少數人的成見，不如強調多數人的包容。

宗教的未來

了解青少年的經驗和信念有助於預測未來趨勢，宗教也是其中重要的切入點。目前所有跡象顯示：宗教對美國人的影響將持續衰退。

2017年，表示宗教對自己的人生很重要的12年級生首次低於半數；2018年，每週至少參加一次宗教禮拜的12年級生首次低於四分之一。雖然過去與宗教漸行漸遠的主要是白人青少年，黑人青少年較不明顯，可是到2010年代末，定期參加宗教禮拜的黑人青少年數量劇烈下滑（見圖8.15）。十三、四歲的8年級生同樣下降嚴重，這代表信教的人在未來幾年將持續減少。

不只高中生對宗教漸感疏離，青年人也是一樣，而且不論在檯面上（如參加禮拜、傾向特定宗教）、或是私底下（如祈禱、相信聖經是神的話、相信神），都是如此。和千禧世代同齡時相比，Z世代與宗教更形疏離（見圖8.16）。青年人並非從來不親近宗教，在青年人是嬰兒潮世代的1970年代，傾向特定宗教和至少不時參加宗教禮拜的青年人接近九成。可是到2010年代末，只有大約三分之二的青年人偶爾展現宗教興趣，到2021年降得更低。

先前有觀察家認為，等到年輕世代有了孩子，還是會回歸宗教。可是在千禧世代開始生兒育女之後，對宗教還是比前幾個世代冷淡，這種說法不攻自破。既然千禧世代對宗教的態度並沒有隨年齡改變，宗教式微的趨勢恐怕難以逆轉。青少年和青年人進入成年時對宗教興趣缺缺，未來可能也是如此。

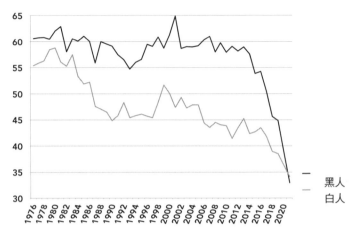

圖 8.15 | 美國 12 年級生每月參加宗教禮拜一次以上的百分率,依種族比較,
1976–2021

資料來源:監測未來調查

注:2020 年此一變因的數據信度不足,不予列出。

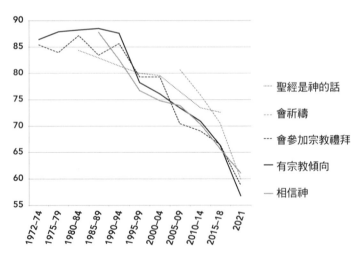

圖 8.16 | 美國 18 到 25 歲參與特定宗教活動和抱持特定宗教信念的百分率,1972–2021

資料來源:社會概況調查

注:2021 年沒有詢問聖經一題。有研究者質疑 2021 年數據的信度(尤其是宗教傾向一題),詮釋時宜
多留意。

因此，隨著歲月流逝，美國熱中宗教的人可能會穩定減少，1980年之前和之後出生的世代之間也會出現明顯分歧。對X世代和嬰兒潮世代來說理所當然的宗教觀念，對千禧世代、尤其是Z世代而言可能毫無意義，這當然會造成世代之間的誤解。此外，越來越多教堂、猶太會堂、清真寺將陸續關閉。正如越來越多人居家上班之後，辦公大樓將另作他用；隨著信眾逐漸消失，教堂和其他禮拜場所將不再是神聖空間。宗教式微可能也代表社群式微，畢竟人與人親身相聚的場所又少了一個。現在許多社區服務（如濟貧）是由宗教組織主持的，將來必須有其他組織填補宗教社群留下的空缺。

人天生渴望信仰比自己偉大的事物和追求人生意義。如果宗教無法繼續扮演這個角色，一定會有別的東西取而代之。在美國，個人主義的平等和自主精神在某種程度上成為替代品。對許多現代公民來說，相信人人不分種族、性別、性傾向、跨性別一律平等的信念，已經和宗教信念一樣深。

整體來看，依政治信念形成的團體可能正在取代宗教團體。隨著政治信念因教育、州別、城鄉而分化，美國人會逐漸被政治信念相近的人圍繞，各按政治觀點形成道德部落，彼此厭惡、甚至憎恨。對許多人來說，世界分成「我們」和「他們」、信徒和異端。但世界史已告訴我們，將宗教信仰政治化不會有好結果。

▌經濟的未來

到2030年，嬰兒潮世代全部都已65歲以上。到2034年，中老年人口將超過兒童人口。出生率低，代表未來幾十年的人口將逐漸老化。從人口統計和行為趨勢，我們可以一窺美國未來十年的消費狀況，如果再搭配對各個世代的認識，預測將更為準確。儘管從各世代的數據無法預知一切，但這些資料還是能提供重要洞見。

房地產。 2020年3月疫情爆發時，幾乎所有房地產專家都預言房價會跌。豈料實際情況恰恰相反，房價在接下來兩年屢創新高，到2022年才因利率飆升而

下降。

接下來會怎麼發展？人口統計透露的供需趨勢或可協助我們一探長期景觀。

在供應方面，可以思考的是年長者可能何時賣房。這不太容易預測，因為此事端視個人選擇，什麼年紀應該賣房並搬到較小的屋子，因人而異，原因也各有不同。有人在子女離家上大學之後就賣了房子，有人是退休後搬到新地方所以賣屋，也有人在舊家住到七、八十歲，直到需要有人照顧才搬走。如果較多嬰兒潮世代年老後繼續住在原本的家，房屋供給在一段時間之內應該不會太充裕。嬰兒潮高峰是1957年，那年出生的嬰兒潮世代滿75歲已是2032年的事。

預測需求稍微容易一點。首先要考慮的是購屋意願：千禧世代和Z世代的年輕人想買房子嗎？在2010年代，許多人認為千禧世代根本不想買郊區的房子和買車，大家以為他們更想住在都市，走路上班。結果呢？千禧世代買了房子。我們其實不應為此詫異，因為千禧世代做的正是他們18歲時想做的事。事實上，千禧世代想擁有獨立洋房的比例還比嬰兒潮世代同齡時高（見圖8.17）。

既然這項調查準確預測了千禧世代的行為，用它預測Z世代的行為應該也八九不離十。由於Z世代持有房屋的意願也很強烈，隨著他們從2025年起陸續步入30歲，房市到時應該會很火熱。

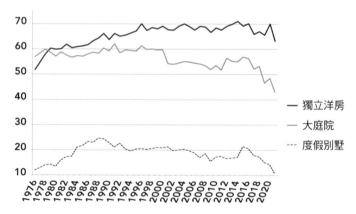

圖8.17｜美國12年級生認為某種與房屋有關的商品很重要的百分率，1976–2021

資料來源：監測未來調查

年輕人喜歡的房屋類型倒是有些變化。認為大庭院很重要的 Z 世代較少，代表將來會出現更多聯排式住宅和零邊界房屋（zero-lot-line）。至於 1980 年代經濟繁榮時偏好的度假別墅，現在被看作奢侈品，需求下降。

接下來的問題是：年輕人有錢購屋嗎？我們前面已經看到，千禧世代的收入比大家以為的高得多，其中一些人更是極其富有。這是房價在 2020 年代初急速飆高的原因之一：千禧世代有錢可花，而且選擇花在房子上。只要千禧世代的經濟表現繼續亮眼，就會繼續想買房子，接著想買更好的房子。雖然 Z 世代的財務被 2020 年的疫情拖累，但接連幾年的勞力短缺為許多人帶來機會，也拉高另一些人的薪資（雖然無可諱言的是，薪資成長有好一部分被失控的通貨膨脹抵銷）。

人口是未來長期房市趨勢的關鍵因素。即使某個世代大多數人都想買房，要是那個世代的人口本來就不多，需求依然有限。反過來說，只要一個世代人口龐大，需求自然強勁，房價也會跟著上升。許多人都是三十多歲時買房，根據房地產公司 Zillow 的資料，2019 年美國首次購屋的平均年齡是 34 歲。[46]

因此，房市需求應該至少會持續強勁到 2025 年，甚至可能到 2030 年。因為在此之前，三十多歲的美國居民穩定成長，到 2025 年預計增加二五七萬人，

圖 8.18 | 美國二、三十歲成人人口，以百萬計，依年齡層比較，2010–2030

資料來源：美國普查局

注：2010、2015、2020 年為實際人口；2025 和 2030 年為預估人口。20s 含 20 到 29 歲，30s 含 30 到 39 歲。

人數超過休士頓（見圖8.18）。

如果嬰兒潮世代和X世代選擇繼續住在原本的家，由於房屋供給受限，但千禧世代和Z世代的需求持續增加，房價會繼續上升。不過，即使前幾個世代開始賣屋，增加的需求還是不會減少。長期來看，由於出生率從2008年開始下滑，進入2040年代後，美國三十多歲的人會越來越少。因此，房價在2040年代初可能下降。

還有另一個重大變數值得注意：千禧世代的生育率遠比X世代和嬰兒潮世代低，Z世代應該也會延續這個潮流。換句話說，對郊區好學區大房子的需求會減少，對其他類型房子的需求會上升（例如學區較差的公寓和聯排式住宅）。不過，即使出生率下降，房間較多的大房子應該還是受人青睞。因為沒有子女的雙薪家庭若是居家上班，應該會希望家裡有三個房間，一間睡覺，兩間當辦公室。如果夫妻倆負擔得起，家裡有四個房間也不錯，多出來的那間可以當客房，或是接年老的父母同住。如果你和大多數千禧世代一樣，只有一個兄弟姊妹，而不是和許多X世代一樣有兩、三個手足，年老的父母很可能與你同住，而不是和你的兄弟姊妹同住。

由於越來越多夫妻分房睡，多個房間沒有壞處。夫妻共寢並不是自古不變的規矩，幾百年來有時流行同床而眠，有時流行各居一室，空間夠大的家庭常常偏好分房。舉例來說，英格蘭的富裕之家向來一人一室，直到20世紀才時興同寢。美國近年調查發現，四分之一的已婚夫婦選擇分房睡[47]。就算平日不分房，多個房間在有人生病或熬夜工作時還是有幫助。隨著千禧世代和Z世代的年輕人年紀漸長，分房的比例可能更高。考慮到年輕世代的心理狀況，這種發展更顯合理：一方面是個人主義傾向分房而眠；另一方面，焦慮和憂鬱程度高就代表失眠的比例也高，更難以同床共寢。因此，儘管出生率下降，但大坪數的房子還是會有一定人氣，也許兩間主臥的房子也不乏商機。

出租公寓則是另一回事。和三十世代的人口呈上升趨勢不同，在2020年代，美國二十世代的人口會逐漸減少大約四十萬人（見圖8.18）。由於二十世代多半選擇住出租公寓，這類公寓的需求可能會停滯、甚至下降。由於人口通

常是穩定上升，二十世代減少，就需要社會做出相應調整。學院和大學已經受到衝擊，在成長幾十年後面臨招生人數不足的窘境。從現在開始，出租公寓也將面對租客減少的考驗。雖然三十世代的租屋興趣增加，多少能緩和這種趨勢，但大興土木營建新公寓的盛況恐怕很快就會結束。到2030年代，二十世代的美國人將減少更多，讓出租公寓的需求進一步下滑。其他傳統上以二十世代為客群的產品，例如低端家具和家居用品，可能也難逃銷量不斷減少的命運，但三十世代擁屋者偏好的高端產品，銷量會逐漸上升。簡單來說：沃爾瑪（Walmart）降，好市多升；IKEA退，Pottery Barn進。

消費習慣。進入主要消費年齡後，千禧世代和Z世代放進購物車的是什麼？不放進去的又是什麼？大型調查透露出一些線索。Z世代延續千禧世代開啟的服裝潮流，不太在乎衣服跟不跟得上流行，看重的是表達自我，穿出自己的風格（見圖8.19）。

　　工作需求也會影響穿衣潮流。幾十年來，上班服裝變得越來越不正式。

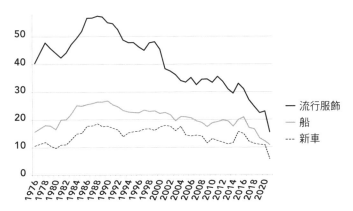

圖 8.19 │ 美國12年級生認為特定商品很重要的百分率，1976–2021

資料來源：監測未來調查

注：「新車」一題問的是「每兩到三年」換新車重不重要，或許因為如此，答「重要」的人比例較低。「服飾」一題問的是「最新流行服飾」是否重要。「船」一題問的是「馬達驅動的娛樂用載運工具（動力船、雪上摩托車等）」。2013年後，大多數12年級生為Z世代。

原本只是週五可以穿休閒裝，疫情之後一下子變成穿睡衣上班，即使開視訊會議，也只需要在外面套件襯衫就好——反正沒人看得見你的下半身，幹嘛還穿褲子？

直到解封後回公司上班，許多人才發現正式服裝有多不舒服。隨著每個世代越來越重視獨特性和個人主義，個人舒適和表達自我也變得越來越重要。穿舒適服裝上班的趨勢應該會持續下去。

各大品牌已經開始回應年輕世代的標準。行銷部門和過去一樣設法搶攻新世代市場，瞄準Z世代中性、淡化性別、更焦慮也更休閒的特質。2022年，M&M's為自家巧克力角色改頭換面，改稱「綠綠小姐」和「棕棕小姐」為「綠綠」和「棕棕」，淡化性別色彩。綠綠的高跟靴改成運動鞋，棕棕的高跟鞋也改成低跟鞋。整組角色中最杞人憂天的橘橘設定不變，公司表示：「橘橘是最能引起Z世代共鳴的角色之一，因為Z世代是最焦慮的一代。[48]」《華盛頓郵報》說這是「行銷部門為連結受眾最悲哀的解釋」。M&M's以前曾讓綠綠小姐跳脫衣舞，現在則表示不會再在廣告中製造性感氣氛，並承諾「更新視角，呈現更包容、更接納、更具凝聚力的聲音」。

年輕人的大額消費又如何？例如買車？在2010年代大多數時候，觀察家判斷千禧世代會仰賴共乘和公共運輸，不會買車，但後續發展不是如此。和調查購屋意願時一樣，千禧世代在18歲時也說過將來想買車——而且興趣高於1970年代的嬰兒潮世代同齡人。同一份數據顯示Z世代也想買車，在疫情暴露共乘和公共運輸的缺點之後尤其如此（見圖8.19）。不過，Z世代對奢侈品（如小船）的欲望比X世代和千禧世代都低。這個世代太務實也太悲觀，不想要感覺起來過於寵溺自己的物品。

隨著出生率下降，嬰兒用品和兒童玩具市場也將萎縮。部分遊樂場、兒童醫院和服務這個市場的組織會關閉。在2020年代，大孩子和青少年會越來越少，從而降低青春期用品和服務的需求。先是國、高中入學人數減少，接著是大學。到2030年代，依賴年輕勞動力的產業缺工問題將更形嚴重。

倒是有個市場會異軍突起：寵物產品市場。越來越多人把寵物當成家人，

為狗或貓辦生日宴會，細心準備寵物能吃的「蛋糕」和禮物。隨著憂鬱率提高，需要情緒支持動物陪伴的人會越來越多。寵物用品和寵物寄宿產業可望繼續成長。

覺醒資本主義。隨著個人選擇逐漸泛政治化，年輕人開始希望公司品牌表明政治立場。根據2020年的調查，在Z世代和千禧世代中，有54%表示公司的政治立場會影響他們的購買意願：34%說自己會多買政治同溫層的商品，20%說自己會減少消費立場不同的品牌。

怎麼知道哪些公司和自己立場一致呢？聽公司怎麼說。對「美國企業有責任對國家面臨的政治和社會議題表態」這句陳述，Z世代和千禧世代贊同的比例相當高。年輕人不分黨派都這樣想，前幾個世代則視政黨傾向而定，傾民主黨的更希望企業表明政治立場（見圖8.20）。

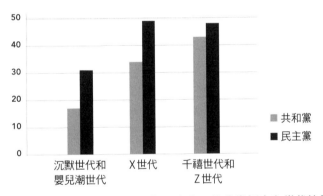

圖8.20｜美國成人同意公司應表明政治立場的百分率，依政黨傾向和世代比較[49]

資料來源：RealClear民意研究，2020年2月

注：陳述：「美國企業有責任對國家面臨的政治和社會議題表態」。

開草本補給品公司的千禧世代蓋比・甘迺迪說：「跟老一輩人談這種事，他們會覺得：『老弟，我是賣番茄醬的，不是搞政治的。』可是年輕人的想法是：『番茄和政治有關，番茄醬也和政治有關。』」[50]

政治表態讓許多公司陷入兩難。生意人當然希望獲得年輕世代青睞，但也不願冒險開罪另一半潛在顧客。可是在某些情況下，也有一些公司毅然倒向政治光譜的一端，即使失去另一端的顧客也在所不惜。

Nike 在 2018 年就做過類似決定——請前橄欖球星員科林・卡佩尼克拍廣告。在此之前，卡佩尼克為了抗議警察殺害美國黑人，在演奏國歌時單膝跪地，引起爭議。儘管這支廣告引起右派反彈，但 Nike 達到了目的：銷售量提高 31%。Nike 創辦人菲爾・奈特（Phil Knight）說：「只要有夠多人喜歡你的品牌，多少人恨你並不重要。只要你有這種態度，就不怕得罪人。你必須對某些事表明立場，不能含糊其詞。卡佩尼克的廣告之所以成功，原因正在於此。」[51] 難的是，你這樣做必須出自真心——當年輕人覺得你的政治表態只是表面工夫，反應會十分激烈，Z 世代尤其如此。

由於政黨傾向現在不但隨州別而異，也隨教育和城鄉而異，公司往往會猜測潛在客群的政治傾向，再決定向哪一群人制訂行銷策略。接下來幾年，我們會看到越來越多公司想破腦袋，拿捏政治表態的分寸，唯恐過猶不及。只有掌握特定受眾能心領神會的語言，也懂得以這種語言傳遞強烈政治訊息，才能成功。

▎世代的未來

對美國目前的六個世代來說，2020 年代是充滿變動的十年。沉默世代在疫情封城結束後重享退休生活；曾主導文化數十年的嬰兒潮世代大量退休；X 世代終於登上領導位子，雖然有時不太情願；千禧世代進入盛年，擔起更多責任；Z 世代開始發聲，逐漸發現自己的影響力；兩極世代克服全球疫情的挑戰，在逆境中邁出人生第一步，力量與韌性值得期待。

考掘數十年來收集的數據，讓我們能比過去更全面、也更精準地看出世代差異。這些數據清楚顯示：不論態度、人格特質、行為、教育或人生步調，都已在六個世代之間大幅改變。2020 年代兩極世代的童年，和 1940、1950 年代沉默世代的童年大相逕庭；從小自立自強的 X 世代，難以了解 Z 世代的青春

期；千禧世代青年人的經驗，和嬰兒潮世代的同齡人南轅北轍。

　　過去的世代理論認為，不同世代之所以氣質各異，是因為他們在不同年齡經歷重大事件。我們發現並非如此，世代之間之所以各有不同，是因為科技徹底改變日常生活和文化，有時是直接影響，有時是透過科技的女兒（個人主義和人生減速策略）發揮作用。Z世代之所以相信性別是流動的，不是因為出生在911事件之後，而是因為這是個人主義和網路文化發展的自然結果。千禧世代之所以晚婚，不是因為金融海嘯發生時他們正當年輕，而是因為科技造成三種潮流，一是童年更受保護，二是為了滿足資訊時代的工作需求而接受多年教育，三是醫學進步、延長了平均壽命——從而導致成年發展步調放緩。Z世代之所以憂鬱，不是因為經濟，而是因為智慧型手機和社群媒體不但切斷親身互動，還製造出不斷競爭的氣氛。

　　個人主義是貫串每個世代的重要主題。沉默世代以個人主義思考為廢除種族隔離而戰，推翻性別歧視的法律；嬰兒潮世代揮舞個人主義的大旗，抗議越戰徵兵，挑戰限制女性發揮長才的傳統規矩；X世代重視自信、凡事懷疑，以自己的方式為個人主義添加新的內涵；千禧世代是最正面看待自我的一代，支持LGB做自己、愛自己的個人權利；Z世代的個人主義主張性別不只兩種，人人可以自己選擇。不過，所有文化體系都有利有弊，個人主義文化讓美國人空前自由，尊重多元意見，相信人可以成為自己喜歡的樣子，但也造成更多猜忌，讓社會四分五裂。輕社會規範而重個人選擇既帶來自由，也造成混亂，既解開束縛，也切斷連結。

　　人生減速策略一代比一代明顯，推遲人生每一階段的傳統里程碑。兒童的身體安全更受保障，但更不獨立；青少年較少喝酒、開車、打工；青年人把婚姻、生育、職涯往後推遲；中年人感覺更年輕，作風也更年輕；年長者年事已高，但仍可工作和旅行。嬰兒潮世代早早結婚，但生兒育女稍慢，人生減速策略彷若輕聲低語；千禧世代讀大學的比例最高，結婚生子比起前幾個世代都晚，人生減速策略猶如吶喊；Z世代不僅推遲考駕照和打工，甚至推遲性愛，人生減速策略終於成為放聲嘶吼。

雖然減速不完全是線性的（X世代就是兒童期和青春期先加速，成年後才減速），但最後不只造成發展軌跡變慢，也改變了行為和價值觀，例如父母相信小孩隨時都要有人看著、17歲青少年很少和朋友出門玩樂、家長幫已經上大學的子女解決問題、拖到三十多歲才結婚、人到中年還在穿諷刺T恤、選出七十多歲的人當總統等等。這些趨勢不完全是好或壞，只是更複雜的科技帶給我們更多時間的結果，如此而已。

人生減速策略和個人主義一樣，有利有弊，對青春期來說尤其如此。青少年雖得到更多保護，身體安全也更受保障，卻少了自行探索的機會，變得較不獨立。成年以後，人生減速策略讓人延遲了進入婚姻和為人父母的年紀，為青壯年期帶來更多不確定，但好處是一旦成家，不論身為伴侶或父母都能更為成熟。到了老年期，人生減速策略的好處是更長壽也更健康，壞處是政治領袖和年輕人的代溝變得更大，也嚴重延遲下一代接棒的時間（看看X世代盯著嬰兒潮世代的哀怨眼神）。但只要科技繼續進步，人生減速策略應該不會停止。

再來是科技的直接影響。現在，連沉默世代和嬰兒潮世代談起過去的生活都恍若隔世，感嘆自己曾經用過打字機、撥過轉盤電話、用晾衣繩晾過衣服、查過百科全書，而且車子拋錨得走好幾公里路去加油站，因為沒有手機可以求助。每一種新進步都改變了日常生活，讓嬰兒潮世代和X世代從小就有電視能看，也讓千禧世代開始使用即時通訊和早期的社群媒體。Z世代的生活受科技影響更深：隨著智慧型手機和社群媒體變得無所不在，年輕人的社交生活轉往線上，以致2012年後憂鬱、自傷、自殺的比例大幅竄升。2015年後，政治極化和社群媒體的毒素朝向更高的年齡層擴散，千禧世代的心理健康跟著惡化。從延長壽命的醫療、節省精力的設備，到取消通勤之必要的視訊會議，科技為現代人省下無數時間，但我們經常把這些多出來的時間消耗在科技產品上。時間是科技無價的禮物，我們卻用來看搞笑影片或羨慕別人的生活，有趣歸有趣，卻未必能增長見識或帶來益處。

科技高速變化也造成龐大代溝。從1960年代嬰兒潮世代反抗最偉大的世代長輩之後，代溝從來沒有像今日一樣嚴重。世代衝突似乎無所不在：年長的

世代感嘆年輕人不敬業、能力不足、激化政治對立、製造取消文化；年輕人則批評年長者不懂科技，並動輒以「好了啦，老灰啊」之類的言詞加以嘲弄。嬰兒潮世代和X世代沒經歷過從小就有網路和社群媒體的世界，Z世代也無法想像沒有網路和社群媒體的世界，只有千禧世代還能向長輩和晚輩解釋兩種世界的樣貌。

然而，狂飆的個人主義徹底改變了許多觀點，看待性別的方式變化尤其巨大，連許多千禧世代都跟隨得頗為吃力。人生減速之後，年長和年輕世代跨越重要里程碑的時間變得很不一樣，彼此批評和誤解的機會大增。世代之間若能面對面討論，分歧或許不致過於嚴重，但線上媒體總是偏好負面新聞和衝突事件，世代對立之勢已然形成。

科技是推動世代變化和文化變遷最重要的因素，也是利弊之間最難取捨的雙面刃。科技讓我們能即時溝通、生活便利，更可貴的是讓我們能活得更久，卻更不困於繁瑣的勞務活動中。但在此同時，科技也讓我們彼此孤立、種下政治對立、加劇收入不平等、散播悲觀、加深代溝、偷走注意力。科技也是青少年和青年心理健康危機的頭號嫌犯。要怎麼運用科技讓大家能凝聚在一起，而非四分五裂？這是未來幾十年美國六個世代共同面臨的挑戰。

了解科技造成的廣泛影響，有助於我們看見每個世代都飽受衝擊。與其爭辯哪個世代犯了錯，不如好好回顧每個世代如何面對文化變遷，在這個過程中又如何彼此影響。破解世代差異的迷思或許能減少世代衝突，本書目的也正在於此。越是了解不同世代的想法，越能體悟我們其實風雨同舟。

謝辭
Acknowledgments

我最想感謝的是從2004年就一路協助我的作家經紀人 Jill Kneerim。在我為個別世代寫了兩本書以後，是她建議我再寫一本談所有世代的書。我當時雖然覺得頗有難度，卻也躍躍欲試。事後證明這個工程的確難度不小，但也充滿興味。不過，沒人料到這段過程中最痛苦的部分：Jill 在2022年4月因癌症病逝，享年83歲。我多麼希望她能親眼看見這本書出版，但我至少來得及告訴她我已寫完初稿。

幾個月後，我清理文件時不經意翻出吉兒2005年寫的字條。我們那時正為我的第一本書《Me世代》尋找出版機會，向24家出版社提出了寫作計畫。雖然最後以喜劇收場，但過程中也吃了不少閉門羹。「這些給你歸檔（丟進垃圾桶也可以）。」吉兒的字條說：「是那些不長眼的白痴的正式婉拒信。」我噗哧一聲笑了出來，隨即熱淚盈眶。吉兒不只是出色的經紀人，也是我的好友和知己。我想念她的溫暖、她的幽默，以及她對人、對生命、對一切的真心好奇。感謝親切又能幹的露西‧克利蘭（Lucy Cleland），吉兒的高徒，在我完稿以後接下經紀任務。

感謝我的編輯 Peter Borland 及 Sean deLone 全心投入，以豐富的才識與無比的溫暖處理這本結構複雜（篇幅又長）的書，我由衷欽佩。知道你的編輯真心為你著想（而且他們的考量往往是對的），對激勵自己幫助很大。也感謝 David Brown 深厚的宣傳功力。

感謝以下傑出的學界同仁和學生，與諸位合作讓我獲益良多：Sarah Binau、Andrew Blake、Maartje Boer、Keith Campbell、Stacy Campbell、Jason Carroll、Nathan Carter、Bell Cooper、Alina Cosma、Sarah Coyne、Kevin Cummins、Lauren Dawson、Kristen Donnelly、Mary Duffy、Julie Exline、Eric Farley、Josh Foster、Genevieve Gariepy、Patricia Greenfield、Josh Grubbs、Jonathan Haidt、Jessica Hamilton、Garrett Hisler、Brian Hoffman、Nate Honeycutt、Joanna Inchley、Spencer James、Helena Jericek、Thomas Joiner、Sara Konrath、Zlatan Krizan、Steinar Krokstad、Jennifer Le、Hannah Lemon、Astrid LeRoy、Amy Lieberman、Jimmy Lozano、Sonja Lyubomirsky、Gabrielle Martin、Cooper McAllister、Heejung Park、Radmila Prislin、Lee Robertson、Megan Rogers、Jane Shawcroft、Ryne Sherman、Brian Spitzberg、Gonneke Stevens、Bingjie Tong、Lisa Walsh、Wendy Wang、Lauren Wegman、Brooke Wells、Brad Wilcox. 尤其感謝強納森・海德特應允合作，與我一同運用 Google 公開資料探究青春期的心理健康趨勢，以及社群媒體使用時間和心理健康之間的關係。無論就總結研究或收集評論來看，Google 公開資料都是絕佳資源。也感謝 Brad Wilcox 主持家庭研究所（Institute for Family Studies）和惠特利研究所（Wheatley Institution）補助的幾項計畫，容許我使用在疫情期間對青少年收集的原始資料，以及調查青少年使用科技產品情況的原始資料。

非常感謝過去幾年舉辦《i 世代報告》座談會的單位，以及熱情參與的聽眾。謝謝你們分享在職場、學校、大學和家中看到的各世代群像，我從各位身上學到很多。最重要的是，這些經驗讓我看見我們面臨同樣的挑戰，也都在設法了解科技帶來的全新世界。

感謝所有關心這本書的親友：Lindsey and Steve Ball、Bill Begg、Brande and Jeff Beighley、Ken Bloom、Keith Campbell、Kim and Brian Chapeau、Rhonda Crandall、Jennifer Crowhurst、Amanda Davis、Jody Davis、Shelley and Steve Erikson、Julie Exline、Jeff Green、Nick Grossman、Rodney Haug、

Rachael Kaiser、Sarah Kelen、Sarah and Dan Kilibarda、Dave Louden、Ron Louden、Scott Mann、Bud and Pat Moening、Kate Moening、Mark and Kathy Moening、Sarah Moening、Darci and Brad Olson、Sonia Orfield、Zack Orner、Trinity Perry、Greg Rumph、Adam Shah、Marilyn Swenson、Drew Sword、Robert and Jodi Tibbs、Amy and Paul Tobia、Dan Tvenge、Kathleen Vohs、Anna and Dusty Wetzel、Jud Wilson、Zane Zelinski、Alice Zellmer. 感謝我的父母史帝夫與喬安・特溫格閱讀他們那一個世代的章節（沉默世代），並給予回應，也謝謝他們聆聽我寫書時吐的苦水。

　　謝謝家人體諒我過去幾年經常待在辦公室。尤其感謝我的丈夫克雷格（Craig），在我忙著用大把時間寫作、分析、製圖的時候，他一肩扛起接送孩子上下學和參加活動的重任。我的 Z 世代女兒凱特、伊莉莎白和茱莉亞都對她們的世代提出重要觀察。事實上，凱特（2006 年出生）不僅通讀 Z 世代全章，還評論了一番（「我覺得我這一代鬱卒得沒心情嘿咻。」；「我們在電動裡互毆而不是在現實世界互捅，或許也是好事。」；「咖啡喝多，心裡空空。」；「蛤？」；「原來上社群媒體不能放鬆，難怪我們除了上學沒空放鬆。」；「我這一代覺得過度正向令人尷尬。」）。伊莉莎白（2009 年生）說：「大家太迷 TikTok，在學校的午餐時間都在看。」她還為我上了一課，讓我學到「不講武德」（slay）現在是什麼意思。茱莉亞（2012 年生）承認 2020 年春天在家上二年級的課時，她大多數時間在看 Brain Pop 的影片（而她學到最重要的一件事情是：「沒有腦子會死翹翹！」）。看見你們每一個都活得如此精采，是我生命的喜悅。我愛你們，無以言表。

出處
Sources

CHAPTER 1 ——世代如何形成？為何值得關注？

1 *In 2018, a 26-year-old American:* Alastair Jamieson, Elisha Fieldstadt, and Associated Press, "American Killed by Isolated Tribe on India's North Sentinel Island, Police Say," *NBC News*, November 21, 2018; Kiona N. Smith, "Everything We Know about the Isolated Sentinelese People of North Sentinel Island," *Forbes*, November 30, 2018.

2 *consider themselves middle class:* Emmie Martin, "70% of Americans Consider Themselves Middle Class—but Only 50% Are," *CNBC*, June 30, 2017.

3 *The fast life strategy is more common when the risk of death is higher:* Nicole L. Bulled and Richard Sosis, "Examining the Relationship between Life Expectancy, Reproduction, and Educational Attainment: A Cross-Country Analysis," *Human Nature* 21 (October 2010): 269–89.

4 *At the beginning of the 20th century, 1 out of 10 children:* Gopal K. Singh, *Child Mortality in the United States, 1935–2007: Large Racial and Socioeconomic Disparities Have Persisted over Time*, Health Resources and Services Administration, Maternal and Child Health Bureau (Rockville, Maryland: U.S. Department of Health and Human Services, 2010).

5 *"When competition for resources is high in stable environments:* Bulled and Sosis, "Examining the Relationship," 269–89.

6 *A recent study using eight biomarkers of aging:* Morgan E. Levine and Eileen M. Crimmins, "Is 60 the New 50? Examining Changes in Biological Age over the Past Two Decades," *Demography* 55, no. 2 (April 1, 2018): 387–402.

7 *"A generation is something that happens to people":* Landon Y. Jones, *Great Expectations: America and the Baby Boom Generation* (New York: Coward, McCann and Geoghegan, 1980).

8 *"'OK Boomer' is more than just an imperious insult":* Jill Filipovic, *OK Boomer, Let's Talk: How My Generation Got Left Behind* (New York: One Signal Publishers, 2020).

9 *As historian Kyle Harper wrote in 2021:* Kyle Harper, "Delusional Reactions to Epidemics Are as Old as Time. COVID Has Been No Different," *Los Angeles Times*, September 26, 2021.

CHAPTER 2 ——沉默世代（1925–1945 年生）

1 *"Tell the Court I love my wife":* Brynn Holland, "Mildred and Richard: The Love Story That Changed America,"

History.com, updated October 28, 2018.

2   *"She works rather casually.":* Life (1956), quoted in Sara M. Evans, *Born for Liberty: A History of Women in America* (New York: Free Press, 1989).

3   *Author Erica Jong (b. 1942) calls Silents:* Erica Jong, *Fear of Fifty: A Midlife Memoir* (New York: HarperCollins, 1994).

4   *"I have been arrested in New York":* Hugh Ryan, "How Dressing in Drag Was Labeled a Crime in the 20th Century," History.com, June 25, 2019.

5   *"It was a rebellion, it was an uprising":* "It Wasn't No Damn Riot!': Remembering Stormé DeLarverie and Stonewall," AfterEllen.com, June 28, 2021.

6   *Just ask Michael McConnell and Jack Baker:* Erik Eckholm, "The Same-Sex Couple Who Got a Marriage License in 1971," *New York Times*, May 16, 2015.

7   *Even with these trailblazing members:* Jeffrey M. Jones, "LGBT Identification in U.S. Ticks Up to 7.1%," Gallup, February 17, 2022.

8   *One study found that gay and bisexual men born before 1960:* Christian Grov, H. Jonathon Rendina, and Jeffrey T. Parsons, "Birth Cohort Differences in Sexual Identity Development Milestones among HIV-Negative Gay and Bisexual Men in the United States," *Journal of Sex Research* 55, no. 8 (2018): 984–94.

9   *At age 21 in 1964, singer Barry Manilow:* "Barry Manilow," in *People Celebrates the 70s* (New York: People Weekly Books, 2000), 29.

10   *"I thought I would be disappointing them if they knew I was gay":* Caitlin Gallagher, "Barry Manilow Opens Up about His Longtime Romance with Husband Garry Kief," PopSugar, first published April 9, 2015.

11   *In her 1963 book* The Feminine Mystique, *Betty Friedan (b. 1921):* Betty Friedan, *The Feminine Mystique* (New York: W. W. Norton, 1963).

12   *"Suddenly, I thought, I might as well go back to Don":* Benita Eisler, *Private Lives: Men and Women of the Fifties* (New York: Franklin Watts, 1986).

13   *"Never before had hundreds of thousands of college-educated women":* Eisler, *Private Lives.* 68 *While 10 million young men:* "Induction Statistics," Selective Service System, sss.gov.

插曲：愛滋病大流行

14   *"People called who were bed-bound, crying and sad with no hope":* Peter Jennings and Todd Brewster, *The Century* (New York: Doubleday, 1998).

15   *When the quilt was laid out for the first time:* Jennings and Brewster, *The Century.*

16   *He eventually wrote* And the Band Played On: Randy Shilts, *And the Band Played On: Politics, People, and the AIDS Epidemic* (New York: St. Martin's Press, 1987).

17   *"H.I.V. is certainly character-building":* Jeffrey Schmalz, "At Home With: Randy Shilts; Writing against Time, Valiantly," *New York Times*, April 22, 1993.

CHAPTER 3 ——嬰兒潮世代（1946–1964 年生）

1   *the country's birth rate had been declining for more than two hundred years:* Landon Y. Jones, *Great Expectations: America and the Baby Boom Generation* (New York: Coward, McCann, and Geoghegan, 1980).

2   *First-wave Boomer Jim Shulman went to four different elementary schools:* Jim Shulman, "Baby Boomer Memories: Reflections on Pittsfield Schools after World War II," *Berkshire Eagle* (Pittsfield, MA), January 16, 2019.

3   *"If you sold your soul in the '80s, here's your chance to buy it back":* Diane Seo, "VW's Ads Aim to Draw Beetle

Buyers without Bugging Them," *Los Angeles Times*, March 13, 1998.

4 *When college students were asked in the spring of 1973:* James D. Orcutt and James M. Fendrich, "Students' Perceptions of the Decline of Protest: Evidence from the Early Seventies," in "Youth Protest in the 60s," special issue, *Sociological Focus 13*, no. 3 (August 1980): 203–13.

5 *"I am guided by a higher calling":* Richard Zoglin, "Oprah Winfrey: Lady with a Calling," *Time*, August 8, 1988.

6 *Inspired by a finding reported in Greenfield (2013):* Patricia M. Greenfield, "The Changing Psychology of Culture from 1800 through 2000," *Psychological Science 24*, no. 9 (September 2013): 1722–31.

7 Emodish M. Abebe, and W. Keith Campbell, "Fitting In or Standing Out: Trends in American Parents' Choices for Children's Names, 1880–2007," *Social Psychological and Personality Science* 1, no. 1 (January 2010): 19–25; Jean M. Twenge, Lauren Dawson, and W. Keith Campbell, "Still Standing Out: Children's Names in the United States during the Great Recession and Correlations with Economic Indicators," *Journal of Applied Social Psychology* 46, no. 11 (November 2016), 663–70.

8 *"In the early 1960s, the voices of the schoolmarm":* Susan J. Douglas, *Where the Girls Are: Growing Up Female with the Mass Media* (New York: Crown, 1995).

9 *In a nationwide survey, 85% of U.S. adults:* Daniel Yankelovich, *New Rules: Searching for Self-Fulfillment in a World Turned Upside Down* (New York: Random House, 1981).

10 *One woman referred to the place where she was sent as a "shame-filled prison":* Diane Bernard and Maria Bogen-Oskwarek, "The Maternity Homes Where 'Mind Control' Was Used on Teen Moms to Give Up Their Babies," *Washington Post*, November 19, 2018.

11 *In a 1969 Gallup poll, only 1 out of 25 of American adults:* Jennifer Robison, "Decades of Drug Use: Data from the '60s and '70s," Gallup, July 2, 2002.

12 *As writer Candi Strecker observed:* Candi Strecker, "The Friendly Fraternity of Freaks," in *Dazed and Confused*, compiled by Richard Linklater and Denise Montgomery (New York: St. Martin's, 1993).

13 *In a 1978 Gallup poll, two-thirds of adults:* Robison, "Decades of Drug Use."

14 *Alcohol use disorder—issues with alcohol severe enough:* Benjamin H. Han, Alison A. Moore, Rosie Ferris, and Joseph J. Palamar, "Binge Drinking among Older Adults in the United States, 2015 to 2017," *Journal of the American Geriatrics Society 67*, no. 10 (October 2019): 2139–44.

15 *United States Commission on Civil Rights (1975):* U.S. Commission on Civil Rights, *The Voting Rights Act: Ten Years After; A Report of the United States Commission on Civil Rights* (Washington: U.S. Government Printing Office, January 1975).

16 *"The only people who live in a post-black world:* Margery Eagan, "This Issue Is as Black and White as It Gets," *Boston Herald*, July 23, 2009; Wayne Drash, "The 'Unfathomable' Arrest of a Black Scholar," *CNN*, July 22, 2009.

17 *As Gates Jr. said, "My grandfather was colored":* Richard Eder, "The New Openness," *Los Angeles Times*, May 8, 1994.

18 *Representative Emanuel Celler (b. 1888) of New York:* 88 Cong. Rec. 2577 (February 8, 1964). 111 *hecklers surrounded her yelling:* Sheena McKenzie, "Jockey Who Refused to Stay in the Kitchen," *CNN*, October 2, 2012.

19 *Boomers Karen Wagner (b. 1952), the first female litigation partner:* Karen Wagner and Erica Baird, "What Surprises Boomer Women Professionals When They Retire," *Next Avenue*, July 2, 2018.

20 *the first two female sanitation workers in the city were doing well:* Deirdre Carmody, "2 Female Sanitation Workers Earning High Marks," *New York Times*, January 31, 1987.

21 *When Celio Diaz Jr., a married father of two from Miami:* Kate Johnson and Albert Garcia, "'Male Stewardess' Just Didn't Fly," *Los Angeles Times*, September 27, 2007.

22 *"I keep hearing there's a new breed of men out there"*: Anna Quindlen, "Life in the 30's," *New York Times*, September 10, 1986.

23 *"Psychologists say corporate America is rife with women"*: Claudia H. Deutsch, "Women's Success: A Darker Side," *New York Times*, September 10, 1986.

24 *Patty Murray (b. 1950), then a Washington state legislator*: Michael S. Rosenwald, "No Women Served on the Senate Judiciary Committee in 1991 When Anita Hill Testified. That Has Changed," *Washington Post*, September 18, 2018.

25 *In a 2018 poll, Millennials and Gen Z*: Anna North, "'You Just Accepted It': Why Older Women Kept Silent about Sexual Harassment—and Younger Ones Are Speaking Out," *Vox*, March 20, 2018; Morning Consult, National Tracking Poll #180313, crosstabulation results, March 2–8, 2018.

26 *"It's empowering for my daughters and granddaughters"*: North, "'You Just Accepted It.'"

27 *In 2015, economists Anne Case and Angus Deaton*: Anne Case and Angus Deaton, "Rising Morbidity and Mortality in Midlife among White Non-Hispanic Americans in the 21st Century," *Proceedings of the National Academy of Sciences* 112, no. 49 (December 8, 2015): 15078–83.

28 *E. Saez, (2019)*: Emmanuel Saez, "Striking It Richer: The Evolution of Top Incomes in the United States," University of California Berkeley, 2019.

29 *"Nobody wants to hire an old guy"*: Bill Toland, "In Desperate 1983, There Was Nowhere for Pittsburgh's Economy to Go but Up," *Pittsburgh Post-Gazette*, December 23, 2012.

CHAPTER 4 —— X世代（1965–1979年生）

1 *When asked in 1996 how older generations saw them*: Margot Hornblower, "Great Xpectations of So-Called Slackers," *Time*, June 9, 1997.

2 *Jawed Karim (b. 1979), then a 25-year-old PayPal employee*: Jim Hopkins, "Surprise! There's a Third YouTube Co-founder," *USA Today*, October 11, 2006.

3 *the first item that sold on the site was a broken laser pointer*: Marco della Cava, "eBay's 20th Made Possible by Canadian Retiree," *USA Today*, September 11, 2015.

4 *for Gen Xers "There is only one question"*: Susan Gregory Thomas, "The Divorce Generation," *Wall Street Journal*, July 9, 2011.

5 *Boomers started having sex in college*: Brooke E. Wells and Jean M. Twenge, "Changes in Young People's Sexual Behavior and Attitudes, 1943–1999: A Cross-Temporal Meta-analysis," *Review of General Psychology* 9, no. 3 (September 2005): 249–61.

6 *Women's median age at reproductive milestones, 1960–2021*: Lawrence B. Finer and Jesse M. Philbin, "Trends in Ages at Key Reproductive Transitions in the United States, 1951–2010," *Women's Health Issues* 24, no. 3 (May–June 2014): 271–79.

7 *There was also a huge change in the number of people*: Wendy D. Manning and Bart Stykes, *Twenty-Five Years of Change in Cohabitation in the U.S., 1987–2013* (Bowling Green, OH: National Center for Family & Marriage Research, 2015).

8 *As a graduate student, I gathered the scores of 65,965 college students*: Jean M. Twenge and W. Keith Campbell, "Age and Birth Cohort Differences in Self-Esteem: A Cross-Temporal Meta-analysis," *Personality and Social Psychology Review* 5, no. 4 (November 2001): 321–44.

9 *In the early 1950s, only 12% of teens agreed*: Cassandra Rutledge Newsom, Robert P. Archer, Susan Trumbetta, and Irving I. Gottesman, "Changes in Adolescent Response Patterns on the MMPI/ MMPI-A across Four

Decades," *Journal of Personality Assessment* 81, no. 1 (2003): 74–84.

10 *While only 4 in 10 early Boomer students thought:* Jean M. Twenge, W. Keith Campbell, and Brittany Gentile, "Generational Increases in Agentic Self-Evaluations among American College Students, 1966–2009," *Self and Identity* 11, no. 4 (2012): 409–427.

11 *As a 1987* Washington Post *article described that year's high school graduates:* Lynda Richard- son and Leah Y. Latimer, "Hopes of a Gilded Age," *Washington Post*, June 14, 1987.

12 *The* New York Times *opined that the show:* Neil Genzlinger, "Robin Leach, 76, 'Lifestyles of the Rich and Famous' Host, Dies," *New York Times*, August 24, 2018.

13 *When interviewed by the* Washington Post *at her high school:* Richardson and Latimer, "Hopes of a Gilded Age."

14 *newly minted high school graduate Sam Brothers:* Richardson and Latimer, "Hopes of a Gilded Age."

15 *In a 2013 paper, my co-author Tim Kasser and I:* Jean M. Twenge and Tim Kasser, "Generational Changes in Materialism and Work Centrality, 1976-2007: Associations with Temporal Changes in Societal Insecurity and Materialistic Role Modeling," *Personality and Social Psychology Bulletin* 39, no. 7 (July 2013): 883–97.

16 *"a generation of bristling minds":* P. Travers, "Slacker," *Rolling Stone*, July 11, 1991; Parkinson, Hannah Jane. Free show: Slacker. *The Guardian.* April 14, 2014.

17 *"My generation believes we can do almost anything":* Hornblower, "Great Xpectations."

18 *Others point to the greater availability of inexpensive guns:* Alfred Blumstein, "Youth, Guns, and Violent Crime," *Future of Children* 12, no. 2 (Summer–Autumn 2002): 38–53.

19 *"Under 24 years old? They think it's all bull":* Don Oldenburg, "Cynical? So, Who's Cynical?" *Washington Post*, June 23, 1989.

20 *The lack of trust increased at the same time that income inequality rose:* Jean M. Twenge, W. Keith Campbell, and Nathan T. Carter, "Declines in Trust in Others and Confidence in Institutions among American Adults and Late Adolescents, 1972–2012," *Psychological Science* 25, no. 10 (October 2014): 1914–23.

21 *He immediately grabbed his new shoebox-sized camcorder:* Azi Paybarah, "He Videotaped the Rodney King Beating. Now, He Is Auctioning the Camera," *New York Times*, July 29, 2020.

22 *The verdict laid bare a racial divide:* Janell Ross, "Two Decades Later, Black and White Americans Finally Agree on O. J. Simpson's Guilt," *Washington Post*, March 4, 2016.

23 *"perhaps we can put to rest the myth of racism":* "President-Elect Obama," editorial, *Wall Street Journal*, November 5, 2008.

24 *125 times more people (80,000) than effectively decided the 2016 election:* Philip Bump, "Donald Trump Will Be President Thanks to 80,000 People in Three States," *Washington Post*, December 1, 2016.

25 *The national debt, Cowan and Nelson said, is "our Vietnam":* David Corn, "The Gen X Political Meltdown," *Los Angeles Times*, September 3, 1995.

26 *Recycling programs in many cities:* Sheila Mulrooney Eldred, "When Did Americans Start Recycling?" History. com, April 14, 2020, https://www.history.com/news/recycling-history-america.

27 *"It was love at third sight":* Michael S. Rosenwald, "How Jim Obergefell Became the Face of the Supreme Court Gay Marriage Case," *Washington Post*, April 6, 2015; Abby Ann Ramsey, "Jim Obergefell, Plaintiff in Supreme Court Same-Sex Marriage Case, Shares Personal Story with Students," *Daily Beacon* (Knoxville, TN), October 7, 2021.

28 *"I was feeling bombarded by a lot of viewpoints":* Judith Shulevitz, "In College and Hiding from Scary Ideas," *New York Times*, March 21, 2015.

29 *"There's a new boss in town: . . . the social media mob":* Meghan Daum, "We're All Bound and Gagged by a New

Boss—Social Media Mobs," *Los Angeles Times*, July 29, 2018.

30 *"these old kind of radical people"*: Gary David Goldberg, "Family Ties Bind Us Together," *The Write Life 61* (blog), August 31, 2020.

31 *"We're going to introduce a constitutional amendment making the voting age 35"*: Steven V. Roberts, "Younger Voters Tending to Give Reagan Support," *New York Times*, October 16, 1984.

CHAPTER 5 ——千禧世代（1980–1994年生）

1 *"Millennial attitudes already define . . . American society"*: Charlotte Alter, *The Ones We've Been Waiting For: How a New Generation of Leaders Will Transform America* (New York: Penguin, 2020).

2 *"Boomer culture is having your ringer on full volume"*: Matt Stopera, "30 Boomer Culture vs. 30 Millennial Culture Tweets That Perfectly and Painfully Show the Difference between the Two Generations," BuzzFeed, November 6, 2021.

3 *Parents, Alter writes, "became obsessed with 'enrichment' activities for kids"*: Alter, *Ones We've Been Waiting For.*

4 *A study looking at pronouns in the lyrics of the ten most popular songs in each year*: C. Nathan DeWall, Richard S. Pond Jr., W. Keith Campbell, and Jean M. Twenge, "Tuning in to Psychological Change: Linguistic Markers of Psychological Traits and Emotions over Time in Popular U.S. Song Lyrics," *Psychology of Aesthetics, Creativity, and the Arts* 5, no. 3 (August 2011): 200–207.

5 *Figure 5.4: Percent of U.S. students above average in self-esteem, 1988–2004*: Brittany Gentile, Jean M. Twenge, and W. Keith Campbell, "Birth Cohort Differences in Self-Esteem, 1988– 2008: A Cross-Temporal Meta-analysis," *Review of General Psychology* 14, no. 3 (September 2010): 261–68.

6 *When polled in 2015, 52% of Millennial parents asserted they were doing a "very good" job*: Gretchen Livingston, "More Than a Million Millennials Are Becoming Moms Each Year," Pew Research Center, May 4, 2018.

7 *Six out of 10 teachers and 7 out of 10 counselors at the time agreed that self-esteem should be raised*: Cynthia G. Scott, Gerald C. Murray, Carol Mertens, and E. Richard Dustin, "Student Self-Esteem and the School System: Perceptions and Implications," *Journal of Educational Research* 89, no. 5 (1996): 286-293.

8 *In a 2008 survey, 2 out of 3 college students said they thought professors should increase their grade*: Ellen Greenberger, Jared Lessard, Chuansheng Chen, Susan P. Farruggia, "Self-Entitled College Students: Contributions of Personality, Parenting, and Motivational Factors," *Journal of Youth and Adolescence* 37, no. 10 (November 2008): 1193–204.

9 *fame was the most emphasized value out of 16 possibilities*: Yalda T. Uhls and Patricia Green- field, "The Rise of Fame: An Historical Content Analysis," *Cyberpsychology: Journal of Psychosocial Research on Cyberspace*, 5, no. 1 (2011), article 1.

10 *Narcissistic Personality Inventory scores of U.S. college students, 1982–2016*: Jean M. Twenge, Sara H. Konrath, A. Bell Cooper, Joshua D. Foster, W. Keith Campbell, and Cooper McAllister, "Egos Deflating with the Great Recession: A Cross-Temporal Meta-analysis and Within-Campus Analysis of the Narcissistic Personality Inventory, 1982–2016," *Personality and Individual Differences* 179 (September 2021), article 110947.

11 *Narcissistic Personality Inventory scores of University of South Alabama and University of California, Davis college students*: Twenge et al., "Egos Deflating with the Great Recession."

12 *"When I was growing up, every afternoon after school"*: Ana Hernández Kent, "The Millennial Wealth Gap: Smaller Wallets Than Older Generations," *Open Vault* (blog), Federal Reserve Bank of St. Louis, February 5, 2020, https://www.stlouisfed.org/open-vault/2020/february/ millennial-wealth-gap-smaller-wallets-older-generations.

13 *"I put a favorite quote of mine in [my] profile"*: Guy Grimland, "Facebook Founder's Roommate Recounts Creation of Internet Giant," *Haaretz.com*, May 10, 2009.

14 *"After hearing hilarious stories"*: Brian O'Connell, "History of Snapchat: Timeline and facts,"*TheStreet*, February 28, 2020.

15 *a global survey found that Millennials:* "Here's Why Millennials Use Social Media," Marketing Charts, March 3, 2021.

16 *"There was no single objective but hundreds"*: Alter, *Ones We've Been Waiting For*.

17 *She posted short videos on Instagram during her freshman Congress orientation:* Alter, *Ones We've Been Waiting For*.

18 *"I didn't really know what I was doing when I was applying for colleges"*: Elizabeth A. Harris, "'I won't give up': How First-Generation Students See College," *New York Times*, May 30, 2017.

19 *playing catch-up in the game of life:* Janet Adamy and Paul Overberg, "'Playing Catch-Up in the Game of Life.' Millennials Approach Middle Age," *Wall Street Journal*, May 19, 2019.

20 *In a 2019 analysis, the Pew Center for Research:* Richard Fry, "Young Adult Households Are Earning More Than Most Older Americans Did at the Same Age," Pew Research Center, December 11, 2018.

21 *BuzzFeed ran a story on twenty-four "ways Millennials became homeowners"*: Megan Liscomb, "'I got hit by a truck' and 24 More Ways Millennials Became Homeowners," Buzz- Feed, March 25, 2022.

22 *a* Wall Street Journal *analysis found that the income of Black Millennial college graduates:* Rachel Louise Ensign and Shane Shifflett, "College Was Supposed to Close the Wealth Gap for Black Americans. The Opposite Happened," *Wall Street Journal*, August 7, 2021.

23 *childcare costs more than a year of college at a state university:* Jane Caffrey, "Parents, Providers Join Campaign for Universal Child Care," *NBC Connecticut*, November 10, 2021; Jason DeParle, "When Child Care Costs Twice as Much as the Mortgage," *New York Times*, October 9, 2021.

24 *"The only bad part about it is the loans"*: Ensign and Shifflett, "Wealth Gap for Black Americans."

25 *people who were told they had less than others:* Tobias Greitemeyer and Christina Sagioglou, "The Experience of Deprivation: Does Relative More Than Absolute Status Predict Hostility?" *British Journal of Social Psychology* 58, no. 3 (July 2019): 515–33.

26 *"social media rewards language that is not just hyperbolic but apocalyptic"*: Meghan Daum, "Cancel Culture Makes Everything Look Worse Than It Is," *GEN*, Medium, January 8, 2020.

27 *"If you experience a moment's unpleasantness, first blame modern capitalism"*: Derek Thompson, "Can Medieval Sleeping Habits Fix America's Insomnia?" *Atlantic*, January 27, 2022.

28 *In a 2018 Gallup poll surveying Millennials and Gen Z:* Frank Newport, "Democrats More Positive about Socialism Than Capitalism," Gallup, August 13, 2018.

29 *"Should I have a baby?" wonders Gina Tomaine (b. 1987):* Gina Tomaine, "Why I, like So Many in My Generation, Can't Make Up My Mind about Having Kids," *Philadelphia*, February 1, 2020.

30 *Millennial Bianca Soria-Avila, who works full-time:* Sabrina Tavernise, "Why Birthrates among Hispanic Americans Have Plummeted," *New York Times*, March 7, 2019.

31 *When younger adults who don't want children are asked why:* Anna Brown, "Growing Share of Childless Adults in U.S. Don't Expect to Ever Have Children," Pew Research Center, November 19, 2021; Clay Routledge and Will Johnson, "The Real Story behind America's Population Bomb: Adults Want Their Independence," *USA Today*, October 12, 2022.

32 *"We want to travel"*: Tomaine, "Can't Make Up My Mind."

33 *Between 2010 and 2019, birth rates fell the most in U.S. counties with strong job growth:* Sabrina Tavernise, Claire Cain Miller, Quoctrung Bui, and Robert Gebeloff, "Why American Women Everywhere Are Delaying Motherhood," *New York Times*, June 16, 2021; Melissa S. Kearney, Phillip B. Levine, and Luke Pardue, "The Puzzle of Falling US Birth Rates since the Great Recession," *Journal of Economic Perspectives* 36, no. 1 (Winter 2022): 151–76.

34 *In the 2018 poll, 64% of young adults:* Claire Cain Miller, "Americans Are Having Fewer Babies. They Told Us Why," *New York Times*, July 5, 2018.

35 *Nine out of 10 18- to 36-year-olds:* Megan Leonhardt, "87% of Millennials and Gen Zers Say Child-Care Costs Affect Their Decision to Have Children," *CNBC*, July 23, 2020.

36 *However, the economists' paper found that states:* Kearney, Levine, and Pardue, "Falling US Birth Rates," 151–76.

37 *some economists refer to this as "the rug rat race":* Garey Ramey and Valerie Ramey, "The Rug Rat Race," (NBER Working Paper Series 15284, National Bureau of Economic Research, Cambridge, MA, August 2009).

38 *mothers spending more time each day caring for children:* Kate C. Prickett and Jennifer March Augustine, "Trends in Mothers' Parenting Time by Education and Work from 2003 to 2017," *Demography* 58, no. 3 (June 1, 2021): 1065–91.

39 *In a 2022 poll, only 28% of adults:* AJ Skiera, "Personal Independence behind Declining Birth Rates," Harris Poll, October 11, 2022.

40 *"Starting in middle school":* NPR staff, "More Young People Are Moving Away from Religion, but Why?" *Morning Edition*, NPR, January 14, 2013.

41 *The next theory posited that Millennials would come back to religion:* Daniel Cox and Amelia Thomson-De-Veaux, "Millennials Are Leaving Religion and Not Coming Back," FiveThirtyEight, December 12, 2019.

42 *"Twenty five years ago, people would have said:* Seema Mody, "Millennials Lead Shift Away from Organized Religion as Pandemic Tests Americans' Faith," *CNBC*, December 29, 2021.

43 *"whatever you feel, it's personal":* Jeffrey Jensen Arnett, *Emerging Adulthood: The Winding Road from the Late Teens through the Twenties* (Oxford: Oxford University Press, 2006), 172.

44 *When the Pew Research Center asked religiously unaffiliated Americans:* "Why America's 'Nones' Don't Identify with a Religion," Pew Research Center, August 8, 2018.

45 *In a 2012 survey of 18- to 24-year-olds:* Robert P. Jones, "Why Are Millennials Leaving the Church?" *Huffington Post*, May 8, 2012.

46 *in a 2019 study, 6 out of 10 Millennials:* Cox and Thomson-DeVeaux, "Millennials Are Leaving."

47 *"My own upbringing was religious":* Cox and Thomson-DeVeaux, "Millennials Are Leaving." 302 *"We still want relationships and transcendence":* Christine Emba, "Why Millennials Are Skipping Church and Not Going Back," *Washington Post*, October 27, 2019.

48 Politico *described Ossoff as the first "extremely online":* Derek Robertson, "An Annotated Guide to Jon Ossoff's Extremely Online Twitter Feed," *Politico*, January 10, 2021.

49 *Ossoff was also the only one of the four candidates:* Kalhan Rosenblatt, "Gen Z Is Using TikTok to Encourage Youth Voter Turnout in Georgia's Runoffs," *NBC News*, January 4, 2021.

50 *"My parents professed to love America":* Belinda Luscombe, "'It Makes Me Sick with Grief': Trump's Presidency Divided Families. What Happens to Them Now?" *Time*, January 21, 2021.

51 *In a 2021 Pew Center poll, 71% of Millennials:* Alec Tyson, Brian Kennedy, and Cary Funk, "Gen Z, Millennials Stand Out for Climate Change Activism, Social Media Engagement with Issue," Pew Research Center, May 26, 2021.

52 *"The BLM ride was organized in the spirit of the early 1960s interstate Freedom Riders"*: Isabella Mercado, "The Black Lives Matter Movement: An Origin Story," Underground Railroad Education Center, Jordan Zarkarin, "How Patrisse Cullors, Alicia Garza, and Opal Tometi Created the Black Lives Matter Movement," Biography. com, January 27, 2021.

53 *"I am not going to stand up to show pride in a flag for a country"*: Steve Wyche, "Colin Kaepernick Explains Why He Sat during National Anthem," NFL.com, August 27, 2016.

54 *labeled the time "The Great Awakening"*: Matthew Yglesias, "The Great Awakening," *Vox*, April 1, 2019.

55 *The number of American adults who agreed that racism was a "big problem"*: Samantha Neal, "Views of Racism as a Major Problem Increase Sharply, Especially among Democrats," Pew Research Center, August 29, 2017; Nate Cohn and Kevin Quealy, "How Public Opinion Has Moved on Black Lives Matter," *New York Times*, June 10, 2020.

56 *In 2011, only 1 in 4 White Democrats agreed*: Robert Griffin, Mayesha Quasem, John Sides, and Michael Tesler, *Racing Apart: Partisan Shifts on Racial Attitudes over the Last Decade* (Washington, DC: Democracy Fund Voter Study Group, October 2021).

57 *In a 2021 Pew Research Center poll, 37% of young adults agreed*: "Deep Divisions in Americans' Views of Nation's Racial History—and How to Address It," Pew Research Center, August 12, 2021.

58 *"The current civil unrest looks like a little United Nations"*: Angel Jennings, "South L.A. Is Largely Untouched by Unrest. That Is by Design," *Los Angeles Times*, June 3, 2020.

59 *"So what happens when millennials… start 'adulting'"*: Anne Helen Petersen, *Can't Even: How Millennials Became the Burnout Generation* (New York: Dey Street Books, 2020).

60 *"if we get distracted by sideshows and carnival barkers"*: Christi Parsons and Michael A. Memoli, "Obama: 'We Do Not Have Time for This Kind of Silliness,'" *Los Angeles Times*, April 27, 2011.

61 *By September 2020, 44% of Republicans and 41% of Democrats*: Larry Diamond, Lee Drutman, Tod Lindberg, Nathan P. Kalmoe, and Lilliana Mason, "Americans Increasingly Believe Violence Is Justified If the Other Side Wins," *Politico*, October 1, 2020.

62 *Then Facebook introduced the "like" button*: Jonathan Haidt, "Why the Past 10 Years of American Life Have Been Uniquely Stupid," *Atlantic*, April 11, 2022.

63 *"Misinformation, toxicity, and violent content*: Keach Hagey and Jeff Horwitz, "Facebook Tried to Make Its Platform a Healthier Place. It Got Angrier Instead," *Wall Street Journal*, September 15, 2021.

64 *College student Rachel Huebner wrote in the* Harvard Crimson *in 2016*: Rachel Huebner, "A Culture of Sensitivity," *Harvard Crimson*, March 23, 2016.

65 *In a 2019 poll, 22% of Millennials said they had no friends*: Brian Resnick, "22 Percent of Millennials Say They Have 'No Friends,'" *Vox*, August 1, 2019.

66 *List of activities considered socializing*: Mark A. Aguiar, Erik Hurst, and Loukas Karabarbounis, "Time Use during Recessions," (NBER Working Paper Series 17259, National Bureau of Economic Research, Cambridge, MA, July 2011).

插曲：新冠肺炎疫情

67 *the CDC announced that the risk to the public*: Spencer Kimball and Nate Rattner, "Two Years since Covid Was First Confirmed in U.S., the Pandemic Is Worse Than Anyone Imagined," *CNBC.com*, January 21, 2022.

CHAPTER 6 —— Z世代（1995–2012年生）

1   *Gen Z'ers have a running riff on Twitter asking, "Why do Millennials . . .":* Matt Stopera, "33 of the Most Brutal 'Why Do Millennials' Tweets from 2021," BuzzFeed, December 10, 2021.

2   *"Yeah I only use that emoji at work for professionalism":* Emma Goldberg, "The 37-Year-Olds Are Afraid of the 23-Year-Olds Who Work for Them," *New York Times*, October 28, 2021.

3   *"Gen Z humor is gallows humor":* Rex Woodbury, "It's Gen Z's World, and We're Just Living in It," *Digital Native*, Substack, December 8, 2021.

4   *A recent analysis of 70 million words:* Roberta Katz, Sarah Ogilvie, Jane Shaw, and Linda Wood- head, *Gen Z, Explained: The Art of Living in a Digital Age* (Chicago: University of Chicago Press, 2021).

5   *And if everyone states their pronouns:* Katz et al., *Gen Z, Explained.*

6   *Audrey Mason-Hyde (b. 2005):* Sophie Tedmanson, "How Non-binary Teenager Audrey Mason-Hyde Is Breaking Down Gender Identity Stereotypes, One Label at a Time," *Vogue* Australia, January 1, 2019.

7   *In 2017, 1.8%:* Michelle M. Johns, Richard Lowry, Jack Andrzejewski, Lisa C. Barrios, Zewditu Demissie, Timothy McManus, Catherine N. Rasberry, Leah Robin, and J. Michael Underwood. "Transgender Identity and Experiences of Violence Victimization, Substance Use, Suicide Risk, and Sexual Risk Behaviors Among High School Students - 19 States and Large Urban School Districts, 2017." *Morbidity and Mortality Weekly Report, 68*, 67–71, January 25, 2019.

8   *A fall 2018 sample of more than 3,000 Pittsburgh public high school students:* Kacie M. Kidd, Gina M. Sequeira, Claudia Douglas, Taylor Paglisotti, David J. Inwards-Breland, Elizabeth Miller, and Robert W. S. Coulter, "Prevalence of Gender-Diverse Youth in an Urban School District," *Pediatrics* 147, no. 6 (June 2021): e2020049823.

9   *In 2022, Sylvia Chesak (b. 2007) estimated:* Matt Villano, "Tweens and Teens Explore the Power of Pronouns," *CNN*, February 19, 2022.

10 *Los Angeles mom Jennifer Chen:* Vanessa Etienne, "Los Angeles Mother Uses Family Holiday Card to Introduce Her Child as Nonbinary: 'So Proud,'" *People*, December 21, 2021.

11 *discussions of transgender identity in medicine and popular culture:* Tre'vell Anderson, "Visibility Matters: Transgender Characters on Film and Television through the Years," *Los Angeles Times*, December 18, 2015.

12 *the number of youth seeking treatment at the Kaiser Permanente Northern California pediatric transgender clinic:* Ted Handler, J. Carlo Hojilla, Reshma Varghese, Whitney Wellenstein, Derek D. Satre, and Eve Zaritsky, "Trends in Referrals to a Pediatric Transgender Clinic," *Pediatrics* 144, no. 5 (November 2019): e20191368; Natasja M. de Graaf, Guido Giovanardi, Claudia Zitz, and Polly Carmichael, "Sex Ratio in Children and Adolescents Referred to the Gender Identity Development Service in the UK (2009–2016)," *Archives of Sexual Behavior* 47 (July 2018): 1301–4.

13 *Perhaps, but a recent survey of 695 transgender people:* Jae A. Puckett, Samantha Tornello, Brian Mustanski, and Michael E. Newcomb, "Gender Variations, Generational Effects, and Mental Health of Transgender People in Relation to Timing and Status of Gender Identity Milestones," *Psychology of Sexual Orientation and Gender Diversity* 9, no. 2, 165-178 (June 2022).

14 *trans youths started communicating on online message boards in the late 1980s:* Avery Dame- Griff, "How the Bulletin Board Systems, Email Lists and Geocities Pages of the Early Internet Created a Place for Trans Youth to Find One Another and Explore Coming Out," *Conversation*, May 25, 2021.

15 *"If you attend a small dinner party":* Bruce Haring, "'Real Time's' Bill Maher Claims Rise of LGBTQ May Be Sparked by Need to Be Trendy," *Deadline*, May 20, 2022.

16 *Singer Demi Levato (b. 1992) announced a preference:* Scottie Andrew, "Demi Lovato Opens Up about Why

She's Using 'She/Her' Pronouns Again," *CNN*, August 2, 2022.

17 *"A lot of my anxiety ties back to the openness and honesty that people have on the internet"*:Suzy Weiss, "Generation Swipe," *Common Sense* (newsletter), September 11, 2022.

18 *Illinois law states that leaving any child under the age of 14*: "Leaving an 8th Grader 'Home Alone' Could Land Parents in Jail," Illinois Policy (illinoispolicy.org), December 23, 2020.

19 *"Nobody will be happy for you or root for you"*: Amatullah Shaw, "Couples Who Got Married Young Are Sharing Their Experiences, and It's Super Important," BuzzFeed, July 5, 2021.

20 *Alexandra Solomon, who teaches a course called Marriage 101*: Kate Julian, "Why Are Young People Having So Little Sex?" *Atlantic*, December 2018.

21 *"The parallels with the Silent generation are obvious"*: Alex Williams, "Move Over Millennials, Here Comes Generation Z," *New York Times*, September 18, 2015.

22 *Abbot had written an op-ed and recorded some videos*: Dorian Abbot, "MIT Abandons Its Mission. And Me," *Common Sense* (newsletter), October 5, 2021.

23 *In 2021, a math professor at a small college in Philadelphia*: Todd Shepherd, "St. Joe's Drops Contract for Professor Involved in Free-Speech Controversy," Broad and Liberty, July 26, 2021.

24 *"Liberals are leaving the First Amendment behind"*: Michael Powell, "Once a Bastion of Free Speech, the A.C.L.U. Faces an Identity Crisis," *New York Times*, June 6, 2021.

25 *Political scientist Dennis Chong*: Dennis Chong, Jack Citrin, and Morris Levy, "The Realignment of Political Tolerance in the United States," SSRN preprint, posted October 27, 2021.

26 *In one poll, 40% of Millennials and Gen Z'ers*: Katz et al., *Gen Z, Explained*, 250.

27 *"A dogmatism descends sometimes"*: Powell, "Bastion of Free Speech."

28 *In a student newspaper op-ed in 2015, Columbia University students*: Michael E. Miller, "Columbia Students Claim Greek Mythology Needs a Trigger Warning," *Washington Post*, May 14, 2015.

29 *In 2022, student senators at Drake University in Iowa*: FIRE, "Drake University Student Senate Discriminates against Conservative Club, Denies It Official Recognition due to 'Harmful' Views," FIRE.org, May 11, 2022.

30 *"the rationale for speech codes and speaker disinvitations was becoming medicalized"*: Greg Lukianoff and Jonathan Haidt, *The Coddling of the American Mind: How Good Intentions and Bad Ideas Are Setting Up a Generation for Failure* (New York: Penguin, 2018), 6–7.

31 *one university warning on Robert Louis Stevenson's novel* Kidnapped: Chris Hastings, "Trigger Warning to Students: The Novel Kidnapped Includes Scenes of Abduction! Universities Issue Bizarre Alerts to Protect Snowflake Undergraduates," *Daily Mail*, November 27, 2021.

32 *"classrooms should always be a safe space for students"*: Julia Merola, "Trigger Warnings Create a Safe Space for Students," *Temple News*, March 10, 2021.

33 *Seven years later, 17-year-old Darnella Frazier*: Bill Chappell, "'It Wasn't Right,' Young Woman Who Recorded Chauvin and Floyd on Video Tells Court," NPR, March 30, 2021.

34 *One poll found that 41% of protest participants were 18 to 29*: Amanda Barroso and Rachel Minkin, "Recent Protest Attendees Are More Racially and Ethnically Diverse, Younger Than Americans Overall," Pew Research Center, June 24, 2020.

35 *participated in protests in early June 2020*: Larry Buchanan, Quoctrung Bui, and Jugal K. Patel, "Black Lives Matter May Be the Largest Movement in U.S. History," *New York Times*, July 3, 2020.

36 *"huge waves of anxiety" about facing the press*: Matthew Futterman, "Naomi Osaka Quits the French Open after News Conference Dispute," *New York Times*, May 31, 2021.

37 *"I have to put my pride aside"*: Gabriela Miranda, "Here's What Simone Biles Told Reporters after Withdrawing from Tokyo Olympics Team Final," *USA Today*, July 27, 2021.

38 *suicide attempts via self-poisoning*: Henry A. Spiller, John P. Ackerman, Natalie E. Spiller, and Marcel J. Casavant, "Sex- and Age-Specific Increases in Suicide Attempts by Self-Poisoning in the United States among Youth and Young Adults from 2000 to 2018," *Journal of Pediatrics* 210 (July 2019): 201–8.

39 *In addition, ER admissions for suicide attempts among teens*: Gregory Plemmons, Matthew Hall, Stephanie Doupnik, James Gay, Charlotte Brown, Whitney Browning, Robert Casey et al., "Hospitalization for Suicide Ideation or Attempt: 2008–2015," *Pediatrics* 141, no. 6 (June 2018): e20172426.

40 *"Social media isn't like rat poison"*: Derek Thompson, "Why American Teens Are So Sad," *Atlantic*, April 11, 2022.

41 *Figure 6.40: Rates of depression among U.K. teens*: Lukasz Cybulski, Darren M. Ashcroft, Matthew J. Carr, Shruti Garg, Carolyn A. Chew-Graham, Nav Kapur, and Roger T. Webb, "Temporal Trends in Annual Incidence Rates for Psychiatric Disorders and Self-Harm among Children and Adolescents in the UK, 2003–2018," *BMC Psychiatry* 21 (2021): article 229.

42 *Figure 6.42: Percent of Norwegian 13- to 19-year-olds with poor mental health*: S. Krokstad et al., "Divergent Decennial Trends in Mental Health according to age reveal poorer mental health for young people: Repeated cross-sectional population-based surveys from the HUNT Study, Norway," *BMJ Open* 12, no.5 (2022): e057654.

43 *Figure 6.43: Percent of Swedish and Dutch 13- and 15-year-olds*: M. Boer et al., "Adolescent Mental Health in the Health Behaviors of School-Aged Children Study" (unpublished manuscript, last modified November 7, 2022).

44 *tracked closely with the rise in teens' smartphone access*: Jean M. Twenge, Jonathan Haidt, Andrew B. Blake, Cooper McAllister, Hannah Lemon, and Astrid Le Roy, "Worldwide Increases in Adolescent Loneliness," *Journal of Adolescence 93*, no. 1 (December 2021): 257–69.

45 *Figure 6.48: Percent of U.K. teens with clinically significant depression by hours a day of social media use, by gender*: Yvonne Kelly, Afshin Zilanawala, Cara Booker, and Amanda Sacker, "Social Media Use and Adolescent Mental Health: Findings from the UK Millennium Cohort Study," *EClinical Medicine* 6 (December 2018): 59–68.

46 *one group of college students was asked to cut back their social media use*: Melissa G. Hunt, Rachel Marx, Courtney Lipson, and Jordyn Young, "No More FOMO: Limiting Social Media Decreases Loneliness and Depression," *Journal of Social and Clinical Psychology* 37, no. 10 (December 2018).

47 *"Gen Z are an incredibly isolated group of people"*: Jonathan Haidt and Jean M. Twenge, "This Is Our Chance to Pull Teenagers Out of the Smartphone Trap," *New York Times*, July 31, 2021.

48 *Two studies of U.K. teens*: Jean M. Twenge and Eric Farley, "Not All Screen Time Is Created Equal: Associations with Mental Health Vary by Activity and Gender," *Social Psychiatry and Psychiatric Epidemiology* 56 (February 2021): 207–17; Cooper McAllister, Garrett C. Hisler, Andrew B. Blake, Jean M. Twenge, Eric Farley, and Jessica L. Hamilton, "Associations between Adolescent Depression and Self-Harm Behaviors and Screen Media Use in a Nationally Representative Time-Diary Study," *Research on Child and Adolescent Psychopathology* 49 (December 2021): 1623–34.

49 *Lembke joined Instagram when she was 12*: Julie Halpert, "A New Student Movement Wants You to Log Off," *New York Times*, June 14, 2022.

50 *a significant decline in the number of teens and adults eating unhealthy food*: Junxiu Liu, Renata Micha, Yan Li, and Dariush Mozaffarian, "Trends in Food Sources and Diet Quality among US Children and Adults, 2003-2018," *JAMA Network Open* 4, no. 4 (April 2021): e215262.

51 *The increases in body-mass index (BMI) among kids and teens accelerated:* Susan J. Woolford, Margo Sidell, Xia Li, Veronica Else, Deborah R. Young, Ken Resnicow, and Corinna Koebnick, "Changes in Body Mass Index among Children and Adolescents during the COVID-19 Pandemic," *JAMA* 326, no. 14 (October 2021): 1434–36.

52 *"Gen Z is distinctly nihilistic":* Ryan Schocket, "Gen Z'ers Are Sharing What They Dislike about Their Generation, and They Didn't Hold Back," BuzzFeed, August 24, 2022.

53 *When Hunter Kaimi made a TikTok video:* Emerald Pellot, "TikToker Explains What He Thinks Older Generations Miss When They Criticize Young People for 'Quiet Quitting': 'Incredibly discouraging,'" Yahoo!, August 31, 2022.

54 *young Millennials in the mid-2010s:* John Della Volpe, *Fight: How Gen Z Is Challenging Their Fear and Passion to Save America* (New York: St. Martin's, 2022).

55 *their definition of capitalism:* Della Volpe, *Fight.*

56 *internal locus of control was a better predictor of academic achievement:* James S. Coleman, Ernest Q. Campbell, Carol J. Hobson, James McPartland, Alexander M. Mood, Frederic D. Weinfeld, and Robert L. York, *Equality of Educational Opportunity,* report from the Office of Education, US Department of Health, Education, and Welfare, National Center for Educational Statistics (Washington, DC: US Government Printing Office, 1966).

57 *sociologists Bradley Campbell and Jason Manning write:* Bradley Keith Campbell and Jason Manning, *The Rise of Victimhood Culture: Microaggressions, Safe Spaces, and the New Culture Wars* (New York: Palgrave Macmillan, 2018).

58 *"The pleasures of aggression were henceforth added to the comforts of feeling aggrieved":* Roger Kimball, "The Rise of the College Crybullies," *Wall Street Journal,* November 13, 2015.

59 *Brad Ledford and Madison Cawthorn were driving home:* Sean Neumann, "Madison Cawthorn Wasn't Left 'to Die' in Fiery Crash, Says Friend Who Was Driving," *People,* March 3, 2021.

60 *counties with large college student populations favored Biden:* Sabrina Siddiqui and Madeleine Ngo, "Young Voters Helped Biden Beat Trump after Holding Back in Primaries," *Wall Street Journal,* November 26, 2020.

61 *"Some of these more progressive candidates are just a reflection of the system":* Brooke Singman and Paul Steinhauser, "Karoline Leavitt Hopes to Show Young Voters Democrats' Policies Are to Blame for 'Out-of-Reach' American Dream," *Fox News (.com),* August 3, 2022.

62 *"The frame has shifted from 'I'm going to bring about that change'":* Elena Moore, "The First Gen Z Candidates Are Running for Congress—and Running against Compromise," NPR, July 6, 2022.

63 *"Every single person up here today, all these people should be home grieving":* "Florida Student Emma Gonzalez to Lawmakers and Gun Advocates: 'We Call BS,'" *CNN.com,* February 17, 2018.

64 *"Gen Z will parallel this militancy in the demand for social change":* Alyssa Biederman, Melina Walling, and Sarah Siock, "Meet Gen Z Activists: Called to Action in an Unsettled World," *AP News,* September 29, 2020.

65 *One conservative podcast covered the findings with the headline "Half-Mad":* Bill Whittle, "HALF-MAD—56.3% of Young White Liberal Women Diagnosed with Mental Illness," April 23, 2021, in *American Conservative University,* podcast, on PodBean.com.

66 *images of liberals crying:* Andrew Stiles, "SCIENCE: White Libs More Likely to Have Mental Health Problems," *Washington Free Beacon,* April 19, 2021.

67 *liberalism might encourage "feelings of helplessness and victimhood":* Gwen Farrell, "Over 50% of Liberal, White Women under 30 Have a Mental Health Issue. Are We Worried Yet?" *Evie,* April 13, 2021; Kelly Sadler, "White Liberals More Likely to Have a Mental Health Condition," *Washington Times,* April 22, 2021.

68 *"liberal women in particular are going completely bananas"*: Dave Rubin, "Shocking Data on Mental Health Issues in White Liberal Women," Rubin Report, June 1, 2021, YouTube video, 4:09.

69 *my colleagues and I found the same thing in a separate study we fielded in late spring 2020:* Jane Shawcroft, Megan Gale, Sarah M. Coyne, Jean M. Twenge, Jason S. Carroll, W. Brad Wilcox, and Spencer James, "Teens, Screens, and Quarantine: An Analysis of Adolescent Media Use and Mental Health prior to and during COVID-19," *Heliyon* 8, no. 7 (July 2022): e09898; Jean M. Twenge, Sarah M. Coyne, Jason S. Carroll, and W. Bradford Wilcox, *Teens in Quarantine: Mental Health, Screen Time, and Family Connection* (Institute for Family Studies and the Wheatley Institution, October 2020).

CHAPTER 7 ——兩極世代（2013–2029年生）

1 *the number of multiracial Americans:* Nicholas Jones, Rachel Marks, Roberto Ramirez, and Merarys Ríos-Vargas, "2020 Census Illuminates Racial and Ethnic Composition of the Country," US Census Bureau, August 12, 2021.

2 *A 2015 study found that 3 out of 4 young children had their own tablet:* Hilda K. Kabali, Matilde M. Irigoyen, Rosemary Nunez-Davis, Jennifer G. Budacki, Sweta H. Mohanty, Kristin P. Leister, and Robert L. Bonner Jr., "Exposure and Use of Mobile Media Devices by Young Children," *Pediatrics* 136, no. 6 (December 2015): 1044–1050.

3 *By age 8, 1 in 5 children have their own smartphone:* Michael Robb, "Tweens, Teens, and Phones: What Our 2019 Research Reveals," Common Sense Media (website), October 29, 2019.

4 *In 2021, 8- to 12-year-olds spent an average of five and a half hours a day with screen media:* Jason M. Nagata, Catherine A. Cortez, Chloe J. Cattle, Kyle T. Ganson, Puja Iyer, Kirsten Bibbins-Domingo, and Fiona C. Baker, "Screen Time Use among US Adolescents during the COVID-19 Pandemic: Findings from the Adolescent Brain Cognitive Development (ABCD) Study," *JAMA Pediatrics* 176, no. 1 (January 2022): 94–96; Victoria Rideout, Alanna Peebles, Supreet Mann, and Michael B. Robb, *The Common Sense Census: Media Use by Tweens and Teens, 2021* (San Francisco, CA: Common Sense, 2022).

5 *the rate of increase in BMI:* Samantha Lange, Lyudmyla Kompaniyets, David S. Freedman, Emily M. Kraus, Renee Porter, Heidi M. Blanck, and Alyson B. Goodman, "Longitudinal Trends in Body Mass Index before and during the COVID-19 Pandemic among Persons Aged 2–19 years—United States, 2018–2020," *Morbidity and Mortality Weekly Report* (CDC) 70, no. 37 (September 17, 2021).

6 *7 out of 10 5th and 6th graders (10- to 12-year-olds):* Jean M. Twenge, Wendy Wang, Jenet Erickson, and Brad Wilcox, *Teens and Tech: What Difference Does Family Structure Make?* (Institute for Family Studies and the Wheatley Institute, October 2022).

7 *set up an Instagram account identifying as a 13-year-old girl:* Georgia Wells, "Blumenthal's Office Created Instagram Account to Study Experience of Teens," *Wall Street Journal*, September 30, 2021.

CHAPTER 8 ——未來

1 *"The 37-year-olds are afraid of the 23-year-olds who work for them"*: Emma Goldberg, "The 37-Year- Olds Are Afraid of the 23-Year-Olds Who Work for Them," *New York Times*, October 28, 2021.

2 *One economist described the change as "the largest shock to labor markets in decades":* Jose Maria Barrero, Nicholas Bloom, and Steven J. Davis, "SWAA August 2022 Updates," Work from Home Research, August 26, 2022; Nick Bloom (@I_Am_NickBloom), Twitter, August 29, 2022, 8:59 a.m.

3 *Millennial Gabe Kennedy, who runs an herbal supplement company:* Goldberg, "37-Year-Olds Are Afraid."

4　*"I actually love going into the office—it feels more organic":* Jonathan Greig, "90% of Millennials and Gen Z Do Not Want to Return to Full-Time Office Work Post-Pandemic," ZDNet, May 25, 2021.

5　*Recent college graduate Sam Purdy says:* Danielle Abril, "Gen Z Workers Demand Flexibility, Don't Want to Be Stuffed in a Cubicle," *Washington Post*, August 11, 2022.

6　*When David Gross (b. 1981) announced to his advertising agency employees in 2021:* Nelson D. Schwartz and Coral Murphy Marcos, "Return to Office Hits a Snag: Young Resisters," *New York Times*, July 26, 2021.

7　Atlantic *writer Derek Thompson calls the digital commute:* Derek Thompson, "Superstar Cities Are in Trouble," *Atlantic*, February 1, 2021.

8　*"Goal for today—500 calls?! We're doing 50":* Matt Pearce, "Gen Z Didn't Coin 'Quiet Quitting'—Gen X Did," *Los Angeles Times*, August 27, 2022.

9　*Even the term quiet quitting was coined by a Gen X'er:* Pearce, "'Quiet Quitting.'"

10　*Millennial Polly Rodriguez, whose company sells vibrators:* Goldberg, "37-Year-Olds Are Afraid."

11　*"The lesson for companies: ignore employees' pain at your peril":* Ryan Faughnder, "Disney Is Not Alone. Young Employees in Revolt Are Holding Bosses' Feet to the Fire," *Los Angeles Times*, March 12, 2022.

12　*"We're seeing this young cohort of workers demand that employers":* Abirl, "Gen Z Workers Demand Flexibility."

13　*Sam Folz (b. 2000) likes his employer Capital One's policy:* Abril, "Gen Z Workers Demand Flexibility."

14　*When Stanford students organized a protest in 2016:* Roberta Katz, Sarah Ogilvie, Jane Shaw, and Linda Woodhead, *Gen Z, Explained: The Art of Living in a Digital Age* (Chicago: University of Chicago Press, 2021).

15　*UPS executive Christopher Bartlett said the new policies:* Ian Thomas, "Why Companies like UPS and Disney Are Allowing Workers to Show Their Tattoos," *CNBC*, October 16, 2022.

16　*"You should be able to wear whatever you want, whenever you want":* Erica Euse, "The Genderless Clothing Brand Setting Itself Apart by Prioritizing Community," *Vice*, December 22, 2021.

17　*"In addition to asking, 'What's your name?' you can ask, 'What are your pronouns?'":* Matt Villano, "Tweens and Teens Explore the Power of Pronouns," *CNN*, February 19, 2022.

18　*demographer Lyman Stone decided to boil down the numbers:* Lyman Stone, "5.8 Million Fewer Babies: America's Lost Decade in Fertility," *IFS Blog*, Institute for Family Studies, February 3, 2021.

19　*44% of nonparents aged 18 to 49:* Anna Brown, "Growing Share of Childless Adults in U.S. Don't Expect to Ever Have Children," Pew Research Center, November 19, 2021.

20　*used historical data to project that more Millennial women will be childless:* Lyman Stone, "The Rise of Childless America," *IFS Blog*, Institute for Family Studies, June 4, 2020.

21　*A Brookings Institution analysis:* Melissa S. Kearney and Phillip Levine, "Will Births in the US Rebound? Probably Not," *Up Front* (blog), Brookings Institution, May 24, 2021.

22　*"I don't know what kind of world it's going to be in 20, 30, 40 years," El Johnson (b. 1998) told the Associated Press:* Leanne Italie, "Gen Z, Millennials Speak Out on Reluctance to Become Parents," *AP News*, August 30, 2022.

23　*The number of adults who intended to remain childless:* Caroline Sten Hartnett and Alison Gemmill, "Recent Trends in U.S. Childbearing Intentions," *Demography* 57, no. 6 (December 2020): 2035–45.

24　*Men's sperm counts have dropped precipitously:* Bijal P. Trivedi, "The Everyday Chemicals That Might Be Leading Us to Our Extinction," *New York Times*, March 5, 2021.

25　*"I can't see myself committing to a mortgage, let alone a child":* Italie, "Reluctance to Become Parents."

26　*In a 2022 poll, "personal independence" was the most common reason* Clay Routledge and Will Johnson, "The Real Story behind America's Population Bomb: Adults Want Their Independence," *USA Today*, October 12, 2022.

27 *"Every time I see a baby on a plane"*: Stephanie Murray, "The Parenting Problem the Government Can't Fix," *Week*, October 25, 2021.

28 *That office now says that the trust fund will run out of money in 2033:* Ric Edelman, "Op-ed: Social Security Trust Fund Will Die in 2033. You Need to Take Action Now," *CNBC*, September 12, 2021.

29 *amounting to about 76% of currently expected benefits:* Gayle L. Reznik, Dave Shoffner, and David A. Weaver, "Coping with the Demographic Challenge: Fewer Children and Living Longer," *Social Security Bulletin* 66, no. 4 (2005/2006).

30 *A New York Times article told the story of Chieko Ito, 91:* Norimitsu Onishi, "A Generation in Japan Faces a Lonely Death," *New York Times*, November 30, 2017.

31 *In one poll, 7 out of 10 childless Millennial women said they see their dog or cat as their child:* Stanley Coren, "For Millennial Women, Are Dogs and Cats a Stand-In for Kids?" *Psychology Today*, August 24, 2021.

32 *financial considerations are not the primary reason for the decline in the birth rate:* Melissa Kearney, Phillip B. Levine, and Luke Pardue, "The Puzzle of Falling US Birth Rates since the Great Recession," *Journal of Economic Perspectives* 36, no. 1 (Winter 2022): 151–76.

33 *being a parent—or even focusing on issues around caring for children—leads to more social conservatism:* Nicholas Kerry, Laith Al-Shawaf, Maria Barbato, Carlota Batres, Khandis R. Blake, Youngjae Cha, Gregory V. Chauvin et al., "Experimental and Cross-Cultural Evidence That Parenthood and Parental Care Motives Increase Social Conservatism," *Proceedings of the Royal Society B* 289, no. 1982 (September 2022).

34 *Three times as many unvaccinated adults were Republicans than Democrats by November 2021:* Kaiser Family Foundation, "Unvaccinated Adults Are Now More Than Three Times as Likely to Lean Republican Than Democratic," news release, November 16, 2021.

35 *Figure 8.12: Percent of U.S. adults who have gotten a flu shot, by political party affiliation:* Harry Enten, "Flu Shots Uptake Is Now Partisan. It Didn't Use to Be," *CNN.com*, November 14, 2021.

36 *"People enjoy engaging with things that elicit an emotional reaction"*: Vishwam Sankaran, "Face- book Whistleblower Says Company Spreads Hate Speech for Profit," *Independent*, October 4, 2021.

37 *social psychologist Jonathan Haidt traced the polarization:* Jonathan Haidt, "Why the Last 10 Years of American Life Have Been Uniquely Stupid," *Atlantic*, April 11, 2022.

38 *Chris Wetherell, who invented the Twitter retweet button:* Alex Kantrowitz, "The Man Who Built the Retweet: 'We Handed a Loaded Weapon to 4-Year-Olds,'" *BuzzFeed News*, July 23, 2019.

39 *Nearly 4 in 10 children ages 8 to 12 said they used social media in 2021:* Victoria Rideout, Alanna Peebles, Supreet Mann, and Michael B. Robb, *The Common Sense Census: Media Use by Tweens and Teens, 2021* (San Francisco, CA: Common Sense, 2022).

40 *many without parental permission:* Jean M. Twenge, Wendy Wang, Jenet Erickson, and Brad Wilcox, *Teens and Tech: What Difference Does Family Structure Make?* (Institute for Family Studies and Wheatley Institute, October 2022).

41 *"You began college just weeks after George Zimmerman was acquitted"*: Anemona Hartocollis, "Colleges Celebrate Diversity with Separate Commencements," *New York Times*, June 2, 2017.

42 *72% of universities offered racially segregated graduation ceremonies by 2019:* Dion J. Pierre, *Separate but Equal, Again: Neo-segregation in American Higher Education* (New York: National Association of Scholars, April 24, 2019).

43 *In the summer of 2020, two Black students at New York University started a petition: They wanted to live in a dorm segregated by race:* Brenah Johnson, "NYU: Implement Black Student Housing," Change.org, 2020; Robby

Soave, "Yes, Black NYU Students Demanded Segregated Housing. No, the University Didn't Agree to It," *Reason*, August 24, 2020.

44 *When I first heard of racially segregated graduation ceremonies"*: Pierre, *Separate but Equal, Again.*

45 *researchers led by Sohad Murrar placed a poster:* Sohad Murrar, Mitchel R. Campbell, and Markus Brauer, "Exposure to Peers' Pro-diversity Attitudes Increases Inclusion and Reduces the Achievement Gap," *Nature Human Behaviour* 4 (September 2020): 889–97.

46 *the typical first-time homebuyer in the U.S. was 34 years old in 2019:* Stefan Lembo Stolba, "Average Age to Buy a House," Experian, December 15, 2020.

47 *1 out of 4 married couples slept in different rooms:* Mary Bowerman, "Why So Many Married Couples Are Sleeping in Separate Beds," *USA Today*, March 30, 2017.

48 *Orange, the worrier of the group:* Emily Heil, "M&M's Candy Mascots Get a Makeover, with Less Sex Appeal and More Gen-Z Anxiety," *Washington Post*, January 21, 2022.

49 *Figure 8.20: Percent of U.S. adults who agree that businesses should take political positions, by political party affiliation and generation:* Carl M. Cannon, "'Woke' Capitalism and the 2020 Election," RealClear Opinion Research, February 27, 2020.

50 *"'Dude we sell tomato sauce, we don't sell politics'":* Goldberg, "37-Year-Olds Are Afraid."

51 *"It doesn't matter how many people hate your brand as long as enough people love it":* Jeff Beer, "One Year Later, What Did We Learn from Nike's Blockbuster Colin Kaepernick Ad?" *Fast Company*, September 5, 2019.

跨世代報告

從出生率到工作、政治、經濟、科技、心理健康，
世代差異如何影響百年來的人類軌跡？

GENERATIONS

The Real Differences Between Gen Z, Millennials, Gen X, Boomers, and Silents —
and What They Mean for America's Future

作　　　者	珍・特溫格（Jean M. Twenge）
譯　　　者	朱怡康
責任編輯	賴逸娟
行銷企畫	陳詩韻
總 編 輯	賴淑玲
封面設計	陳恩安
內頁排版	黃暐鵬

出 版 者	大家出版／遠足文化事業股份有限公司
發　　　行	遠足文化事業股份有限公司（讀書共和國出版集團）
	231 新北市新店區民權路108-2號9樓
電　　　話	(02) 2218-1417
傳　　　真	(02) 8667-1851
劃撥帳號	19504465　戶名　遠足文化事業股份有限公司
法律顧問	華洋法律事務所　蘇文生律師
定　　　價	新台幣700元
初版1刷	2024年7月
Ｉ Ｓ Ｂ Ｎ	978-626-7283-89-9（平裝）
	978-626-7283-91-2（PDF）
	978-626-7283-90-5（EPub）

跨世代報告／珍・特溫格（Jean M. Twenge）作：朱怡康譯.
一初版.一新北市：大家出版，
遠足文化事業股份有限公司，2024.07
　　面；　公分.
譯自：Generations : the real differences between Gen Z,
Millennials, Gen X, Boomers, and Silents —
and what they mean for America's future
ISBN　978-626-7283-89-9（平裝）
1.CST: 社會變遷　2.CST: 文化變遷
3.CST: 世代交替　4.CST: 美國
176.4　　　　　　　　　　113002356